에듀윌과 함께 시작하면,
당신도 합격할 수 있습니다!

자소서와 면접, NCS와 직무적성검사의 차이점이 궁금한
취준을 처음 접하는 취린이

대학 졸업을 앞두고 취업을 위해 바쁜 시간을 쪼개며
채용시험을 준비하는 취준생

내가 하고 싶은 일을 다시 찾기 위해
회사생활과 병행하며 재취업을 준비하는 이직러

누구나 합격할 수 있습니다.
이루겠다는 '목표' 하나면 충분합니다.

마지막 페이지를 덮으면,

에듀윌과 함께
취업 합격이 시작됩니다.

누적 판매량 217만 부 돌파
베스트셀러 1위 2,420회 달성

공기업 NCS | 100% 찐기출 수록!

NCS 통합 기본서/실전모의고사
피듈형 | 행과연형 | 휴노형 봉투모의고사
PSAT형 NCS 수문끝

매1N
매1N Ver.2

한국철도공사 | 부산교통공사
서울교통공사 | 국민건강보험공단
한국전력공사 | 한국가스공사

한국수력원자력+5대 발전회사
한국수자원공사 | 한국수력원자력
한국토지주택공사 | 한국도로공사

NCS 6대 출제사
공기업 NCS 기출 600제

대기업 인적성 | 온라인 시험도 완벽 대비!

20대기업 인적성 통합 기본서

GSAT 삼성직무적성검사
통합 기본서 | 실전모의고사 | 봉투모의고사

LG그룹 온라인 인적성검사

SKCT SK그룹 종합역량검사
포스코 | 현대자동차/기아

농협은행
지역농협

영역별 & 전공

이해황 독해력 강화의 기술
석치수/박준범/이나우 기본서

공기업 사무직 통합전공 800제
전기끝장 시리즈 ❶, ❷

취업상식 1위!

다통하는 일반상식

공기업기출 일반상식

기출 금융경제 상식

더 많은
에듀윌 취업 교재

취업 대세 에듀윌!
Why 에듀윌 취업 교재

기출맛집 에듀윌!
100% 찐기출복원 수록

주요 공·대기업 기출복원 문제 수록
과목별 최신 기출부터 기출변형 문제 연습으로 단기 취업 성공!

공·대기업 온라인모의고사
+ 성적분석 서비스

실제 온라인 시험과 동일한 환경 구성
대기업 교재 기준 전 회차 온라인 시험 제공으로 실전 완벽 대비

합격을 위한
부가 자료

교재 연계 무료 특강
+ 교재 맞춤형 부가학습자료 특별 제공!

취업 교육 1위
에듀윌 취업 무료 혜택

교재 연계 강의

- 금융수리상식 무료특강

※ 2024년 2월 19일에 오픈될 예정입니다.
※ 무료 특강 이벤트는 예고 없이 변동 또는 종료될 수 있습니다.

교재 연계 강의
바로가기

교재 연계 부가학습자료

다운로드 방법

| STEP 1 에듀윌 도서몰 (book.eduwill. net) 로그인 | STEP 2 도서자료실 → 부가학습자료 클릭 | STEP 3 [2024 최신판 지역농협 6급 실전모의고사] 검색 |

- 금융수리 핵심이론(PDF)
- 농협·금융 상식용어(PDF)
- 인성검사·면접(PDF)
- 모듈이론 핵심노트(PDF)

1:1 학습관리
교재 연계 온라인스터디

참여 방법

| STEP 1 신청서 작성 | STEP 2 스터디 교재 구매 후 인증 (선택) | STEP 3 오픈채팅방 입장 및 스터디 학습 시작 |

※ 온라인스터디 진행 혜택은 교재 및 시기에 따라 다를 수 있습니다.
※ 오른쪽 QR 코드를 통해 신청하면 스터디 모집 시기에 안내 메시지를 받을 수 있습니다.

온라인스터디
신청

모바일 OMR
자동채점 & 성적분석 서비스

실시간 성적분석 방법

| STEP 1 QR 코드 스캔 | STEP 2 모바일 OMR 입력 | STEP 3 자동채점 & 성적분석표 확인 |

※ 혜택 대상 교재는 본문 내 QR 코드를 제공하고 있으며, 교재별 서비스 유무는 다를 수 있습니다.
※ 응시내역 통합조회
   에듀윌 문풀훈련소 → 상단 '교재풀이' 클릭 → 메뉴에서 응시확인

처음에는 당신이 원하는 곳으로
갈 수는 없겠지만,
당신이 지금 있는 곳에서
출발할 수는 있을 것이다.

– 작자 미상

최신판

에듀윌 취업 지역농협 6급 NCS 실전모의고사

지역농협 최신 출제경향 분석

01 2021~2023년 필기시험 구성 및 출제지역

지역농협 6급 시험 유형은 60문항/60분, 60문항/70분, 70문항/70분으로 크게 3가지로 나뉘며, 의사소통능력, 수리능력, 문제해결능력, 자원관리능력, 조직이해능력 총 5개 영역이 출제된다. 지역별로 출제영역과 시험시간, 문항 수가 다르며, 시험 유형은 변동될 가능성이 있다.

구분		구성	출제지역
2023년	상반기 필기시험 (2023.04.23.)	60문항/60분 (사지선다)	서울, 인천, 전북, 강원
		60문항/70분 (사지선다)	경기, 충북, 충남세종, 대전, 대구, 전남, 경북, 광주, 울산, 제주
		70문항/70분 (오지선다)	경남
	하반기 필기시험 (2023.11.05.)	60문항/60분 (사지선다)	서울, 인천, 강원, 전북
		60문항/70분 (사지선다)	경기, 충남세종, 전남, 경북, 충북, 제주
		70문항/70분 (오지선다)	부산, 경남
2022년	상반기 필기시험 (2022. 05. 08.)	60문항/60분 (사지선다)	서울, 인천, 강원, 충남세종, 전북
		60문항/70분 (사지선다)	경기, 경북, 광주, 대구, 대전, 울산, 전남, 충북
		70문항/70분 (오지선다)	경남, 제주
	하반기 필기시험 (2022. 11. 13.)	60문항/60분 (사지선다)	서울, 인천, 강원, 전북
		60문항/70분 (사지선다)	경기, 경북, 광주, 전남, 충남세종, 충북
		70문항/70분 (오지선다)	경남, 부산
2021년 필기시험 (2021. 06. 13.)		60문항/60분 (사지선다)	서울, 인천, 강원, 충남세종, 전북
		60문항/70분 (사지선다)	경기, 대전, 광주, 경북, 울산
		70문항/70분 (오지선다)	부산, 대구, 전남, 경남, 충북, 제주

02 2023년 필기시험 출제영역별 출제경향 및 출제키워드

출제 영역	출제경향 및 출제키워드
의사소통 능력	어휘·어법, 한자, 독해, 모듈형 문제 등이 출제된다. 어휘·어법 문제는 유의어/반의어, 격식체, 띄어쓰기 및 맞춤법 규정 등, 한자 문제는 한자어의 한자표기, 한자성어 등, 독해 문제는 문단배열, 내용 일치/불일치, 주제 찾기, 영어 등이 출제된다. 특히 독해는 1세트 2문항 묶음 형태로 농협 실무와 관련된 경제·농업·농협 관련 지문이나 기타 비문학 지문이 출제되었다. ※ 출제 키워드: 어휘(요인/근체/근본, 말미−방가, 결합, 절기−처서, 이슬−백로 등), 어법(불가사이 등), 한자(사상누각, 순망치한, 간난신고 등), 독해(문단배열, 영어 지문−Can I take a message?, 농민신문, 왕−도덕, 열대과일−난방비 절감, 보조금−작업인, 설명문−명령어vs전문용어, 공모전−예시 알려주기, 공공부조, 장애인, 외국노동근로자, 도전정신, 인간상, 탐색형, 학교폭력−경찰, 한우 값 상승, 기획서, 나라장터 마감 전 제출 등), 모듈형(공문서 작성법 등)
수리 능력	수·문자추리, 단순연산, 응용수리, 금융수리, 자료해석 문제 등이 출제된다. 수·문자추리는 연속으로 문제가 출제되기도 하여 평소 많은 문제를 풀어보며 감을 익히는 것이 중요하다. 또한, 응용수리는 방정식 활용, 도형의 넓이, 확률, 집합 등 다양하게 출제되므로 다양한 유형에 대비해야 한다. 금융수리나 자료해석은 자료를 정확히 파악하여 문제를 적용하는 연습을 통해 대비하는 것이 중요하다. ※ 출제 키워드: 응용/금융수리(시차 계산, $\sqrt{2}$, $\sqrt{3}$ 제시하고 $\sqrt{\ }$ 계산, 최소/최대공약수−24, 18, 7, 최소공배수−버스 2대가 동시 출발 상황에서 3번째로 만나는 시간 구하기, 원가/정가, a<y<b, 3x+4y=8이 제시된 부등식, 정사각형 도형 탑 부피, 원금 균등, 피보나치 수열, 일률, 평균, 4번 접는 상황의 방정식, 정육면체 보이는 면적, 거리/속력/시간, 나이 찾기, 금리, 소금물, 판매량−2억 원, 105개 타일/70개 타일, 몇 장의 숫자 카드 제시하고 몇 번째 큰 숫자 구하기, 무게/단위 바꿔서 1t 단위 환산하기, 규칙적으로 늘어나는 직사각형 개수 구하기, 도형 길이 구하기 등), 수·문자추리(알파벳 변하는 규칙, 특수문자와 숫자 배열 두고 관계 유추 등), 자료해석(재무제표 비율 구하기, 예금 이율 계산하기, 2017년 대비 2020년 남녀학생 비율 구하기, 벼/콩/밀 소재의 그래프 분석, 증가율, 소득분위, 초혼, 원자재 원가 수요 증가, 시장 분석 및 건설 수주 n번해서 경쟁력 있음을 확인 → 사업 확장, 출산율, 대출, 자산/부채/자본, 농기계 1년 뒤 결제 상황, 수출 증감률 등)
문제해결 능력	단어유추, 명제, 조건추리, 문제처리, 모듈형 문제 등이 출제된다. 대체로 어렵지 않은 수준으로 출제되지만, 시간이 부족하다는 평이다. 모듈형 문제는 자주 출제되는 키워드를 미리 암기하여 대비하는 것이 좋다. ※ 출제 키워드: 명제(정언명제, 어떤, 역/이/대우, 강아지 화분 소재), 명제/조건추리(복도 줄서기, 당직, 염소/젖소/돼지 순서, 회의, 게으른 사람−성공 소재, 류 씨−양 씨 등 조합원 등장, 별빛/금빛/은빛/민속/매화마을 소재, 진달래/무궁화/개나리 소재, 조식 상황, 축구/농구/배구/서핑 소재 등), 참/거짓, 문제처리(상품설명서−이율 공지, 주식 예금 등), 모듈형(논리 오류, 브레인스토밍 절차, mece, 발상의 전환, 퍼실리테이션, 실행단계 찾기, 푸드뱅크−바우처 등)
자원관리 능력	자료를 바탕으로 최단거리, 최적안 선택, 최소비용, 합격자/승진자 선발 등 다양한 유형의 자원관리 문제, 모듈형 문제가 출제된다. 모듈형 문제는 자주 출제되는 키워드를 미리 암기하며 대비하는 것이 좋다. ※ 출제 키워드: 자원관리(가장 먼저 줄여야 할 돈 구하기−상품비/기념품비/숙박비/기타여비, 전기세, 유급휴가비 등), 모듈형(시간관리 매트릭스 등)
조직이해 능력	조직의 체제와 결재과정 등을 이해하고 적용하는 조직체제 문제, 농협의 사업과 농협 기업에 대한 정보 등 농협 상식 문제, 경영 상식 문제, 모듈형 문제 등이 출제된다. 농협 상식은 시험 전 지역농협 홈페이지를 통해 농협 관련 정보를 미리 파악해두어야 한다. ※ 출제 키워드: 농협 상식(농협 조직도−농기구 관련, 로고), 농촌 상식[개천절, 콤바인, 봄(우수, 청명), 함께 하는 마을 등], 결재규정(두바이−물품기록서−상임이사), SWOT 분석(해외 이전 기술 개발), 베인앤컴퍼니(조직구조 변화), 스마트팜, 고향사랑기부제, 농식품바우처

※ 2023년 상·하반기 필기시험 후기 기준

03 2023년 필기시험 대비 합격 전략

매년 필기시험 구성별 출제지역이 달라지고 있으므로, 모든 구성에 대한 대비가 필요하다. 직전 필기시험의 출제 경향을 파악하여 이를 바탕으로 실전 대비 훈련을 하는 것도 필요하지만 시험 구성이 변경될 가능성이 있으므로 빈출되는 유형들에 대한 기본적인 이해를 높이는 것이 선행되어야 한다. 따라서 시험에 자주 출제되는 기본적인 유형을 세밀하게 나눈 후 각 유형에 대한 접근 방법을 확실히 익혀 두어야 하며, 비슷한 유형들에 대한 풀이 연습을 통해 문제 풀이 시간을 단축하는 연습을 해야 한다. 그리고 특정 유형에만 한정짓지 말고, 다양한 유형의 문제를 풀어보는 것이 좋다. 자료의 양이 많아지고 지문이 길어지는 경향이 있으므로 독해력을 길러 핵심을 빠르게 파악할 수 있도록 해야 하며, 짧은 시간 안에 문제를 푸는 훈련을 해야 한다. 마지막으로 은행 업무와 관련된 자료가 자주 제시되므로 관련 지식을 많이 알아둘수록 문제를 이해하는 데 도움이 된다.

지역농협 채용 정보

01 지역농협 채용 일정

구분	공고일	접수기간	필기 대상자 발표	필기시험
2023년 하반기	2023. 09. 18.	2023. 09. 18.(월)~ 09. 25.(월)	2023. 10. 18.(수)	2023. 11. 05.(일)
2023년 상반기	2023. 03. 09.	2023. 03. 09.(목)~ 03. 16.(목)	2023. 04. 05.(수)	2023. 04. 23.(일)
2022년 하반기	2022. 10. 05.	2022. 10. 05.(수)~ 10. 12.(수)	2022. 11. 02.(수)	2022. 11. 13.(일)
2022년 상반기	2022. 03. 23.	2022. 03. 23.(수)~ 03. 30.(수)	2022. 04. 20.(수)	2022. 05. 08.(일)
2021년	2021. 05. 03.	2021. 05. 03.(월)~ 05. 10.(월)	2021. 05. 28.(금)	2021. 06. 13.(일)

02 지역농협 채용 절차

※ 2023년 기준

서류 접수 → 온라인 인·적성 평가 → 필기시험 인·적성 및 직무능력평가 → 신체검사 면접시험 → 최종 합격

1 서류 접수
- 채용 공고문 확인 후 접수 기간에 서류 접수(허위 작성 및 허위 증빙자료 제출 시 합격 취소)
- 농협 홈페이지(www.nonghyup.com) 또는 잡코리아 홈페이지를 통해 인터넷 접수
- 인편, 우편, E-mail 접수 불가
- 최종 마감일 18:00 이후에는 접수 중이라도 입력 중단(지원 불가)

2 온라인 인·적성 평가(Lv.1)
- 지정한 기간 안에 온라인 인·적성 평가를 실시한 후 제출까지 완료
- 채용사이트의 지원서 관리 화면 하단 위(의) '검사 실시 및 완료여부 확인' 버튼 클릭하여 실시

③ 필기시험(인 · 적성 및 직무능력평가)

인 · 적성 평가(Lv.2)와 직무능력평가로 구성되며, 필기시험 장소 및 시작시간은 수험표 출력 시 안내됨

- 인 · 적성 평가: 업무태도/대인관계/문제해결능력 등 성격특성 요인을 측정하여 채용적정성 여부 판단
- 직무능력평가: 농협의 업무능력, 채용수준 등을 감안하여 언어능력, 계산능력, 추진력, 판단력, 창의력 등 직무에 필요한 능력 측정

④ 신체검사 · 면접시험

시간 및 장소는 필기시험 합격자에 한하여 개별 통지

- 채용신체검사: 지정 의료기관에서 지정된 일시에 실시
- 면접전형: 인성면접, 주장면접으로 구성되어 있으며 지역 및 채용별 인재선발 기준에 적합하도록 상이하게 운영

⑤ 최종 합격

합격자 중 결격 사유가 없는 자를 최종 합격자로 선정

03 지역농협 응시 자격

※ 2023년 기준

① 기본자격

- 연령, 학력, 학점, 어학점수 제한 없음
- 채용공고일 전일 기준 본인 · 부 · 모 중 1인의 주민등록상 주소지가 응시 가능 주소지 내에 있는 자
- 남자는 병역필 또는 면제자에 한함

② 직렬별 자격

- 일반관리직: 별도 직렬 자격 없음
- 일반관리직(영농지도): 농과계 졸업(예정)자

  ※ 단, 영농지도 업무와 직접적인 관련이 없는 축산 · 수산 · 산림 · 식품가공 · 농업경제(유사학과 포함) 등 관련 졸업(예정)자는 제외

- 일반관리직(농약판매): 농약 판매관리인으로 등록 후 경력 7년 이상이거나 관련 국가기술자격증을 소지한 자

  ※ 농약관리법 시행규칙 제4조의 '농약판매관리인' 자격증
  - 국가기술자격법상 농화학기술사, 식물보호산업기사 이상의 자격 소지자

    (종전의 농화학기능사, 농예화학기능사 또는 농약기능사 각 2급 이상과 농화학기사 이상, 식물보호기능사를 포함)

- 전문직: 직무 관련 자격증 소지자

농협 기업 소개

(출처: NH농협 홈페이지)

01 농협이 하는 일

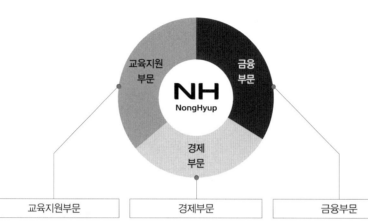

교육지원부문	경제부문	금융부문
농업인의 권익을 대변하고 농업 발전과 농가 소득 증대를 통해 농업인 삶의 질 향상에 도움을 주고 있습니다. 또한 또 하나의 마을 만들기 운동 등을 통해 농업 농촌에 활력을 불어넣고 농업인과 도시민이 동반자 관계로 함께 성장·발전하는 데 기여하고 있습니다.	농업인이 영농활동에 안정적으로 전념할 수 있도록 생산·유통·가공·소비에 이르기까지 다양한 경제사업을 지원하고 있습니다. 경제사업 부문은 크게 농업경제 부문과 축산경제 부문으로 나누어지며, 농축산물 판로확대, 농축산물 유통구조 개선을 통한 농가소득 증대와 영농비용 절감을 위한 사업에 주력하고 있습니다.	농협의 금융사업은 농협 본연의 활동에 필요한 자금과 수익을 확보하고, 차별화된 농업금융 서비스 제공을 목적으로 하고 있습니다. 금융사업은 시중 은행의 업무 외에도 NH카드, NH보험, 외국환 등의 다양한 금융 서비스를 제공하여 가정 경제에서 농업경제, 국가 경제까지 책임을 다해 지켜 나가는 우리나라의 대표 금융기관입니다.

· **교육지원사업**
  농·축협 육성·발전지도·영농 및 회원 육성·지도, 농업인 복지증진, 농촌사랑·또 하나의 마을 만들기 운동, 농정활동 및 교육사업·사회 공헌 및 국제협력 활동 등

· **농업경제사업**
  영농자재(비료, 농약, 농기계, 면세유 등) 공급, 산지유통혁신, 도매 사업, 소비자 유통 활성화, 안전한 농식품 공급 및 판매

· **축산경제사업**
  축산물 생산, 도축, 가공, 유통, 판매 사업, 축산 지도(컨설팅 등) 지원 및 개량 사업, 축산 기자재(사료 등) 공급 및 판매

· **상호금융사업**
  농촌지역 농업금융 서비스 및 조합원 편익 제공, 서민금융 활성화

· **농협금융지주**
  종합금융그룹(은행, 보험, 증권, 선물 등)

1 교육지원부문

- 미래 농업 · 농촌을 이끌 영농인력 육성
- 농촌에 활력을 불어넣는 다양한 교류사업 추진
- 지역사회 중심체인 농 · 축협을 체계적으로 지원

- 농촌지역 삶의 질을 높이는 문화 · 복지사업 실시
- 농업 · 농촌의 가치를 알리는 농정홍보활동
- 사회공헌 및 국제교류

2 경제부문

- 규모화 · 전문화를 통한 농산물 산지유통 혁신
- 혁신적 물류체계 구축으로 농산물 도매유통 선도
- 다양한 유통채널을 통해 우수 국산 농산물 판매
- 축산물 생산비 절감으로 가격안정에 기여
- 가축분뇨 자원화로 친환경 축산 실천
- 가축질병 예방으로 축산농가의 성장 지원

- 영농에 필요한 자재를 저렴하고 안정적으로 공급
- 소비지 유통망 활성화로 농산물 판매기반 강화
- 안전 농식품 공급으로 국민 건강에 기여
- 위생안전체계 구축으로 소비자 신뢰에 보답
- 우수 브랜드 육성으로 우리 축산물 홍보
- 종축개량을 통해 안정적인 생산기반 구축

3 금융부문

- 농촌경제 활성화를 위한 다양한 금융서비스 제공
- 농촌농협–도시농협 상생의 가교 역할 수행
- 조합원 · 고객의 실익증진을 위한 각종 사업 추진
- 고객 만족을 위한 최고의 종합 금융서비스 제공
- 농업인과 국민의 생명 · 건강 · 안전 · 재산 지킴이
- 종합금융체계 구축으로 국내 금융업계 선도

- 안정적인 농업경영을 위한 영농 · 가계자금 지원
- 맞춤형 금융상품을 통해 서민금융 활성화에 기여
- 소외계층 지원을 위한 사회공헌기금 조성
- 순수 민간자본으로 구성된 국내 유일의 금융기관
- 협동조합 이념에 기반한 다양한 사회공헌활동 실천
- 따뜻한 서민금융, 든든한 나라살림 지원

02 농협의 미션

농협법 제1조 농업인의 경제적 · 사회적 · 문화적 지위를 향상시키고, 농업의 경쟁력 강화를 통하여 농업인의 삶의 질을 높이며, 국민경제의 균형 있는 발전에 이바지함

[비전 2025]

농업이 대우받고 농촌이 희망이며 농업인이 존경받는

함께하는 100년 농협

- 농업인과 국민, 농촌과 도시, 농축협과 중앙회, 그리고 임직원 모두 협력하여 농토피아를 구현하겠다는 의지
- 60년을 넘어 새로운 100년을 향한 위대한 농협으로 도약하겠다는 의지

03 농협의 CI

'V'꼴은 '농'자의 'ㄴ'을 변형한 것으로 싹과 벼를 의미하며 농협의 무한한 발전을, 'V'꼴을 제외한 아랫부분은 '업'자의 'ㅇ'을 변형한 것으로 원만과 돈을 의미하며 협동 단결을 상징합니다. 또한, 마크 전체는 '협'자의 'ㅎ'을 변형한 것으로 'ㄴ+ㅎ'은 농협을 나타내고 항아리에 쌀이 가득 담겨 있는 형상을 표시하여 농가 경제의 융성한 발전을 상징합니다.

04 농협의 캐릭터 '아리(ARI)'

NH농협의 캐릭터인 아리는 기업과 고객을 가장 친근감 있게 연결시키며 심벌을 보조하여 기업 이미지를 업(UP)시키는 제2의 상징체이고 각종 업무 안내, 기념품, 광고, 사인물 등에 광범위하게 사용되는 CI 시스템에 있어 중요한 아이템입니다.
농업의 근원인 씨앗을 모티브로 하여 쌀알, 밀알, 콩알에서의 '알'을 따와서 이름을 붙였습니다.
통합 농협으로 새출발하는 농협의 미래지향적인 기업 이미지를 캐릭터를 통해 발현시키고자 하였으며, 우리의 전통 음률 '아리랑'을 연상하게 하여, '흥, 어깨춤' 등 동적인 이미지를 지님과 동시에 곡식을 담을 '항아리'도 연상케 하여 '풍요'와 '결실'의 의미도 함께 지닙니다.

05 농협의 5대 핵심 가치

1 농업인과 소비자가 함께 웃는 유통 대변화

소비자에게 합리적인 가격으로 더 안전한 먹거리를, 농업인에게 더 많은 소득을 제공하는 유통개혁 실현

2 미래 성장동력을 창출하는 디지털 혁신

4차 산업혁명 시대에 부응하는 디지털 혁신으로 농업·농촌·농협의 미래 성장동력 창출

3 경쟁력 있는 농업, 잘사는 농업인

농업인 영농지원 강화 등을 통한 농업경쟁력 제고로 농업인 소득 증대 및 삶의 질 향상

4 지역과 함께 만드는 살고 싶은 농촌

지역사회의 구심체로서 지역사회와 협력하여 살고 싶은 농촌 구현 및 지역경제 활성화에 기여

5 정체성이 살아 있는 든든한 농협

농협의 정체성 확립과 농업인 실익 지원 역량 확충을 통해 농업인과 국민에게 신뢰받는 농협 구현

06 농협의 인재상

항상 열린 마음으로 계통 간, 구성원 간에 존경과 협력을 다하여 조직 전체의 성과가 극대화될 수 있도록 시너지 제고를 위해 노력하는 인재

프로다운 서비스 정신을 바탕으로 농업인과 고객을 가족처럼 여기고 최상의 행복 가치를 위해 최선을 다하는 인재

꾸준한 자기계발을 통해 자아를 성장시키고, 유통·금융 등 맡은 분야에서 최고의 전문가가 되기 위해 지속적으로 노력하는 인재

매사에 혁신적인 자세로 모든 업무를 투명하고 정직하게 처리하여 농업인과 고객, 임직원 등 모든 이해관계자로부터 믿음과 신뢰를 받는 인재

미래지향적 도전의식과 창의성을 바탕으로 새로운 사업과 성장동력을 찾기 위해 끊임없이 변화와 혁신을 추구하는 역동적이고 열정적인 인재

07 농협의 커뮤니케이션 브랜드

[NH]는 고객과의 커뮤니케이션을 위해 농협의 이름과는 별도로 사용되는 영문 브랜드로 미래지향적이고 글로벌한 농협의 이미지를 표현하고 있습니다.

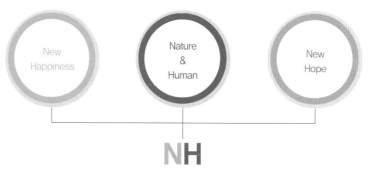

농협의 영문자(Nong Hyup)의 머리글자이면서 자연과 인간의 조화,
새로운 희망과 행복을 상징적으로 표현한 로고입니다.

New Happiness   Nature&Human   New Hope

Nature Green	→	"순수한 자연을 세상에 널리 전하는 농협의 건강한 이미지를 표현" 농협 전통의 친근하고 깨끗한 이미지를 계승
Human Blue	→	"농협의 앞서나가는 젊은 에너지와 전문적인 이미지를 표현" 젊은 농협의 현대적이고 세련된 새로운 이미지를 창조
Heart Yellow	→	"풍요로운 생활의 중심, 근원이 되는 농협의 이미지를 계승"

08 농협의 엠블럼

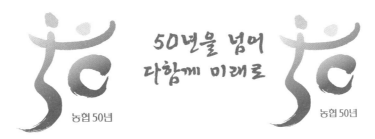

"농업인·고객·농협의 동행을 형상화"

어깨 동무 형상은 농업인·고객·농협이 서로 어울려 앞으로 나아가는 동행의 이미지를 표현합니다. 우측의 'ㅎ'字 모습은 농협의 한결같은 가치인 '협동'을 의미합니다. 밝은 색상은 농협과 농업·농촌의 미래가 밝고 희망적이라는 메시지를 전합니다.

09 농협의 슬로건

50년을 넘어 다함께 미래로

"50년 역사를 디딤돌로 밝은 미래를 꿈꾸다"

농협의 50년 역사를 바탕으로 다 함께 힘을 모아 보다 나은 미래로 나아가자는 의지를 담았습니다.

최신 경향 분석

최신 기출복원 모의고사

- 2023년 상·하반기 필기시험의 기출문제를 일부 복원 및 변형하여 100문제를 수록하였습니다. 본격적인 학습에 앞서 실력을 가늠해 보고 전체적인 유형을 살펴볼 수 있습니다.

실전 대비 전략

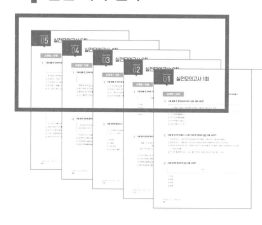

실전모의고사 5회

- 실제 시험과 동일한 구성(60문항/60분, 60문항/70분, 70문항/70분)의 실전모의고사 5회분을 수록하여 시험 전 충분히 연습할 수 있도록 하였습니다.
- 최신 필기시험의 출제 키워드 및 유형을 반영하여 실전 감각을 익힐 수 있도록 하였습니다.

차례

01 최신 기출복원 모의고사

구분	영역
인적성 및 직무능력평가	의사소통능력, 수리능력, 문제해결능력, 자원관리능력, 조직이해능력 ※ 2023년 상·하반기 기출문제를 복원 및 변형하여 100문제를 수록하였습니다.

2023년 최신 기출복원 모의고사

2023년 4월 23일, 11월 5일 실시한 지역농협 6급 인적성 및 직무능력평가의 출제 키워드와 유형을 토대로 구성한 기출복원 모의고사입니다. 출제 영역은 의사소통능력, 수리능력, 문제해결능력, 자원관리능력, 조직이해능력 총 5개 영역입니다.

01 다음 뜻을 나타내는 사자성어로 적절한 것을 고르면?

> 서로 이해관계가 밀접한 사이에 어느 한쪽이 망하면 다른 한쪽도 그 영향을 받아 온전하기 어려움을 이르는 말

① 간난신고
② 금과옥조
③ 근묵자흑
④ 순망치한

02 다음 제시된 낱말의 대응 관계로 볼 때 빈칸에 들어가기에 적절한 것을 고르면?

> 낭보 : 비보 = 고앙하다 : (　　　)

① 부관하다
② 침전하다
③ 전망하다
④ 숭배하다

03 다음 밑줄 친 단어와 동일한 의미로 사용할 수 있는 것을 고르면?

> 이 제품은 공구 없이 전선의 <u>결속</u>이 가능하다.

① 결박
② 귀속
③ 결합
④ 단결

04 다음 짝지어진 단어 사이의 관계가 나머지와 <u>다른</u> 하나를 고르면?

① 박복―다복
② 말미―방가
③ 편파―공정
④ 병설―단설

05 다음 제시된 단어와 동의 또는 유의 관계인 단어를 고르면?

필대(匹對)

① 대분(大分)
② 발단(發端)
③ 우등(優等)
④ 필적(匹敵)

06 다음 중 양력 9월 8일 무렵 가을이 본격적으로 시작하는 시기로, 밤에 기온이 이슬점 이하로 내려가 풀잎이나 물체에 이슬이 맺히는 데서 유래한 절기를 고르면?

① 입추
② 상강
③ 백로
④ 처서

07 다음 중 밑줄 친 단어의 뜻으로 옳은 것을 고르면?

> <u>손</u>이 부족해서 작업이 미뤄지고 있다.

① 사람의 수완이나 꾀
② 어떤 일을 하는 데 드는 사람의 힘이나 노력, 기술
③ 어떤 사람의 영향력이나 권한이 미치는 범위
④ 일을 하는 사람

08 다음 중 밑줄 친 부분의 맞춤법 중 옳지 <u>않은</u> 것을 고르면?

① 그는 마을에서 유일하게 나와 <u>동갑내기</u>였다.
② 좋은 사진을 위해서는 카메라의 <u>초점</u>을 잘 맞춰야 한다.
③ 아직 우주의 탄생에 대한 의문은 <u>불가사이</u>로 남아 있다.
④ 아버지는 항상 자장면을 <u>곱빼기</u>로 드신다.

09 다음 중 밑줄 친 부분의 띄어쓰기가 적절하지 <u>않은</u> 것을 고르면?

① 회사에서 집까지는 버스로 <u>한 시간가량</u> 걸린다.
② "내가 먼저 미안하다고 <u>사과할 걸</u>."
③ <u>지난주에</u> 이어 이번 주도 한파가 계속될 예정이다.
④ "해당 혜택은 <u>1년간만</u> 적용됩니다."

10 다음 빈칸에 들어갈 사자성어로 가장 적절한 것을 고르면?

> '우주항공청' 설치 근거 및 제반 사항을 담은 특별법안인 우주항공청법이 국회 본회의를 통과했다. 이 특별법안은 지난해 4월 특별법 제정을 위한 정부안이 국회에 제출되었음에도 상임위 의결을 거치지 못한 채 9개월이나 표류되다가 해당 지역 주민들의 서명운동 등 여러 우여곡절을 거친 끝에 본회의에서 의결됐다. 박○○ 국회의원은 이와 관련해 "우주항공청법의 국회 본회의 통과가 해를 넘긴 것은 (   )이지만, 한국판 나사(NASA)의 기념비적 첫걸음을 환영한다"고 말했다.

① 불치하문
② 위편삼절
③ 만시지탄
④ 사상누각

11 다음 중 빈칸에 들어갈 접속어를 바르게 연결한 것을 고르면?

> 한우 공급과잉 피해를 최소화하기 위한 암소 감축 운동이 이어지는 가운데, 일부 시·군에선 지속해서 사육 마릿수를 늘리고 있는 것으로 확인돼 비판의 목소리가 커지고 있다. 농림축산식품부가 최근 공개한 '지역별 전년 대비 한우 사육 동향' 자료에 따르면, 사육 규모가 큰, 소위 '대군농가'일수록 한우 입식에 더 적극적이었던 것으로 분석되었다. 전체 한우 농가의 74%에 해당하는 한우 사육 마릿수 1~49마리 규모인 중소농가의 경우 농가마다 1.1~2.4마리씩 사육 규모를 줄였다. (㉠) 사육 마릿수 50마리 이상인 전업농의 경우 적게는 1.2마리에서 많게는 6.7마리까지 사육 규모를 늘린 것으로 확인됐다.
>
> 문제는 이 같은 공급과잉에 따른 여파로 한우 경락값이 생산비를 밑도는 수준에 그치고 있다는 점이다. 축산물품질평가원에 따르면 1kg당 한우 경락값은 지난해 10월 1만 8,898원에서 올해 10월 1만 7,866원으로 5.5% 떨어졌다. 전국한우조합장협의회 회장은 "공급과잉이 지속됨에 따라 뿌리농가에 해당하는 중소규모 농가들에 어려움이 특히 가중되고 있다. (㉡) 모든 농가가 한마음 한뜻이 되어 수급 조절에 동참하여 위기 극복을 위해 노력해야 한다."고 말했다.

	㉠	㉡
①	가령	또한
②	그래서	하지만
③	하지만	그러므로
④	그러므로	그러나

12 다음 기사의 내용과 일치하는 내용을 고르면?

> 농림축산식품부가 농협경제지주, 대형 유통사와 함께 비정형과(못난이 과일) 소비 활성화에 나섰다. 비정형과 판매행사를 통해 올해 기상재해 등으로 생산량이 감소한 사과·토마토 등 주요 과일의 소비자물가 부담을 낮춘다는 취지다. 비정형과는 맛과 영양은 정상 상품과 같지만, 우박 등의 영향으로 모양이 좋지 않거나 흠집이 발생해 주로 가공용으로 소비되는 과일이다.
>
> 농식품부는 이달 말 본격적으로 출하되는 '후지 사과' 가운데 품질 좋은 비정형과와 소형과를 집중적으로 공급해 11월 1일부터 판매행사를 한다. 또한, 이달 10월 25일부터 11월 3일까지 농협유통 서울 양재점에서 토마토 비정형과 판매행사가 열린다. 5kg들이 1,500상자 분량의 토마토 비정형과를 정상품보다 30% 이상 할인된 가격에 판매한다. 이 밖에도 사과 유통물량 확대를 위해 계약재배 물량의 30%에 해당하는 1만 5,000t을 연말까지 집중 공급한다.

① 농협유통 서울 양재점에서 1만 5,000t의 토마토 비정형과가 할인 판매될 예정이다.
② 비정형과는 정상품보다 영양이 부족해 가공용으로 소비된다.
③ 토마토 비정형과는 사과 비정형과보다 할인판매가 먼저 시작된다.
④ 비정형과 판매행사는 과잉 생산된 과일의 소비 촉진을 위해 마련되었다.

13 다음 기사의 제목으로 가장 적절한 것을 고르면?

> 농협중앙회가 국회 본회의에서 '조세특례제한법'이 최종 통과됐다고 밝혔다. 이에 따라 올해부터 조합원 출자금 중 2,000만 원까지는 배당 소득세가 부과되지 않는다. 출자금 연 배당률이 3.5%라고 가정할 때 2,000만 원에 대한 배당소득인 70만 원에는 소득세가 면제되는 것이다. 같은 기준을 적용했을 때 지난해까지는 배당 소득세 면제액이 35만 원이었다. 당초 정부가 발표한 예산안에는 관련 내용이 없었지만, 국회 논의단계에서 농업계의 요구가 최종 반영됐다. 이와 같은 농·축협 출자금 비과세 한도는 1992년 500만 원에서 1,000만 원으로 상향된 후 32년 만에 개선됐다.

① 비과세 종합 저축 비대면 가입 가능
② 농·축협 출자금 비과세 한도 상향
③ 청년 농부 대상 계좌 출시 가시화
④ '조세특례제한법' 국회 통과 난항

14 다음 중 빈칸에 들어갈 접속어를 바르게 연결한 것을 고르면?

> 요리 재료로 쓰이는 된장과 고추장 등 장류는 음식물쓰레기로 배출하는 것으로 오해하기 쉬운 식품이다. (㉠) 음식물쓰레기의 기준은 '사람'이 아닌 '동물'이다. 음식물쓰레기는 살균처리와 건조를 거쳐 퇴비나 동물사료로 만드는데, 염분이 높은 장류는 사료나 비료에 적합하지 않다. 그렇다면 장류는 어떻게 버려야 할까?
>
> 액체인 간장은 싱크대 배수구로 흘려보낼 수 있지만, 된장·고추장 등 되직한 장류는 일반쓰레기를 담는 종량제봉투에 넣어서 버려야 한다. (㉡) 장류나 음식물을 변기나 배수구에 붓는 사람들이 있는데, 이 경우 배수관이 막힐 우려가 있고 하수처리 시설에도 문제를 일으킬 수 있어 반드시 정해진 배출방법에 따라야 한다. (㉢) 염분이 높은 김장김치도 일반쓰레기에 해당한다. 그렇지만 김치를 물에 여러번 씻어 양념과 소금기가 많이 제거되었다면 음식물쓰레기로 버릴 수 있다.

	㉠	㉡	㉢
①	왜냐하면	단지	반면
②	그런데	그러나	가령
③	결국	다만	그럼에도
④	하지만	간혹	또한

15 다음 중 의미가 <u>다른</u> 하나를 고르면?

① 요체(要諦)
② 진수(眞髓)
③ 거간(居間)
④ 정수(精髓)

16 다음 문단을 논리적 순서대로 바르게 나열한 것을 고르면?

(가) 이처럼 언피해가 우려되거나 해당 지역에 맞지 않는 난지형 품종을 심은 경우, 아주심기 작업을 제때보다 늦게 했다면 보온자재로 미리 식물체를 덮어줘야 한다. 또한 파종·아주심기가 늦은 곳도 보온자재를 덮어주면 싹이 나지 않는 비율을 줄이고 수확량을 늘릴 수 있다.

(나) 이는 예년보다 따뜻한 날씨에 웃자란 마늘·양파가 갑작스러운 추위에 노출돼 언피해를 볼 가능성이 크다는 뜻이다. 특히 일부 지역의 경우 지역에 맞지 않는 품종을 심기도 하고, 이상기후와 돌발 한파도 자주 발생하는 추세여서 더 주의를 기울일 필요가 있다.

(다) 마늘·양파는 다른 작목보다 추위에 잘 견디지만, 영하 8℃ 정도에 이틀간 노출되면 언피해를 볼 수 있는 작목이다. 올해 마늘과 양파의 파종 후 날씨(전남 무안 기준)를 보면 10월 중순에서 11월 상순에 기온이 평년보다 더 높았고, 비도 더 내렸다. 여기에 12월, 내년 2월 기온은 평년과 비슷하거나 높을 확률이 큰 것으로 나타나 지역에 따라 식물체 생육이 촉진될 가능성이 높은 것으로 예측됐다.

(라) 실제로 2018년 한지형 마늘 재배 적지에서 높은 수량을 얻기 위해 난지형 마늘을 심어 언피해를 본 사례가 있었으며, 올해 1월 25일경에는 최저기온이 영하 13℃까지 떨어져 일부 중북부·산간 지대에서 식물체가 언피해로 하얗게 마르는 현상이 발생했다.

① (나) — (가) — (라) — (다)
② (나) — (라) — (가) — (다)
③ (다) — (나) — (라) — (가)
④ (다) — (라) — (가) — (나)

17 다음 글을 이해한 내용으로 적절하지 <u>않은</u> 것을 고르면?

> 농림축산검역본부가 '주요 국가별 반려동물 검역기준 종합 안내서'를 최근 발간했다. 안내서는 '강아지·고양이와 함께하는 해외여행, 이렇게 준비하세요(1권)', '국가별 반려동물 검역 서식 모음(2권)'의 총 2권으로 구성됐다. 1권에는 반려동물과 해외여행 준비과정, 검역 절차 질의 및 답변(Q&A), 국가별 반려동물 검역 정보 등에 대한 자세한 내용을 담아 일선 검역 현장에서 좀 더 효율적인 민원 대응이 가능하도록 하였다. 2권에는 동물 검역 신청서, 위임장, 반려동물 예방접종 및 건강증명서 등 검역 기관에 제출할 서류의 작성 요령과 견본, 국가별 제출 서식 등이 수록됐다. 안내서를 참고하면 반려동물의 건강증명서, 예방접종증명서 등 상대국에서 요구하는 부속서류 준비에 도움을 받을 수 있다. 종합 안내서는 검역본부 누리집의 '수출국가별 반려동물 검역 안내'에서 확인할 수 있다. 또한 검역본부는 대한수의사회 누리집에도 종합 안내서를 게시해 동물병원 수의사도 공유하도록 했다. 검역본부는 이번 종합 안내서 발간으로 반려인이 스스로 반려동물 동반 해외여행을 준비하는 데 편의를 제공할 것으로 기대하고 있다.

① 동물병원 수의사는 종합 안내서 공유 대상이다.
② 종합 안내서의 대상에는 강아지와 고양이가 포함된다.
③ 질병관리청 누리집에서 종합 안내서를 내려받을 수 있다.
④ 국가별 반려동물 검역 정보는 1권에 수록되었다.

18 다음 글의 내용과 일치하지 <u>않는</u> 것을 고르면?

한반도가 지구온난화 등의 영향으로 뜨거워지면서 아열대 과일을 재배하기 적합한 환경으로 점차 바뀌자 새로운 소득작물을 찾는 농가의 진입이 늘고 있다. 21세기 후반이 되면 강원도 산간 지역을 제외한 우리나라 대부분 지역이 아열대기후로 바뀔 것이라는 전망도 나온다. 이미 제주와 일부 남부지역에 국한했던 아열대 과일 재배지역이 강원지역까지 북상했다. 여기에 아열대 과일을 특화작목으로 집중·육성하는 지방자치단체도 다수여서 생산량이 갈수록 증가하고 있다. 하지만 아열대 과일 재배에 나섰다가 낭패를 본 농가도 상당수다. 따뜻한 지역에서 자라는 외래작물을 키우다 보니 시설비와 묘목비 등 생산비 부담이 만만치 않아서다. 특히 난방비 탓에 농사지어 손에 쥐는 게 거의 없다는 하소연이 줄을 잇는다. 숱한 시행착오를 거친 소수의 농가만 안정적으로 자리를 잡은 상황이다. 우리 여건에 맞는 재배 기술이 확실하게 정립되지 않은 것도 농가를 힘들게 한다. 병해충으로 농사를 망치거나 생산량이 들쭉날쭉해 손해만 입는 사례가 많다. 저장기술 수준도 걸음마 단계여서 애써 키운 작물을 출하하지 못하고 버리는 경우도 있다. 기후변화 속에 아열대 과일은 과수농가에 새로운 활로가 될 수 있다. 이를 뒷받침하기 위해 정부와 연구기관은 생산비를 절감하고 생산성을 높일 수 있는 재배 기술 확립과 기술 지도에 적극적으로 나설 필요가 있다. 지역과 품목별로 표준화된 재배법을 제시한다면 농가의 실패는 크게 줄 것이다.

① 우리나라의 아열대 과일 생산량은 증가 추세이다.
② 정부 차원에서의 지역별 아열대 과일 재배법 확립이 필요하다.
③ 최근 강원지역 일부에서도 아열대 과일이 재배된다.
④ 아열대 과일로 작목을 변경한 농가에서는 난방비 절감 효과가 나타났다.

19 다음은 농업 분야의 외국인 근로자 고용허가제도 규정의 일부이다. 이에 대한 설명으로 옳지 <u>않은</u> 것을 고르면?

농업 분야 근로기준법 일부 조항 적용 배제
법 제63조에 의해 농업분야에 대해서는 근로시간(제50조－1일 8시간), 휴게(제54조－8시간 근무 1시간 휴게), 휴일(제55조－1주 1일 이상 휴일) 규정이 적용되지 않음
　－ 이는 연장근로 및 휴일근로에 대한 할증수당의 지급규정도 적용되지 않음을 의미. 즉 근로계약서상 1일 근로시간을 8시간을 초과하여 약정할 수 있으며 1주간의 근로시간을 40시간을 초과하여 약정할 수 있음
　－ 1일 근로시간을 8시간으로 약정한 경우에 1일 10시간을 근무하더라도 연장근로 2시간에 대해 50% 가산하여 임금을 지급할 필요가 없음
　－ 휴일에 근무하더라도 50% 가산하여 임금을 지급할 필요가 없음. 즉 근로계약서상 1일 근로시간을 8시간을 초과하여 약정할 수 있으며 1주간의 근로시간을 40시간을 초과하여 약정할 수 있음
　※ 다만, 야간근로(오후 10시부터 오전 6시까지 사이의 근로)는 근로기준법 제50조의 「근로시간」에 포함되지 않는다고 해석되기 때문에 야간 근로 시에는 50% 가산하여 임금을 지급해야 함

근로시간·휴게·휴일 규정 이외의 근로기준법 규정은 농업분야에도 전부 적용
일부 농업인들은 농업분야에는 근로기준법이 원천적으로 적용되지 않는 것으로 오해하고 있으나, 상기의 근로시간·휴게·휴일 규정 이외에는 연·월차휴가수당 등 전부 적용

최저임금제도는 「최저임금법」에 의해 농업 분야에도 적용
　－ 2000.10.23 이전에는 소규모사업장에 대해서는 최저임금법 적용을 배제하였으나, 2000.10.23 법 개정으로 모든 사업장, 모든 근로자에 적용
　－ 당연히 농업 분야 고용허가제 외국인근로자(E－9－4)에도 최저임금제 적용

농업 분야의 특수성 고려하여 지도
농업 분야의 작업의 특성상 근로시간을 기계적으로 적용하기가 적절치 못하기는 하나 특정한 날에 평소의 일상적 업무량을 초과하여 연장근로를 하였다면, 그 해당 연장근로 시간에 대하여 50% 할증수당 없이 초과근무수당을 지급하여야 할 것임

---

① 외국인 근로자와의 근로계약상 1일 10시간 근로를 약정하였다면, 10시간 모두에 대하여 가산 임금을 지불하지 않을 수 있다.
② 외국인 근로자가 1일 8시간 이상으로 근로계약을 체결했어도 근로기준법에서 정한 연·월차 휴가수당은 지급해야 한다.
③ 외국인 근로자와의 근로시간을 오후 1시부터 오전 1시까지로 12시간 약정하였다면, 추가되는 4시간에 대한 가산 임금을 지불하지 않을 수 있다.
④ 적절한 자격을 갖춘 농업 분야의 외국인 근로자는 최저임금제 적용 대상이 된다.

○ 장애수당

국가와 지방자치단체는 장애인의 장애 정도와 경제적 수준을 고려하여 장애로 인한 추가적 비용을 보전하게 하기 위해 장애수당을 지급할 수 있다. 다만, 국민기초생활 보장법에 따른 생계급여를 받는 장애인에게는 장애수당을 반드시 지급해야 한다.

○ 장애수당 등의 지급대상자

8세 이상으로서 장애인복지법에 따라 장애인으로 등록한 자 중, 국민기초생활 보장법에 따른 수급자 또는 차상위 계층으로서 장애로 인한 추가적 비용 보전이 필요한 자는 아래 장애수당 지급기준에 따라 장애수당을 지급받을 수 있다. 다만 노령기초연금을 받고 있는 자에게는 해당 월분에 대한 장애수당의 100분의 50을 지급한다. 노령기초연금의 매월 지급 금액은 아래 노령기초연금 지급기준에 따른다.

○ 장애수당 지급대상의 결정

장애수당 등의 구체적인 지급대상과 지급기준은 장애인의 보호에 드는 비용을 고려하여 매년 예산의 범위에서 보건복지부장관이 정한다.

○ 장애수당 등의 지급 시기 및 방법

장애수당 등은 그 신청일을 수당지급 개시일로 하여 수당지급 개시일이 그 달의 15일 이전이면 해당 월분에 대한 수당의 전부를 지급하고, 16일 이후면 해당 월분에 대한 수당의 100분의 50을 지급한다.

○ 장애수당의 환수

특별자치도지사, 시장, 군수, 구청장은 장애수당을 받은 사람이 다음의 어느 하나에 해당하면 그가 받은 장애수당의 전부 또는 일부를 환수해야 한다.
– 거짓이나 그 밖의 부정한 방법으로 장애수당을 받은 경우
– 장애수당을 받은 후 그 장애수당을 받게 된 사유가 소급하여 소멸된 경우
– 잘못 지급된 경우

[월 장애수당 지급기준]

구분	수급자	차상위 계층
1급 및 2급 장애인	200,000원	150,000원
3급 및 4급 장애인	100,000원	80,000원
5급 및 6급 장애인	80,000원	50,000원

[노령기초연금 지급기준]

구분	수급자	차상위 계층
65세 이상 80세 미만	80,000원	60,000원
80세 이상	100,000원	80,000원

※ 노령기초연금은 월 1회 신청 시 전액 지급.
※ 65세 이상은 모두 노령기초연금을 매월 지급 받음.

① 23일에 신청하였으며, 65세의 2급 장애인으로 차상위 계층인 경우
② 10일에 신청하였으며, 19세의 3급 장애인으로 기초수급자인 경우
③ 21일에 신청하였으며, 80세의 5급 장애인으로 차상위 계층인 경우
④ 15일에 신청하였으며, 40세의 1급 장애인으로 차상위 계층인 경우

21 다음 글의 내용과 일치하지 <u>않는</u> 것을 고르면?

경기도농수산진흥원과 한국푸드테크협의회가 먹거리와 첨단기술이 한데 어우러진 '2023 코리아 푸드테크 아이디어 공모전'을 개최한다. 푸드테크는 먹거리 생산·가공·유통·소비 등 식품산업 전 과정에 빅데이터와 인공지능(AI) 등 4차 산업혁명 기술을 적용해 부가가치를 높이는 새 산업 분야로 주목받고 있다.

경기도와 농협중앙회가 후원하는 이번 공모전은 국내 최초로 푸드테크 신기술을 발굴하고, 관련 스타트업을 체계적으로 육성해 우리나라 푸드테크산업의 국제경쟁력을 높이고자 마련됐다. 이번 공모전은 대체식품, 환자식, 식품 생산과정에서 발생한 부산물 등을 재가공해 새로운 제품으로 탄생시키는 산업인 푸드 업사이클링, 로봇과 인공지능을 이용한 생산·주문·운반 자동화, 농식품 온라인 플랫폼, 농업 전 과정에 AI·로봇 등 첨단기술을 적용한 애그테크 등 푸드테크와 관련한 제조, 서비스, 비즈니스모델에 이르기까지 다양한 아이디어를 대상으로 한다.

푸드테크에 관심이 있는 기업, 기관, 단체, 개인 등 누구나 공모에 참여할 수 있다. 참여를 원하는 경우 경기도농수산진흥원 누리집에서 지원서를 내려받아 제안서와 제안요약서를 각 1부씩 첨부해 전자메일로 12월 10일까지 신청하면 된다. 수상자는 서류심사와 본선(PT) 심사를 거쳐 선정되며, 수상자들에게는 표창과 더불어 경기도 '푸드테크 기업 등 시설 개선사업' 보조사업자 선정 시 가점 부여, 농협중앙회 푸드테크 스타트업 '엔하베스트엑스(NHarvestX)' 대상자 선정 시 우대 등의 혜택이 주어진다.

① 공모전은 개인뿐만 아니라 기업이나 단체도 지원할 수 있다.
② 식품 생산과정에서 발생한 부산물의 재가공과 관련된 아이디어는 공모 대상에 해당한다.
③ 푸드테크는 식품산업의 전반에 4차 산업혁명 기술을 적용한 산업 분야를 의미한다.
④ 기업 수상자는 공모전 수상과 동시에 경기도 푸드테크 기업 시설 개선사업 대상으로 선정된다.

22 다음 중 $\sqrt{20}$의 근삿값으로 가장 적절한 것을 고르면?(단, $\sqrt{2} \fallingdotseq 1.414$, $\sqrt{5} \fallingdotseq 2.236$이다.)

① 4.41

② 4.44

③ 4.47

④ 4.5

23 10, 18, 24의 최소공배수를 최대공약수로 나눈 값을 고르면?

① 60

② 120

③ 180

④ 360

24 정가가 2,000원인 어느 물건의 원가는 1,200원이라고 한다. 정가에 1,000개를 판매한 경우에 비해, 정가에서 10% 할인행사를 진행하여 1,500개를 판매한 경우 얼마만큼 순수익이 추가로 발생하는지 고르면?

① 0원

② 50,000원

③ 100,000원

④ 150,000원

25 $-2 < y < 3$일 때, 방정식 $3x + 4y = 8$을 만족하는 음이 아닌 정수 x의 개수를 고르면?

① 4개

② 5개

③ 6개

④ 7개

26 그림과 같이 층마다 가로, 세로의 개수가 같은 정육면체들로 이루어진 탑이 있다. 탑이 총 6층이라고 할 때, 정육면체의 총 개수를 고르면?

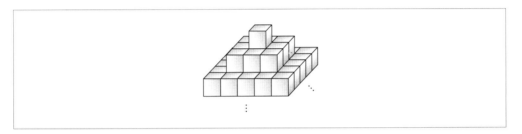

① 286개

② 287개

③ 288개

④ 289개

27 A씨는 차를 구입하기 위해 은행으로부터 고정금리 5%, 대출기간 10년 조건에 원금균등상환(연 단위 매 기말 상환)으로 5,000만 원을 대출받았다. 8회차 납부할 원리금 상환액을 고르면?

① 5,000,000원

② 5,250,000원

③ 5,500,000원

④ 5,750,000원

28 다음 빈칸에 들어갈 숫자를 고르면?

| 3 4 7 11 ( ) 29 47 |

① 14

② 16

③ 18

④ 20

29 다음 빈칸에 들어갈 숫자를 고르면?

| 1 1 3 7 ( ) 41 99 |

① 11

② 14

③ 17

④ 20

30 어느 일을 김 과장 혼자하면 40시간이 걸리고 이 대리 혼자하면 50시간이 걸린다고 한다. 이 일을 두 명이 동시에 월요일 오전부터 진행한다고 할 때, 언제쯤 일이 끝나는지 고르면?(단, 근무시간은 오전, 오후 각각 4시간이다.)

① 화요일 오후

② 수요일 오전

③ 수요일 오후

④ 목요일 오전

31 아래의 그림에서 4개의 정사각형은 모두 한 변의 길이가 4m이고 원은 그 안에 내접한다. 그림에 나타난 모든 선의 총 길이의 합은 몇 m인지 고르면?

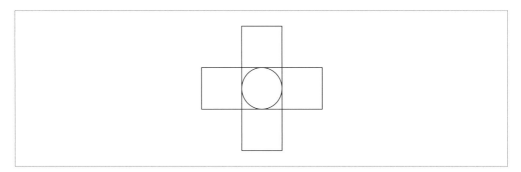

① $32+2\pi$

② $32+4\pi$

③ $64+2\pi$

④ $64+4\pi$

32 철수는 사격 게임에서 총 10발을 쏘았는데 기록은 다음 표와 같다. 평균 몇 점을 쏘았는지 고르면?

점수	적중 수
10점	2개
9점	4개
8점	3개
7점	1개
6점 이하	0개

① 8.7점

② 8.8점

③ 8.9점

④ 9점

33 영희는 동일한 크기의 색종이 5장을 겹쳐놓은 뒤 절반씩 4번 접었다. 이를 펼친 후 접힌 자국을 따라 모두 잘라낸다면 종이는 총 몇 조각이 나오겠는지 고르면?

① 60조각

② 80조각

③ 100조각

④ 120조각

34 그림과 같이 총 35개의 정육면체를 이용하여 쌓은 탑이 있다. 바닥면을 제외하고 모든 면에 페인트 칠을 하고자 할 때 칠해지는 단면의 수를 고르면?

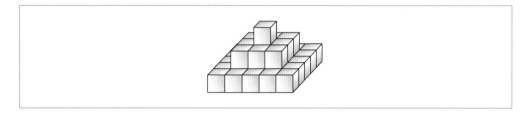

① 61개

② 62개

③ 63개

④ 64개

35 철수는 집에서부터 출발하여 4km/h의 속도로 400m를 걸어 공유자전거 보관소에 도착한 후 자전거를 타고 15km/h의 속도로 3km를 이동하여 목적지에 도착하였다. 집에서부터 목적지까지 걸린 총 시간을 고르면?

① 17분

② 18분

③ 19분

④ 20분

36 어느 대형 수조에 256L의 물이 들어있다. 하루가 지날 때마다 들어있는 물의 절반을 비워낸 후 32L를 보충해주는 작업을 6일 동안 반복한 경우 몇 L가 남아있는지 고르면?

① 67L

② 68L

③ 69L

④ 70L

37 현재 엄마의 나이는 딸의 나이의 6배이다. 24년 뒤 엄마의 나이가 딸의 나이의 2배라 할 때, 현재 딸의 나이를 고르면?

① 3살

② 4살

③ 5살

④ 6살

38 다음 규칙상 (?)에 들어갈 것을 고르면?

$$
\begin{array}{l}
K\,F\,J \Rightarrow \blacktriangle \Rightarrow A\,H\,N \\
N\,K\,U \Rightarrow \bigstar \Rightarrow F\,D\,Z \\
(\ ?\ ) \Rightarrow \blacktriangle \Rightarrow \bigstar \Rightarrow E\,D\,U
\end{array}
$$

① W D L

② E D K

③ W I L

④ L D A

어느 도시에 순환 운행되는 버스 A, B가 있다. 코스의 길이가 12km이고 버스 A와 B는 30km/h, 22km/h로 운행한다. 같은 장소와 시간에 같은 방향으로 출발한 두 버스가 세 번째로 다시 만나는 데까지 걸리는 시간을 고르면?

① 2시간 15분

② 3시간 15분

③ 3시간 45분

④ 4시간 30분

숫자 카드가 0, 1, 2, 3 네 장 있다. 이 숫자 카드들을 사용하여 자연수를 작은 숫자부터 나타낼 때, 25번째 숫자를 고르면?

1	2	3	10	12	⋯

① 213

② 231

③ 301

④ 310

한 변의 길이가 50cm인 정육면체 모양의 수조에 물이 가득 차 있다고 할 때, 그 무게가 몇 톤인지 고르면?(단, 물 1L의 무게는 1kg이다.)

① 0.125t

② 0.25t

③ 1.25t

④ 2.5t

42 A지역이 수요일 오후 4시일 때, B지역은 화요일 오전 2시, C지역은 수요일 오후 7시라고 한다. B지역이 토요일 오후 3시일 때, C지역의 요일과 시간을 고르면?

① 금요일, 오후 10시
② 토요일, 오전 1시
③ 일요일, 오전 8시
④ 일요일, 오후 2시

01

기출복원 모의고사

43 다음과 같이 늘어나는 그림에 대해서 10번째 그림의 사각형 개수를 고르면?

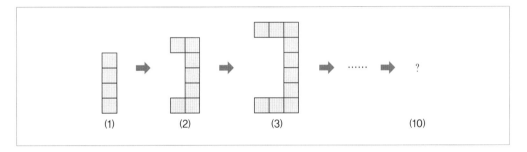

(1) (2) (3) (10)

① 29
② 30
③ 31
④ 32

44 치킨의 가격을 20% 인상하고 3,000원 할인행사를 진행했더니 기존 가격보다 800원 비싼 가격으로 나타났다고 할 때, 인상되기 전 가격을 고르면?

① 19,000원

② 20,000원

③ 21,000원

④ 22,000원

45 어느 회사원이 연이율이 5%인 상품에 가입하여 2024년부터 매년 초 100만 원씩 10년간 적립하기로 하였다. 이때, 2033년 말까지 적립되는 원리합계를 고르면?(단, $1.05^{10} = 1.63$으로 계산한다.)

① 1,321만 원

② 1,322만 원

③ 1,323만 원

④ 1,324만 원

46 7% 농도의 소금물 200g과 10% 농도의 소금물 100g을 혼합하여 300g의 소금물을 만든다고 할 때, 농도는 몇 %가 되겠는지 고르면?

① 7.5%

② 7.7%

③ 8%

④ 8.25%

47 다음 [표]는 N회사에 대하여 재무제표 중 하나인 손익계산서를 연도별로 요약하여 나타낸 것이다. 주어진 [표]와 [참고자료]를 바탕으로 할 때, [보기]의 ㉠~㉣ 중 옳은 것만을 모두 고르면?

[표] 2021~2023년 손익계산서 (단위: 억 원)

구분	2021년	2022년	2023년
매출액	1,200	2,100	1,800
매출원가	400	650	800
판매관리비	350	1,200	930
영업외손익	−550	300	600
특별손익	150	−200	350
법인세	60	65	65

[참고자료]
- (매출총이익)=(매출액)−(매출원가)
- (영업이익)=(매출총이익)−(판매관리비)
- (경상이익)=(영업이익)+(영업외손익)
- (당기순이익)=(경상이익)+(특별손익)−(법인세)
- $(매출총이익률)(\%)=\dfrac{(매출총이익)}{(매출액)}\times100$
- $(영업이익률)(\%)=\dfrac{(영업이익)}{(매출액)}\times100$
- $(당기순이익률)(\%)=\dfrac{(당기순이익)}{(매출액)}\times100$

보기
㉠ 2021년 영업이익률은 37.5%이다.
㉡ 경상이익이 가장 높은 해는 2022년이다.
㉢ 2023년 당기순이익률은 50% 이상이다.
㉣ 2022년 영업이익은 전년 대비 증가하였다.

① ㉠, ㉡
② ㉠, ㉢
③ ㉠, ㉢, ㉣
④ ㉡, ㉢, ㉣

48 다음 내용을 바탕으로 할 때, △△은행의 예금에 대한 연이자율을 고르면?

- 예치금액: 4,000만 원
- 예금 기간: 3년
- 연이자율: 단리
- 이자과세: 일반과세(15.4%)
- 세후 수령액: 43,553,200원

① 3.5%

② 3.6%

③ 3.9%

④ 4.2%

49 다음 [그래프]는 2017년부터 2020년까지 어느 지역의 중학생 수를 나타낸 자료이다. 이를 바탕으로 할 때, [보기]의 ㉠~㉢ 중 옳은 것만을 모두 고르면?

[그래프] 2017~2020년 중학생 수 (단위: 명)

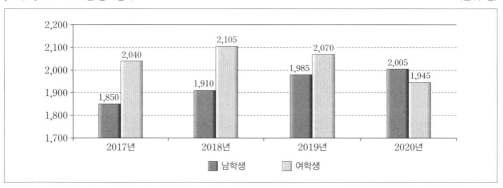

보기

㉠ 2018년 남학생 비중은 49% 미만이다.

㉡ 2020년 남학생 수는 2년 전 대비 100명 이상 증가하였다.

㉢ 2017년 대비 2020년 여학생의 비중은 3%p 이상 감소하였다.

① ㉠

② ㉢

③ ㉠, ㉡

④ ㉠, ㉢

50 다음은 2023년 충청지역의 마늘·양파·맥류 생산량을 조사한 결과를 나타낸 자료이다. 이에 대한 설명으로 옳지 <u>않은</u> 것을 고르면?

2023년 충청지역 마늘·양파·맥류 생산조사 결과	
통계청 충청지방통계청	다시 대한민국! 새로운 국민의 나라

[요약]

* (마늘) 56,711톤으로 전년 대비 9,064톤(19.0%) 증가
* (양파) 60,218톤으로 전년 대비 10,044톤(20.0%) 증가
* (맥류) 180톤으로 전년 대비 511톤(74.0%) 감소

[시도별 증감(전년 대비)]

구분	마늘	양파	맥류
충청	56,711톤	60,218톤	180톤
	+9,064톤 (+19.0%)	+10,044톤 (+20.0%)	−511톤 (−74.0%)
대전	350톤	567톤	0톤
	+6톤 (+1.6%)	+117톤 (+26.0%)	−10톤 (−99.5%)
세종	665톤	851톤	0톤
	+331톤 (+98.9%)	−184톤 (−17.8%)	0톤
충북	6,710톤	4,017톤	117톤
	+1,401톤 (+26.4%)	−1,695톤 (−29.7%)	−192톤 (−62.0%)
충남	48,986톤	54,783톤	63톤
	+7,326톤 (+17.6%)	+11,808톤 (+27.5%)	−309톤 (−83.0%)

① 2022년 충남 지역의 양파 생산량은 42,975톤이다.
② 2022년 대전 지역 마늘·양파·맥류의 총생산량은 804톤이다.
③ 2023년 충청지역의 마늘 생산량 중 충북이 차지하는 비중은 13% 미만이다.
④ 2022년 충청지역의 마늘·양파·맥류 생산량에서 마늘이 차지하는 비중은 48% 미만이다.

51 다음 [그래프]는 2017~2022년 우리나라의 1인당 국민총소득에 관한 자료이다. 이에 대한 설명으로 옳은 것을 고르면?

[그래프] 연도별 1인당 국민총소득   (단위: 만 원)

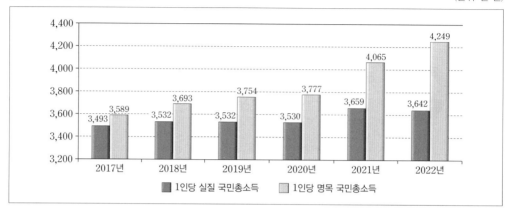

① 2021년 1인당 실질 국민총소득은 2018년 대비 4% 이상 증가하였다.

② 2022년 1인당 명목 국민총소득은 2017년 대비 20% 이상 증가하였다.

③ 1인당 명목 국민총소득이 전년 대비 가장 많이 증가한 해는 2021년이다.

④ 1인당 실질 국민총소득과 1인당 명목 국민총소득은 모두 해마다 꾸준히 증가했다.

52 다음 [표]는 소득분위에 따른 국가 장학금에 관한 자료이다. 이에 대한 설명으로 옳지 <u>않은</u> 것을 고르면?

[표1] 2019~2023년 국가 장학금 지원 구간 경곗값 (단위: 천 원)

구분	2019년	2020년	2021년	2022년	2023년	기준 중위소득 비율
1구간	1,384(이하)	1,424(이하)	1,462(이하)	1,536(이하)	1,620(이하)	30%
2구간	2,306(이하)	2,374(이하)	2,438(이하)	2,560(이하)	2,700(이하)	50%
3구간	3,229(이하)	3,324(이하)	3,413(이하)	3,584(이하)	3,780(이하)	70%
4구간	4,152(이하)	4,274(이하)	4,388(이하)	4,608(이하)	4,860(이하)	90%
5구간	4,613(이하)	4,749(이하)	4,876(이하)	5,121(이하)	5,400(이하)	100%
6구간	5,997(이하)	6,173(이하)	6,339(이하)	6,657(이하)	7,021(이하)	130%
7구간	6,920(이하)	7,123(이하)	7,314(이하)	7,681(이하)	8,101(이하)	150%
8구간	9,227(이하)	9,498(이하)	9,752(이하)	10,242(이하)	10,801(이하)	200%
9구간	13,840(이하)	14,247(이하)	14,628(이하)	15,363(이하)	16,202(이하)	300%
10구간	13,840(초과)	14,247(초과)	14,628(초과)	15,363(초과)	16,202(초과)	―

[표2] 2023년 국가 장학금 최대 지원 금액 (단위: 만 원)

학자금 지원 구간	학기별 최대 지원 금액	연간 최대 지원 금액
기초생활/차상위	350	700
기초생활/차상위 [신청자 본인(미혼) 서열 둘째]	전액	전액
소득분위 1구간	260	520
소득분위 2구간	260	520
소득분위 3구간	260	520
소득분위 4구간	195	390
소득분위 5구간	195	390
소득분위 6구간	195	390
소득분위 7구간	175	350
소득분위 8구간	175	350

① 2023년 국가 장학금을 지원받기 위해서는 소득분위 8구간 이내여야 한다.

② 연도별 국가 장학금 지원 구간 경곗값은 모든 구간에서 해마다 꾸준히 증가한다.

③ 2023년 소득분위 2구간의 국가 장학금 지원 구간 경곗값은 4년 전 대비 20% 이상 증가하였다.

④ 2023년 국가 장학금에 대한 학기별 최대 지원 금액은 소득분위 3구간이 7구간 대비 1.2배 이상이다.

53 다음 [표]는 2010~2020년 초혼 부부의 연령차별 혼인 구성비를 나타낸 자료이다. 이에 대한 설명으로 가장 적절한 것을 고르면?

[표] 2010~2020년 초혼 부부의 연령차별 혼인 구성비 (단위: %, %p)

구분		2010년	2011년	2012년	2013년	2014년	2015년	2016년	2017년	2018년	2019년	2020년	전년대비 증감
계		100.0	100.0	100.0	100.0	100.0	100.0	100.0	100.0	100.0	100.0	100.0	—
남자 연상	소계	69.1	68.4	68.2	67.6	67.7	67.6	67.7	67.2	67.0	66.8	65.3	−1.5
	1~2세	26.1	26.3	26.1	26.2	25.7	25.5	25.3	25.1	25.1	25.1	25.6	0.5
	3~5세	27.3	27.2	27.2	27.2	27.1	27.2	27.0	26.6	26.4	25.8	25.7	−0.1
	6~9세	10.1	10.0	10.1	10.2	10.5	10.7	11.0	10.8	10.8	10.7	10.3	−0.4
	10세 이상	5.7	4.9	4.6	4.2	4.0	4.1	4.3	4.5	4.8	5.2	3.8	−1.4
동갑		16.0	16.4	16.2	16.2	16.1	16.0	15.9	15.9	15.8	15.7	16.2	0.5
여자 연상	소계	14.9	15.3	15.6	16.2	16.2	16.3	16.3	16.9	17.2	17.5	18.5	1.0
	1~2세	10.9	11.1	11.3	11.6	11.5	11.4	11.4	11.7	11.8	11.9	12.5	0.6
	3~5세	3.2	3.3	3.4	3.7	3.7	3.9	3.9	4.0	4.3	4.4	4.7	0.3
	6~9세	0.7	0.7	0.7	0.8	0.8	0.9	0.9	1.0	1.0	1.1	1.1	0.0
	10세 이상	0.1	0.1	0.1	0.1	0.1	0.2	0.2	0.2	0.2	0.2	0.2	0.0

① 남자가 10세 이상 연상인 초혼 부부의 비중은 2014년에 가장 낮다.

② 여자가 연상인 초혼 부부의 비중은 꾸준히 증가하여 2020년에 가장 높다.

③ 남자가 3~5세 이상 연상인 초혼 부부의 비중이 27% 미만인 해는 5번 있다.

④ 2011년부터 2016년까지 6~9세 연령차 초혼 부부의 비중은 전반적으로 꾸준히 증가한다.

54 다음 [그래프]는 2021년 10월부터 2022년 4월까지 건설 관련 해외 원자재 가격 동향을 나타낸 자료이다. 이에 대한 설명으로 옳지 <u>않은</u> 것을 고르면?

[그래프1] 월별 철강 가격 (단위: 달러/톤)

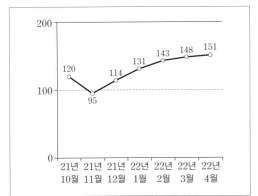

[그래프2] 월별 유연탄 가격 (단위: 달러/톤)

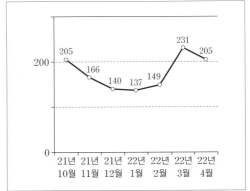

[그래프3] 월별 원유 가격 (단위: 달러/배럴)

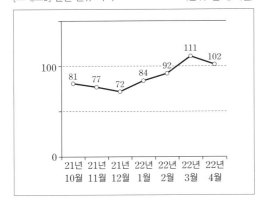

[그래프4] 월별 목재 가격 (단위: 달러)

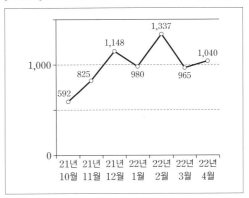

① 원유 가격이 가장 낮을 때와 높을 때의 차이는 배럴당 39달러이다.

② 2022년 2월 목재 가격은 2021년 11월 대비 60% 이상 증가하였다.

③ 2022년 3월 유연탄 10톤 구매 가격은 2021년 12월 대비 910달러 더 비싸다.

④ 2021년 4분기 철강 가격의 1톤당 평균 가격과 2022년 1분기 철강 가격의 1톤당 평균 가격의 차이는 30달러 미만이다.

55 다음 [그림]은 농산물 시장 유통에 관한 경로를 나타낸 자료이다. 이에 대한 설명으로 옳은 것을 고르면?

[그림1] 오이 유통 경로 (단위: %)

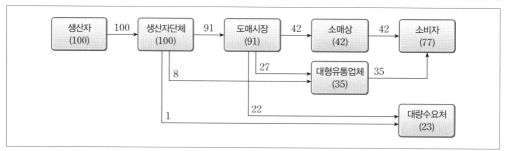

[그림2] 수박 유통 경로 (단위: %)

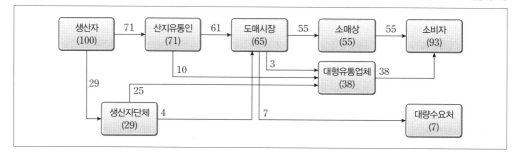

[그림3] 양파 유통 경로 (단위: %)

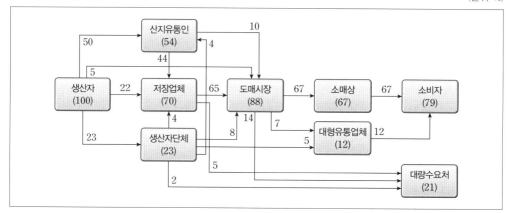

① 양파 저장업체는 두 군데에서 양파를 받아 세 군데에 유통한다.

② 대형유통업체를 통해 소비자에게 유통되는 오이의 비중은 40% 미만이다.

③ 양파 저장업체가 생산자단체로부터 받는 양파의 양은 전체 생산량의 4%이다.

④ 대량 수요처에서 산지 유통인으로부터 직접 받는 수박의 양은 전체 생산량의 2%이다.

56 다음 [표]는 2013~2022년 우리나라의 합계 출산율에 관한 자료이다. 이에 대한 설명으로 옳지 **않은** 것을 고르면?

[표] 2013~2022년 합계 출산율 (단위: 천 명, 1천 명당 명)

구분	2013년	2014년	2015년	2016년	2017년	2018년	2019년	2020년	2021년	2022년
출생아 수	436.5	435.4	438.4	406.2	357.8	326.8	302.7	272.3	260.6	249.1
합계 출산율	1.187	1.205	1.239	1.172	1.052	0.977	0.918	0.837	0.808	0.780

① 출생아 수는 해마다 꾸준히 감소한다.

② 2017년 출생아 수는 전년 대비 48,400명 적다.

③ 2020년 출생아 수는 2014년 대비 35% 이상 감소하였다.

④ 합계 출산율이 처음으로 1 미만으로 낮아진 해는 2018년이다.

57 다음 [표]는 어느 기업의 2020~2023년 재무상태표 일부를 나타낸 자료이다. 이에 대한 설명으로 옳은 것을 고르면?

[표] 2020~2023년 재무상태표 (단위: 억 원)

구분		2020년	2021년	2022년	2023년
자산	유동자산	1,745	1,815	1,975	2,130
	비유동자산	1,645	1,710	1,800	1,975
부채	유동부채	690	635	755	820
	비유동부채	225	260	265	315
자본	지배지분	2,400	2,550	2,675	2,885
	비지배지분	75	80	80	85

※ (부채비율)(%) = $\frac{(총부채)}{(총자본)} \times 100$

※ (유동비율)(%) = $\frac{(유동자산)}{(유동부채)} \times 100$

※ (자산) = (자본) + (부채)

① 2020년 유동비율은 255% 미만이다.

② 2022년 부채 중 유동부채의 비중은 75% 이상이다.

③ 2023년 유동자산은 2020년 대비 20% 미만 증가하였다.

④ 2023년 부채비율은 2년 전 대비 5%p 이상으로 증가하였다.

58 다음은 A씨의 자산에 관한 글이다. 이를 바탕으로 할 때, A씨의 2023년 자산총액을 고르면?(단, 언급되지 않은 내용은 고려하지 않는다.)

> A씨는 2022년에 매매가가 3억 2,000만 원인 아파트를 샀다. 그는 이 아파트를 사기 위해 2.8억 원에 해당하는 금액을 대출받았다. 그런데 A씨가 산 아파트단지 주변으로 상권 및 역세권이 형성되면서 아파트의 값이 1년 새 4,000만 원이 올랐다.
>
> 한편 A씨는 개인사업자인데, 사업 자금을 위해 은행으로부터 1억 5,000만 원을 대출받았다. 그리고 사업을 운영해 가면서 거래처인 지인에게 공증을 받고 5,000만 원을 빌려준 바 있다.

※ (자산)＝(자본)＋(부채)

① 4,000만 원

② 9,000만 원

③ 3억 6,000만 원

④ 5억 6,000만 원

59 다음 [표]는 어느 기업의 2020~2023년 근무 경력에 따른 업무상 손상에 관한 자료이다. 이를 바탕으로 할 때, 업무상 손상 발생률이 가장 낮은 해를 고르면?

[표] 2020~2023년 근무자 수 및 업무상 손상자 수 (단위: 명)

구분		5년 미만	5년 이상 10년 미만	10년 이상
2023년	근무자 수	240	210	250
	업무상 손상자 수	35	18	16
2022년	근무자 수	100	240	260
	업무상 손상자 수	9	31	15
2021년	근무자 수	80	250	170
	업무상 손상자 수	12	19	31
2020년	근무자 수	150	120	230
	업무상 손상자 수	21	10	23

※ (업무상 손상 발생률)(%)＝(업무상 손상자 수)÷(근무자 수)×100

① 2020년

② 2021년

③ 2022년

④ 2023년

60 다음 [그래프]는 2023년 11월 기준 농축산물 평균 수입가격 현황을 나타낸 자료이다. 이를 바탕으로 할 때, ㉠~㉣에 들어갈 내용으로 옳지 <u>않은</u> 것을 고르면?

[그래프] 2023년 11월 농축산물 평균 수입가격 (단위: 원/kg)

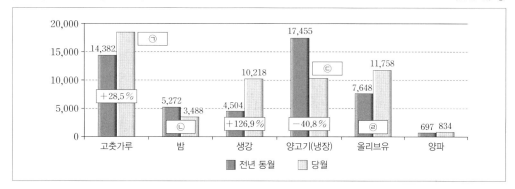

① ㉠＝18,481
② ㉡＝－33.8%
③ ㉢＝10,443
④ ㉣＝＋53.7%

61 다음 명제가 모두 참일 때, 항상 참인 것을 고르면?

> • 모든 지우개는 노란색이다.
> • 어떤 펜도 노란색이 아니다.

① 모든 지우개는 펜이다.
② 어떤 지우개는 펜이다.
③ 모든 펜은 노란색이다.
④ 어떤 지우개도 펜이 아니다.

62 다음 명제가 모두 참일 때, 항상 참인 것을 고르면?

- 강아지는 화분을 좋아한다.
- 노란색을 좋아하는 동물은 사과를 좋아하지 않는다.
- 화분을 좋아하는 동물은 사과를 좋아한다.

① 강아지는 노란색을 좋아하지 않는다.
② 화분을 좋아하는 동물은 노란색을 좋아한다.
③ 사과를 좋아하지 않는 동물은 화분을 좋아한다.
④ 노란색을 좋아하지 않는 동물은 사과를 좋아한다.

63 어느 회사의 기획부 직원 A, B, C, 재무부 직원 D, E, 개발부 직원 F, G, H가 토익 시험을 치렀는데, 점수가 모두 다르다고 한다. 다음 [조건]을 바탕으로 할 때, 항상 옳지 <u>않은</u> 것을 고르면?

조건
- 기획부는 모두 개발부보다 점수가 높다.
- D 바로 다음으로 A의 점수가 높다.
- 가장 점수가 높은 직원은 재무부가 아니다.
- C는 900점 미만이다.
- G는 같은 부서의 직원들 중 점수가 가장 높다.
- 900점 미만인 직원은 4명이다.

① D는 B보다 점수가 높다.
② E가 A보다 점수가 높다.
③ C 바로 다음으로 G의 점수가 높다.
④ E 바로 다음으로 C의 점수가 높다.

64 A~D 4명이 아침에 출근하여 출근 기록을 남기기 위해 사무실 입구 복도에 줄을 서 있었다. 다음 [조건]을 바탕으로 할 때, 항상 옳지 <u>않은</u> 것을 고르면?

> **조건**
> - A는 D보다 앞쪽에 서 있다.
> - B와 C는 서로 이웃하여 서 있다.
> - C는 앞에서 세 번째에 서 있다.

① 복도에 줄 서는 상황은 2가지 경우가 있다.

② D는 C보다 앞쪽에 서 있다.

③ A는 B보다 앞쪽에 서 있다.

④ A는 앞에서 두 번째에 서 있다.

65 성주, 유진, 동혁, 종원, 윤재, 영철 중 2명은 토요일에 당직하고, 2명은 일요일에 당직하고, 2명은 주말에 당직하지 않는다. 당직하지 않는 사람은 반드시 거짓말을 하고, 당직하는 사람은 반드시 참말을 한다고 할 때, 다음 [조건]을 바탕으로 할 때, 일요일에 당직하는 사람을 나타낸 것을 고르면?

> **조건**
> - 성주: 나는 동혁이와 같은 날 당직이야.
> - 유진: 나는 일요일에 당직이야.
> - 동혁: 나는 종원이와 같은 날 당직이야.
> - 종원: 나는 일요일에 당직하지 않아.
> - 윤재: 영철이는 토요일 당직이야.
> - 영철: 윤재는 주말에 당직하지 않아.

① 성주, 동혁

② 유진, 윤재

③ 유진, 영철

④ 동혁, 종원

66 다음은 주택용 전력 요금표와 A씨 집의 4월 전력사용량에 관한 자료이다. 이를 바탕으로 할 때, A씨 집의 4월 전기요금을 고르면?

1. 주택용 전력 요금표

시기 구분	전기 사용량 구분		기본요금(원)	사용량요금(원/kWh)
하절기 외	1구간	200kWh 이하	910	93.3
	2구간	201~400kWh	1,600	187.9
	3구간	400kWh 초과	7,300	280.6
하절기 (7.1.~8.31.)	1구간	300kWh 이하	910	93.3
	2구간	301~450kWh	1,600	187.9
	3구간	450kWh 초과	7,300	280.6

※ 사용량요금은 구간별 요금을 각각 구한 후 합산하여 계산함

2. A씨 집의 전력사용량

제품	소비전력(W)	1일 사용 시간	제품	소비전력(W)	1일 사용 시간
TV	150	5시간	전기밥솥	1,000	1시간
공기청정기	50	10시간	세탁기	600	0.5시간
형광등	100	5시간	진공청소기	1,100	0.5시간
냉장고	110	24시간	컴퓨터	120	5시간
김치냉장고	40	24시간			

※ (제품별 월간 전력사용량(kWh))=(소비전력)×(1일 사용 시간)×30

3. 전기요금 계산 방법

$$(전기요금)=(기본요금)+(사용량요금)$$

※ 사용량요금 계산 시 원 단위 미만으로 절사함

① 26,648원

② 26,983원

③ 27,065원

④ 27,152원

67 K이사와 N대리는 다음 달에 3박 4일간 스페인으로 출장이 예정되어 있다. 출장비 지급에 관한 다음 내용을 바탕으로 할 때, 두 사람의 출장비 총액을 고르면?

[표] 지역별 1박/1일당 숙박비 및 일비 금액 (단위: 만 원)

구분	A지역		B지역		C지역		D지역	
	숙박비	일비	숙박비	일비	숙박비	일비	숙박비	일비
사장/부사장	18	12	17	11	16	10	22	14
전무/상무	17	11	16	10	15	9	20	12
이사/부장	16	10	15	8	14	7	17	10
차장/과장	14	9	14	7	13	6	15	9
대리/사원	13	8	13	6	12	5	13	8

※ 출발 또는 도착 당일도 일비 지급됨.
※ 지역 구분

A지역	B지역	C지역
노르웨이, 핀란드, 스웨덴	• 아시아—대만, 홍콩 • 유럽—A지역을 제외한 모든 지역 • 북 · 남미 전 지역 • 오세아니아—호주, 뉴질랜드	A/B지역을 제외한 전 지역

① 140만 원

② 146만 원

③ 152만 원

④ 158만 원

68 G회사는 지난달 전 임직원 200명을 대상으로 1박 2일 워크숍을 진행하였다. 워크숍 진행 후 워크숍에 대한 평가 회의를 한 다음 내용의 일부를 바탕으로 할 때, 예산관리 측면에서 가장 먼저 축소해야 하는 비용으로 가장 적절한 것을 고르면?

[워크숍 평가회의]

• A부장: 지난 워크숍에 대해서 예산 관련으로 많은 이슈가 있었습니다. 특히 상품비, 기념품비, 숙박비, 기타여비에 대해서 구체적으로 관련 내용을 보고해 주시기 바랍니다.

• B과장: 이번 워크숍을 진행하면서 기념품이 많이 남았습니다. 이에 대한 예산으로 1,200만 원이 책정되어 있었는데, 그중 68% 정도만 기념품으로 제작 및 지급이 되었고, 나머지는 현재 총무팀에서 보관 중이죠. 이를 비용으로 환산하면 384만 원에 해당합니다.

• C과장: 기념품은 제작할 때 일부러 사내 소모품으로 사용되는 것을 선정하였기에 크게 문제가 된다고 생각하지는 않습니다. 이는 워크숍 이전 회의 때 합의가 된 부분입니다. 오히려 기타여비에 대해서 말들이 많더군요. 제 생각에도 쓸데없이 비용 처리가 많이 된 것 같습니다.

• D대리: 상품비 예산 책정에도 문제가 있었습니다. 상품을 너무 많이 준비하여 여러 사람들에게 상품이 돌아갔기에, 상품에 대한 기대가 낮았습니다. 게다가 상품의 질을 좋게 할 수 없었다는 것도 아쉬운 점이었습니다.

• A부장: 그런데 상품이 되도록 많은 임직원에게 돌아가기를 당부했던 대표님의 말씀과 더불어 우리의 목적이 있었으므로, 그 부분에 대해서는 오히려 나쁘지 않게 생각됩니다.

• B과장: 기타여비는 총 2,000만 원이 배정되어 있었는데, 이는 이전 워크숍 때보다 30%나 감소한 것입니다. 21%에 해당하는 금액만 남은 상황이어서 기념품비에 비교하면 오히려 충분히 잘 활용한 것으로 생각됩니다.

• D대리: 숙박비는 거의 최소 비용으로 하였기에 잠자리에 대한 불편은 조금 있었지만, 다들 어느 정도는 만족한 듯합니다. 게다가 비용면에서는 네 항목 중 가장 알맞게 책정된 것 같습니다.

---

① 상품비
② 기념품비
③ 숙박비
④ 기타여비

69 다음 논증과 같은 유형의 논리적 오류를 범하는 것을 고르면?

> 국회의원 장○○ 씨는 경기를 활성화하기 위해 고소득자의 세금 부담을 경감하자는 취지의 법안을 제출하였다. 하지만 그는 최근 일어난 뇌물 사건에 연루된 인물이므로, 이 법안은 반드시 거부되어야 한다.

① A를 우리 회사의 새 경영자로 초빙하는 것은 좋은 생각이 아닌 듯하다. 지난 15년간 그는 다섯 개의 사업을 했는데, 그의 무능한 경영의 결과로 모두 다 파산하였다.

② 새 시장이 선출된 이후 6개월 동안 버스가 전복되고, 교량이 붕괴되었으며 시내 대형 건물에서 화재가 발생하는 사고가 있었다. 시민의 안전을 위해 시장을 물러나게 할 수밖에 없다.

③ B는 최근 우리 회사에서 일어난 도난 사건의 가장 유력한 용의자가 김 씨라고 주장한다. 그러나 이 주장은 터무니없다. 왜냐하면 B는 최근 음주운전으로 물의를 일으킨 적이 있기 때문이다.

④ C는 현 정부가 제안하는 모든 정책에 대해 사사건건 시비를 건다. 그가 경영하는 사업체에 국세청 특별 세무조사가 실시될 수 있음을 알려 그의 생각이 잘못되었다는 것을 일깨워 줄 필요가 있다.

70 다음 [보기]의 ㉠~㉣ 중 농협은행과 지역농협에 관한 설명으로 옳지 <u>않은</u> 것을 모두 고르면?

> **보기**
> ㉠ 농협은행은 출자금 제도를 운영 중이다.
> ㉡ 농협은행은 사익을 목적으로 하는 영리기관이다.
> ㉢ 지역농협은 농협중앙회가 관리하며 농협금융지주 소속이다.
> ㉣ 농협은행은 제1금융권에 속하고 지역농협은 제2금융권에 속한다.

① ㉠, ㉢

② ㉡, ㉢

③ ㉠, ㉡, ㉣

④ ㉡, ㉢, ㉣

71 다음 설명 중 옳지 <u>않은</u> 것을 고르면?

① 브로콜리는 제주도의 특산물 중 하나이다.

② 농가에서 농촌인력중개센터를 통해 일손을 찾을 때 조합원에 가입되지 않아도 된다.

③ 농협에서는 팜스테이를 운영하여 농가에서 숙식하면서 농업문화 · 농촌생활 등에 관한 체험을 할 수 있는 관광상품을 운영 중이다.

④ 농협은 생산부터 수확 후 포장 단계까지 농약 · 중금속 · 병원성미생물 등 농식품 위해 요소를 종합적으로 관리하는 농산물우수관리인증제도인 HACCP를 운영한다.

72 퍼실리테이션에 관한 다음 내용을 바탕으로 할 때, 주어진 상황에 따른 퍼실리테이션 활용 방법으로 가장 적절하지 <u>않은</u> 것을 고르면?

> 퍼실리테이션은 2명 이상의 집단이 효율적으로 최선의 시책을 찾도록 돕는 의사결정 방법론이다. 솔직한 생각을 공유할 수 있는 안전한 분위기를 만드는 것에서 시작해, 자신의 생각을 꺼내 다른 사람의 생각과 비교하고 탐색한다. 그리고 서로의 관점을 확장해 최선이면서 동시에 모두가 받아들일 수 있는 시책(결정)을 도출하도록 돕는다. 서로가 가진 정보와 솔직한 의견을 꺼내면 내가 보지 못했던 장단점들을 볼 수 있고, 내가 보는 장점이나 단점을 불식시키거나 상대에게 이해시킬 수 있는 기회가 주어진다. 이 과정에서 일어나는 의견 충돌과 갈등을 생산적으로 관리하면서도 효율적으로 목표를 달성하도록 돕는 것, 그래서 최선의 시책이면서도 모두가 받아들일 수 있는 의사결정을 하도록 돕는 방법론이 퍼실리테이션인 것이다.

① 6~12세 어린이를 대상으로 한 간식을 기획 및 개발할 때, 제품에 관하여 10~20인의 그룹별로 인터뷰를 진행하여 내용을 보완하고 공통점을 현장에서 확인해 검증한다.

② 아이디어 회의를 진행할 때, 자칫 산만해질 수 있는 카페 등에서 진행하지 않고 정돈된 회의실에서 서로의 의견을 나누면서 한 사람씩 차례대로 자신의 생각을 정리하여 말한다.

③ 자율출퇴근 제도 등의 유연근무 제도를 도입 후 새로 온 팀원과의 협업에 어려움을 경험하고 있었을 때, 제도 시행 이후의 경험을 나누며 유연근무 제도의 장단점을 확인한 후 팀 내의 그라운드룰을 수립한다.

④ 구성원이 조직의 핵심가치를 기억하지 못하고 이를 업무와 의사결정에 활용하지 못할 때, 핵심가치가 잘 지켜졌다고 생각한 사례와 핵심가치와 다른 이유 사이에서 갈등이 되었던 순간들을 꺼내어 공유하고 토론하며 핵심가치의 성공사례를 확인하고 노하우를 공유한다.

73 스캠퍼 기법에 관한 다음 자료와 [상황]을 바탕으로 할 때, 각 상황에서 공통으로 사용된 스캠퍼 기법으로 가장 적절한 것을 고르면?

스캠퍼 기법은 사고의 출발점이나 문제해결의 착안점을 7가지 질문의 형태로 미리 정해 놓고 그에 따라 다각적인 사고를 전개하기 때문에 브레인스토밍보다 좀 더 구체적이고 실행 가능한 대안을 도출할 수 있다. '스캠퍼(SCAMPER)'란 이름은 '대체하기(Substitute), 조합하기(Combine), 적용하기(Adapt), 수정·확대·축소하기(Modify, Magnify, Minify), 다른 용도로 사용하기(Put to other use), 제거하기(Eliminate), 재배치하기(Rearrange)'라고 하는 7가지 질문의 머리글자를 따서 만든 것이다.

S	대체하기(Substitute)
C	조합하기(Combine)
A	적용하기(Adapt)
M	수정·확대·축소하기(Modify, Magnify, Minify)
P	다른 용도로 사용하기(Put to other use)
E	제거하기(Eliminate)
R	재배치하기(Rearrange)

[상황1]

2008년 제네바 모터쇼에서 이탈리아의 산업디자이너 피오라반티가 만든 자동차 '히드라'는 나노기술을 활용하여 와이퍼를 없앴습니다. 이런 기술은 연꽃잎 효과(lotus effect)를 이용한 코팅기술을 응용한 것입니다.

[상황2]

사람들이 사용하는 노트북 컴퓨터는 성능도 중요하지만, 휴대성과 편리성이 먼저 생각되어야 합니다. 그래서 하드웨어 개발자들은 노트북 컴퓨터에 최적화된 마우스를 위해 무선 마우스를 개발하였습니다.

① 조합하기(Combine)

② 수정·확대·축소하기(Modify, Magnify, Minify)

③ 제거하기(Eliminate)

④ 재배치하기(Rearrange)

74 △△회사의 영업팀 A대리는 해외 바이어 B와의 미팅을 위해 두바이행 비행기 표 22만 원과 홍콩행 비행기 표 30만 원을 지불하였다. 다음 △△회사 결재 규정을 바탕으로 할 때, A대리가 작성한 결재 양식으로 옳은 것을 고르면?

- 결재를 받으려는 업무에 대해서는 최고 결재권자(대표이사)를 포함한 이하 직책자의 결재를 받아야 한다.
- '전결'이라 함은 회사의 경영 활동이나 관리 활동을 수행함에 있어 의사결정이나 판단을 요하는 일에 대하여 최고 결재권자의 결재를 생략하고, 자신의 책임하에 최종적으로 의사결정이나 판단을 하는 행위를 말한다.
- 전결 사항에 대해서도 위임받은 자를 포함한 이하 직책자의 결재를 받아야 한다.
- 결재를 올리는 자는 최고 결재권자로부터 전결 사항을 위임받은 자가 있는 경우 결재란에 전결이라고 표시하고 최종 결재권자란에 위임받은 자를 표시한다. 다만, 결재가 불필요한 직책자의 결재란은 상향 대각선으로 표시한다.
- 최고 결재권자의 결재 사항 및 최고 결재권자로부터 위임된 전결 사항은 다음의 표에 따른다.

구분	내용	금액 기준	결재서류	팀장	본부장	대표이사
접대비	거래처 식대, 경조사비 등	20만 원 이하	접대비 지출 품의서, 지출결의서	●■		
		30만 원 이하			●■	
		30만 원 초과				●■
교통비	국내 출장	30만 원 이하	출장계획서, 출장비 신청서	●■		
		50만 원 이하		●	■	
		50만 원 초과		●		■
	해외 출장			●		■
소모품비	사무용품		지출결의서	■		
	전산 소모품					■
	기타 소모품	20만 원 이하		■		
		30만 원 이하			■	
		30만 원 초과				■
법인카드	법인카드 사용	50만 원 이하	법인카드 신청서	■		
		100만 원 이하			■	
		100만 원 초과				■

※ ●: 기안서, 출장계획서, 접대비 지출 품의서
※ ■: 지출결의서, 세금 계산서, 각종 신청서

①

			출장계획서		
결재	담당	팀장	본부장	최종 결재	
	A대리	팀장	전결	본부장	

②

			출장계획서		
결재	담당	팀장	본부장	최종 결재	
	A대리	팀장	본부장	대표이사	

③

			출장비 신청서		
결재	담당	팀장	본부장	최종 결재	
	A대리	전결		팀장	

④

			출장비 신청서		
결재	담당	팀장	본부장	최종 결재	
	A대리	팀장	본부장	대표이사	

75 다음 [표]는 5개 지역(별빛마을, 금빛마을, 은빛마을, 민속마을, 매화마을) 간의 농산물 교류 비용을 나타낸 것이다. 별빛마을에서 매화마을까지 농산물을 유통하고자 한다. 5개 지역 모두를 빠짐없이 한 번씩만 거치는 경로 중 물류비용이 최소인 경로에서의 총물류비용을 고르면?

[표] 5개 지역 간의 농산물 교류 비용 (단위: 만 원/톤)

구분	별빛마을	금빛마을	은빛마을	민속마을	매화마을
별빛마을	0	6	7	4	2
금빛마을	6	0	9	5	3
은빛마을	7	9	0	1	4
민속마을	4	5	1	0	8
매화마을	2	3	4	8	0

① 16만 원/톤
② 17만 원/톤
③ 18만 원/톤
④ 19만 원/톤

76 다음 [조건]을 참고할 때, □□지역에서 사육하는 닭, 양, 염소, 젖소, 돼지, 오리 총 6가지 동물의 개체 수가 많은 순서대로 바르게 나열한 것을 고르면?

조건
- 오리는 양보다 사육 개체 수가 많으며, 둘의 순서는 한 칸 떨어져 있다.
- 젖소의 사육 개체 수는 양보다 많다.
- 오리의 사육 개체 수는 돼지보다 적다.
- 젖소의 사육 개체 수는 염소 바로 다음으로 많다.

① 닭 − 염소 − 젖소 − 양 − 돼지 − 오리
② 염소 − 젖소 − 돼지 − 오리 − 닭 − 양
③ 돼지 − 염소 − 오리 − 닭 − 양 − 젖소
④ 염소 − 젖소 − 오리 − 돼지 − 양 − 닭

77 다음 설명을 참고할 때, 빈칸 ㉠~㉢에 들어갈 화훼시장의 위치와 구매한 화초를 순서대로 바르게 나열한 것을 고르면?

> • A, B, C 세 사람은 각각 서울, 용인, 수원 중 어느 한 곳의 화훼시장에서 화초를 구매하였다.
> • 세 사람은 각각 진달래, 무궁화, 개나리를 구매하였다.
> • 개나리를 구매한 사람은 수원에서 구매하였다.
> • B는 진달래와 무궁화 중 어느 한 가지를 구매하였다.
> • C는 용인과 수원에서 화초를 구매하지 않았으며, 진달래를 구매하지 않았다.

A	B	C
㉠	㉡	㉢

① 용인, 진달래 / 서울, 개나리 / 수원, 무궁화
② 용인, 개나리 / 수원, 진달래 / 서울, 무궁화
③ 수원, 진달래 / 용인, 개나리 / 서울, 무궁화
④ 수원, 개나리 / 용인, 진달래 / 서울, 무궁화

78 S사는 매년 열리는 해외 지사장 회의를 개최하기 위하여 각 지사의 책임자를 본사로 불러들였다. 주어진 네 곳의 해외 지사장들의 현지 이동 일정과 이동 시간을 참고할 때, 한국에 도착하는 비행기 시간이 가장 빠른 사람과 가장 늦은 사람을 순서대로 바르게 짝지은 것을 고르면?

구분	출발지	출발시각(현지시간)	소요시간
갑 지점장	독일	7월 5일 17:20	13시간
을 지점장	뉴욕	7월 5일 08:30	14시간
병 지점장	LA	7월 5일 09:15	11시간
정 지점장	이탈리아	7월 5일 22:30	9시간

※ 현지시간 기준 한국은 독일보다 8시간, 뉴욕보다 14시간, LA보다 16시간, 이탈리아보다 6시간이 빠름

① 을 지점장, 갑 지점장
② 병 지점장, 정 지점장
③ 병 지점장, 갑 지점장
④ 을 지점장, 정 지점장

79 100대가 주차 가능한 주차장이 있다. 매 10분 동안 나가는 차의 수는 10대이고, 주차하러 오는 차의 수는 20대이다. 빈자리가 없으면 도착한 순서대로 기다리다가 자리가 생기면 주차한다. 8시에 70대가 주차되어 있을 때, 이 주차장에 9시 이전에 반드시 주차하려면 늦어도 언제까지 도착해야 하는지 고르면?

① 8시 20분
② 8시 30분
③ 8시 40분
④ 8시 50분

80 다음 명제를 토대로 얻을 수 있는 결론 중 항상 옳은 것을 고르면?

- 축구를 좋아하는 사람은 농구를 좋아한다.
- 배구를 좋아하는 사람은 축구를 좋아하지 않는다.
- 농구를 좋아하지 않는 사람은 서핑을 좋아한다.
- A지역 사람은 축구와 서핑을 좋아한다.

① A지역 이외의 지역 사람은 축구 또는 서핑을 좋아하지 않는다.
② 배구를 좋아하지 않는 사람은 축구를 좋아한다.
③ 배구를 좋아하는 사람은 A지역 사람이 아니다.
④ 농구를 좋아하지 않는 사람은 배구를 좋아한다.

81 다음 공모 안내문을 읽고 판단한 의견으로 적절하지 <u>않은</u> 것을 고르면?

신혼희망타운 조경시설 및 놀이시설 설계공모

　신혼희망타운에 여유로운 쉼과 풍경이 있는 조경 공간 특화 및 '날씨에 상관없이 안전하게 365일 마음껏 뛰어놀 수 있는 놀이터'의 최적화된 설계모델 개발을 위한 조경시설 및 놀이시설을 아래와 같이 공모합니다.

1. 공모명: 신혼희망타운 조경시설 및 놀이시설 설계공모
2. 공모분야: 조경시설물 및 놀이시설물 디자인 제안

　　Ⓐ 조경시설물　　　Ⓑ 숲속놀이터　　　Ⓒ 촉촉놀이터　　　Ⓓ 비가와도놀이터

　　* 공동응모, 분야별 중복응모 가능(한 개 분야에 중복응모는 불가능)

3. 공모방식: 디자인 제안서 공모(세부사항 첨부 서류 참조)
4. 참가자격: 시설물 제작 · 설치가 가능한 업체 또는 조경시설물 설치 공사업 등록 업체
5. 공모일정

구분	일정 및 장소
공모 공고	20○○.07.23(월) [기관 홈페이지/알림 · 홍보/알림/공모안내]
제안서 제출확약서 접수기간	20○○.07.30(월)~08.03(금) 17시까지 e-mail 접수(발송시간 기준) 접수 e-mail 주소: ○○@or.kr
제안서 접수일	20○○.08.23(목) 17시까지 기관 본사에 방문 제출
공모결과 발표	20○○.08.30(목) [기관 홈페이지/알림 · 홍보/알림/공모안내]

6. 기타사항

　1) 제안서 제출확약서를 제출한 업체에 한하여 제안서를 제출할 수 있습니다.

　　* 공동응모의 경우 하나 이상의 구성원이 제안서 제출확약서를 제출 할 수 있으며, 제안서 제출 시에는 대표사를 지정하여 대표사가 제출하여야 합니다.

　2) 공모시침서 및 과업내용서, 관련 자료는 건실기술정보시스템 / 공모현황을 참고하시기 바랍니다.

　3) 문의처: □□기관 ◇◇사업처 ☎ 02) 000-0000

20○○년 7월 23일

□□기관 사장

① '우리 업체는 숲속을 테마로 한 놀이터 시설에 강점이 있으니, 이 분야에 2~3개 정도 디자인을 제안해 봐야겠군.'

② '반드시 조경시설물 설치 공사업 등록이 되어 있어야 응모 자격이 있는 것은 아니군.'

③ '제안서는 e-mail 접수가 불가하네.'

④ '제안서 제출확약서와 제안서를 각각 다른 구성원이 제출해도 되는 거로군.'

82 다음은 귀농, 귀촌인을 대상으로 한 금융상품 안내의 일부이다. 이에 대한 설명으로 옳지 <u>않은</u> 것을 고르면?

[자금 마련형]
- 가입 대상: 개인
- 대상 예금: 자유적립 적금
- 가입 기간: 1년 이상 20년 이내의 연 단위
- 가입 금액: 초입금 10만 원 이상, 1회 납입금액 1만 원 이상, 월 납입한도는 1인당 500만 원 이내
- 기본금리: 자유적립금 연차별 금리 적용(매년 응당일에 변경 가능)
  - 적립 기간: 자유적립 적금 1년제 금리
  - 재예치 기간(2년 차부터): 자유적립 적금 각각 2년제(재예치 1년 차), 3년제(재예치 2년 이상) 금리
- 우대금리: 기본금리에 더하여 최고 연 0.2%p(세전) 이내에서 농축협 별로 적용

[연금 지급형]
- 가입 대상: 개인
- 대상 예금: 자유적립 적금
- 가입 기간: 1년 이상 10년 이내의 연 단위
- 가입 금액: 초입금 10만 원 이상, 1회 납입금액 1만 원 이상, 월 납입한도는 1인당 500만 원 이내
- 기본금리: 가입 후 3년까지는 확정 금리 적용, 3년 초과기간에 대하여는 매 3년마다 3년제 자유적립 적금 금리 적용. 연금 지급기간에는 1년제 정기예탁금 금리로 매년 변경 적용
- 우대금리: 기본금리에 더하여 최고 연 0.2%p(세전) 이내에서 농축협 별로 적용

---

① 두 가지 형태 모두 개인을 가입 대상으로 한다.
② 적금 가입 금액이 3,000만 원 이상이라도 최고 우대금리가 0.2%p이다.
③ 자금 마련형은 가입 후 3년까지 연도별 적용 금리 기준이 모두 다르다.
④ 적금을 가입한 월의 2회차 납입금 1인 최대 금액은 500만 원이다.

83 다음은 ○○조합의 입찰 공고문 일부 내용이다. 이에 대한 설명으로 옳지 <u>않은</u> 것을 고르면?

1. 입찰에 부치는 사항
   ○ 입찰방법: 전자입찰
   ○ 과 업 명: 2024년 직원 채용 대행 용역
   ○ 납품장소: ○○조합 지정장소
   ○ 사 업 비: 금135,000,000원(금일억삼천오백만원), 부가세 포함
   ○ 사업기간: 계약체결일로부터 1년
2. 입찰(개찰) 일시 및 장소
   ○ 가격제안(입찰)서 접수개시일시: 2023.12.29.(금)
   ○ 가격제안(입찰)서 접수마감일시: 2024.01.09.(화)
   ○ 가격제안(입찰)서 개찰일시: 기술평가 후 개찰
   ○ 가격제안(입찰)방식: 전자입찰(국내입찰)
3. 입찰서 제출
   ○ 본 사업은 입찰서류 및 제안서류를 온라인(e−발주시스템)으로 제출하여야 합니다.
   ○ 제출기간: 2023.12.29.(금) 16:00~2024.01.09.(화) 나라장터 마감 시까지
   ○ 기타 유의사항
      (1) 제안서는 e−발주시스템을 통해 제출하여야 하며, 반드시 e−발주시스템에서 제안서 최종제출 여부를 확인하시고, 최종적으로 제출한 파일을 다운로드하여 정상 여부를 확인하시기 바랍니다.
      (2) e−발주시스템을 통해 제출하는 제안서류 일체는 PDF 파일 형식으로 제출하여야 하며, 총용량은 300MB를 초과할 수 없습니다.
      (3) 제안서는 온라인 접수, 제안평가는 오프라인(대면)으로 진행 예정

① ○○조합의 직원 채용을 대행할 용역 업체를 선정하기 위한 입찰이다.
② 제안 가격에 대한 평가뿐 아니라 기술평가도 함께 이루어진다.
③ 모든 제출서류는 마감일 오후 4시까지 e−발주시스템으로 제출되어야 한다.
④ 제출하는 서류는 아래한글 파일로 작성할 수 없으며, 200MB 용량의 파일 2개로 나누어 제출할 수 없다.

84 다음 전제1과 결론이 성립하기 위해 필요한 '전제2'로 옳은 것을 고르면?

> • 전제1: D농협의 직원은 모두 3인 가구이다.
> • 전제2: (   )
> • 결론: 고추를 재배하는 농민은 모두 3인 가구이다.

① 고추를 재배하는 모든 농민은 D농협의 직원이다.
② 고추를 재배하는 어떤 농민은 D농협의 직원이다.
③ 고추를 재배하는 모든 농민은 D농협의 직원이 아니다.
④ 고추를 재배하는 어떤 농민은 D농협의 직원이 아니다.

85 5개의 조합 A, B, C, D, E는 보유하고 있는 농기계를 상호 대여하고 있으며, 한 번 대여 받은 농기계를 다시 다른 조합으로 대여할 수도 있다. 다음 [표]는 조합 간 농기계를 직접 대여하는지, 혹은 그렇지 않은지를 나타낸 것이다. 이를 바탕으로 할 때, [보기]의 ㉠~㉣ 중 옳은 것을 모두 고르면?

구분		대여받는 조합				
		A	B	C	D	E
대여하는 조합	A	—	0	1	1	0
	B	0	—	1	1	0
	C	0	0	—	1	0
	D	1	0	0	—	1
	E	1	1	0	0	—

※ 대여하는 조합을 기준으로 0은 농기계를 직접 대여하지 않음을, 1은 농기계를 직접 대여하는 것을 의미함

> **보기**
> ㉠ B조합이 대여받은 농기계는 다른 조합을 거쳐도 A조합에 대여할 수 없다.
> ㉡ 가장 많은 조합으로부터 직접 농기계를 대여받을 수 있는 조합은 D조합이다.
> ㉢ C조합은 E조합이 대여하는 농기계를 B조합을 통해서만 대여받을 수 있다.
> ㉣ E조합이 대여한 농기계는 B조합, C조합을 순서대로 거쳐 D조합에 대여될 수 있다.

① ㉠, ㉡
② ㉠, ㉢
③ ㉡, ㉣
④ ㉢, ㉣

86 서로 다른 날 영어 학원을 방문한 A, B, C, D, E 5명은 방문한 날 각자 3개월, 6개월, 9개월, 12개월 중 하나를 선택하여 수강 신청을 하였다. 다음 설명을 참고할 때, 항상 옳지 <u>않은</u> 것을 고르면?

- 같은 개월 수를 신청한 사람은 2명이며, 그 중 하나는 E다.
- 5명 중 마지막으로 학원을 방문한 사람은 9개월을 신청하였고, 그 사람이 C는 아니다.
- B는 3개월을 신청하였고, C, E보다 먼저 신청하였다.
- B와 E가 신청한 개월 수의 합은 D가 신청한 개월 수와 같다.
- A는 C보다 먼저 신청하였고, D보다는 늦게 신청하였다.

---

① B는 두 번째 순서로 신청하였다.

② A가 신청한 개월 수로 가능한 경우는 2가지이다.

③ B와 D 중 누가 먼저 신청했는지는 알 수 없다.

④ A와 E가 같은 개월 수를 신청했다면 C는 9개월을 신청했다.

87 다음은 농협의 기본형 시그니처이다. 이에 대한 설명으로 옳지 <u>않은</u> 것을 고르면?

① 마크 전체는 '협'자의 'ㅎ'을 변형한 것으로 항아리에 쌀이 가득 담겨 있는 형상을 상징한다.

② 농협의 시그니처에는 농협의 무한한 발전과 협동 단결의 의미가 내포되어 있다.

③ 마크 상단의 'V' 꼴은 농협의 중심에 농협중앙회가 자리하고 있음을 의미한다.

④ 시그니처는 심벌과 로고타입을 가장 합리적이고 균형적으로 조합시킨 것으로, 농협의 정식 표기를 의미한다.

88 다음 SWOT분석기법에 대한 설명과 분석 결과 사례를 토대로 한 대응 전략으로 가장 적절한 것을 고르면?

> SWOT분석은 내부 환경요인과 외부 환경요인의 2개의 축으로 구성되어 있다. 내부 환경요인은 자사 내부의 환경을 분석하는 것으로 분석은 다시 자사의 강점과 약점으로 분석된다. 외부 환경요인은 자사 외부의 환경을 분석하는 것으로 분석은 다시 기회와 위협으로 구분된다. 내부 환경요인과 외부환경요인에 대한 분석이 끝난 후에 매트릭스가 겹치는 SO, WO, ST, WT에 해당되는 최종 분석을 실시하게 된다. 내부의 강점과 약점을, 외부의 기회와 위협을 대응시켜 기업의 목표를 달성하려는 SWOT분석에 의한 발전전략의 특성은 다음과 같다.
> • SO전략: 외부 환경의 기회를 활용하기 위해 강점을 사용하는 전략 선택
> • ST전략: 외부 환경의 위협을 회피하기 위해 강점을 사용하는 전략 선택
> • WO전략: 자신의 약점을 극복함으로써 외부 환경의 기회를 활용하는 전략 선택
> • WT전략: 외부 환경의 위협을 회피하고 자신의 약점을 최소화하는 전략 선택

강점(Strength)	• 해외 조직 관리 경험 풍부 • 자사 해외 네트워크 및 유통망 다수 확보
약점(Weakness)	• 순환 보직으로 잦은 담당자 교체 • 브랜드 이미지 관리에 따른 업무 융통성 부족
기회(Opportunity)	• 현지에서 친숙한 자사 이미지 • 현지 정부의 우대 혜택 및 세제 지원 약속
위협(Threat)	• 일본 경쟁업체와의 본격 경쟁체제 돌입 • 위안화 환율 불안에 따른 환차손 우려

내부환경 외부환경	강점(Strength)	약점(Weakness)
기회(Opportunity)	① 세제 혜택을 통하여 환차손 리스크 회피 모색	② 타 해외 조직의 운영 경험을 살려 업무 효율성 벤치마킹
위협(Threat)	③ 다양한 유통채널을 통하여 경쟁체제 우회 극복	④ 해외 진출 경험으로 축적된 우수 인력 투입으로 업무 누수 방지

89 다음 글에 대한 합리적 추론으로 옳은 것을 고르면?

많이 알려지지 않았지만 스마트팜은 이미 한국을 비롯한 여러 국가의 농가에서 도입, 활용하고 있다. 영화에 등장하는 것처럼 로봇이 작물을 직접 재배하거나 음식을 만들어 주는 수준은 아니지만 여러 기술들이 접목되면서 '눈대중'과 '경험'에 의존하던 농가에 변화의 바람을 일으키고 있다. 과학기술과 동떨어져 있다고 여겼던 농촌에서는 과연 어떤 일이 일어나고 있는 것일까.

지난 3월 미국에서 열린 '에너지 혁신 서밋 테크놀로지 쇼케이스'에서는 작물 사이사이를 돌아다니며 이삭의 크기나 잎의 면적 등을 측정하는 로봇이 공개됐다. 마치 장갑차를 축소시켜 놓은 듯한 이 로봇의 이름은 '테라센티아.' 미국 일리노이대 과학자들로 구성된 벤처기업 '어스센스'가 만든 이 로봇은 길이가 33cm에 불과하고 무게는 10kg 안팎이다.

테라센티아는 머신러닝 기능을 탑재해 스스로 공부한 뒤 사용자가 원하는 데이터를 송신하는 로봇이다. 잎의 크기를 측정해 작물이 잘 자라고 있는지, 열매는 잘 여물었는지 등을 확인한 뒤 사용자에게 실시간으로 정보를 전달한다. 연구진은 테라센티아가 3년 이내 5,000달러 안팎의 가격으로 농장에 보급될 것으로 기대하고 있다.

① 스마트팜 운영에는 정보통신 기술이 큰 역할을 담당할 것이다.
② 스마트팜 기술은 수경 재배 기법의 발전을 가능하게 할 것이다.
③ 농가의 경영비 감축을 위해 스마트팜 기술이 반드시 적용되어야 할 것이다.
④ 스마트팜이 활성화되면 농가 인력의 대대적인 유입을 기대할 수 있다.

90 다음은 '고향사랑기부제'에 관한 안내문의 일부이다. 이에 대한 설명으로 옳은 것을 고르면?

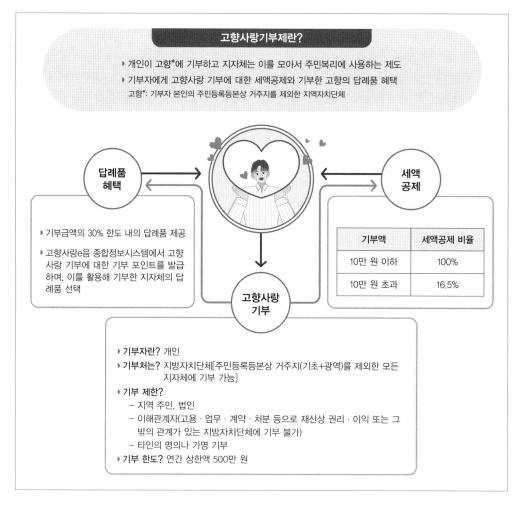

고향사랑기부제란?

▸ 개인이 고향*에 기부하고 지자체는 이를 모아서 주민복리에 사용하는 제도
▸ 기부자에게 고향사랑 기부에 대한 세액공제와 기부한 고향의 답례품 혜택
고향*: 기부자 본인의 주민등록등본상 거주지를 제외한 지역자치단체

답례품 혜택

▸ 기부금액의 30% 한도 내의 답례품 제공
▸ 고향사랑e음 종합정보시스템에서 고향사랑 기부에 대한 기부 포인트를 발급하며, 이를 활용해 기부한 지자체의 답례품 선택

세액 공제

기부액	세액공제 비율
10만 원 이하	100%
10만 원 초과	16.5%

고향사랑 기부

▸ 기부자란? 개인
▸ 기부처는? 지방자치단체[주민등록등본상 거주지(기초+광역)를 제외한 모든 지자체에 기부 가능]
▸ 기부 제한?
　– 지역 주민, 법인
　– 이해관계자(고용 · 업무 · 계약 · 처분 등으로 재산상 권리 · 이익 또는 그 밖의 관계가 있는 지방자치단체에 기부 불가)
　– 타인의 명의나 가명 기부
▸ 기부 한도? 연간 상한액 500만 원

① 20만 원을 기부한 경우, 그중 116,500원에 대하여 세금이 공제된다.
② 기부자가 거주하고 있는 지역의 주민복리에 사용하는 제도이다.
③ 기부금액과 관계없이 모든 기부자에게는 동일한 답례품이 지급된다.
④ 법인이 아닌 개인만 기부할 수 있으며, 매달 일정한 금액을 연간 최대 500만 원까지 기부할 수 있다.

91 다음 농식품바우처 제도에 대한 설명으로 옳은 것을 [보기]의 (가)~(다)에서 모두 고르면?

농식품바우처 제도는 소득 불평등 심화, 고령화 등으로 경제적 취약계층이 확대되고, 영양섭취수준과 식습관 악화로 건강 위협이 심화됨에 따라 미래에 부담해야 하는 의료비 등 사회적 비용 감소를 위해 경제적 취약계층을 대상으로 영양 보충적 지원 정책의 일환으로 추진 중에 있는 제도이다.

지원 대상은 중위소득 50% 이하 가구이며, 지원금액과 공급품목은 다음과 같다.

[지원금액]

가구원 수	1인	2인	3인	4인	5인
지급금액	40,000원	57,000원	69,000원	80,000원	89,000원

[중위소득 구간]

(단위: 원)

구분	1인 가구	2인 가구	3인 가구	4인 가구	5인 가구
중위소득	2,077,892	3,456,155	4,434,816	5,400,964	6,330,688
50%	1,038,946	1,728,077	2,217,408	2,700,482	3,165,344

[공급품목]

국내산 과일, 채소, 흰 우유, 신선계란, 육류, 잡곡, 꿀, 두부류, 단순가공채소류, 산양유(이외 품목 구입 불가)

■ 지급방식
  1) 지원품목을 구입할 수 있는 바우처카드(전자바우처) 지급
    − 사업 신청(변경신청) 후 확정 정보(주소지, 가구원 수 등) 기준으로 매월 1일 지원 금액이 충전되며, 당월 말일까지 사용
    − 매월 2,000원 미만에 한해서 이월 가능
  2) 농협하나로마트, 로컬푸드직매장, GS25편의점, 농협몰(온라인)에서 사용 가능, 거동불편자 등을 위해 꾸러미 배달방식도 병행 추진

> **보기**
>
> (가) 농식품바우처 지원 대상자 중 1인당 지원 금액이 가장 많은 사람은 가구원 수가 1인인 사람이다.
> (나) 소득액이 300만 원인 4인 가구는 흰 우유와 육류 구입 시 농식품바우처를 사용할 수 있다.
> (다) 57,000원의 농식품바우처를 지원받은 경우, 56,000원을 사용하고 남은 금액은 다음 달에 사용할 수 있다.

① (가), (나)
② (가), (다)
③ (나), (다)
④ (가), (나), (다)

92 다음 사례에서와 같이 조직을 새롭게 인수한 기업에서 취해야 할 조치로 가장 적절한 것을 고르면?

> 글로벌 경영 컨설팅사인 베인앤컴퍼니가 영국 컨설팅 업체 엔터프라이즈 블루프린트를 인수했다. 베인앤컴퍼니는 이번 인수를 통해 엔터프라이즈 기술 분야를 강화한다는 계획이다. 엔터프라이즈 블루프린트는 스타트업부터 글로벌 대기업까지 다양한 규모의 기업들에게 데이터와 클라우드, 보안, 비용 최적화 등 광범위한 부분에서 컨설팅 서비스를 제공하고 있다. 베인앤컴퍼니는 엔터프라이즈 블루프린트 인수를 통해 엔터프라이즈 기술 분야 강화를 기대하고 있다. 엔터프라이즈 블루프린트의 깊은 전문 지식이 베인앤컴퍼니의 엔터프라이즈 기술 역량을 한층 고도화 시켜줄 것이란 분석이다.

① 새로운 조직의 조직문화가 모기업에 전파될 수 있도록 교육을 실시한다.
② 기업 공개(IPO)를 통해 자금 확보의 방법을 모색한다.
③ 조직구조의 변화를 모색한다.
④ 조직 구성원의 대폭 감축을 진행한다.

93 다음은 조직의 경영전략을 추진하는 실행단계에 대한 과정별 설명이다. 이를 순서에 맞게 재배열한 것을 고르면?

> (가) 전략대안들을 수립하고 실행 및 통제하는 관리과정을 거치며 최적의 대안을 수립하기 위하여 조직의 내·외부 환경을 분석한다.
> (나) 조직은 경영전략을 통해 도달하고자 하는 미래의 모습인 비전을 규명하고, 전략목표를 설정한다.
> (다) 조직의 경영전략은 조직전략과 사업전략, 부문전략으로 구분할 수 있으며 이들은 위계적 수준을 가지고 있다. 가장 상위단계 전략인 조직전략은 조직의 사명을 정의하고, 사업전략은 사업 수준에서 각 사업의 경쟁적 우위를 점하기 위한 방향과 방법을 다룬다. 그리고 부문전략은 기능부서별로 사업전략을 구체화하여 세부적인 수행방법을 결정한다.
> (라) 이러한 과정이 완료되면 이를 실행하여 경영목적을 달성하고 결과를 평가하여 피드백하는 과정을 거치게 된다.

① (나)－(가)－(다)－(라)
② (나)－(다)－(가)－(라)
③ (다)－(가)－(나)－(라)
④ (다)－(나)－(가)－(라)

94 다음 글을 참고할 때, 매트릭스 조직 구조의 장단점에 대한 설명으로 옳지 <u>않은</u> 것을 고르면?

> 매트릭스 조직은 경영활동을 직능부문으로 전문화시키면서 전문화된 부문들을 프로젝트로 통합시킬 단위를 갖기 위한 조직적 요구에 부응하고자 고안된 조직이며, 직능부제 조직의 장점과 프로젝트 조직의 장점을 동시에 추구한다. 매트릭스 조직 구조에서는 조직의 구성원이 원래 소속의 부서에도 있으면서 동시에 다른 프로젝트나 팀에도 배치되는 형태로 구성되어 조직 구성원 입장에서는 다수의 업무적 결재라인을 갖게 된다는 특징이 있다. 또한 매트릭스 조직에서는 지식 공유가 빠르게 진행될 수 있고 특정 프로젝트에서 획득한 지식을 다른 프로젝트에 접목하고 활용하기 좋다는 장점이 있는 반면, 명령과 보고의 일원화가 어려워 혼란이 생길 수 있고 기능부문과 프로젝트 영역 간 갈등이 발생할 수 있다.

① 관리비용을 절감할 수 있다.
② 이질적인 구성원의 상호작용을 통해 창조성 확보가 가능하다.
③ 급변하는 환경에 신속히 대처할 수 있다.
④ 의사결정에 많은 시간이 소요된다.

95 다음 대화의 괄호 안에 들어갈 단어로 가장 적절한 것을 고르면?

> A: Hello, this is □□□ center CS department.
> B: May I speak to Nancy, please?
> A: Sorry, she is not available now. Can I take a (   )?
> B: Then, could you put me through to Kenneth, instead?

① notice
② words
③ message
④ comments

96 다음 중 창의적인 사고를 위한 방법으로 가장 적절한 것을 고르면?

① 상대방의 말에 공감할 수 있는 능력을 키워야 한다.

② 경험적 증거나 타당한 논증을 근거로 사고해야 한다.

③ 상대방의 논리를 구조화할 수 있어야 한다.

④ 기존 인식의 틀을 깨고 발상의 전환을 시도해야 한다.

97 영업팀 갑, 을, 병, 정 네 명은 주간회의에서 각각 서로 다른 네 곳의 거래처(1, 2, 3, 4) 방문 계획과 회의 안건(구매, 반품, 가격협상, 재고관리)을 제시하였다. 다음 [조건]을 참고했을 때, [보기]의 ㉠~㉣ 중 옳은 것을 모두 고르면?

> **조건**
>
> • 갑은 구매에 관한 안건을 제시하였다.
> • 을은 거래처2를 방문할 계획이며, 반품에 관한 안건을 제시하지 않았다.
> • 병은 거래처1과 거래처3을 방문할 계획이 없다.
> • 거래처3을 방문할 계획이 있는 사람은 재고관리 안건을 제시하였다.

> **보기**
>
> ㉠ 병은 반품에 관한 안건을 제시하였다.
> ㉡ 거래처3을 방문할 계획이 있는 사람은 정이다.
> ㉢ 갑은 거래처4를 방문할 계획이다.
> ㉣ 거래처1을 방문할 계획이 있는 사람은 갑이다.

① ㉠, ㉡

② ㉡, ㉢

③ ㉠, ㉡, ㉣

④ ㉡, ㉢, ㉣

98 영농회 회의에 참석한 류 씨 직원, 김 씨 직원, 정 씨 직원, 양 씨 조합원, 이 씨 조합원 총 5명의 회의장 도착순서는 다음과 같다. 이를 참고할 때, 첫 번째와 네 번째로 도착한 사람을 순서대로 바르게 짝지은 것을 고르면?

> • 류 씨 직원은 김 씨 직원보다 늦게 도착하였다.
> • 정 씨 직원은 김 씨 직원 바로 다음에 도착하였다.
> • 마지막에 도착한 사람은 이 씨 조합원이 아니다.
> • 양 씨 조합원과 이 씨 조합원은 연이어 도착하지 않았다.
> • 김 씨 직원은 가장 먼저 도착하지 않았다.
> • 정 씨 직원과 류 씨 직원의 도착순서 차이는 김 씨 직원과 양 씨 조합원의 도착순서 차이와 같다.

① 정 씨 직원, 이 씨 조합원
② 류 씨 직원, 김 씨 직원
③ 이 씨 조합원, 양 씨 조합원
④ 김 씨 직원, 양 씨 조합원

99 크기는 같고 가격이 각각 다른 세 종류의 타일 A~C가 있다. 세 종류 모두 세트 단위로만 구매할 수 있다. 타일별로 동일한 종류의 타일만 이어붙여 크기가 같은 세 개의 벽을 만들었을 때, 총 타일 비용이 가장 싼 벽과 타일 비용을 바르게 짝지은 것을 고르면?(단, 타일과 타일 사이의 공간은 고려하지 않으며, 구매한 타일은 모두 사용한다.)

> • A타일: 105개/세트, 153,000원/세트
> • B타일: 60개/세트, 148,000원/세트
> • C타일: 70개/세트, 142,500원/세트

① A타일, 612,000원
② A타일, 855,000원
③ C타일, 855,000원
④ C타일, 883,000원

푸드뱅크(food bank)는 식생활의 불균형을 해소하기 위해 특화된 사회복지 서비스이며 1967년 미국에서 처음 시작되었다. 여유 식품을 기부받아 기본 식생활에 어려움을 겪는 사람들에게 나누어주는 복지제도로, 한국에서는 1997년의 IMF 경제위기 후 빈곤계층, 노숙자, 초·중·고등학교 학생의 결식문제를 해결하는 방안의 하나로 강구되었다. 1998년 시범사업을 시행한 이후 1998년 9월 푸드뱅크 전용전화 1377을 개통하여 기탁자와 결식자를 연결하기 시작했다. 2002년 5월 보건복지부의 주도로 전국 단위로 푸드뱅크가 설치되었으며, 보건복지부와 지방자치단체가 관리를 담당하고, 실제 사업은 민간 복지시설 및 단체에 위탁하여 운영되고 있다.

식품뿐 아니라 금전과 생활용품의 기부도 가능하다. 기업 및 개인이 푸드뱅크에 식품이나 용품을 무상으로 기부할 경우 법인세법 제19조와 소득세법시행령 제55조의 5에 의해 100%~15% 범위에서 세제혜택을 받을 수 있다.

미국의 푸드뱅크는 1965년 애리조나 주 피닉스의 존 반 헹겔(John van Hengel)에 의해 시작되었다. "푸드뱅크의 아버지"라고 불리는 헹겔은 은퇴 후 자원봉사를 하면서, 포장의 이상이나 통용기간 경과 등으로 폐기되는 정상적인 식품을 기부 받아 결식자에게 제공하기 시작했다. 1979년 중앙조직인 아메리카즈 세컨드 하베스트(America's Second Harvest)가 설립되었으며 2001년부터는 전국적인 규모로 기부 받은 식품의 저장, 배분, 정보의 교환, 조정과 관리를 하기 시작했다. 2008년에는 명칭을 피딩 아메리카(Feeding America)로 변경했다. 2008년 기준 일리노이주 시카고에 본부를 두고, 170명 이상의 직원이 근무하고 있으며, 미국 전역에 200여 개의 푸드뱅크에서 5,500명의 직원이 61,000개에 이르는 자선기관에 음식을 지원하고 있다.

① 우리나라는 IMF 직후인 1998년부터 보건복지부의 주도로 전국 단위 푸드뱅크가 설치되었다.

② 우리나라에서는 현금이나 수표 등도 기부의 종류에 포함된다.

③ 미국은 1979년부터 전국 규모로 기부 받은 식품의 저장 및 관리를 시작하였다.

④ 미국의 중앙조직인 피딩 아메리카에는 2008년 기준으로 5,500명의 직원이 근무하고 있다.

할 수 없는 이유는 수없이 많지만
할 수 있는 이유는 단 한 가지입니다.
당신이 하기로 결정했기 때문입니다.

당신이 결정하면 온 세상이
그 결정을 따라 움직입니다.

– 조정민, 『사람이 선물이다』, 두란노

※ 2023년 상·하반기 시행된 지역농협 필기시험의 출제 키워드를 반영하였습니다.

구분	출제 유형	비고
실전모의고사 1회	60문항/60분	객관식 사지선다
실전모의고사 2회		
실전모의고사 3회	60문항/70분	
실전모의고사 4회		
실전모의고사 5회	70문항/70분	객관식 오지선다

01 다음 밑줄 친 한자성어와 의미가 같은 것을 고르면?

> 그 사람은 일하는 것만 보면 수주대토(守株待兔)라고 할 수 있지.

① 각골난망(刻骨難忘)
② 각주구검(刻舟求劍)
③ 토사구팽(兔死狗烹)
④ 견토지쟁(犬兔之爭)

02 다음 중 논리적 오류와 그 사례가 바르게 연결되지 **않은** 것을 고르면?

① 강조의 오류 – 아버지가 친구와 싸우지 말랬어. 그래서 나는 형이랑 싸웠어.
② 분할의 오류 – 대한민국은 최고의 나라이다. 따라서 대한민국 국민은 최고이다.
③ 잘못된 유비추리의 오류 – 영희가 나온 뒤 5분 후에 철수가 따라 나왔어. 영희와 철수가 사귀는 것이 분명해.
④ 은밀한 재정의의 오류 – 너는 왜 주말마다 늦게 일어나니? 참 게으르구나.

03 다음 단어와 유의어가 **아닌** 것을 고르면?

> 탐욕

① 도모
② 야욕
③ 욕념
④ 영욕

04 다음 밑줄 친 단어와 동일한 의미로 쓰인 것을 고르면?

> 그 많은 걸 언제 다 지역별로 나누고 앉아 있느냐.

① 토론을 하기 전에 패널들을 찬성편과 반대편으로 나누었다.
② 그 문제에 대해서 의견을 나누었으나 결론을 내지는 못했다.
③ 커피라도 한잔 나누면서 차분하게 대화를 해 보자.
④ 그들은 모든 어려움을 나누며 살겠다고 결의하였다.

05 다음 글이 설명하는 것을 고르면?

> 이것은 서로 관련이 없어 보이는 것들을 조합하여 새로운 것을 도출해 내는 집단 아이디어 발상법을 의미한다. 이것의 유추 방법을 세분화하면 다음과 같다.
> • 직접 유추(유비): 창조·개발하려는 물건과 다른 한 대상을 선택하여 두 대상을 직접 비교시켜 검토하는 것
>   예 우산을 통하여 낙하산의 원리를 알아낸 것
> • 의인 유추(유비): 해결하려는 문제나 현상에 대하여 해결하려는 사람 자신이 그 문제나 현상에 융합해 버리는 상태로 되어 문제를 해결하려는 것
>   예 나를 자동차로 의인화하여 어떠한 느낌이 들 것 같은지 상상해 보는 것
> • 상징적 유추(유비): 두 대상물 간의 관계를 기술하는 과정에서 상징을 활용하는 유추
>   예 대지는 어머니다.
> • 환상적 유추(유비): 현실적인 유추를 통해서는 해결될 수 없을 때 활용하는 환상적이고 신화적인 유추
>   예 하늘을 나는 자동차

① 강제 연상법
② NM법
③ 자유 연상법
④ 시네틱스

다음 글을 통해 알 수 있는 농촌의 실상으로 가장 적절한 것을 고르면?

> 2019년 기준 전체 농가 중 59만 8천 가구가 전업농가이며, 겸업농가는 49만 가구이다. 겸업농가 중에서는 농업수입이 상대적으로 많은 1종 겸업농가가 17만 2천 가구, 농업 외 수입이 더 많은 2종 겸업농가가 31만 8천 가구이다.
>
> 2000년 기준 90만 2천 가구였던 전업농가가 2019년 59만 8천 가구로 감소하면서 전체 농가에서 차지하는 비중은 65.2%에서 55.0%로 감소했다. 반면 농업 외 수입이 더 많은 2종 겸업농가 비중은 같은 기간 18.6%에서 29.2%로 증가하였다. 지역별로는 경북(64.4%), 전북(59.9%), 전남(59.3%) 순으로 전업농가 비중이 높으며, 제주(60.2%), 경기(57.9%), 특·광역시(56.4%) 순으로 겸업농가 비중이 높았다. 경영형태별로는 채소(57.8%), 과수(57.0%), 축산(56.5%), 논벼(55.6%)의 전업농가 비중이 높았고, 겸업농가 비중은 화훼(58.2%)와 주식으로 먹기 위해 재배하는 벼, 밀, 감자 등의 식량작물(52.0%)이 높았다.
>
> 2000년에는 40세 미만을 포함하여 모든 연령별로 전업농가의 비중이 50% 이상을 차지했으나, 2019년에는 60대 이상에서만 전업농가 비중이 50% 이상을 차지했다. 고령층을 제외한 모든 연령층에서 겸업농가 비중이 크게 증가했는데, 특히 60대까지는 1종 겸업에 비해 2종 겸업의 증가율이 매우 높게 나타났다. 이는 농가소득에서 농업 외의 소득이 차지하는 비중이 크게 증가했음을 보여주는 것이다. 반면, 70세 이상의 경우에는 전업농가의 비중이 여전히 높은 수준이며, 겸업농가의 경우에도 2종 겸업의 비중이 오히려 과거보다 감소하였다. 이는 70대 이상 고령농가의 경우 농업 외의 소득을 통한 농가소득 확보가 쉽지 않거나, 이전소득에의 의존도가 증가했음을 보여주는 것이다.

① 과거에 비해 전 연령층에서 겸업농가화가 빠르게 진행되고 있다.
② 대부분 농가에서는 농업 외의 소득을 얻기가 갈수록 어려워지고 있다.
③ 겸업농가는 식량작물을 재배하는 형태가 가장 높은 비중을 차지하고 있다.
④ 겸업농가가 증가하고 있으나 70대 이상 고령층은 주로 농업수입을 생계 수단으로 삼고 있다.

07 다음 밑줄 친 ㉠과 ㉡의 경우에 해당하는 문서작성법을 [보기]에서 찾아 바르게 짝지은 것을 고르면?

> 대부분의 일 경험에서 업무는 문서를 통해 이루어진다. 자신의 명확한 생각을 전달하고자 할 때 문서를 활용하게 된다. 효과적이고 명확한 진행을 위한 일 경험의 성격상 우리는 많은 문서 작성의 상황과 마주하게 된다.
>
> 일 경험에서 요구되는 문서는 상황에 따라 그 내용이 결정된다. 문서작성 상황은 요청이나 확인을 부탁하는 경우, 정보 제공을 위한 경우, ㉠명령이나 지시가 필요한 경우, ㉡제안이나 기획을 하는 경우, 약속이나 추천을 하는 경우 등으로 구분할 수 있다. 또한 문서는 그 목적에 따라서도 내용과 형식이 달라진다. 예를 들어 이메일은 일반적으로 개인적인 의사소통 수단이지만, 회사 업무 보고서나 고객에게 보낼 때는 업무의 연장선이 된다. 이렇듯 상황과 목적에 맞는 문서의 종류에 따라 적절한 문서를 작성하고, 제시하는 능력이 필요하다.

보기

(가) 형식과 규격을 갖춘 공문서를 활용해야 한다.
(나) 업무 지시서를 작성하여, 즉각적인 업무 추진이 실행될 수 있도록 해야 한다.
(다) 시각적인 자료를 활용하여 무엇보다 신속하고 정확하게 문서를 작성해야 한다.
(라) 관련된 내용을 깊이 있게 담을 수 있는 작성자의 종합적인 판단과 예견적인 지식이 요구된다.

	㉠	㉡
①	(가)	(나)
②	(가)	(다)
③	(나)	(다)
④	(나)	(라)

08 다음 글의 밑줄 친 태도로 가장 적절하지 <u>않은</u> 것을 고르면?

변호사 A씨는 지인을 만나 이런 어려움을 토로한 적이 있다. "예전과 달리 요즘은 변호사도 영업해야 하는 시대인 건 사실입니다. 그래서 좀 더 공감하는 자세로 의뢰인과 대화를 해야 한다는 점도 동의하고요. 그런데 정말 마음처럼 쉽지 않군요. 의뢰인 이야기에 경청하리라 마음먹었는데 이야기를 들어주다 보면 10분이면 끝날 상담이 40분, 50분이 되도록 끝나질 않으니까요. 게다가 불필요한 이야기를 다 들어주다 보면 몸도 마음도 지치고 말이죠. 경청하려고 하는데 실제로는 너무 어렵기도 하고 아무래도 비효율적인 것 같다는 생각도 듭니다. 그래도 계속 그렇게 해야 하는지 의문이 듭니다."

A씨의 이야기를 듣고 난 지인은 과거에 관련 분야에 대한 대학 강의를 한 적이 있던 터라 A씨에게 경청의 중요성을 알려주며, <u>경청을 위한 기본적 태도</u>에는 어떤 것들이 있는지를 자세히 설명해 주었다.

① 비판적이고 충고적인 태도를 버린다.

② 상대방이 말하는 의미를 이해해 본다.

③ 단어 이외에 보이는 표현에도 신경을 쓴다.

④ 상대방의 말을 듣고 곧 자신이 다음에 할 말을 생각하는 데 집중한다.

09 다음 글을 읽고 추론한 내용으로 가장 적절하지 <u>않은</u> 것을 고르면?

> 금리는 이자 금액을 원금으로 나눈 비율로 '이자율'이라고 한다. 자금의 수요자에게는 자금을 빌린 대가로 지급하는 비용이 발생하며, 공급자에게는 현재의 소비를 희생한 대가로 이자 수익이 생긴다. 금융시장에서 금리는 자금의 수요자와 공급자를 연결하는 역할을 한다. 금리는 일반적으로 '명목금리'와 '실질금리'로 구분한다. 명목금리는 금융 자산의 액면 금액에 대한 금리이며, 실질금리는 물가상승률을 감안한 금리로 명목금리에서 물가상승률을 빼면 알 수 있다.
>
> 예금이나 적금에 가입할 때는 명목금리보다는 일정 기간 실현된 실제의 이자 수익률인 '실효수익률'을 따져 보아야 한다. 실효수익률은 이자의 계산 방식에 따라 달라진다. 예를 들어 보통 '만기 1년의 연리 6%'는 돈을 12개월 동안 은행에 예치할 경우 6%의 이자가 붙는다는 의미이다. 하지만 매월 일정액을 불입해 목돈을 만드는 정기적금은 계산법이 다르다. 첫째 달에 불입한 10만 원은 만기까지 12개월분 6%의 이자가 붙지만, 둘째 달에 불입한 10만 원은 11개월의 이자 5.5%만 받는다. 돈의 예치 기간이 줄면 이자도 줄어 실효수익률은 3.9%에 불과하다. 이런 이자 계산의 방식은 대출금리도 유사하다.
>
> 또한 예금이나 적금의 계약 기간이 길어서 이자를 여러 번 받는다면, 매번 지급된 이자가 원금이 되어서 이자에 이자가 붙는 복리인지, 기존 원금에 대한 이자만 붙는 단리인지도 살펴야 실효수익률을 알 수 있다. 여기에 이자는 금융소득이므로 소득세 14.0%와 주민세 1.4%를 내야 한다는 것도 생각해야만 실제로 내 손에 들어오는 이자 금액이 나온다.
>
> 결국 돈을 어떻게 쓰고, 모으고, 굴리고, 빌릴지의 선택 상황에서 정확한 계산을 해야 손해를 보지 않는다. 현재의 소비를 늦추고 미래를 계획하는 사람이라면, 자신의 자산을 안전하게 형성할 필요가 있다. 금리에 대한 정확한 이해와 계산이 현재의 소비와 미래의 소비를 결정하는 중요한 기준이라는 점을 잊지 말아야 한다.

① 명목금리가 일정할 때, 물가상승률이 높아지면 실질금리는 낮아진다.

② 1년 만기 정기예금의 명목금리가 6%인데 1년 사이 물가가 7% 올랐다면 실질금리는 −1%이다.

③ 대출금리가 6%인 경우 100만 원을 빌린 뒤 원금을 12개월로 나누어 갚으면 6만 원을 이자로 내야 한다.

④ 만기 1년, 연리 6%의 정기예금에 100만 원을 납입한 가입자가 1년 뒤 실제로 받는 금액은 106만 원 미만일 수 있다.

콘크리트는 시멘트에 모래와 자갈 등의 골재를 섞어 물로 반죽한 혼합물이다. 반죽 상태의 콘크리트를 거푸집에 부어 경화시키면 다양한 형태와 크기의 구조물을 만들 수 있다. 콘크리트가 철근 콘크리트로 발전함에 따라 건축은 구조적으로 더욱 견고해지고, 형태면에서는 더욱 다양하고 자유로운 표현이 가능해졌다. 일반적으로 콘크리트는 누르는 힘인 압축력에는 쉽게 부서지지 않지만 당기는 힘인 인장력에는 쉽게 부서진다. 그런데 철근이나 철골과 같은 철제는 인장력과 압축력에 의한 변형 정도가 콘크리트보다 작은 데다가 압축 강도와 인장 강도 모두가 콘크리트보다 높다.

강도가 높고 지지력이 좋아진 철근 콘크리트를 건축 재료로 사용하면서, 대형 공간을 축조하고 기둥의 간격도 넓힐 수 있게 되었다. 20세기에 들어서면서부터 근대 건축에서 철근 콘크리트는 예술적 영감을 줄 수 있는 재료로 인식되기 시작하였다. 기술이 예술의 가장 중요한 근원이라는 신념을 가졌던 르 코르뷔지에는 철근 콘크리트의 장점을 사보아 주택에서 완벽히 구현하였다. 사보아 주택은 벽이 건물의 무게를 지탱하는 구조로 설계된 건축물과는 달리 기둥만으로 건물 본체의 하중을 지탱하도록 설계되어 건물이 공중에 떠 있는 듯한 느낌을 준다. 2층 거실을 둘러싼 벽에는 수평으로 긴 창이 나 있고, 건축가가 '건축식 산책로'라고 이름 붙인 경사로는 지상의 출입구에서 2층의 주거 공간으로 이어지다가 다시 테라스로 나와 지붕까지 연결된다. 목욕실 지붕에 설치된 작은 천창을 통해 하늘을 바라보면 이 주택이 자신을 중심으로 펼쳐진 또 다른 소우주임을 느낄 수 있다. 평평하고 넓은 지붕에는 정원이 조성되어, 여기서 산책하다 보면 대지를 바다 삼아 항해하는 기선의 갑판에 서 있는 듯하다.

철근 콘크리트는 근대 이후 가장 중요한 건축 재료로 널리 사용되어 왔지만 철근 콘크리트의 인장 강도를 높이려는 연구가 계속되어 프리스트레스트 콘크리트가 등장하였다. 프리스트레스트 콘크리트는 다음과 같이 제작된다. 먼저, 거푸집에 철근을 넣고 철근을 당긴 상태에서 콘크리트 반죽을 붓는다. 콘크리트가 굳은 뒤에 당기는 힘을 제거하면, 철근이 줄어들면서 콘크리트에 압축력이 작용하여 외부의 인장력에 대한 저항성이 높아진 프리스트레스트 콘크리트가 만들어진다. 킴벨 미술관은 개방감을 주기 위하여 기둥 사이를 30m 이상 벌리고 내부의 전시 공간을 하나의 층으로 만들었다. 이 간격은 프리스트레스트 콘크리트 구조를 활용하였기에 구현할 수 있었고, 일반적인 철근 콘크리트로는 구현하기 어려웠다. 이 구조로 이루어진 긴 지붕의 틈새로 들어오는 빛이 넓은 실내를 환하게 채우며 철근 콘크리트로 이루어진 내부를 대리석처럼 빛나게 한다.

이처럼 건축 재료에 대한 기술적 탐구는 언제나 새로운 건축 미학의 원동력이 되어 왔다. 특히 근대 이후에는 급격한 기술의 발전으로 혁신적인 건축 작품들이 탄생할 수 있었다. 건축 재료와 건축 미학의 유기적인 관계는 앞으로도 지속될 것이다.

① 건축에서 콘크리트의 중요성
② 콘크리트와 다른 건축 재료의 차이점
③ 콘크리트의 발전에 따른 건축의 명과 암
④ 콘크리트를 통해 본 건축 재료와 건축 미학의 관계

11 다음 글을 읽고 [A]의 과정에서 동원된 배경 지식을 [보기]에서 모두 고르면?

인지 과학에서는 인간의 인지 체계를 계산과 추론이 상층으로 이루어지면서 점차 복합적으로 연계되는 일정한 프로그램의 수행 과정으로 본다. 예를 들어 사람이 물체를 인식하는 과정은 색채를 인식하는 장치, 형태를 인식하는 장치, 거리를 인식하는 장치 등과 같은 기초적 장치들이 추론과 계산의 과정을 거친 다음, 다시 이들이 협동하여 상위 차원에서 작동하는 복잡한 체계로 되어 있다는 것이다. 그러면 인간이 과거 경험을 통하여 지니게 되는 배경 지식은 인지 프로그램으로 작동 과정에 얼마나 영향을 미치는 것일까?

과거의 경험을 통하여 형성된 배경 지식이 이들 인지 체계 작동에 많은 영향을 미친다고 주장하는 학자들은 뮬러 바이어 착시 현상을 근거로 제시한다.

[A] 이 두 선분은 같은 길이임에도 불구하고 아래의 선이 더 길게 보인다. 이 현상은 다음과 같은 방식으로 설명된다. 아래의 선의 모양은 일상적으로 건물이나 거리의 오목 모서리에서 흔히 발견되고 위의 모양은 볼록 모서리에서 발견된다. 우리는 일상에서 이러한 상황을 반복적으로 경험하는데, 이 경험이 두 선의 길이를 판단하는 데 영향을 미친다는 것이다. 두 선은 일차적으로 우리의 망막에 같은 길이로 등록되는데, 건물 등에서 가까운 거리에 있는 것이 볼록 모서리이고 먼 거리에 있는 것이 오목 모서리이다. 그래서 인간의 뇌는 우선 아래 선이 더 멀리 있다고 판단한다. 그러나 아래 선이 멀리 있다고 생각됨에도 불구하고 가까이 있다고 생각되는 위의 선과 동일한 길이로 등록되었으므로 아래 선이 더 길다고 최종 판단을 내리는 것이다.

보기

㉠ 건물에는 반드시 오목 모서리가 존재한다.
㉡ 오목 모서리는 대개 건물에서 먼 거리에 있다.
㉢ 선이 길어질수록 가까운 거리에 있다.
㉣ 멀리 있는 선이 가까이 있는 선과 같은 길이로 보인다.

① ㉠, ㉡
② ㉡, ㉢
③ ㉡, ㉣
④ ㉡, ㉢, ㉣

12 다음 글의 내용과 일치하지 <u>않는</u> 것을 고르면?

国립농업과학원은 클로르피리포스에 대한 안전성을 재평가한 결과, 발달신경독성과 유전독성 등 인체 유해성이 있다고 판정했다. 클로르피리포스는 가격이 저렴하고 병해충 방제 효과가 우수해 농업 현장에서 많이 사용되었지만, 사람과 가축에 해를 줄 수 있다고 판단해 농촌진흥청 농약안전성심의위원회 심의를 거쳐 최종 등록 취소됐다. 이번에 등록 취소된 농약은 클로르피리포스와 클로르피리포스—메틸이 함유된 농약 13품목 39제품이다. 클로르피리포스는 가지, 고추, 사과, 벚나무 등 37종류의 농작물에 나방류, 진딧물류, 멸구류 등 47종의 병해충이 등록되어 있었다.

농약 제조·수입업체는 농약관리법 제14조 제2항에 따라 등록이 취소된 9월 10일부터 11월 9일까지 2개월 동안 농약 판매업체에 공급했던 농약을 회수, 폐기하고 판매업체와 농약 구매자들에게 구입대금을 보상해야 한다.

농약 판매업체는 등록 취소된 기간 내 농약 구매자들에게 판매 완료된 농약을 포함하여 보관 중인 농약 전량을 제조·수입업체에게 반품하고 안전하게 폐기되도록 해야 한다. 농약 구매자들은 구입한 농약 중 사용하지 않은 농약에 대해 구입처(판매업체)에서 구입대금을 환불받거나 다른 농약으로 교환할 수 있다. 단, 반품·환불기간이 지나면 환불이 되지 않으므로, 11월 9일까지 꼭 기한을 지켜서 반품해야 한다.

① 농약으로 널리 사용되었던 클로르피리포스는 인체에 유해한 성분이 있다.
② 가지, 고추, 사과 등에 발생하는 병해충을 막기 위해 클로르피리포스가 사용되었다.
③ 농약 판매업체는 농약 구매자들에게 구입대금을 보상해야 한다.
④ 9월 1일에 클로르피리포스를 구매한 사람은 환불받을 수 없다.

13 다음 중 결괏값이 가장 큰 것을 고르면?

① $100 - 36 \times 2 + 1$
② $56 \div (3 + 5) \times 10$
③ $8 + 4 \div 2 \times (10 - 5)$
④ $(6 + 5 \times 30 - 10 + 9 \times 0) \div 2$

14 복리로 연이율이 4%인 정기예금 상품에 매년 말 20만 원씩 15년 동안 예금하였을 때, 원리금 합계를 <u>고르면?</u>(단, 1.04¹⁵=1.8으로 계산한다.)

① 400만 원

② 404만 원

③ 408만 원

④ 412만 원

15 한 변의 길이가 2cm인 정사각형 25개를 변끼리 이어 붙여 사각형 모양을 만들려고 한다. 사각형 넓이의 최댓값을 Acm², 사각형 둘레의 최솟값을 Bcm라고 할 때, A＋B의 값을 고르면?

① 110

② 120

③ 130

④ 140

16 다음 [표]는 2020년과 2021년 농가별 누에사육 규모에 관한 자료이다. 2021년 누에사육 농가는 454호이고, 2020년 6상자 미만 사육 농가는 2021년 6상자 미만 사육 농가보다 11호 적다고 할 때, 2020년 11상자 이상 사육 농가 수를 고르면?

[표] 2020~2021년 농가별 누에사육 규모 (단위: %)

구분	2020년	2021년
6상자 미만	45.0	50.0
6~10상자	15.0	14.3
11~15상자	5.2	3.3
16~20상자	8.8	6.8
21~30상자	7.9	6.4
31~50상자	9.4	12.1
51~99상자	5.0	3.3
100상자 이상	3.7	3.8

① 190호

② 192호

③ 194호

④ 196호

[17~18] 다음 [표]는 2015년에 수립한 「2030 NDC(Nationally Determined Contribution, 국가 온실가스 감축 목표)」를 기후변화와 위기에 대응하기 위해 2018년의 배출량을 기준으로 목표 감축량을 상향 조정한 「2030 NDC 상향안」이다. 이를 바탕으로 질문에 답하시오.

[표] 국가온실가스 부문별 감축 목표 (단위: 백만 톤CO_2eq)

구분	부문	기준연도('18)	2030 NDC	2030 NDC 상향안
배출량[1]		727.7	536.1	436.8
부문별 총배출량	전환	269.6	192.7	149.9
	산업	260.3	243.8	222.6
	건물	52.1	41.9	35.0
	수송	98.0	70.6	61.0
	농축수산	25.0	19.4	18.4
	폐기물	17.1	11.0	9.1
	수소	0.0	0.0	7.6
	기타	5.6	5.2	5.2
	합계	727.7	584.6	( )
흡수 및 제거량	흡수원	41.3	( )	26.7
	CCUS	0.0	10.3	10.3
	국외감축	0.0	16.2	35.0

1) 기준연도('18) 배출량은 총배출량만을 의미하고, 2030 NDC 및 상향안 배출량은 순배출량(총배출량−흡수 및 제거량)만을 의미함

※ 기준연도 대비 2030 NDC 감축률(%)= $\dfrac{\text{2030 NDC 배출량} - \text{기준연도('18) 배출량}}{\text{기준연도('18) 배출량}} \times 100$

17 다음 중 자료에 대한 설명으로 옳지 <u>않은</u> 것을 고르면?

① 농축수산 부문은 기준연도 대비 2030 NDC 감축률보다 기준연도 대비 2030 NDC 상향안 감축률이 2%p 더 높게 설정되었다.

② 2030 NDC 상향안에서의 국가온실가스 목표 배출량은 기준연도 배출량 대비 약 40% 감축하는 것이다.

③ 기준연도에서 온실가스 배출량이 두 번째로 많은 부문은 산업 부문이다.

④ 2030 NDC 상향안에서의 국가온실가스 목표 총배출량은 508.8백만 톤CO_2eq이다.

18 다음 중 자료에서 2030 NDC 상향안 흡수원의 흡수 및 제거량은 2030 NDC 흡수원의 흡수 및 제거량 대비 증감률이 몇 %인지 고르면?(단, 소수점 둘째 자리에서 반올림한다.)

① −23.2%　　　② −18.6%　　　③ 21.4%　　　④ 25.0%

19 다음 [표]는 2019~2021년 맥류, 봄감자, 사과, 배의 재배면적을 조사한 자료이다. 이에 대한 설명으로 옳은 것을 [보기]에서 모두 고르면?

[표] 2019~2021년 맥류, 봄감자, 사과, 배의 재배면적   (단위: ha)

구분		2019년	2020년(A)	2021년(B)	증감(B-A)
맥류		47,455	40,202	34,959	−5,243
	겉보리	9,985	7,310	5,777	−1,533
	쌀보리	23,100	19,498	15,828	−3,670
	맥주보리	10,634	8,170	7,164	−1,006
	밀	3,736	5,224	6,190	966
봄감자		18,150	16,339	14,257	−2,082
사과		32,954	31,598	33,439	1,841
배		9,615	9,091	9,774	683
합계		108,174	97,230	92,429	−4,801

보기

㉠ 2021년 봄감자, 사과, 배의 재배면적 합계는 전년보다 넓다.
㉡ 2019~2021년에 사과의 재배면적이 전체 재배면적에서 차지하는 비율은 매년 높아졌다.
㉢ 2019~2021년에 겉보리, 쌀보리, 맥주보리, 밀의 재배면적 순위는 매년 동일하다.
㉣ 맥류의 전년 대비 재배면적 감소율은 2021년이 2020년보다 높다.

① ㉠, ㉡
② ㉠, ㉢
③ ㉠, ㉡, ㉢
④ ㉠, ㉡, ㉣

[20~21] 다음은 국내 프로스포츠 종목별 운영 현황을 나타낸 자료이다. 이를 바탕으로 질문에 답하시오.

[표] 2013~2019년 프로스포츠 운영 현황 (단위: 회, 천 명)

구분	종목	2013년	2014년	2015년	2016년	2017년	2018년	2019년
경기 수	야구	593	591	736	735	736	737	733
	축구	409	413	453	452	412	412	412
	농구(남)	290	293	293	291	293	293	292
	농구(여)	114	112	112	112	111	112	112
	배구	192	209	227	229	231	230	229
관중 수	야구	6,744	6,755	7,622	8,632	8,713	8,401	7,535
	축구	2,294	2,085	2,150	2,140	1,913	1,571	2,377
	농구(남)	1,206	1,304	1,614	1,031	928	848	874
	농구(여)	145	159	168	159	124	123	122
	배구	359	416	498	507	521	518	580
	합계	10,748	10,719	12,052	12,469	12,199	11,461	11,488

[그래프] 2013~2019년 프로스포츠 좌석점유율 (단위: %)

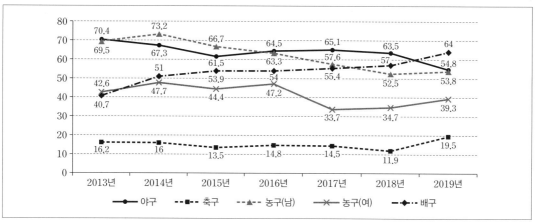

20 2017년 경기당 평균 관중 수가 가장 많은 종목과 가장 적은 종목의 경기 수 차이를 고르면?(단, 소수점 첫째 자리에서 반올림한다.)

① 119회

② 301회

③ 443회

④ 625회

21 다음 중 자료에 대한 설명으로 옳은 것을 고르면?

① 매년 남자와 여자 농구의 경기 수의 합은 축구의 경기 수보다 많다.

② 2014~2019년 중 전체 관중 수가 전년 대비 가장 많이 증가한 해는 2015년이다.

③ 2013년부터 2019년까지 좌석점유율은 축구가 매년 가장 낮았고, 남자 농구가 매년 가장 높았다.

④ 2013년 대비 2019년에 관중 수가 증가한 종목들은 모두 좌석점유율도 증가했다.

22 신 과장은 장기 출장을 다녀온 후 남아 있는 각국의 화폐를 모두 미국 달러로 환전해 두고자 한다. 신 과장이 가지고 있는 외화와 환율이 다음과 같을 때, 환전 후 보유하게 될 달러 총액을 고르면?(단, 소수점 아래 셋째 자리에서 반올림하여 계산한다.)

[신 과장 보유 화폐]

유럽 EUR	아랍에미리트 AED	태국 THB
100	4,000	1,500

[환율]

통화명	매매기준율(KRW)	스프레드(%)
미국 USD	1,160	1.5
유럽 EUR	1,305	2
아랍에미리트 AED	320	4
태국 THB	35	6

※ 스프레드: 통화의 매매기준율과 대고객매매율의 차이를 계산하기 위해 매매기준율에 곱하는 백분율

※ 매입률＝1－스프레드
　매도율＝1＋스프레드

※ 국내에서 외화를 다른 외화로 환전할 경우에는 원화로 먼저 환전한 후 다른 외화로 환전함

① USD 1,009.50

② USD 1,018.20

③ USD 1,150.36

④ USD 1,194.19

23 다음 [표]는 2020년 4월부터 2021년 4월까지 월별 가동률지수에 관한 자료이다. 이에 대한 설명으로 옳은 것을 고르면?

[표] 월별 가동률지수

구분		1차 철강	시멘트	기초화학물	수송 장비	전기 장비
2020년	4월	99.2	121.7	105.6	95.2	99.5
	5월	102.5	125.4	109.3	94.6	101.3
	6월	99.5	127.3	105.8	91.2	101.5
	7월	101.0	113.0	108.2	84.9	99.0
	8월	97.7	99.5	106.6	84.9	98.7
	9월	92.4	101.6	104.6	81.8	93.8
	10월	100.6	122.7	101.6	100.9	105.7
	11월	100.1	122.4	96.2	102.9	109.9
	12월	97.2	102.7	104.5	95.4	105.5
2021년	1월	103.1	105.4	106.7	96.2	96.0
	2월	87.8	73.7	95.5	76.5	84.2
	3월	100.7	108.3	101.9	96.0	100.6
	4월	99.1	115.7	96.4	100.9	100.5

※ 가동률지수: 2010년 1월의 가동률을 100으로 두고, 이를 기준으로 해당 시점의 가동률을 나타낸 지수

※ 가동률(%) $= \dfrac{\text{생산 실적}}{\text{생산 능력}} \times 100$

① 2020년 2분기의 평균 가동률은 시멘트가 가장 높다.

② 2021년 1월 1차 철강은 생산 능력보다 생산 실적이 더 높다.

③ 2021년 4월의 전기 장비 가동률은 전년 동월 대비 증가하였다.

④ 2020년 3분기 수송 장비의 평균 가동률은 전년 동분기 대비 감소하였다.

24 기획부에서는 회의에서 발표를 할 직원 두 명을 선정하려고 한다. 이 부서에는 부장 1명(남), 차장 1명(여), 과장 3명(남 1명, 여 2명), 대리 5명(남 3명, 여 2명), 주임 4명(남 2명, 여 2명)이 있다. 발표자를 남자 직원 중에서 1명, 여자 직원 중에서 1명 선정하고자 할 때, 남자 대리와 여자 주임이 함께 발표할 확률을 고르면?

① $\dfrac{1}{91}$

② $\dfrac{5}{47}$

③ $\dfrac{6}{49}$

④ $\dfrac{12}{49}$

25 다음 중 결론이 항상 참이 되게 하는 명제를 고르면?

> • 명제 1: 재택근무자는 행복하다.
> • 명제 2: _____

> • 결론: 재택근무자 중 어떤 사람은 늦잠을 잔다.

① 행복한 사람은 늦잠을 잔다.
② 어떤 행복한 사람은 늦잠을 잔다.
③ 행복하지 않은 사람은 늦잠을 잔다.
④ 행복한 사람은 늦잠을 자지 않는다.

26 다음 중 맥킨지의 문제 분석 기법을 순서대로 바르게 나열한 것을 고르면?

① Framing — Designing — Gathering — Interpreting
② Framing — Designing — Interpreting — Gathering
③ Designing — Framing — Gathering — Interpreting
④ Designing — Gathering — Framing — Interpreting

27 직원 A~D가 함께 택시를 탔다. 다음 [조건]을 참고할 때, 반드시 옳은 것을 고르면?

> 조건
>
> - 운전석에는 택시기사가 앉으며, 조수석에 직원 1명, 뒷좌석에 직원 3명이 앉는다.
> - 4명의 직원은 팀장 1명, 대리 1명, 주임 1명, 사원 1명으로 구성되어 있다.
> - 팀장은 뒷좌석 가장 오른쪽 자리에 앉는다.
> - 대리는 뒷좌석 가장 왼쪽 자리에 앉는다.
> - C는 뒷좌석 가운데 자리에 앉는다.
> - A는 D보다 직급이 높다.
> - B는 대리 또는 주임이다.

① A는 팀장이다.
② B는 대리이다.
③ C는 사원이다.
④ D는 주임이다.

28 A~E 5명이 면접을 보았다. 각 지원자들의 면접은 P면접관, Q면접관 중 1명이 진행하였다. 5명의 지원자들 중 P면접관에게 면접을 본 지원자들은 항상 거짓을 말하고, Q면접관에게 면접을 본 지원자들은 항상 참을 말한다고 한다. 다음 [조건]을 바탕으로 Q면접관에게 면접을 본 지원자를 모두 고르면?(단, 각 면접관들은 2명 또는 3명의 면접을 진행하였다.)

> **조건**
> • A: 나는 Q면접관에게 면접을 보았어.
> • B: 나는 E와 같은 면접관에게 면접을 보았어.
> • C: P면접관은 총 3명의 면접을 진행했어.
> • D: 나는 C와 다른 면접관에게 면접을 보았어.
> • E: 나는 A와 다른 면접관에게 면접을 보았어.

① A, D
② B, E
③ A, B, E
④ B, D, E

29 A~D 4명의 사람이 각자 감자, 고구마, 토마토, 옥수수 중 한 가지씩을 재배하고 있다. 다음 [조건] 중 1가지가 거짓일 때, 반드시 옳은 것을 고르면?(단, A~D는 서로 다른 작물을 재배한다.)

> **조건**
> • A는 감자 또는 고구마를 재배한다.
> • B는 고구마도, 토마토도 재배하지 않는다.
> • C는 옥수수를 재배한다.
> • D는 감자 또는 토마토를 재배한다.

① A는 고구마를 재배한다.
② B는 토마토를 재배하지 않는다.
③ C는 고구마를 재배하지 않는다.
④ D는 고구마를 재배하지 않는다.

[30~31] 다음은 N은행의 금융상품에 대한 정보이다. 이를 바탕으로 질문에 답하시오.

상품특징	새내기직장인을 위한 신용대출상품
대출대상	재직기간 1년 미만인 근로소득자로, 다음 조건에 모두 해당되는 자 1. 건강보험 직장가입자 2. 연소득 2천만 원 이상인 자 3. 은행이 정한 신용도 기준을 충족하는 자
대출기간	1. 만기 일시상환: 1년 이내 2. 할부상환: 5년 이내(거치기간 없음) 3. 종합통장대출: 1년 이내
대출한도	최대 3천만 원
상환방법	1. 만기 일시상환 2. 원(리)금균등할부상환 3. 종합통장(마이너스통장)
원금 또는 이자상환 안내	1. 만기 일시상환: 대출기간 동안 매월 이자만 납부하고 만기에 대출금을 모두 상환하는 방식 2. 원금균등할부상환: 대출 원금을 대출 개월 수만큼 균등하게 분할하고 이자를 더하여 매월 상환하는 방식 3. 원리금균등할부상환: 대출 원금과 이자의 합계 금액을 대출기간 동안 균등하게 분할하여 매월 상환하는 방식 4. 종합통장(마이너스통장): 입출금 통장에 대출한도를 부여하여 한도 내에서 자유롭게 대출과 상환이 가능한 방식
연체이자 (지연배상금) 안내	1. 이자, 분할상환금, 분할상환원리금을 기일 내 상환하지 않은 경우 상환하여야 할 금액에 대하여 그 다음 날부터 지연배상금이 부과됨 2. 대출기간 만료일에 채무를 이행하지 않거나, 은행여신거래기본약관에 의하여 기한의 이익을 상실한 때에는 그 다음 날부터 대출금잔액에 대하여 지연배상금을 지급하여야 함 3. 지연배상금률은 연체기간에 관계없이 연체일수×(채무자 대출금리＋3%p)÷365(윤년은 366)로 적용하되, 지연배상금률이 연 15%를 초과하는 경우에는 연 15%를 적용함
필요서류	실명확인증표, 재직확인서류, 소득확인서류

30 다음 중 금융상품에 대한 설명으로 옳은 것을 고르면?

① 원리금균등할부상환은 일정 기간이 지난 후부터 원리금을 납부한다.

② 대출이 이루어진 다음 달부터 일정 금액의 원금을 매월 상환해야 한다.

③ 월별 상환금액 미납, 대출기간 만료일에 채무 불이행의 지연배상금률 기준은 동일하다.

④ 대출을 위해서는 담보 또는 보증인의 보증이 필요하다.

31 다음 중 금융상품의 대출대상 조건을 만족하는 사람을 고르면?(단, 제시되지 않은 모든 조건은 만족한다고 가정한다.)

① 재직기간이 6개월이고, 연소득이 1,900만 원인 A

② 재직기간이 1년이고, 연소득이 3,000만 원이며, 은행이 정한 신용도 기준을 충족하는 B

③ 건강보험 가입 의무가 없고, 8개월째 아르바이트를 하고 있는 C

④ 건강보험 직장가입자이고, 월 급여가 200만 원인 D

32 IT부서 직원 A~H 8명이 6개의 방을 예약하였다. 다음 [조건]을 바탕으로 [보기]에 대한 판단을 내릴 때, 옳은 것을 고르면?

조건

• 방 6개의 위치는 다음과 같다.

301호	302호	303호
201호	202호	203호

• A과장, B과장, C대리, D대리는 여자이고, E과장, F대리, G대리, H사원은 남자이다.
• 각 방에 반드시 1명 또는 2명이 배정되었으며, 2명이 배정될 경우 같은 성별끼리만 배정되었다.
• 대리는 모두 같은 층에 배정되었다.
• B과장은 201호에 혼자 배정되었다.
• 사원이 배정된 방의 바로 윗방에는 남자 직원이 배정되었다.
• 여자 대리는 서로 다른 방에 배정되었고, 이 중 1명은 302호에 배정되었다.

보기

• P: 과장은 모두 같은 층에 배정되었다.
• Q: 여자 직원은 모두 혼자 배정되었다.

① P만 반드시 옳다.

② Q만 반드시 옳다.

③ P, Q 모두 반드시 옳다.

④ P, Q 모두 옳고 그름을 판단할 수 없다.

33 다음 [조건]을 근거로 판단할 때, A사가 분배받는 총순이익을 고르면?

> **조건**
>
> - A사와 B사는 신제품을 공동 개발하여 총순이익을 아래와 같은 기준에 따라 분배하기로 약정하였다.
>   - (가) A사와 B사는 총순이익에서 각 회사 제조원가의 10%에 해당하는 금액을 우선 각각 분배받는다.
>   - (나) 총순이익에서 위 (가)의 금액을 제외한 나머지 금액은 연구개발비에 0.5, 판매관리비에 0.3, 광고홍보비에 0.2의 가중치를 곱한 후 더한 각 회사의 비용에 비례하여 분배받는다.
> - 신제품 개발과 판매에 따른 비용과 총순이익은 다음과 같다.
>
> | 구분 | A사 | B사 |
> |---|---|---|
> | 제조원가 | 200억 원 | 600억 원 |
> | 연구개발비 | 100억 원 | 300억 원 |
> | 판매관리비 | 200억 원 | 200억 원 |
> | 광고홍보비 | 500억 원 | 150억 원 |
> | 총순이익 | 200억 원 | |

① 56억 원

② 66억 원

③ 76억 원

④ 86억 원

34 다음 주어진 연산 기호가 일정한 규칙으로 문자를 변환할 때, 빈칸에 들어갈 알맞은 문자를 고르면?

(단, Z 다음은 A이다.)

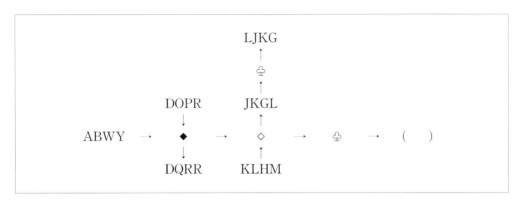

① XZCX
② CXXZ
③ YADY
④ QEWA

35 다음과 같이 일정한 규칙으로 숫자를 나열할 때, 빈칸에 들어갈 알맞은 숫자를 고르면?

$$1 \quad \sqrt{3} \quad 2 \quad 3 \quad 4 \quad 5 \quad 6 \quad 8 \quad 10 \quad 5 \quad (\quad) \quad 13$$

① 9
② 10
③ 11
④ 12

36 ○○농협의 고객지원부서는 고객들의 칭찬을 바탕으로 상점 제도를 도입하여 인사고과에 반영하기로 하였다. 이를 위해서 아래와 같이 상점 산정 방식을 도입하였다. 이 자료를 근거로 [표]의 A~E직원 중 가장 많은 상점을 받은 직원과 가장 적은 상점을 받은 직원의 점수 차이를 고르면?

[○○농협 상점 산정 방식]

1) 고객 칭찬은 격려와 감사로 구분되며 격려는 1건당 10점, 감사는 1건당 20점씩 상점을 부과한다.
2) 월간 우수사원으로 선정된 경우 20점의 상점을 추가 부여한다.
3) 고객 클레임을 받은 경우 건당 5점의 상점을 차감한다.
4) 징계를 받은 경우에는 다음과 같이 상점을 차감한다.

구분	경고	견책	감봉	정직	강등
상점	-10	-20	-40	-80	-100

[표] 고객지원부서 A~E직원 평가 현황

구분	고객칭찬(건)		월간우수사원 선정횟수	고객클레임(건)	징계
	격려	감사			
A	10	1	—	3	경고 1건
B	6	5	1회	4	견책 1건
C	9	2	2회	5	
D	8	3	1회	6	경고 2건
E	12	0	1회	4	

① 40점

② 45점

③ 50점

④ 55점

37 A농협은 신규 거래처로부터 농업용 비료를 구매하고자 한다. 비료 1회 구매 비용과 운송료 정보가 다음과 같을 때, 1회 구매 시 드는 총비용이 가장 큰 거래처와 가장 작은 거래처를 바르게 짝지은 것을 고르면?(단, 운송료는 총거리가 속한 구간의 가격으로 일괄 적용한다.)

[표1] 거래처별 거리 및 구매 비용 정보   (단위: 천 원)

구분	천일비료	대한비료	한성비료	동우비료
위치	○○시	◇◇시	□□시	△△시
거리	90km	60km	75km	35km
1회 구매 비용	890	1,490	1,150	1,860

[표2] 구간별 운송료   (단위: 만 원/km)

구분	20km 이하	20km 초과 ~40km 이하	40km 초과 ~60km 이하	60km 초과 ~80km 이하	80km 초과 ~100km 이하
운송료	1	1.1	1.2	1.4	1.5

	가장 큰 거래처	가장 작은 거래처
①	천일비료	한성비료
②	천일비료	동우비료
③	동우비료	대한비료
④	동우비료	한성비료

38 다음은 농협은행의 대출심사부에서, 대출 시 고객들에게 안내해야 할 필수 사항인 '기한 전의 채무변 제의무' 규정의 일부이다. 이에 대한 설명으로 옳지 <u>않은</u> 것을 고르면?

---

① 채무자에게 다음 각 호에서 정한 사유 중 하나라도 발생한 경우에는, 은행으로부터의 독촉·통지 등이 없어도, 채무자는 당연히 은행에 대한 모든 채무의 기한의 이익을 상실하여(지급보증거래에 있어서의 사전구상채무 발생을 포함합니다. 이하 같습니다.) 곧 이를 갚아야 할 의무를 집니다. 그러나 은행이 채무자를 위하여 유리하게 적용하는 때에는 그러하지 아니합니다.

　1. 각종 예치금 기타 은행에 대한 채권에 대하여 가압류·압류명령이나 체납처분 압류통지가 발송된 때 또는 기타의 방법에 의한 강제집행개시나 체납처분 착수가 있는 때. 다만, 담보 재산이 존재하는 채무의 경우에는 채권회수에 중대한 지장이 있는 때에만 가압류를 사유로 기한의 이익을 상실합니다.

　2. 채무자가 제공한 담보 재산(제1호의 각종 예치금 기타 은행에 대한 채권은 제외)에 대하여 압류명령이나 체납처분 압류통지가 발송된 때 또는 기타의 방법에 의한 강제집행 개시나 체납처분 착수가 있는 때

　3. 채무불이행자명부 등재신청이 있는 때

　4. 어음교환소의 거래정지처분이 있는 때

　5. 개인회생절차 또는 파산절차의 신청이 있는 때

　6. 도피 기타의 사유로 지급을 정지한 것으로 인정된 때

② 채무자에게 다음 각 호에서 정한 사유 중 하나라도 발생한 경우 채무자는 당연히 해당 채무의 기한의 이익을 상실하여 곧 이를 갚아야 할 의무를 집니다. 이 경우, 은행은 기한의 이익 상실일 7영업일 전까지 다음 각 호의 채무이행 지체사실과 대출 잔액 전부에 대하여 연체료가 부과될 수 있다는 사실을 채무자에게 서면으로 통지하여야 하며, 기한의 이익상실일 7영업일 전까지 통지하지 않은 경우 실제 통지가 도달한 날부터 7영업일이 지난날에 기한의 이익을 상실하여 채무자는 곧 이를 갚아야 할 의무를 집니다.

　1. 이자 등을 지급하여야 할 때부터 계속하여 1개월(주택담보대출의 경우 2개월)간 지체한 때

　2. 분할상환금 또는 분할상환 원리금의 지급을 2회(주택담보대출의 경우 3회) 이상 연속하여 지체한 때

③ 채무자에게 은행의 채권보전에 현저한 위험이 예상되어 건전한 계속거래 유지가 어렵다고 인정된 때에는 은행은 서면으로 변제, 압류 등의 해소, 신용의 회복 등을 독촉하고, 그 통지가 도달한 날부터 10일 이상으로 은행이 정한 기간이 경과하면, 채무자는 은행에 대한 모든 채무의 기한의 이익을 상실하여, 곧 이를 갚아야 할 의무를 집니다.

① 은행에 별도의 담보가 있다면 은행 예치금에 가압류가 된다고 무조건 기한의 이익을 상실하는 것은 아니다.

② 개인파산절차 신청이 되면 은행으로부터의 별도 통지가 없어도 자동으로 기한의 이익이 상실된다.

③ 주택담보대출을 한 경우에는 분할상환금과 이자가 3회 모두 연체된 후 기한의 이익 상실 예정사실을 통보하게 된다.

④ 이자가 1개월 연체되어 은행으로부터 기한의 이익상실일 7영업일 이후에 통지받아도 채무변제의 의무는 발생한다.

39 다음 [가]~[라] 중 농협이 진행하고 있는 교육지원사업의 내용이 <u>아닌</u> 것을 고르면?

[가] NH농협은행이 후원하고 농촌사랑범국민운동본부가 운영하는 온라인 교육플랫폼 '초록샘'은 농협재단 장학생, 자원봉사자 멘토와 화상강의를 통해 진로 등을 함께 고민할 수 있는 기회를 제공하고 월 2회 이상 명사들의 재능기부 강의와 음악, 코딩 교육 등 교과학습 외에도 학생들의 학업성취도와 만족도를 높일 수 있는 다채로운 프로그램을 마련해 운영 중이다. 현재 초록샘에선 6개국 외국어 강의도 제공 중인데, 향후 동남아 등으로 국가를 늘려가가 다문화 가정의 아이들이 부모의 언어를 자연스럽게 배울 수 있는 기회를 제공할 계획이다.

[나] 농협은행의 장학금 지원 규모는 약 2만 1,000명, 155억 원에 달한다. 농협은행은 농촌뿐 아니라 도시지역에서 금융점포를 운영하는 만큼 농촌·도시 지역 취약계층 학생에게도 장학금을 지원해 지역사회 환원에 나서고 있다. 농협 장학금 지원은 농촌·도시 지역 학생들의 사회 진출 발판이 되는 한편 농업·농촌 우군 육성에도 밑거름이 되고 있다.

[다] 농협 농업박물관은 도시민과 학생들에게 농업의 중요성과 우리 전통문화를 알리기 위하여 다양한 프로그램을 연중 운영하고 있다. 농업박물관은 청소년들을 위한 농업체험 방학문화교실, 여름에는 '농업박물관에서 만나자!' 등을 운영하고 있다. 전국 학교 선생님을 대상으로 한 여름방학 교원직무연수 과정을 통해 선생님들에게 농업·농촌 문화의 소중한 가치를 이해하는 시간을 제공하고 있다.

[라] 경기농협과 농가주부모임 경기도연합회는 4월 30일 경기농협 금요장터에서 '탄소중립 실천을 위한 캠페인'의 일환으로 장터고객 대상 '사랑의 장바구니 나눔 행사'를 개최하였다. 캠페인은 정부의 탄소중립 2050 정책에 부응하기 위해 준비됐으며, 가정이나 영농현장에서 자원과 에너지를 효율적으로 이용해 일상생활에서 발생하는 온실가스와 오염 물질을 줄이자는 취지로 계획되었다.

① [가]
② [나]
③ [다]
④ [라]

다음 설명을 참고할 때, 강 대리의 업무별 우선순위를 바르게 나타낸 것을 고르면?

강 대리가 근무하는 영업팀은 연말을 맞아 팀원 전체가 그 어느 때보다 바쁜 업무를 수행하고 있다. 고유 담당 업무는 물론 동료 직원들의 업무까지 서로 나눠 가며 수행하느라 야근은 당연한 일이 되어 버린 지 오래다. 오늘 회의 시, 팀장은 팀원들에게 맡은 업무를 정리하여 보고하도록 하였으며 이에 강 대리는 아래와 같이 업무 중요성과 긴급함을 기준으로 시간관리 매트릭스를 만들었다. 팀장은 매트릭스상의 우선순위를 준수하면서 보고된 업무를 충실히 수행해 줄 것을 당부하며 중요성과 긴급함이 부딪힐 경우에는 급한 일을 우선 처리해 줄 것을 요청하였다.

Ⅰ 긴급하면서 중요한 일	Ⅱ 긴급하지 않지만 중요한 일
A. 매출실적 마감 및 결과분석 B. 전산작업에 따른 업무누수 방지책 마련 C. 내년도 사업계획 수립 완성	D. 인사고과 자료 정리 E. 출장보고서 작성 F. 신규 거래선 정리표 완성
Ⅲ 긴급하지만 중요하지 않은 일	Ⅳ 긴급하지 않고 중요하지 않은 일
G. 사장 보고자료 수정 H. 자재 클레임 건 처리 방안 보고 I. 해외지사 실적 취합	J. 전 팀원 휴가 사용 내역표 작성 K. 소모품 사용실적 보고 L. 송년 맞이 야유회 예산 기안

① A → D → L → I
② A → I → D → J
③ B → H → K → E
④ C → F → H → K

[41~42] N회사에서는 마트 두 곳을 새로 지어 운영하려고 한다. 다음 [표]와 [조건]은 마트 건설을 입찰 공고하여 받은 제안서이다. 이를 바탕으로 질문에 답하시오.

[표] 건설사별 마트 건설 제안서(두 곳 건설 시)

구분	건설 기간	인건비(억 원/개월)	건설 비용(억 원)	최종 공사비(억 원)
A사	3개월	3	32	(총비용)×2
B사	4개월	2.8	30	(총비용)×2.2
C사	3개월	4	36	(총비용)×1.8
D사	2개월	5	40	(총비용)×2

[조건]
• 총비용은 건설 기간 동안의 인건비와 건설 비용을 합한 비용이다.
• 마트 건설 완료 후 1개월 이후부터 운영 가능하다.
• 마트 한 곳당 매달 7억 원의 이익을 얻을 수 있다.

41 N회사가 총비용이 가장 저렴한 건설사의 제안서를 받아들일 예정이라고 할 때, N회사가 지불해야 하는 최종 공사비는 얼마인지 고르면?

① 41.2억 원
② 81억 원
③ 82억 원
④ 86.4억 원

42 N회사가 마트 건설 시 지불해야 하는 최종 공사비와 관계없이 가능한 한 빨리 순이익을 얻을 수 있는 건설사에 건설을 의뢰할 예정이라고 할 때, N회사가 건설을 의뢰하게 될 건설사를 고르면?(단, 순이익은 마트 총이익에서 최종 공사비를 뺀 값이 0 이상일 때부터 발생한다.)

① A사
② B사
③ C사
④ D사

[43~44] A차장은 회사를 출발하여 5곳을 모두 출장할 계획이다. 다음은 출장지 간 거리와 지도를 나타낸 것이다. 이를 바탕으로 질문에 답하시오.

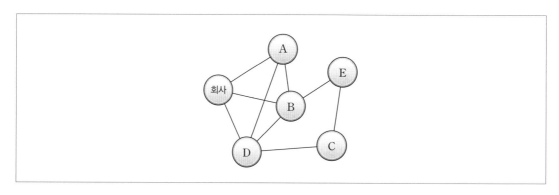

[표] 출장지 간 거리 (단위: km)

구분	A	B	C	D	E
회사	50	45	—	40	—
A	—	20	—	60	—
B	20	—	—	35	30
C	—	—	—	55	35
D	60	35	55	—	—

43 A차장이 방문한 출장지는 다시 방문하지 않는다고 할 때, 회사에서 출발하여 A를 가장 먼저 방문한 후 회사로 돌아오는 최단 경로의 이동 거리를 고르면?

① 200km

② 215km

③ 230km

④ 245km

44 43번에서 결정한 최단 경로로 9시 30분에 출발하여 각 출장지에서 30분씩 업무를 본 후에 이동한다. 출장지간 이동속도는 평균 60km/h라고 할 때, 오후 2시에 A차장의 위치는 어디인지 고르면?(단, 점심시간은 12시~13시 사이에 도착한 출장지에서 업무를 먼저 본 후 30분간 사용했다.)

① A에 위치

② B에 위치

③ C로 이동 중

④ C에 위치

45 P사는 2박 3일로 전 직원 워크숍을 가기로 하여 한 업체에서 교통과 숙박을 예약하려고 한다. 다음 [표]를 바탕으로 총비용이 가장 저렴한 업체를 선택한다고 할 때, 선택할 업체를 고르면?(단, 참석인원은 남자 20명, 여자 25명이며 숙박은 동성끼리만 하고, 회사 내 50인승까지 차량 운전 가능한 사람이 있다고 가정한다.)

[표] 업체별 견적서

구분	교통	숙박
A	• 정원: 50인승 • 기사님 동행 필수 • 가격: 1일 단위 50만 원	• 기준 인원: 3인 / 최대 인원: 5인 • 가격: 1박 15만 원(기준 인원 초과 인원당 1박 3만 원) • 기사님 방 무료로 제공
B	• 정원: 24인승 • 기사님 동행 필수 • 가격: 12시간 단위 대당 18만 원	• 기준 인원: 5인(기준 인원 외 숙박 ×) • 가격: 1박 20만 원
C	• 정원: 24인승 • 기사님 동행 × • 가격: 1일 단위 대당 30만 원	• 기준 인원: 10인 / 최대 인원: 15인 • 가격: 1박 40만 원(기준 인원 초과 인원당 1박 2만 원)
D	• 정원: 16인승 • 기사님 동행 필수 • 가격: 12시간 단위 대당 13만 원	• 기준인원: 5인(기준 인원 외 숙박 ×) • 가격: 1박 18만 원 • 연박 시 10% 할인

※ 출발시간은 오전 9시이며 마지막 날은 오후 4시에 해산함
※ 일정 소화를 위해 기사님 동행 시 동일 숙소 내 별도 방 마련하며, 기사님 인원수에 상관없이 방 1개만 마련함
※ 숙박은 기준 인원은 반드시 채우고, 필요시 최대 인원까지 채우는 것을 원칙으로 함

① A
② B
③ C
④ D

46 N사 회계팀에서 정산 및 마감업무를 보조할 사무 아르바이트 2명을 채용하려고 한다. 다음과 같은 조건으로 채용할 때 채용될 지원자를 고르면?

보낸 사람: 회계팀 K과장
받는 사람: 회계팀 사원 전체

  안녕하세요. 회계팀 K과장입니다. 지난 회의에서 논의한 대로 금번 연말 마감업무로 인하여 팀내 업무량이 과중될 것이 예상되어 아래와 같이 1개월간 사무 아르바이트 인원을 채용하고자 합니다. 채용을 담당하는 실무인원은 채용 시 필수요건만 만족하면 모두 동등하다고 판단하고, 우대요건은 점수화하여 우선순위에 따라 채용해 주세요.

  우대요건 중 S사와 O사 ERP 운용프로그램 2개 모두 사용 가능한 경우는 3점, 1개만 사용 가능한 경우는 2점, 모두 사용 불가한 경우는 0점으로 처리하고, 컴퓨터활용능력 자격증은 1급의 경우 2점, 2급의 경우 1점, 둘 다 없는 경우는 0점으로 처리합니다. 그리고 마지막 요건인 공인영어성적 점수가 900점 이상인 자는 2점, 800점 이상인 자는 1점, 그 이하는 0점으로 처리하여 점수가 높은 지원자 순서로 2명을 채용해 주시면 됩니다. 단, 동점자의 경우에는 운용프로그램 점수가 높은 순서로 채용합니다.

모집분야	업무내용	자격요건	채용인원
회계팀 사무 아르바이트	• 회계 전표처리 및 관리(세금계산서 발행, 법인카드 내역 관리) • 결산업무 및 기타 팀 내 사무보조	[필수요건] • 1년 이상 유관업무 경력자 • 경영학 또는 회계학과 전공자 [우대요건] • S사 또는 O사 ERP 사용 가능자 • 컴퓨터활용능력 자격증 소지자 • 공인영어성적 800점 이상인 자	2명

지원자	전공	자격증	공인영어성적	유관업무 경력	운용프로그램
A	경영학	컴퓨터활용능력 2급	925	1년	S
B	회계학	컴퓨터활용능력 2급	910	6개월	S, O
C	회계학	컴퓨터활용능력 1급	820	1년 2개월	O
D	경영학	컴퓨터활용능력 1급	780	2년	S, O
E	경영학	—	920	3년	O
F	회계학	컴퓨터활용능력 1급	860	1년 6개월	S, O

① A, E
② B, F
③ C, E
④ D, F

47 L사에서 부서별로 7월 해외출장 계획을 세우고 예산을 산정하려 한다. 다음 [표]를 바탕으로 L사의 7월 총 출장 예산을 고르면?

[표1] 국가별 왕복 항공권 가격 및 L사의 1일당 출장비   (단위: 원)

목적지		왕복 항공권 가격/1인	1일당 출장비/1인
국가	지역		
헝가리	부다페스트	1,400,000	70,000
미국	텍사스	1,600,000	120,000
	뉴욕	1,500,000	130,000
	하와이	1,000,000	110,000
폴란드	바르샤바	1,350,000	80,000
독일	뮌헨	1,250,000	100,000
	프랑크푸르트	1,300,000	90,000

[표2] 운임종류별 할인율

유럽노선	개인	20%
	단체	25%
	특별운임	30%
미주노선	개인	15%
	단체	20%
	특별운임	25%

※ 3인 이상일 경우 단체, 학회나 세미나 참석일 경우 특별운임, 그 외일 경우 개인 할인율을 적용함(단, 할인은 중복 적용 불가능하며, 할인율이 가장 높은 항목을 적용함)

[표3] L사 부서별 7월 출장 일정

부서	인원	출장지	출장일정	출장목적
영업부	2명	뉴욕	7/12~7/16	해외바이어 미팅
선행기술부	3명	하와이	7/20~7/25	선행기술 세미나 참석
경영지원부	2명	프랑크푸르트	7/5~7/15	투자지역 방문
연구개발부	3명	부다페스트	7/1~7/7	협력프로젝트 진행
자재검사부	2명	텍사스	7/11~7/15	자재 평가 및 검수

※ 출장 예산은 왕복 항공권과 출장비를 합산하여 산출함

① 2,068만 원

② 2,224만 원

③ 2,236만 원

④ 2,250만 원

[48~49] 다음은 A대학의 행정업무에 관한 전결규정 일부이다. 이를 바탕으로 질문에 답하시오.

- 결재를 받으려는 업무에 대해서는 최고결정권자를 포함한 이하 직책자의 결재를 받아야 한다.
- 전결이라 함은 회사의 경영활동이나 관리활동을 수행함에 있어 의사결정이나 판단을 요하는 일에 대하여 최고결재권자의 결재를 생략하고, 자신의 책임하에 최종적으로 의사결정이나 판단을 하는 행위를 말한다.
- 전결사항에 대해서도 위임받은 전결권자를 포함한 이하 직책자의 결재를 받아야 한다.
- 표시내용: 결재를 올리는 자는 최고결재권자로부터 전결사항을 위임받은 자가 있는 경우 전결권자 결재란에 '전결'이라고 표시하고 최종 결재권자란에 위임받은 자를 기재한다. 다만, 결재가 불필요한 직책자의 결재란은 상향대각선으로 표시한다.
- 최고결재권자의 결재사항 및 최고결재권자로부터 위임된 전결사항은 다음의 표에 따른다.

부서명	단위업무명	세부업무명	전결권자			
			팀장	처장	부총장	총장
교무지원팀	교무회의	교무회의 계획		○		
		회의 통보 및 자료 취합	○			
	초·중등교원 직무연수 특수기관 지정	연수 안내 및 신청접수			○	
		연수 실시 및 결과보고			○	
	고등학교 교육과정 연계	운영계획 수립				○
		지원 및 정산	○			
		운영 결과보고				○

48 다음 중 A대학의 전결규정에 대한 설명으로 옳지 <u>않은</u> 것을 고르면?

① 부총장이 전결권자인 업무의 결재 서류 양식에는 상향대각선이 필요하지 않다.

② 총장의 결재란에는 항상 서명이 있게 된다.

③ 전결권자는 자신의 결재를 통해 이루어진 업무에 대하여 사후 총장에 보고해야 한다.

④ 초·중등교원 직무연수 특수기관 지정에 관한 모든 업무는 총장의 결재가 필요하지 않다.

49 다음 중 A대학의 세부업무별 결재 양식으로 적절한 것을 고르면?

①
교무회의 계획서					
결재	담당	팀장	처장	부총장	총장
	서명	서명	전결		처장 서명

②
연수 안내 및 신청접수서					
결재	담당	팀장	처장	부총장	총장
	서명	서명	서명	서명	

③
고등학교 교육과정 연계 지원서					
결재	담당	팀장	처장	부총장	총장
	서명	전결			팀장 서명

④
고등학교 교육과정 연계 운영 결과보고서					
결재	담당	팀장	처장	부총장	총장
	서명	서명	서명	서명	전결

50 다음 그림과 같은 형태의 조직구조를 갖는 A기업에 대한 설명으로 가장 적절하지 <u>않은</u> 것을 고르면?

① 대표적인 기능적 조직구조의 형태이다.

② 급속하게 변화되고 있는 환경에 효과적인 대응을 하기 수월하다.

③ A기업은 환경이 안정적이거나 일상적인 기술, 조직의 내부 효율성을 중요시하는 기업이다.

④ A기업은 상대적으로 기업 규모가 크지 않으며 업무 내용이 유사하다.

51 다음 [표]는 어느 회사 영업부의 성과급 지급에 관한 기준과 세 직원에 대한 실적 현황을 나타낸 자료이다. 이를 바탕으로 세 직원 A, B, C의 성과급에 대한 설명으로 옳은 것을 [보기]에서 모두 고르면?

[표1] 거래 계약 건수에 따른 성과급 지급 기준 (단위: 만 원)

거래 계약 건수	성과급 산출식
20건 이상	(계약 건수)×6−(실패 횟수)×2+(기본급)×20%
10건 이상 20건 미만	(계약 건수)×6−(실패 횟수)×3+(기본급)×10%
10건 미만	(계약 건수)×5−(실패 횟수)×3+(기본급)×5%

[표2] 세 직원 A, B, C의 실적 현황 (단위: 만 원, 건)

구분	기본급	거래 계약 건수	거래 실패 횟수
직원 A	250	24	16
직원 B	300	18	4
직원 C	320	9	0

> **보기**
> ㉠ 직원 A의 성과급은 150만 원 이상이다.
> ㉡ 직원 B의 성과급이 가장 많다.
> ㉢ 직원 C의 성과급은 80만 원 이상이다.
> ㉣ 직원 A와 C의 성과급의 차는 100만 원 이상이다.

① ㉠, ㉢

② ㉠, ㉣

③ ㉠, ㉡, ㉣

④ ㉡, ㉢, ㉣

52 다음은 B농협의 신입행원 채용에 관한 자료이다. 채용될 인원 중 가장 높은 점수를 받은 지원자와 가장 낮은 점수를 받은 지원자가 차례대로 나열된 것을 고르면?

[표] B농협 신입행원 지원자 영역별 채용 점수

구분	필기시험	1차 면접	2차 면접
a	58	80	68
b	72	68	70
c	60	72	66
d	68	74	64
e	70	76	62
f	62	75	72

- 필기시험과 1차, 2차 면접 점수에 각각 30%, 40%, 30%의 가중치를 가산한다.
- 환산 점수의 합이 가장 높은 순서대로 채용된다.
- 환산점수가 동점일 경우 1차 면접, 2차 면접, 필기시험 순으로 점수를 비교하여 순위를 정한다.
- B농협의 채용인원은 총 4명이다.

① a, b
② c, e
③ e, f
④ f, a

53 다음 중 조직구조에 대한 설명으로 적절하지 <u>않은</u> 것을 고르면?

① 기능별 조직은 환경이 비교적 안정적일 때 조직 관리 효율을 높일 수 있다.
② 기능별 조직은 업무별 전문성을 살릴 수 있지만, 기업의 규모가 커질수록 운영의 한계가 발생한다.
③ 사업부제 조직은 대부분의 의사결정 권한을 사업본부장이 위임받는다.
④ 매트릭스 조직은 통제력을 강화할 수 있어 효율적이다.

54 다음 글을 읽고 조직의 구분 기준에 따라 조직을 바르게 분류한 것을 고르면?

> 조직은 공식화 정도에 따라 공식 조직과 비공식 조직으로 구분할 수 있다. 공식 조직은 조직의 구조, 기능, 규정 등이 조직화되어 있는 조직을 의미하며, 비공식 조직은 개인들의 협동과 상호작용에 따라 형성된 자발적인 집단 조직이다. 즉 비공식 조직은 인간관계에 따라 형성된 것으로, 조직이 발달해 온 역사를 보면 비공식 조직으로부터 공식화가 진행되어 공식 조직으로 발전해 왔다. 조직의 규모가 커지면서 점차 조직구성원들의 행동을 통제할 장치를 마련하게 되었고 공식화가 진행되었다. 그러나 공식 조직 내에서 인간관계를 지향하면서 비공식 조직이 새롭게 생성되기도 한다. 이는 자연스러운 인간관계가 형성됨에 따라 일체감을 느끼고, 바람직한 가치체계나 행동 유형 등이 공유되면서 하나의 조직문화가 된 것으로, 공식 조직의 기능을 보완해 주기도 한다.
>
> 또한 조직은 영리성을 기준으로 영리 조직과 비영리 조직으로 구분할 수 있다. 영리 조직은 이윤을 목적으로 하는 조직이며, 비영리 조직은 공익을 추구하는 조직이다.
>
> 한편 규모에 의한 구분으로는 소규모 조직과 대규모 조직으로 나누어 볼 수 있다. 가족 소유의 상점과 같은 소규모 조직도 있지만 대기업 같은 대규모 조직도 있으며, 다수의 국가에서 활동하는 글로벌기업도 증가하고 있다. 글로벌기업이란 동시에 둘 이상의 국가에서 법인을 등록하고 경영활동을 벌이는 기업으로 대표적으로 애플과 3M, 화이자, 스타벅스 등이 있으며 우리나라 기업으로는 삼성전자, LG전자, 포스코 등이 있다.

① 대기업은 비공식 조직이다.

② 병원과 대학은 비영리 조직으로 분류할 수 없다.

③ 가족이 소유하는 소규모 상점은 소규모 비영리 조직이다.

④ 기업 내 축구 동호회는 공식 조직과 비공식 조직의 모습을 모두 갖출 수 있다.

55 다음은 국가별 고유 생활문화 및 예절을 표로 정리한 것이다. 빈칸에 들어갈 국가명을 고르면?

구분	생활문화 및 예절
일본	• 선물할 때는 흰 종이로 포장하지 않으며, 흰 꽃도 선물하지 않는다. • 칼을 선물하지 않는다. 칼은 자살이나 단절을 의미한다. • 약속을 중시하며, 약속을 지키지 않는 것은 명예를 훼손하는 것이다.
중국	• 손수건은 슬픔과 눈물을 상징하므로 선물하지 않는다. • 자기가 사용하던 젓가락으로 음식을 집어주는 습관이 있다. • 현금을 줄 때 축의금과 선물은 짝수의 금액으로, 부의금은 홀수의 금액으로 줘야 한다. • 백색과 청색은 장례식의 의미가 있으므로 사용하지 않는다.
홍콩	• 두 개는 행운을 뜻하므로 선물할 때는 두 개의 선물을 하면 좋다. • 식사 중 접시에 놓인 생선은 배를 뒤집지 않는다.
대만	• 숫자 4를 싫어한다. • 중국 대륙과 관련된 이야기는 피하는 것이 좋다.
( )	• 법률과 규정이 많고 엄격하게 집행한다. • 체면을 중시하고 약속시간에 늦는 것을 모욕이라고 생각한다. • 아주 친하지 않으면 선물을 하지 않는다.

① 싱가포르

② 태국

③ 인도

④ 베트남

56 다음 [표]는 일의 우선순위 판단을 위한 시간관리 매트릭스를 나타낸 자료이다. 주어진 자료를 바탕으로 할 때, [보기]에서 먼저 해야 하는 업무 순으로 나열한 것을 고르면?

[표] 일의 우선순위 판단을 위한 시간관리 매트릭스

	긴급함	긴급하지 않음
중요함	긴급하면서 중요한 일 • 위기상황 • 급박한 문제 • 기간이 정해진 프로젝트	긴급하지 않지만 중요한 일 • 예방 생산 능력 활동 • 인간관계 구축 • 새로운 기회 발굴 • 중장기 계획
중요하지 않음	긴급하지만 중요하지 않은 일 • 잠깐의 급한 질문 • 일부 보고서 및 회의 • 눈앞의 급박한 상황 • 인기 있는 활동 등	긴급하지 않고 중요하지 않은 일 • 우편물, 전화 • 시간낭비 거리 • 즐거운 오락활동 등

※ 긴급하면서 중요한 일의 우선순위가 가장 높고, 긴급하지 않고 중요하지 않은 일의 우선순위가 가장 낮음

> [보기]
> ㉠ 전자메일함 정리
> ㉡ 새로운 사업 아이템 기획
> ㉢ 내일부터 시작하는 대규모 오프라인 프로모션 행사 준비

① ㉠－㉡－㉢

② ㉡－㉢－㉠

③ ㉢－㉠－㉡

④ ㉢－㉡－㉠

57 조직문화는 흔히 관계지향 문화, 혁신지향 문화, 위계지향 문화, 과업지향 문화의 네 가지로 분류된다. 다음 (가)~(라)와 같은 특징 중 과업지향 문화에 해당하는 것을 고르면?

(가) A팀은 무엇보다 엄격한 통제를 통한 결속과 안정성을 추구하는 분위기이다. 분명한 명령 계통으로 조직의 통합을 이루는 일을 제일의 가치로 삼는다.

(나) B팀은 업무 수행의 효율성을 강조하며 목표 달성과 생산성 향상을 위해 모든 조직원이 산출물 극대화를 위해 노력하는 문화가 조성되어 있다.

(다) C팀은 자율성과 개인의 책임을 강조한다. 고유 업무뿐 아니라 근태, 잔업, 퇴근 후 시간활용 등에 있어서도 정해진 흐름을 배제하고 개인의 자율과 그에 따른 책임을 강조한다.

(라) D팀은 직원들 간의 응집력과 사기 진작을 위한 방안을 모색 중이다. 인적자원의 가치를 개발하기 위해 직원들 간의 관계에 초점을 둔 조직문화가 D팀의 특징이다.

---

① (가)

② (나)

③ (다)

④ (라)

02

실전모의고사 1회

58 다음 중 은행 출납업무에 대한 설명으로 적절하지 않은 것의 개수를 고르면?

㉠ 은행자금을 관리하는 업무로서, 창구에서 수납한 다량의 현금은 개인이 보유하고 있다가 마감 때 금고에 입금 처리시킨다.

㉡ 전반적인 은행업무와 독립적인 업무이기 때문에, 타 업무와 관련된 법률문제에는 영향을 미치지 않는다.

㉢ 담당자의 응대 태도뿐 아니라, 업무의 신속, 정확성 등은 고객이 은행 자체를 판단하는 잣대가 될 수 있으므로 고객서비스에 주의가 필요하다.

㉣ 현금계정을 관장하고 직접 처리하는 업무이기 때문에 사고 발생의 가능성이 있으므로 각별한 주의가 필요하다.

㉤ 고객응대 비중이 가장 큰 업무이고 고객과의 접촉이 가장 잦은 업무이다.

---

① 1개

② 2개

③ 3개

④ 4개

59 다음 설명을 참고할 때, 빈칸 ㉠~㉣에 들어갈 사업의 순환주기가 순서대로 바르게 나열된 것을 고르면?

BCG 매트릭스란 기업 수준에서 각 사업단위가 속해 있는 시장의 성장률과 각 사업단위가 그 시장 내에서 차지하는 상대적 시장점유율을 기준으로 사업 포트폴리오를 평가하는 분석 기법이며, 아래 그림과 같은 모형으로 설명할 수 있다.

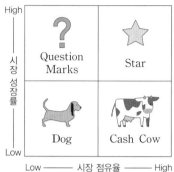

(㉠): 수익성과 성장성이 모두 높지만 계속적인 투자는 여전히 필요하다. 시간이 갈수록 규모가 커지기 때문에 성장률을 유지하기는 힘들다. 사업을 계속 키울지, 현 상황을 유지할지를 선택해야 한다.

(㉡): 성장성과 수익성이 없는 사양산업이자 산업군의 매력도가 낮다. 자금이 줄줄 새기 때문에 혁신적인 변화가 적용되지 않는다면 철수해야 한다.

(㉢): 실질적으로 돈을 벌어다 주는 수익의 창출원이다. 기존의 투자로 인하여 자금의 투입은 작고, 수익은 많다. 돈을 벌어다 주므로 타 산업군이 필요한 자금의 공급처라 할 수 있다.

(㉣): 낮은 시장점유율과 높은 시장성장성을 가진 사업으로 기업의 투자에 따라 미래의 변화 가능성이 열려 있다. 초반에 자금이 많이 투자될 수 있으나 투자하기로 결정했다면 상대적 시장점유율을 높이기 위해서 적극적인 투자가 필요하다.

① 성장기, 쇠퇴기, 성숙기, 도입기
② 성장기, 성숙기, 쇠퇴기, 도입기
③ 쇠퇴기, 성장기, 도입기, 성숙기
④ 쇠퇴기, 도입기, 성장기, 성숙기

60 다음 자료를 보고 Y기업의 SWOT 분석에 따른 경영전략으로 가장 적절하지 <u>않은</u> 것을 고르면?

■ SWOT 분석이란?

기업의 내부환경과 외부환경을 분석하여 강점(Strength), 약점(Weakness), 기회(Opportunity), 위협(Threat) 요인을 규정하고 이를 토대로 경영전략을 수립하는 기법으로, 기업의 내·외부환경 변화를 동시에 파악할 수 있다. 기업의 내부환경을 분석하여 강점과 약점을 찾아내며, 외부환경 분석을 통해서는 기회와 위협을 찾아낸다.

• 강점(Strength): 내부환경(자사 경영자원)의 강점
• 약점(Weakness): 내부환경(자사 경영자원)의 약점
• 기회(Opportunity): 외부환경(경쟁, 고객, 거시적 환경)에서 비롯된 기회
• 위협(Threat): 외부환경(경쟁, 고객, 거시적 환경)에서 비롯된 위협

내부환경 요인

		강점(S)	약점(W)
외부환경 요인	기회(O)	SO전략 내부 강점과 외부 기회 요인을 극대화	WO전략 외부 기회를 이용하여 내부 약점을 강점으로 전환
	위협(T)	ST전략 외부 위협을 최소화하기 위해 내부 강점을 극대화	WT전략 내부 약점과 외부 위협을 최소화

■ Y기업의 상황 및 업계 평균 대비 역량 비교

현재 Y기업은 프리미엄 제품의 해외 수요 증가(A), 국제 유가 하락으로 인한 제품 원가 히락(B), 인지도가 높은 브랜드에 대한 선호 증가(C)와 같은 기회를 맞고 있다. 반면 ESG 경영으로의 전환 흐름(D), 법인세 인상(E)과 같은 대응이 필요한 이슈도 산적해 있다.

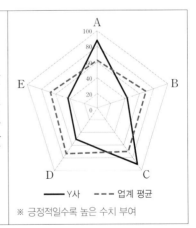

※ 긍정적일수록 높은 수치 부여

① SO전략: 인지도가 높은 브랜드의 라인업을 확대하여 시장점유율 확대를 꾀한다.

② ST전략: ESG 경영의 선두주자임을 적극적으로 홍보하여 대외 이미지를 제고하고 투자 자금을 추가로 유치한다.

③ WO전략: 국제 유가가 충분히 낮은 시점에 대규모의 원재료 선물 계약을 체결하여 낮은 수준의 마진율을 끌어올린다.

④ WT전략: 놓치고 있는 법인세 공제·감면 사항이 있는지 전반적으로 점검하고, 법인세 인상 항목 중 절세에 활용할 수 있는 특례 조항을 찾아본다.

정답과 해설 **P** 31

01 다음 밑줄 친 단어와 가장 유사한 것을 고르면?

> 자네는 고생을 많이 해서 그런지 연식에 비해 너무 늙어 보이네.

① 연추

② 연경

③ 인경

④ 연감

02 다음 글의 빈칸에 들어갈 한자성어로 가장 적절한 것을 고르면?

> 새해를 맞이하여 N사의 임직원들은 농민이 행복한 세상을 만들기 위해 모두가 힘을 합하는
> (   )의 자세로 농산물 제값 받기와 농자재가격 인하 등으로 농가소득 5,000만 원
> 시대를 만들겠다고 다짐했다.

① 유일무이(唯一無二)

② 동심동덕(同心同德)

③ 부화뇌동(附和雷同)

④ 와신상담(臥薪嘗膽)

3 다음 글의 ㉠~㉣ 중 어법에 맞는 것을 고르면?

> 나라마다 나이를 세는 방식이 다른 것은 사실이지만, 우리나라만큼 나이에 대한 기준이 ㉠헷 갈리고 많은 곳은 유일무이하다. 우선 '만(滿) 나이'는 태어난 날부터 1년이 지나면 1세가 된다. 즉 ㉡첫돐이 만 1세로서 생일을 기준으로 하는 셈법이며 국제 표준이자 우리나라 표준이다.
> '세는 나이'는 날짜와 상관없이 태어난 해를 원년(1살)으로 ㉢삼고 새해 첫날에 한 살씩 더해 서 나이를 세는 관습적인 셈법이다. 대개 한국식 나이라고 하면 만 나이가 아닌 세는 나이를 사 용하는데, 이로 인해 연말에 태어난 아기가 ㉣몇일만에 두 살이 되기도 한다.
> '연(年) 나이'는 절충된 셈법으로서 만 나이와 세는 나이가 섞인 셈법이다. 세는 나이에서 생 일과 관계없이 1살을 빼면 된다. 만 나이처럼 태어날 때는 0세이면서, 세는 나이처럼 이듬해 1 월 1일에 나이를 1세씩 먹는 것이다. 절충된 셈법으로서 사회 여러 분야에서 생일을 정확히 알 수 없거나 조사하기 번거로운 경우에 편의상 이용된다. 일례로 청소년보호법, 민방위기본법 그 리고 병역법 등에 사용된다.

① ㉠

② ㉡

③ ㉢

④ ㉣

4 다음 제시된 단어의 관계와 유사한 것을 고르면?

> 품사－수사

① 보리－수수

② 문학－희곡

③ 기차－비행기

④ 폐－심장

05 다음 문단을 논리적 순서대로 바르게 나열한 것을 고르면?

> (가) 리볼빙은 신용카드 대금 가운데 일부만 결제하고 최대 90%를 연체 기록 없이 다음 달로 이월할 수 있는 서비스다. 하지만 수수료율이 높아 리볼빙이 쌓이면 빚이 눈덩이처럼 늘어갈 수 있다.
>
> (나) 이러한 리볼빙의 장기적인 이용은 신용등급에 부정적인 영향을 미칠 수 있다. 일반 대출 계약의 경우 장기간 이용하면 오히려 신용도에 도움이 되기도 하지만, 리볼빙 장기 이용은 일반적으로 신용등급에 악영향을 미치는 경우가 많다.
>
> (다) 예를 들어 약정결제 비율 30%, 카드 사용액이 매달 300만 원이면 이월되는 채무 잔액은 첫 달 210만 원, 둘째 달 357만 원, 셋째 달 460만 원으로 매우 증가한다.
>
> (라) 리볼빙을 지속적으로 이용하다가 리볼빙이 더 이상 연장되지 않는 경우도 발생할 수 있다. 이럴 때 그간의 원금과 수수료 총액을 일시에 상환해야 하므로 큰 금액을 일시 부담하지 않도록 본인의 신용등급 등을 수시로 확인해야 한다.

① (가) - (라) - (다) - (나)
② (가) - (다) - (나) - (라)
③ (나) - (가) - (다) - (라)
④ (나) - (라) - (가) - (다)

06 다음 중 '계획이나 결정 따위를 일관성이 없이 자주 고친다'는 의미의 사자성어를 고르면?

① 조변석개
② 당랑거철
③ 전화위복
④ 해의추식

07 다음 글의 중심 내용을 이끌어 내기 위한 질문으로 가장 적절한 것을 고르면?

20세기에 들어 서양 미술은 대상의 사실적 묘사보다 회화의 조형적 특질을 강조하는 추상 회화의 경향이 두드러졌다. 회화의 조형 요소는 어떤 면에서는 음악의 구성 요소인 가락이나 리듬, 박자 등과 비슷하다고 할 수 있다. 가사가 있는 노래도 있지만, 음악은 주로 추상적인 가락이나 리듬, 박자에 의해 구성되고, 그것만으로도 우리에게 큰 감동을 준다. 미술 역시 주제나 내용 없이 색과 선만으로도 얼마든지 아름답게 구성할 수 있고, 그 구성으로 우리에게 큰 즐거움을 줄 수 있다. 추상 회화는 노래에서 가사를 없애듯 그림 속에서 스토리나 사실적인 표현을 제거하고 순수하게 조형 요소에 의지해 제작한 작품이다. 그래서 비평가들은 추상 회화 이전의 서양 미술을 문학적인 미술로, 추상 회화 이후의 서양 미술을 음악적인 미술로 나누기도 한다. 이러한 추상 회화의 출현은 서양 미술에서 미술의 새로운 가능성과 잠재력을 발견하게 되는 중요한 계기가 되었다.

추상 회화는 제1차 세계 대전을 전후한 시기에 형성되었다. 이 사실은 추상 회화의 속성과 관련해 중대한 의미가 있다. 전쟁 직전의 유럽 사회는 이성과 합리주의의 발달로 과학 기술이 발달하고 물질생활이 풍요해졌지만 빈부 격차가 극심해 계급 갈등이 심화되고 있었다. 제1차 세계 대전은 이러한 서양 문명의 모순이 한꺼번에 폭발한 전쟁이었다. 이성과 합리주의는 문명의 파괴와 대학살이라는 엄청난 재앙을 불러왔고, 사람들은 이성과 합리주의에 대해 심각하게 회의하고 반성하기 시작했다. 미술 또한 이러한 시대적 상황과 무관하지 않았다. 이 시기에 등장한 추상 회화는 이성과 합리주의에 근거한 과학적인 원근법과 광학 법칙, 해부학의 이해 등 수백 년 동안 내려온 서양 미술의 사실주의 전통을 모두 부정했다. 그러면서 추상 회화는 점점 비구상적으로 변해 갔다.

추상 회화는 결국 외부 세계를 묘사한 그림이 아니라 내면 세계를 표현한 그림으로 요약할 수 있다. 추상 회화에서는 외부의 형상을 아무리 열심히 모방하고 잘 표현했더라도 별 의미가 없다. 화가의 내면에서 일어나는 느낌을 얼마나 잘 전달했느냐가 중요하다. 이러한 미술은 다른 대상을 반영하는 거울이 아니라 자신의 존재 이유를 자기 안에서 찾은 미술이라고 할 수 있다. 유럽이 극단적인 모순과 갈등으로 엄청난 고통을 겪을 때 추상 회화는 이렇듯 인간의 내면으로 눈을 돌려 인간 내면의 울림을 담아내려 했다.

① 추상 회화의 특징은 무엇인가?
② 추상 회화의 발전을 위해 필요한 요소는 무엇인가?
③ 추상 회화와 음악은 어떤 차이가 있는가?
④ 음악과 미술을 접목한 통합 예술은 실현 가능한가?

　　과거에 일어난 금융위기에 대해 많은 연구가 진행되었어도 그 원인이 무엇인지에 관해서는 의견이 모아지지 않는 경우가 대부분이다. 이것은 금융위기가 여러 차원의 현상이 복잡하게 얽혀 발생하는 문제이기 때문이기도 하지만, 사람들의 행동이나 금융 시스템의 작동 방식을 이해하는 시각이 다양하기 때문이기도 하다. 은행위기를 중심으로 금융위기에 관한 주요 시각이 서로 배타적인 것은 아니지만 주로 어떤 시각에 기초해서 금융위기를 이해하는가에 따라 그 원인과 대책에 대한 의견이 달라진다고 할 수 있다.

　　우선, 은행의 지불능력이 취약하다고 많은 예금주들이 예상하게 되면 실제로 은행의 지불능력이 취약해지는 현상을 강조하는 시각이 있다. 예금주들이 예금을 인출하려는 요구에 대응하기 위해 은행이 예금의 일부만을 지급준비금으로 보유하는 부분준비제도는 현대 은행 시스템의 본질적 측면이다. 이 제도에서는 은행의 지불능력이 변화하지 않더라도 예금주들의 예상이 바뀌면 예금 인출이 쇄도하는 사태가 일어날 수 있다. 이처럼 예금 인출이 쇄도하는 상황에서 예금 인출 요구를 충족하려면 은행들은 현금 보유량을 (　ㄱ　) 한다. 이를 위해 은행들이 앞다투어 채권이나 주식, 부동산과 같은 자산을 매각하려고 하면 자산 가격이 (　ㄴ　) 되므로 은행들의 지불능력이 실제로 (　ㄷ　).

　　다음으로 은행의 과도한 위험 추구를 강조하는 시각이 있다. 주식회사에서 주주들은 회사의 모든 부채를 상환하고 남은 자산의 가치에 대한 청구권을 갖는 존재이고 통상적으로 유한책임을 진다. 따라서 회사의 자산 가치가 부채액보다 더 커질수록 주주에게 돌아올 이익도 커지지만, 회사가 파산할 경우에 주주의 손실은 그 회사의 주식에 투자한 금액으로 제한된다. 이러한 비대칭적인 이익 구조로 인해 수익에 대해서는 민감하지만 위험에 대해서는 둔감하게 된 주주들은 고위험 고수익 사업을 선호하게 된다. 결과적으로 주주들이 더 높은 수익을 얻기 위해 감수해야 하는 위험을 채권자에게 전가하는 것인데, 자기자본비율이 낮을수록 이러한 동기는 더욱 강해진다. 은행과 같은 금융 중개 기관들은 대부분 부채비율이 매우 높은 주식회사 형태를 띤다.

　　세 번째로 은행가의 은행 약탈을 강조하는 시각이 있다. 전통적인 경제 이론에서는 은행의 부실을 과도한 위험 추구의 결과로 이해해 왔다. 하지만 최근에는 은행가들에 의한 은행 약탈의 결과로 은행이 부실해진다는 인식도 강해지고 있다. 과도한 위험 추구는 은행의 수익률을 높이려는 목적으로 은행의 재무 상태를 악화시킬 위험이 큰 행위를 은행가가 선택하는 것이다. 이에 비해 은행 약탈은 은행가가 자신에게 돌아올 이익을 추구하여 은행에 손실을 초래하는 행위를 선택하는 것이다.

　　마지막으로 이상 과열을 강조하는 시각이 있다. 위의 세 가지 시각과 달리 이 시각은 경제 주체의 행동이 항상 합리적으로 이루어지는 것은 아니라는 관찰에 기초하고 있다. 많은 사람들이 자산 가격이 일정 기간 상승하면 앞으로도 계속 상승할 것이라 예상하고, 일정 기간 하락하면 앞으로도 계속 하락할 것이라 예상하는 경향을 보인다. 이 경우 자산 가격 상승은 부채의 증가를 낳고 이는 다시 자산 가격의 더 큰 상승을 낳는다. 이러한 상승작용으로 인해 거품이 커지는 과정은 경제 주체들의 부채가 과도하게 늘어나 금융 시스템을 취약하게 만들게 되므로, 거품이 터져 금융 시스템이 붕괴되고 금융위기가 일어날 현실적 조건을 강화시킨다.

8 다음 중 글의 서술 방식으로 가장 적절한 것을 고르면?

① 자문자답의 방식으로 금융위기에 대해 설명하고 있다.

② 금융위기에 관한 주요 시각을 네 가지로 분류하여 제시하고 있다.

③ 금융위기에 대한 상반된 주장을 소개하고 필자의 의견을 덧붙이고 있다.

④ 금융위기의 다양한 사례를 제시하고 그것들을 절충하여 결론을 도출하고 있다.

02

실전모의고사 2회

9 다음 중 글의 빈칸 ㉠~㉢에 들어갈 말을 바르게 짝지은 것을 고르면?

㉠	㉡	㉢
① 늘려야	상승하게	높아진다
② 늘려야	하락하게	낮아진다
③ 줄여야	상승하게	높아진다
④ 줄여야	하락하게	낮아진다

10 다음은 농협조합법의 일부이다. 이를 참고할 때, 조합원의 가입과 탈퇴에 대한 설명으로 옳지 <u>않은</u> 것을 고르면?(단, 제시문 외 사항은 고려하지 않는다.)

> 제28조(가입)
> ① 지역농협은 정당한 사유 없이 조합원 자격을 갖추고 있는 자의 가입을 거절하거나 다른 조합원보다 불리한 가입 조건을 달 수 없다. 다만, 제명된 후 2년이 지나지 아니한 자에 대하여는 가입을 거절할 수 있다.
> ② 조합원은 해당 지역농협에 가입한 지 1년 6개월 이내에는 같은 구역에 설립된 다른 지역농협에 가입할 수 없다.
> ③ 새로 조합원이 되려는 자는 정관으로 정하는 바에 따라 출자하여야 한다.
> ④ 지역농협은 조합원 수(數)를 제한할 수 없다.
> ⑤ 사망으로 인하여 탈퇴하게 된 조합원의 상속인(공동상속인 경우에는 공동상속인이 선정한 1명의 상속인을 말한다)이 조합원 자격이 있는 경우에는 피상속인의 출자를 승계하여 조합원이 될 수 있다.
> ⑥ 제5항에 따라 출자를 승계한 상속인에 관하여는 제1항을 준용한다.
>
> 제29조(탈퇴)
> ① 조합원은 지역농협에 탈퇴 의사를 알리고 탈퇴할 수 있다.
> ② 조합원이 다음 각 호의 어느 하나에 해당하면 당연히 탈퇴된다.
>   1. 조합원의 자격이 없는 경우
>   2. 사망한 경우
>   3. 파산한 경우
>   4. 성년후견개시의 심판을 받은 경우
>   5. 조합원인 법인이 해산한 경우
> ③ 이사회는 조합원의 전부 또는 일부를 대상으로 제2항 각 호의 어느 하나에 해당하는지를 확인하여야 한다.

① 지역농협의 탈퇴는 조합원의 자유로운 의사 표명에 따라 가능하다.
② 조합원이 사망한 경우, 상속인 자격을 갖춘 아들이 조합원 자격을 갖추었다면 추가 출자 없이 해당 지역농협의 조합원이 될 수 있다.
③ 지역농협에서 제명된 자가 가입을 거절당하지 않기 위해서는 2년이 경과하여야 한다.
④ 동일한 지역 내의 다른 지역농협에 가입하기 위해서는 새롭게 출자를 해야 한다.

11 다음 글을 읽고 관계 금융에 대한 설명으로 적절하지 <u>않은</u> 것을 고르면?

'관계 금융'은 지속적인 접촉과 관찰, 그리고 현장 방문 등을 통해 확보한 정성적 정보를 바탕으로 이루어지는 금융 거래를 말한다. 관계 금융을 하는 은행의 심사역은 해당 기업의 담보나 재무제표, 신용 등급 등 정량 정보에만 기초해 대출 여부를 판단하지 않는다. 기업가의 성품이나 평판, 해당 기업과 거래하는 관계 기업으로부터의 신뢰도 등도 참고한다. 신생 기업이라 담보가 없어도 신용과 사업성, 그리고 기술력을 담보로 신용을 공급하는 것이다. 실제로 독일, 미국 등에서는 관계 금융을 통해 중소기업에 대한 원활한 지원이 이루어지고 있다. 이때, 관계 금융의 주체는 거대 민간 시중 은행이 아니다. 독일의 관계 금융은 지역에 기반을 둔 협동조합 은행과 공공 은행이 주도한다. 한편 거대 민간 시중 은행은 '거래 금융'을 한다. 이는 담보 및 재무제표, 개인이나 기업의 신용 등급을 참고해 대출을 결정하는 방식으로 우리에게 익숙한 한국의 시중 은행이 하는 금융 방식과 동일하다.

독일의 경우 현재 은행 전체 자산 중 도이체방크 등 4대 대형 시중 은행의 자산점유율은 24%에 불과하다. 이는 한국의 민간 시중 은행 비중이 60%에 이르는 것과 대조적이다. 독일은 관계 금융을 하는 협동조합 은행과 지방 공공 은행의 비중이 37%에 이르러 대형 시중 은행의 자산 규모를 앞지른다. 반면 한국의 경우 지방 공공 은행은 존재하지 않는다. 공공 은행인 기업은행이 전국망을 갖고 있지만 관계 금융을 한다고 말하기 어렵다. 한국에서 중소기업이 발전하지 못하고 전통 제조업이 갈수록 취약해지는 이유는 관계 금융의 부재와 무관하지 않다.

협동조합 은행은 관계 금융이 가능한 금융 기관이다. 지역 농·축협을 비롯한 상호 금융 기관은 지역 밀착형이다. 저신용자에 대해 정성적 정보를 활용한 신용 위험 평가를 통해 시중 은행보다 낮은 이자로 신용을 공급하고 있다는 점에서 관계 금융의 가능성을 보여 준다. 거래 금융일색인 한국의 금융 시스템으로는 중소기업이 발전하기 어렵다. 그러나 지역 농·축협이 앞장서서 지역 내 농업 관련 산업과 중소기업을 발굴하고 지원하는 관계 금융을 펼친다면 한국 경제에 의미 있는 변화를 가져올 수 있다. 관계 금융의 육성을 위해 지역 농·축협 등 상호 금융에 대한 정부의 지원 체계도 강화할 필요가 있다.

더 나아가 범농협에 존재하는 두 갈래의 금융 주체를 재구성할 수 있다. 상호 금융과 NH농협 금융 지주를 합친다고 가정하면 초대형 금융 기관의 등장이 가능하게 된다. NH농협은행의 지점과 지역 농·축협의 상호 금융을 결합하여 지역 내 대형 점포를 형성하고, 여기에 농협의 교육 지원 사업까지 가세하면 제대로 된 생산적인 관계 금융을 펼칠 수 있다. 관계 금융이 만능 통장일 수는 없지만 거래 금융 일색의 금융 시스템을 바꾸지 않고서는 한국 사회가 당면한 문제를 개선하기 어렵다. 협동조합 금융이 관계 금융을 선도하고 이를 통해 우수한 중소기업이 성장해 나가기를 상상해 본다.

① 관계 금융이 확대되면 중소기업의 발전 가능성이 커진다.
② 우리나라는 독일과 달리 관계 금융의 주체가 지방 공공 은행이다.
③ 금융 거래 시 정량 정보뿐만 아니라 정성 정보도 중요하게 고려한다.
④ 대상과의 지속적인 접촉을 통해 얻은 정보를 바탕으로 금융 거래를 한다.

12 다음은 농협중앙회장의 인사말 일부와 이를 영어로 번역한 내용이다. 밑줄 친 ㉠~㉣ 중 의미에 맞는 단어가 <u>아닌</u> 것을 고르면?

> 2021년은 농협이 창립 60주년을 맞이한 해였습니다. 농협은 「함께하는 100년 농협」이라는 비전의 실현을 목표로 농업과 지역사회, 농협의 발전을 위해 최선을 노력을 기울여 왔습니다. 무엇보다 올해는 사회공헌 사업을 통해 큰 성과를 거두었으며, 장기화되고 있는 코로나19 시대에 맞서 디지털 혁신을 주도하였다는 점에서 매우 의미 있는 한 해였습니다.
>
> > The year 2021 ㉠<u>marked</u> the 60th anniversary of our founding. We have made our best efforts to develop agriculture, rural communities, and agricultural cooperatives to realize our vision of "Together 100 Years of NongHyup". Above all, this year was very meaningful for us as we made significant changes to our distribution business and ㉡<u>achieved</u> great results, and we ㉢<u>took the lead</u> in digital innovation in the face of the ㉣<u>aligned</u> COVID−19 pandemic.

① ㉠

② ㉡

③ ㉢

④ ㉣

13 올해 어느 등산 동호회의 남자 회원 수는 작년 대비 15% 증가하여 368명이 되었고, 여자 회원 수는 작년 대비 15% 감소하여 408명이 되었다. 이때, 올해 이 동호회의 전체 회원 수는 작년 대비 얼마나 감소하였는지 고르면?

① 1%

② 2%

③ 3%

④ 4%

14 다음과 같이 일정한 규칙으로 숫자를 나열할 때, 빈칸에 들어갈 알맞은 숫자를 고르면?

> 9   12   14   15   15   14   12   (   )

① 13

② 12

③ 11

④ 9

15 이사를 가기 전에는 집에서부터 회사까지 25km를 가는 데 속력이 48km/h인 버스로 이동한 후, 5km/h의 속력으로 걸어서 42분만에 회사에 도착했다. 이사를 간 후에는 집에서 회사까지의 거리는 동일했지만 속력이 48km/h인 버스로 이동하는 시간은 $\frac{2}{3}$로 줄었고, 5km/h의 속력으로 걸어가는 시간은 2배 늘었다고 한다. 이때, 이사를 간 후 집에서부터 회사까지 걸리는 시간을 고르면?

① 40분

② 42분

③ 44분

④ 50분

16 다음 식에서 a와 b의 값으로 가장 알맞은 것을 고르면?(단, a와 b는 정수이며, a는 0이 아니다.)

$$6 \div \left(\frac{8}{a} - 6 \right) + 4b = 9$$

① $a=2$, $b=3$

② $a=3$, $b=2$

③ $a=4$, $b=1$

④ $a=-2$, $b=-3$

[17~18] 다음은 N은행에서 출시한 직장인 예금 상품 내용이다. 이를 바탕으로 질문에 답하시오.

- 상품명

  직장인 만기 예금

- 기본 연금리

  1.75%, 단리식

- 만기 지급 연금리

이자지급방식	가입기간	인터넷 가입 시 기본금리(%)
만기 일시 지급식	12개월 이상 24개월 미만	1.75
	24개월 이상 36개월 미만	1.78
	36개월 이상	1.83
비고	우대요건 충족 시 '인터넷 가입 시 기본금리＋우대금리(최대 0.8%p)' 제공	

※ 만기 일시 지급식: 만기일에 이자를 지급하는 방식

- 우대금리 조건

조건 내용	우대금리(%p)
N은행 입출식 통장 3개월 이상 급여이체실적	0.4
N은행 카드 결제실적 100만 원 이상	0.3
N은행 주택청약 신규가입	0.3
인터넷으로 해당 예금을 가입할 경우	0.2

17 은행에 취직한 직장인 A가 직전 회사의 퇴직금 2,000만 원을 예치하기 위해 인터넷을 통해 위와 같은 예금 상품에 가입하였다. 이 회사에서 급여를 이체받기 위해 N은행 계좌를 신설했고, 실적을 위해 N은행 카드를 만들어 매월 100만 원 이상 결제를 하였다. 직장인 A가 2년 만기 후 수령하게 될 금액을 고르면?

① 21,072,000원

② 21,046,000원

③ 21,032,000원

④ 21,020,000원

18 3,000만 원을 인터넷을 통해 3년 만기로 한 번 가입했을 때와, 1년 만기로 세 번 가입했을 때의 수령금액 차이를 고르면?(단, 이자는 백의 자리에서 올림하여 계산하며, 1년 만기로 세 번 가입할 경우 매년 예치금으로 원리금을 모두 예치한다.)

① 36,000원

② 40,000원

③ 45,000원

④ 48,000원

19 넓이가 0.1km²인 밭에서 500kg을 수확할 수 있는 작물이 있다. 넓이가 10km²인 밭에 이 작물을 심었는데 가뭄으로 인하여 수확량이 20% 감소했다고 할 때, 총수확량을 고르면?

① 35,000kg

② 40,000kg

③ 45,000kg

④ 50,000kg

20 어느 사탕가게에서 계피맛 사탕이 잘 팔리지 않아 현재 보유하고 있는 계피맛 사탕을 묶음으로 할인 판매하려고 한다. 사탕을 3개씩 또는 4개씩 묶거나 6개씩 묶어보아도 항상 2개가 남는다고 할 때, 현재 이 사탕가게에서 보유하고 있는 계피맛 사탕의 총개수를 고르면?(단, 현재 보유하고 있는 사탕은 50개 이상 60개 이하이다.)

① 50개

② 52개

③ 56개

④ 58개

[21~22] 다음 [표]는 2019~2021년의 재화 성질에 따른 기업 규모별 무역액에 관한 자료이다. 이를 바탕으로 질문에 답하시오.

[표] 2019~2021년의 재화 성질에 따른 기업 규모별 무역액 (단위: 십억 불)

구분		수출액			수입액		
		2019년	2020년	2021년	2019년	2020년	2021년
전체		525.7	494.3	571.4	431.4	399.5	471.4
소비재		72	69.7	69.3	58.6	59.8	63.5
	대기업	48	44.8	42.2	20.3	20.7	21
	중견기업	9	8.6	9.8	9.9	9	9.5
	중소기업	15	16.3	17.3	28.4	30.1	33
원자재		146.4	137.1	162.6	215.9	188.3	231.2
	대기업	91.5	84.1	102.4	149.5	125.6	159
	중견기업	24.9	23	27.2	30.9	27.4	31.6
	중소기업	30	30	33	35.5	35.3	40.6
자본재		307.3	287.5	339.5	156.9	151.4	176.7
	대기업	204.8	188.2	234.1	88.2	82.5	101.9
	중견기업	56.5	53.5	54.8	30.9	29.5	29.5
	중소기업	46	45.8	50.6	37.8	39.4	45.3

※ (무역수지)=(수출액)−(수입액)

21 다음 중 자료에 대한 설명으로 옳은 것을 [보기]에서 모두 고르면?

보기

ㄱ 2020년, 2021년 모두 재화 전체의 무역수지는 전년 대비 증가하였다.
ㄴ 2019~2021년 동안 중견기업의 원자재 무역수지는 총 150억 불 이상의 적자를 보인다.
ㄷ 자본재 수출액에서 대기업이 차지하는 비중은 2019년보다 2021년이 더 크다.

① ㄱ
② ㄴ
③ ㄱ, ㄷ
④ ㄴ, ㄷ

22 다음 [보기]의 ⓐ~ⓒ의 대소 관계로 적절한 것을 고르면?

> **보기**
>
> ⓐ 2020년 대비 2021년 대기업의 원자재 수출액 증가율
> ⓑ 2020년 대비 2021년 중소기업의 자본재 수입액 증가율
> ⓒ 2019년 대비 2021년의 자본재 무역총액 증가율

① ⓐ > ⓑ > ⓒ

② ⓐ > ⓒ > ⓑ

③ ⓑ > ⓐ > ⓒ

④ ⓑ > ⓒ > ⓐ

23 다음 [표]는 우리나라의 연도별 인구 정보에 관한 자료이다. 우리나라의 인구수 전망에 대한 설명으로 옳지 <u>않은</u> 것을 고르면?

[표] 우리나라의 연도별 인구 정보   (단위: 천 명, 세, %)

구분	인구수	중위연령	인구 구성비		
			0~14세	15~64세	65세 이상
2000년	47,008	31.8	21.1	71.7	7.2
2010년	49,554	37.9	16.1	73.1	10.8
2020년	51,974	43.6	12.6	71.7	15.7
2030년	52,956	49.8	11.5	62.5	26.0
2040년	52,198	53.0	10.8	56.4	32.8
2050년	49,433	56.4	9.5	52.4	38.1
2060년	45,246	58.9	9.4	49.6	41.0

※ 중위연령: 총인구를 연령순으로 나열할 때 정중앙에 있는 사람의 연령

① 2060년의 우리나라 인구수는 2000년 대비 3% 이상의 감소율을 보일 것이다.

② 중위연령이 점차 높아지고 있으므로 출산율은 반비례하여 점차 낮아질 것으로 전망된다.

③ 인구 감소 시기에도 65세 이상 고령 인구 비율은 지속적으로 늘어날 것이다.

④ 2010년 이후 2050년까지 64세 이하 인구와 65세 이상 인구의 변화는 지속적으로 반비례 관계를 보일 것이다.

24 다음은 농촌사랑상품권에 관한 자료이다. 이에 대한 설명으로 옳지 <u>않은</u> 것을 [보기]에서 모두 고르면?

○ 농촌사랑상품권 구입 안내
- 종이상품권은 전국 농·축협, 농협은행, 하나로마트·클럽에서 구매 가능
- 모바일상품권은 농협몰(개인 고객), KT 기프티쇼 비즈(법인 대량고객)에서 구매 가능

○ 구입 시 신용카드를 사용하는 경우

구분	판매한도	필요서류
개인 신용카드	월 100만 원	· 본인 신분증(대리인 구입 불가)
개인사업자 신용카드	월 500만 원	
법인 신용카드	카드사 한도 이내 (한도 문의: 각 해당 신용카드사)	· 사업자등록증 사본 · 신분증 · 사원증(명함)

※ 신용카드사와 농촌사랑상품권 가맹점 체결 여부에 따라 카드판매가 제한될 수 있으니 농협영업점에 문의한 후 구매하시기 바랍니다.

○ 농촌사랑상품권 사용 안내

농협몰, 하나로마트·클럽, 농협주유소, 목우촌, 농협홍삼, NH여행, 팜스테이마을 등에서 사용
- 쇼핑
  W-MALL: 종이상품권만 사용 가능, 온라인 W-MALL에서는 사용 불가
- 외식
  웰빙마을, 또래오래, 아웃백, 빕스: 종이상품권만 사용 가능
- 체험마을: 종이상품권만 사용 가능
- 인터넷 쇼핑몰(농협몰)
  - 종이상품권은 가까운 농·축협, 농협은행에서 농협몰 예치금으로 전환하여 사용 가능
  - 모바일상품권은 농협몰에서 농협몰 예치금으로 전환하여 사용 가능

○ 이용약관
- 발행자: 농협경제지주
- 권면액: 5천 원, 1만 원, 5만 원, 10만 원, 50만 원
- 유효기간: 발행일로부터 상사채권 소멸시효인 5년
- 사용 후 잔액의 환불 기준: 상품권은 현금으로 반환하지 않는다. 다만, 상품권면 금액(상품권을 여러 장 동시에 사용하는 경우에는 총금액)의 100분의 60(사용 총금액이 1만 원 이하이거나 전자상품권의 경우 100분의 80) 이상에 해당하는 물품 등을 제공받고 고객이 잔액의 반환을 요구하는 경우 발행자 또는 가맹점은 잔액을 현금으로 반환한다.

⊙ 농촌사랑상품권은 신용카드로만 구입 가능하다.

ⓒ 개인 고객인 경우 농협몰에서 농촌사랑 모바일상품권 구입 및 사용이 모두 가능하다.

ⓒ 농촌사랑 종이상품권을 농협몰에서 이용하기 위해서는 모바일상품권으로 전환해야 한다.

ⓔ 하나로마트에서 3만 1천 원어치의 물품을 구매하고, 1만 원짜리 농촌사랑 종이상품권 네 장을 지불한 경우 9천 원의 잔액을 현금으로 받을 수 있다.

① ⊙, ⓒ

② ⊙, ⓔ

③ ⊙, ⓒ, ⓔ

④ ⓒ, ⓒ, ⓔ

25 A, B, C, D, E, F, G 7명의 직원이 회사에 출근하였다. 다음 조건을 바탕으로 7명 중 지각하지 <u>않은</u> 세 사람의 조합으로 가능한 것을 고르면?(단, 동시에 출근한 직원은 없다.)

- F는 세 번째로 출근하였다.
- D는 C보다 늦게 출근하였다.
- G보다 먼저 온 사람은 없다.
- E는 A 바로 다음으로 출근하였다.
- A는 C보다 먼저 출근하였으나 B보다 늦게 출근하였다.
- 3명이 지각하였다.

① A, B, F

② A, C, F

③ B, C, E

④ C, D, E

26 다음과 같이 일정한 규칙으로 문자를 나열할 때, 빈칸에 들어갈 알맞은 문자를 고르면?

J M P S V ( )

① T

② U

③ W

④ Y

27 다음 명제가 모두 참일 때, 항상 참인 것을 고르면?

- 감자를 좋아하면 수박을 좋아한다.
- 농협을 좋아하면 감자를 좋아한다.
- 수박을 좋아하면 귤을 좋아하지 않는다.
- 당근을 좋아하지 않으면 농협을 좋아하지 않는다.

① 당근을 좋아하면 감자를 좋아한다.

② 농협을 좋아하면 귤을 좋아하지 않는다.

③ 수박을 좋아하지 않으면 농협을 좋아한다.

④ 감자를 좋아하지 않으면 당근을 좋아한다.

28 다음은 도시가구 대비 농촌가구 에너지 소비 실태에 관한 자료이다. [보고서]의 밑줄 친 내용 중 옳은 것을 모두 고르면?(단, 소수점 첫째 자리에서 반올림한다.)

[보고서]

　2019년 농촌가구(군 지역) 에너지원별 소비 비중은 전력과 석유류가 약 ㉠66%로 다수를 차지하며, 그 외 연탄이 약 7%, 도시가스가 약 24%, 신재생에너지가 약 2% 등이다. 또한, 농촌가구의 에너지원별 소비 추이를 살펴보면, 2019년의 화석연료(연탄, 석유류(등유), 도시가스) 소비는 2016년 대비 감소한 반면, ㉡열에너지 소비는 동일하고, 전력과 신재생에너지 소비는 증가하였다. 이는 정부의 에너지 전환 정책 등에 따라 화석연료 사용 비중이 지속적으로 감소하고 신재생에너지 사용 비중이 증가하고 있음을 시사한다.

　농촌가구는 도시가구에 비해 에너지를 적게 소비하고 있는데, 2019년 농촌가구의 총에너지 소비량은 도시가구의 ㉢37% 수준으로 2016년 대비 ㉣1%p 감소하였다. 에너지원별로는 농촌가구가 도시가구보다 상대적으로 화석연료인 연탄과 석유류(등유)를 더 많이 소비하고 있으며, 신재생에너지의 소비도 더 많이 소비하고 있는데, 이는 신재생에너지 설비가 농촌지역에 많이 보급되고 있는 상황에 기인한다.

[표] 가구당 에너지 소비량
(단위: Tcal)

구분		도시가구(시 지역) 에너지 소비량		농촌가구(군 지역) 에너지 소비량		도시가구 대비 농촌가구의 상대소비	
		2016년	2019년	2016년	2019년	2016년	2019년
연탄		900	2,120	3,206	3,000	356.2%	141.5%
석유류	등유	5,600	4,900	11,300	9,800	201.8%	200.0%
	프로판부탄	1,500	3,800	3,800	3,800	253.3%	100.0%
도시가스		93,400	93,300	12,500	10,800	13.4%	11.6%
전력		42,300	46,800	13,200	15,900	31.2%	34.0%
열에너지		18,600	14,000	(　)	(　)	4.0%	4.0%
신재생에너지		200	680	750	840	375.0%	123.5%
합계		162,500	165,600	45,500	44,700	(　)	(　)

※ 지역별 에너지원별 소비 비중(%)= $\dfrac{\text{항목별 에너지 소비량}}{\text{전체 에너지 소비량}} \times 100$

※ 도시가구 대비 농촌가구의 상대소비(%)= $\dfrac{\text{농촌가구 에너지 소비량}}{\text{도시가구 에너지 소비량}} \times 100$

① ㉠, ㉡

② ㉠, ㉣

③ ㉡, ㉢

④ ㉡, ㉣

29 A~D의 남학생 4명과 E~H의 여학생 4명이 반 배치고사를 치렀고, 1~2등이 1반, 3~4등이 2반, 5~6등이 3반, 7~8등이 4반에 배정되었다. 다음 [조건]을 바탕으로 할 때, 옳지 <u>않은</u> 것을 고르면?

> **조건**
> • 2반에는 여학생만 배정받았고, 3반에는 남학생만 배정받았다.
> • 1등과 8등은 모두 여학생이고, 동점자는 없다.
> • F의 등수는 E 바로 다음으로 낮다.
> • C는 G와 같은 반이고, C의 등수는 D 바로 다음으로 낮다.
> • A와 H는 서로 다른 반이다.

① B는 2등이다.
② C는 7등이다.
③ A와 D는 같은 반이다.
④ E와 H는 같은 반이다.

30 다음 결론이 항상 참이 되게 하는 명제를 고르면?

> • 명제 1: 비빔밥을 좋아하는 모든 사람은 떡볶이를 좋아한다.
> • 명제 2: _____

> • 결론: 탕수육을 좋아하는 모든 사람은 떡볶이를 좋아한다.

① 비빔밥을 좋아하는 모든 사람은 탕수육을 좋아한다.
② 탕수육을 좋아하는 어떤 사람은 비빔밥을 좋아한다.
③ 탕수육을 좋아하는 모든 사람은 비빔밥을 좋아한다.
④ 탕수육을 좋아하지 않는 모든 사람은 비빔밥을 좋아한다.

31 다음은 2023년 농촌진흥청 예산안 확정에 관한 보도자료이다. 이를 바탕으로 옳지 <u>않은</u> 것을 고르면?

2023년 농촌진흥청 예산

◆ 농촌진흥청

"농업은 스마트하게, 농촌은 매력있게"

「총 12,547억 원」
'22년 11,893억 원 ➡ '23년 12,547억 원

💼 사업비
10,674억 원

👤 인건비
1,629억 원

₩ 기본경비
244억 원

─ 사업비 항목별 2023 예산(전년 대비 증가액)

식량주권 확보 지원
1,343억 원 +(21억 원)

- 밀·콩 신품종 및 안정생산 기술개발·보급으로 자급률 향상 … 457억 원
- 수입 밀가루 대체를 위한 가루쌀 활용 쌀 가공산업 활성화 … 56억 원
- 감자·고구마·잡곡 등 식량작물 우수품종·안정생산 기술 확산 … 830억 원

농축산물 안정생산 기술 확산
1,575억 원 +(23억 원)

- 농축산물 생산 안정성 향상 및 수요자 맞춤형 품종 육성 … 584억 원
- 이상기상 대응 농축산물 피해경감 및 안정생산 기술개발 … 737억 원
- 작황예측, 저장 등 농산물 생산 – 공급 관리기술로 수급안정지원 … 254억 원

농산업 현장문제 해결 지원 강화
3,745억 원 +(523억 원)

- 과수화상병 등 고위험 식물병해충 종합방제체계 구축 … 656억 원
- 농약 안전사용 등 수요자 중심의 현안해결 기술개발·확산 … 2,875억 원
- 밭농업기계화, 미세먼지 등 농업현장의 애로해결 기술개발 … 214억 원

농업·농촌 활력 제고 및 지역농업 활성화
1,073억 원 +(40억 원)

- 청년농업인 안정 정착과 기술성장 지원 및 치유농업 확산 … 479억 원
- 지역특화작목 맞춤형 R&D 강화 등 지역농업 활성화 … 402억 원
- 농업인 안전·복지향상 및 농촌생활 활력화 지원 … 192억 원

농업의 미래 성장산업화
2,384억 원 +(16억 원)

- 데이터·AI 기반의 생산성향상 모델 등 스마트농업 확산 … 499억 원
- 디지털육종 기술 민간 개방·공유 및 고부가 소재 개발 확산 … 1,061억 원
- 저탄소 농업기술 개발과 기후변화 대응 기술개발·보급 … 824억 원

한국농업기술의 글로벌 확산
554억 원 +(20억 원)

- 농업현안 해결과 기술혁신을 위한 선도형 국제협력 강화 … 47억 원
- 해외농업기술개발사업(KOPIA)을 통한 농업기술 공여와 대륙별 협의체를 통한 한국농업기술의 글로벌 확산 … 334억 원
- 농산물 수출 견인을 위한 품목 육성 및 기술을 지원하고 시장성 평가를 통한 마케팅 지원 … 173억 원

① 2023년 농촌진흥청 예산은 전년 대비 5% 이상 증가하였다.

② 2022년 한국농업기술의 글로벌 확산을 위한 예산은 534억 원이다.

③ 2023년 농촌진흥청 예산 중 인건비 및 기본경비 예산은 전년 대비 11억 원 증가하였다.

④ 이상 기후 등 기후변화와 직접적으로 관련하여 책정된 예산은 총 1,000억 원 미만이다.

32 다음은 W은행에서 판매하고 있는 '아름다운 여성 예금' 상품에 관한 자료이다. 이를 바탕으로 '3월 12일'인 오늘, 수수료 면제 혜택을 받을 수 <u>없는</u> 사람을 고르면?(단, 모두 기 대상자라고 가정한다.)

- 일정조건에 해당하는 경우 수수료 면제 서비스를 제공하고 우대이율을 적용하며 통장에 가계부 기능을 도입하는 입출이 자유로운 여성전용 예금
- 가입대상: 만 18세 이상의 여성(1인 1계좌)
- 기본이율: 매일의 잔액에 대하여 당행이 고시한 해당 예금의 이율 적용
- 우대이율: 결산일에 다음의 사유에 해당하는 경우(2가지 모두 해당되어도 최대 연 0.1%p만 적용합니다.)
  - 자동이체 우대: 연 0.1%p
    W은행의 적립식 예금으로 결산일의 전월 말일을 기준으로 직전 3개월간 건당 20만 원 이상 자동이체 실적이 3건 이상 있는 경우
  - 우수거래 우대: 연 0.1%p
    이 예금의 결산일 전월 말일을 기준으로 직전 3개월간 평잔 100만 원 이상 또는 이 예금에서 결산일의 전월 말일을 기준으로 직전 3개월간 W은행 체크카드 평균 이용실적이 60만 원 이상인 경우

거래실적 기준	면제 수수료
1. 지난달 이 예금의 평잔이 50만 원 이상인 경우 2. 지난달 이 예금에서 30만 원 이상 W은행 체크카드 결제실적이 있는 경우 3. 지난달 이 예금에서 2건 이상의 공과금 자동이체 출금실적이 있는 경우 4. 지난달 이 예금에서 'W은행 아파트뱅킹서비스'를 이용한 아파트 관리비 자동이체 출금실적이 있는 경우 5. 지난달 이 예금에서 적립식 적금으로 건당 10만 원 이상의 자동이체 납입실적이 있는 경우 6. 지난달 이 예금에서 공제 자동이체 출금실적이 있는 경우	〈거래실적 기준 중 1개 이상의 항목에 해당하는 경우 아래 제1호부터 제2호까지의 수수료를 면제하며, 3개 이상의 항목에 해당하는 경우 제1호부터 제3호까지의 수수료를 면제합니다.〉 1. 전자금융(인터넷·스마트뱅킹, 텔레뱅킹) 이체 수수료(무제한 제공) 2. 모든 당행 자동화기기를 통한 시간 외 출금수수료(월 10건 한도) 3. 모든 당행 자동화기기를 통한 타행 송금수수료(월 5건 한도) ※ 이 예금을 이용한 거래에 한하여 면제하며, 사용하지 않은 수수료 면제건수는 이월되지 않습니다.

※ 우대서비스 중지: 지난달에 수수료 면제 조건 미충족 시 이번 달 1일부터 중지

① 3월 전자금융 이체수수료 면제 혜택을 10회 이상 받은 여성 A
② 2월 전기, 수도 요금과 교통범칙금을 해당 예금에서 자동이체 납부한 여성 B
③ 3월 W은행 자동화기기를 통한 타행 송금수수료 면제 건수가 4건인 여성 C
④ 2월 '아름다운 여성 예금'에서 20만 원의 W은행 체크카드 결제실적이 있는 여성 D

33 업무상 발생하는 문제를 해결하기 위한 문제해결 절차는 일반적으로 '문제 인식 → 문제 도출 → 원인 분석 → 해결안 개발 → 실행 및 평가'의 5단계를 거친다. 다음에서 설명하는 내용은 문제해결 절차 5단계 중 어떤 단계에 해당하는지 고르면?

> (   )은 해결해야 할 전체 문제를 파악하여 우선순위를 정하고, 선정문제에 대한 목표를 명확히 하는 절차를 거친다. 이를 위해 환경 분석, 주요 과제 도출, 과제 선정의 절차를 수행하는 과정이 필요하다.

환경 분석		주요 과제 도출		과제 선정
Business System상 거시 환경 분석	→	분석자료를 토대로 성과에 미치는 영향·의미를 검토하여 주요 과제 도출	→	후보과제를 도출하고 효과 및 실행가능성 측면에서 평가하여 과제 도출

① 문제 인식
② 문제 도출
③ 원인 분석
④ 해결안 개발

34 다음 나열된 단어들이 나타내는 속성을 모두 포함하고 있는 단어를 고르면?

> 흐르다, 넓다, 건너다

① 길
② 강
③ 구름
④ 시간

35 다음 [표]는 4개 산 A~D 시작고도의 일 최저기온과 고도에 관한 자료이다. 주어진 [조건]에 따라 단풍 절정기 시작날짜를 정할 때, [표1]의 날짜 중 단풍 절정기 시작날짜가 가장 빠른 산을 고르면?

[표1] 4개 산 A~D 시작고도의 일 최저기온 (단위: ℃)

구분	A	B	C	D
10월 11일	8.5	8.7	10.9	10.1
10월 12일	8.7	9.2	9.7	9.1
10월 13일	7.5	8.5	8.5	9.5
10월 14일	7.1	7.2	7.7	8.7
10월 15일	8.1	7.9	7.5	7.6
10월 16일	8.9	8.5	9.7	10.1
10월 17일	7.1	7.5	9.5	10.1
10월 18일	6.5	7.0	8.7	9.0
10월 19일	6.0	6.9	8.7	8.9
10월 20일	5.4	6.4	7.3	7.9
10월 21일	4.5	6.3	7.5	7.1
10월 22일	5.7	6.1	8.1	6.5
10월 23일	6.4	5.7	7.2	6.4
10월 24일	4.5	5.7	6.9	6.2
10월 25일	3.2	4.5	6.3	5.8
10월 26일	2.8	3.1	6.5	5.6
10월 27일	2.1	2.4	5.9	5.5
10월 28일	1.4	1.5	4.1	5.2
10월 29일	0.7	0.8	3.2	4.7

※ 각 산의 동일한 고도에서는 기온이 동일하다고 가정함

[표2] 4개 산 A~D의 고도 (단위: m)

구분	시작고도(S)	정상고도(T)
A	500	1,600
B	400	1,400
C	200	900
D	100	700

- 특정 고도의 일 최저기온이 최초로 5℃ 이하가 되면 해당 고도에서 단풍이 들기 시작한다.
- 각 산의 단풍 절정기 시작날짜는 해당 산의 고도 $H(=0.8S+0.2T)$에서 단풍이 들기 시작하는 날짜이다.
- 고도가 10m 높아질 때마다 일 최저기온은 0.07℃씩 하강한다.

① A

② B

③ C

④ D

36 다음 사례에서 알 수 있는 물적자원 활용의 방해요인으로 가장 적절한 것을 고르면?

> 최근 A기업, B기업, C기업에서 고가의 장비를 구입 후 장기간 사용하지 않고 있음에도 불구하고 관리전환 등 별다른 조치 없이 총 25대(11억 5,000만 원)의 장비가 실험실 등에 방치되어 온 것으로 드러났다. 또 A기업, B기업의 장비 3대(총 3억 5,800만 원)는 구입 이후부터 감사 당시인 지난 7월까지 한 번도 사용하지 않고 방치해 온 것으로 나타났다. 그 결과 3대 중 2대의 장비는 미사용 기간이 오래되어 배터리 등의 문제로 고장이 나서 작동하지 않아 더 이상 쓸 수 없게 되었다.

① 주어진 예산보다 과도한 예산이 지출되었다.

② 분명한 목적 없이 구입하였다.

③ 물품의 사용 유효기간을 고려하지 않았다.

④ 물품 구입의 우선순위를 선정하지 못하여 정작 필요한 물품을 구입하지 못하였다.

37 다음 [표]는 ○○시의 농구장 입장료에 관한 자료이다. 이에 대한 설명으로 옳은 것을 [보기]에서 모두 고르면?

[표] ○○시의 농구장 입장료

(단위: 원)

구분	입장권 가격		회원권 가격	
	주중	주말/공휴일	주중	주말/공휴일
A석	70,000		동일 가격	
B석	40,000			
C석	12,000	15,000	9,000	12,000
D석	10,000	12,000	7,000	9,000
E석	9,000	10,000	6,000	7,000

※ 회원권은 최초 120,000원의 가입비가 발생하며, 첫 가입 후 3년간 회원 자격이 유지됨

보기

㉠ 금요일에 회원권 보유자 6명이 D석, 미보유자 2명이 B석에서 농구를 관람할 경우 총비용은 122,000원이다.

㉡ 연간 12회씩 3년 동안 주중에 E석에서 농구를 관람한다면, 회원권 가입 후 관람하는 것이 더 저렴하다.

㉢ 회원권 없이 주중에 A석에서 4회 관람하는 것은 회원권을 구입해 주말과 공휴일에 C석에서 6회 관람하는 것보다 더 많은 비용을 지불한다.

㉣ 매년 8회씩 주말에 D석에서 농구를 관람하는 길동이가 회원권을 가입비 50% 할인 행사를 통해 구입할 경우, 처음 1년 동안은 10만 원 이상의 비용을 지불해야 한다.

---

① ㉠, ㉡

② ㉡, ㉣

③ ㉠, ㉡, ㉢

④ ㉠, ㉢, ㉣

[38~39] 다음은 회사와 출장지 A~E 사이의 거리를 나타낸 것이다. 이를 바탕으로 질문에 답하시오.

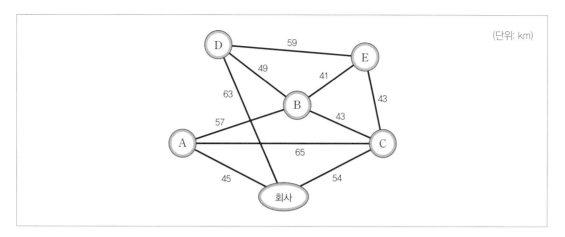

38 성 차장은 회사에서 출발하여 노선도를 따라 출장지 A~E를 모두 거쳐 다시 회사로 복귀하려고 한다. 같은 길은 한 번만 지날 수 있을 때, 최단거리를 고르면?

① 301km

② 306km

③ 307km

④ 310km

39 출장지 A~E를 모두 거친 후 다시 회사로 복귀할 필요가 없고 나머지 조건은 38번과 모두 동일하다고 할 때, 최단거리를 고르면?

① 222km

② 232km

③ 237km

④ 243km

[40~41] 다음은 H조합의 창립 20주년 기념 홍보책자 제작과 관련한 세부 내역이다. 이를 바탕으로 질문에 답하시오.

[홍보책자 내역 및 제작 비용]
- 총 8페이지
- 제작 부수: 1,000부
- 업체별 제작 비용 및 제작 기간(8페이지, 1,000부 제작 기준)

구분	A사	B사	C사	D사
종이	100,000원	100,000원	120,000원	120,000원
CTP	80,000원	70,000원	80,000원	70,000원
인쇄	80,000원	70,000원	60,000원	50,000원
제본	240,000원	200,000원	240,000원	200,000원
제작 기간	3일	4일	3일	4일

- 제작 총비용은 종이, CTP, 인쇄, 제본 비용을 모두 합산한 비용을 말한다.
- 제작 기간은 휴무일을 포함하지 않은 영업일을 기준으로 한다.(휴무일을 제외한 주말도 영업일에 포함된다.)
- 제작은 의뢰받은 다음 날부터 시작된다.
- A, B사는 일요일 휴무이다.
- C, D사는 수요일 휴무이다.

[제작 비용 변동 요인]
- 페이지 수가 1부당 8페이지에서 16페이지로 증가할 경우 종이, CTP, 인쇄, 제본 단가가 각각 100% 상승한다.
- 제작 부수가 1,000부에서 2,000부로 증가할 경우 다음과 같이 비용이 상승한다.
  - 종이 단가: 80% 상승
  - CTP 단가: 변동 없음
  - 인쇄 단가: 90% 상승
  - 제본 단가: 100% 상승

40 H조합에서는 A~D사 중 가장 저렴한 가격이면서 그중 가장 빨리 책자를 제작해줄 수 있는 업체에 홍보책자 제작을 의뢰할 예정이다. 목요일에 의뢰한다고 할 때, 제작 가격과 제작 완료 요일이 바르게 짝지어진 것을 고르면?

① 440,000원, 일요일
② 440,000원, 월요일
③ 500,000원, 화요일
④ 500,000원, 토요일

41 H조합에서는 여러 사항들을 검토한 후 다음 [보기]와 같이 두 회사에 책자 제작을 의뢰하였다. 두 회사의 제작 비용이 바르게 짝지어진 것을 고르면?

> **보기**
>
> • B사 — 1부당 16페이지, 1,000부
> • D사 — 1부당 8페이지, 2,000부

	B사	D사
①	711,000원	781,000원
②	781,000원	880,000원
③	880,000원	781,000원
④	880,000원	811,000원

42 민 사원은 이사를 가면서 가전제품을 교체하기 위해 A~D마트를 항목별로 평가하였다. 다음 [표]를 바탕으로 가중치를 고려한 점수가 가장 높은 마트를 고르면?

[표1] 마트 평가 결과 (단위: 점)

구분	다양성	서비스	가격	배달 일자
A마트	7	8	10	9
B마트	10	8	9	7
C마트	7	8	9	10
D마트	8	10	7	9

[표2] 항목별 가중치

구분	다양성	서비스	가격	배달 일자
가중치	0.1	0.2	0.3	0.4

① A마트
② B마트
③ C마트
④ D마트

43 다음은 A농협 인사평가 기준과 사원들의 인사평가 점수이다. 최종평가 점수가 가장 높은 사람을 고르면?

[A농협 인사평가 기준]
- 1차평가는 성과평가점수와 역량평가점수를 각각 7:3의 가중치를 두고 합하여 총점을 구한다.
- 2차평가는 우수팀의 인원에게 1차평가 총점의 3%, 최우수팀의 인원에게 1차평가 총점의 5%를 가산점으로 지급한다.(단, 가산점은 소수점 둘째 자리에서 반올림한다.)
- 최종평가 점수는 1차평가 총점과 2차평가에서 지급된 가산점의 합으로 구한다.

[표] A농협 사원 인사평가 점수 (단위: 점)

이름	성과평가점수	역량평가점수	기타
갑	70	75	—
을	78	82	최우수팀
병	90	78	—
정	85	80	우수팀
무	80	90	—
기	82	85	우수팀

① 을
② 병
③ 정
④ 기

44 다음 (가)~(라)를 자원관리의 기본 과정에 따라 순서대로 바르게 배열한 것을 고르면?

> (가) 확보된 자원을 활용하여 계획에 맞는 업무를 수행해 나간다.
> (나) 자원을 업무나 활동의 우선순위를 고려하여 실제 필요한 업무에 할당하고 계획을 세운다.
> (다) 가능하다면 필요한 양보다 좀 더 여유 있게 자원을 확보한다.
> (라) 해당 업무를 추진하기에 앞서 어떤 자원이 얼마나 필요한지를 파악한다.

① (가)—(다)—(나)—(라)
② (다)—(라)—(나)—(가)
③ (라)—(다)—(가)—(나)
④ (라)—(다)—(나)—(가)

45 냉장고 내 부품 X, Y, Z가 고장이 나서 출장업체를 불러 세 부품을 모두 교체하고자 한다. 다음 [표]는 업체별 출장비와 부품가격을 나타낸 자료이다. 각 업체의 할인 조건과 혜택을 고려할 때, 최저 교체비용을 고르면?

[표] 업체별 출장비와 부품가격

구분	출장비	부품 X	부품 Y	부품 Z	할인 조건	할인 혜택
A업체	20,000원	50,000원	40,000원	70,000원	할인 이벤트 진행 중	5%
B업체	20,000원	60,000원	50,000원	70,000원	부품 2개 이상 구매	10%
C업체	15,000원	70,000원	70,000원	80,000원	부품 3개 이상 구매	20%
D업체	12,000원	60,000원	40,000원	60,000원	—	—

※ 단, 할인 혜택은 출장비와 부품비를 모두 합한 금액에 적용됨

① 168,000원
② 169,000원
③ 170,000원
④ 171,000원

46 다음은 '갑' 농협의 전환배치와 관련된 자료이다. A가 전환배치 점수로 상위 첫 번째로 전환배치 되었다고 할 때 전환면접 2차 점수(Y)의 최솟값을 고르면?

[표1] 부서별 가능인원

부서	가능인원
인사총무부	2명
IT경제부	2명
지역사회공헌부	3명

[전환배치 기준]

1. 전환배치 시기: 2023년 3월
2. 전환인원: 총 6명(단, 부서별 인원은 부서별 가능인원을 넘기지 않는다.)
3. 전환배치는 전환배치 점수가 높은 사람을 우선하며 전환배치 점수는 2022년 성취 점수와 전환면접(2회)의 합으로 구성된다.
4. 2022년 성취 점수와 전환면접 점수(2회의 합)는 30%와 70%의 가중치를 가산한다.
5. 전환배치 점수가 동점일 경우 2차 전환면접 점수 > 1차 전환면접 점수 > 2022년 평가 점수의 순으로 높은 사람을 우선하며 모든 점수가 동점일 경우에는 전환배치될 부서장과 경영진으로 구성된 별도의 위원회를 소집하여 전환 여부를 결정한다.

[표2] 전환배치 희망자 및 점수

이름	희망부서	2022년 성취점수	전환면접 점수	
			1차	2차
A	인사총무부	80	75	Y
B	IT경제부	75	80	74
C	IT경제부	80	82	67
D	지역사회공헌부	70	78	68
E	지역사회공헌부	90	75	80
F	IT경제부	85	74	65
G	지역사회공헌부	75	75	80
H	IT경제부	90	72	75
I	인사총무부	85	70	84
J	인사총무부	95	60	70

① 82

② 83

③ 84

④ 85

47 농협의 ○○부서에서는 다음 주 월~금요일 중 하루를 골라 회의를 진행하려고 한다. 다음 자료를 바탕으로 가능한 회의 일정을 고르면?

[직원별 회의 참여 불가능 시간]

구분	월요일	화요일	수요일	목요일	금요일
A부장	09:00~12:00	—	—	09:00~17:00	13:00~15:00
B차장	—	13:00~14:30	14:00~16:00	—	—
C과장	출장	출장	—	—	09:00~12:00
D과장	13:00~15:00	09:00~12:00	10:00~12:00	—	10:00~12:00
E대리	15:00~17:00	15:00~16:00	—	15:00~17:10	—
F대리	13:00~15:30	—	13:00~15:30	—	13:00~15:30
G사원	16:00~17:00	—	09:00~11:00	16:00~17:00	—

※ — : 종일 참여 가능

[회의 조건]
• 직원 중 5명 이상이 참여할 수 있어야 회의 개최가 가능하다.
• 부장은 반드시 참여해야 하고, 과장은 한 명 이상 참여해야 한다.
• 회의는 연속으로 2시간 동안 진행되며, 회의 참여자는 회의 시작부터 종료까지 자리를 지켜야 한다.
• 회의는 근무시간 내에 진행된다. 근무시간은 09:00~12:00, 13:00~17:00이다.
• 회의는 가능한 일정 중 가장 빠른 일정으로 진행된다.

① 월요일 15:00~17:00
② 화요일 09:00~11:00
③ 화요일 13:00~15:00
④ 수요일 14:30~16:30

48 다음 [표]는 A농협 직원들이 출퇴근을 위해 가장 많이 이용하는 4개 버스 노선의 하루 운행 현황과 수익금 산출 자료이다. 하루의 총수익금은 시간당 평균 운행거리에 해당하는 수익금에 총운행시간을 곱하여 산출된다고 할 때, 총수익금이 가장 많은 노선과 가장 적은 노선의 총수익금 차이를 고르면?(단, 소수점 둘째 자리에서 반올림한다.)

[표1] 버스 노선별 운행 현황

노선번호	총운행시간	총운행거리
1번	288분	80km
2번	192분	65km
2-1번	138분	32km
3-1번	240분	70km

[표2] 운행거리별 수익금

시간당 평균 운행거리	시간당 수익금
12km 이상 ~ 13km 미만	55만 원
13km 이상 ~ 14km 미만	53만 원
14km 이상 ~ 15km 미만	51만 원
15km 이상 ~ 16km 미만	49만 원
16km 이상 ~ 17km 미만	47만 원
17km 이상 ~ 18km 미만	45만 원
18km 이상 ~ 19km 미만	43만 원
19km 이상 ~ 20km 미만	41만 원
20km 이상 ~ 21km 미만	40만 원

① 103.7만 원
② 105.2만 원
③ 106.3만 원
④ 107.2만 원

49 다음 사례를 읽고 P씨의 프레젠테이션이 실패한 요인으로 적절하지 <u>않은</u> 것을 고르면?

> 광고회사에 다니는 P씨는 좋은 아이디어를 갖고 있어도, 이를 제대로 표현하지 못해 안타까운 상황이다. P씨는 남들 앞에서 프레젠테이션을 하면 당황하여 혼자 중얼거리거나, 내용을 제대로 전달하지 못하고 헤매는 경우가 많다.
>
> P씨가 발표할 때 발음은 부정확하고 시선은 청중이 아닌 다른 곳으로 향하기 때문에 듣는 사람들은 그의 발표에서 불편함을 느낀다. P씨는 이번에도 좋은 기획안을 계획했으나 그의 프레젠테이션이 끝난 후 내용을 이해하지 못한 동료들에게 부정적인 평가를 받았다. 결국 그의 기획안은 채택되지 못했고, 이것은 P씨에게도 그의 회사에도 명백한 손해였다.

① 자신감 없는 태도
② 잘못된 언어 습관
③ 불명확한 내용 전달
④ 부적절한 시간 배분

50 해외출장을 계획하고 있는 김 대리는 출장 신청서를 작성하고자 한다. 해외출장 건의 전결권자가 본부장일 경우, 다음 출장 신청서 양식에 대한 설명으로 옳은 것을 [보기]에서 모두 고르면?

해외출장 신청서

결재	담당	과장	팀장	본부장	부문장	사장
	서명	(A)	(B)	(C)	(D)	(E)

> **보기**
> ㉠ 서명을 해야 할 직책자는 김 대리를 포함하여 모두 3명이다.
> ㉡ 상향대각선이 필요한 결재란은 1개이다.
> ㉢ 본부장은 자신의 결재란에 서명하지 않는다.
> ㉣ 사장의 결재란에는 아무도 서명하지 않는다.

① ㉠, ㉡
② ㉠, ㉣
③ ㉡, ㉢
④ ㉡, ㉣

51 다음 [보기]에서 효과적인 의사표현 방법의 사례로 적절한 것을 고르면?

> **보기**
>
> ⊙ A씨는 함께 프로젝트를 진행하는 후배의 실수가 잦자 잘못한 부분을 명시적이고 직접적으로 언급하며 지적하였다.
> ⓒ B씨는 연차 사용 전 자신의 업무대행자를 요청하기 위해 C씨에게 자신의 업무대행자를 해달라고 곧바로 요청하였다.
> ⓒ C씨는 B씨와 연차 사용일이 겹쳐 B씨의 업무대행자 요청에 응해줄 수 없다는 것에 대한 사과와 함께 그 이유를 설명하였다.
> ② D씨는 원활한 대인관계를 위해 팀 동료들에게 당시 상황과 관련이 없더라도 칭찬을 자주 하는 편이다.

① ⊙
② ⓒ
③ ⓒ
④ ②

52 다음 [보기]에서 '퍼실리테이션(Facilitation)'으로 문제를 해결하는 방법에 대한 설명으로 옳은 것을 모두 고르면?

> **보기**
>
> ⊙ 코디네이터 역할을 하는 제3자가 권위나 공감에 의지하여 의견을 중재하고, 타협과 조정을 통하여 해결을 도모한다.
> ⓒ 구성원의 동기가 강화되고 팀워크도 한층 강화된다는 특징을 보인다.
> ⓒ 제3자가 합의점이나 줄거리를 준비해 놓고 예정대로 결론이 도출되어 가는 것이어서는 안 된다.
> ② 구성원 전원의 의견을 조정한다는 점에서 합리적이지만, 잘못하면 단순한 이해관계의 조정에 그치고 말아서 그것만으로는 창조적인 아이디어나 높은 만족감을 이끌어 내기 어렵다.

① ⊙, ⓒ
② ⓒ, ⓒ
③ ⊙, ⓒ, ②
④ ⓒ, ⓒ, ②

53 외국 비즈니스 파트너들과 거래할 때는 에티켓이나 상대국 문화와 관련된 지식 등이 거래 성사에 결정적인 역할을 하는 경우가 많다. 다음 중 국제비즈니스 상황에서의 매너로 가장 적절하지 <u>않은</u> 것을 고르면?

① 미국인 바이어를 처음 만나는 자리에서 바이어는 반갑게 악수를 청했고, 나는 긴장해서인지 손에 땀이 조금 났지만 눈을 마주치면서 그의 손을 잠시 힘주어서 잡으며 악수를 했다.

② 일본으로 출장을 가게 되었다. 일본인 바이어와 친해지며 자연스럽게 음주 접대를 하게 되었는데, 한 손으로 술을 따랐고 받을 때에도 한 손으로 받았다.

③ 협력업체에 다니는 영국인으로부터 저녁식사 초대를 받았다. 식사 자리에서 먼저 양송이 수프가 나왔는데 너무 뜨거워서 입으로 불어 가면서 식혀 먹었다.

④ 독일 법인에 다니는 독일인과 미팅을 하게 되었다. 목요일 오후 3시로 약속을 잡았는데, 미리 도착해 있으려 했으나 교통 상황이 혼잡하여 미팅 장소에는 3시 정각에 도착하였다.

54 다음 [보기]에서 농협이 하는 일에 대한 설명으로 적절한 것을 모두 고르면?

> **보기**
>
> ㉠ 금융부문사업을 통해 일반 시중은행의 업무를 배제하고 농촌지역 농업금융 서비스 및 조합원의 편익을 위한 서민금융 활성화 사업을 수행한다.
> ㉡ 교육지원사업을 통하여 농·축협 육성 발전지도 및 농정활동과 교육사업을 추진하고 사회공헌 및 국제 협력 활동 등을 수행한다.
> ㉢ 농업경제사업을 통하여 영농자재 공급, 산지유통 혁신, 도매 사업, 소비지 유통 활성화, 안전한 농식품 공급 및 판매 등의 사업을 수행한다.
> ㉣ 축산경제사업을 통하여 축산 지도(컨설팅 등), 지원 및 개량 사업, 축산 기자재 공급 및 판매 등의 사업을 수행한다.

① ㉠, ㉡, ㉢
② ㉠, ㉢, ㉣
③ ㉡, ㉢, ㉣
④ ㉠, ㉡, ㉢, ㉣

55 홍보실에서는 우리 농산물 판매행사를 기획하였다. 이 행사는 3일 동안 진행할 계획이며 행사비는 하루에 50만 원 정도로 예상하고 있다. 다음 회사 내부 결재 규정을 바탕으로 이 행사를 담당한 장 대리가 작성해야 하는 결재 양식으로 옳은 것을 고르면?(단, 기울임체는 서명을 나타낸다.)

- 결재를 받으려면 해당 업무에 대해 최고 결재권자(대표이사)를 포함한 이하 직책자의 결재를 받아야 한다.
- '전결'이라 함은 회사의 경영활동이나 관리활동을 수행함에 있어 의사결정이나 판단을 요하는 일에 대하여 최고 결재권자의 결재를 생략하고, 자신의 책임하에 최종적으로 의사결정이나 판단을 하는 행위를 말한다.
- 전결 사항에 대해서도 위임받은 자를 포함한 이하 직책자의 결재를 받아야 한다.
- 표시내용: 결재를 올리는 자는 최고 결재권자로부터 전결 사항을 위임받은 자가 있는 경우 위임받은 자의 결재란에 '전결'이라고 표시하고 위임받은 자는 최종 결재권자의 결재란에 서명한다. 다만, 결재가 불필요한 직책자의 결재란은 우상향 대각선으로 표시한다.
- 최고 결재권자의 결재 사항 및 최고 결재권자로부터 위임된 전결 사항은 다음에 따른다.

구분	내용	금액기준	결재서류	부장	본부장	대표이사
행사비		80만 원 이하	행사비 지출품의서, 행사비 지출결의서	●	■	
		120만 원 이하			●	■
		120만 원 초과				● ■
회식비	단체 회식비	30만 원 이하	회식비 지출품의서, 회식비 지출결의서	● ■		
		50만 원 이하			● ■	
		50만 원 초과				● ■
출장비	국내 출장비	10만 원 이하	출장 계획서, 출장비 신청서	● ■		
		30만 원 이하		●	■	
		30만 원 초과		●		■
	해외 출장비				●	■
소모품비	전산 소모품		지출결의서		■	
	기타 소모품	10만 원 이하		■		
		20만 원 이하			■	
		20만 원 초과				■
교육훈련비	사내외 교육		기안서, 지출결의서	●		■

※ ●: 기안서, 계획서, 품의서
※ ■: 지출결의서, 신청서

①

	행사비 지출품의서			
결재	담당	부장	본부장	최종결재
	장 대리		*전결*	*본부장*

②

	행사비 지출품의서			
결재	담당	부장	본부장	최종결재
	장 대리			*대표이사*

③

	행사비 지출결의서			
결재	담당	부장	본부장	최종결재
	장 대리		*전결*	*본부장*

④

	행사비 지출결의서			
결재	담당	부장	본부장	최종결재
	장 대리	*부장*	*본부장*	*대표이사*

56 다음은 농협의 심벌마크이다. 이에 대한 설명으로 적절하지 <u>않은</u> 것을 [보기]에서 모두 고르면?

보기

　　[V] 꼴은 [㉠농] 자의 [㉡ㄴ]을 변형한 것으로 싹과 벼를 의미하여 농협의 무한한 발전을, [V] 꼴을 제외한 아랫부분은 [㉢협] 자의 [㉣ㅎ]을 변형한 것으로 원만과 돈을 의미하며 협동 단결을 상징합니다.

① ㉠

② ㉢

③ ㉠, ㉡

④ ㉢, ㉣

57 다음은 L은행의 환경을 분석한 리포트이다. 이에 대한 SWOT 요인을 파악한 것으로 가장 적절하지 <u>않은</u> 것을 고르면?

> L은행은 세계 3대 신용평가기관으로부터 높은 신용등급을 얻고 있다. L은행은 내부적으로 대출과 여신공여 등에 있어 노하우와 특화된 신용평가 시스템을 갖추고 있으며, 중소기업이 많은 공단 등에 지점이 위치해 고객과의 접근성이 높다. 또한 가계부채와 건설 부문 PF 대출 비중이 낮아 가계부채 구조조정을 진행할 경우 손실 규모가 제한적인 장점을 가지고 있다.
>
> 그러나 정부정책에 순응하다 보니 정책 목표 달성을 위한 저금리 대출 압박이 증대될 수 있으며, 중소기업 대출 비중이 높아 경기침체 상황 발생 시 상대적으로 리스크 부담이 커질 수밖에 없고, 미약한 영업망과 가계금융부문 경쟁력이 취약한 특징을 가지고 있다.
>
> 정부에서 정책적으로는 중소기업 육성에 초점을 맞추고 있으며 벤처기업 대출이 증가할 것으로 전망되는 점은 상대적으로 고금리의 대출을 가능케 하는 요인이라고 진단된다. 또한 격화되고 있는 국내 시장에서 벗어나 중국, 베트남 등 신시장 공략이 상대적으로 용이하다는 점은 L은행에게 성장의 대안으로 작용할 수 있다.
>
> 한편, 자본시장통합법에 따른 금융권의 무한경쟁 돌입, 중소기업의 연체율 상승 가능성 등은 리스크 요인으로 기업경영에 주의가 필요한 요소로 꼽을 수 있다.

① 강점요인(Strength) – 특화된 신용평가 시스템
② 기회요인(Opportunity) – 벤처기업에 대한 고금리 대출 가능성
③ 약점요인(Weakness) – 중소기업의 연체율 상승 가능성
④ 위협요인(Threat) – 금융권의 심화되는 경쟁 구도

58 다음은 조직이 수립한 목적을 달성하기 위하여 계획을 세우고 실행하고 그 결과를 평가하는 과정인 경영의 구성요소에 대한 설명이다. 이를 바탕으로 ㉠~㉣에 들어갈 용어로 적절하지 <u>않은</u> 것을 고르면?

> 경영의 구성요소에는 일반적으로 (㉠), (㉡), (㉢), (㉣)의 4요소가 있다.
>
> (㉠)은/는 조직의 목적을 어떤 과정과 방법을 택하여 수행할 것인가를 구체적으로 제시해 준다. 조직을 이끌어 나가는 경영자는 조직의 목적이 얼마나 효과적으로, 그리고 얼마나 효율적으로 달성되었는지에 대해 평가를 받게 된다.
>
> (㉡)은/는 조직에서 일하고 있는 임직원들로서, 이들이 어떠한 역량을 가지고 어떻게 직무를 수행하는지에 따라 경영성과가 달라진다. 경영자는 조직의 목적과 필요에 부합하는 구성원을 채용하고 이를 적재적소에 배치, 활용할 수 있어야 한다.
>
> (㉢)은/는 경영활동에 사용할 수 있는 금전을 의미한다. 이것이 부족할 경우 원하는 경영목표를 달성하는 데 어려움을 겪게 된다. 특히 이것은 조직의 지속가능성(Sustainability)을 유지하기 위하여 사기업에서 재무적 기초가 된다.
>
> (㉣)은/는 조직이 가지고 있는 자원을 효과적으로 운영하여 무엇을 하고 무엇을 달성해야 하는가를 알려 준다. 즉 이것은 기업 내 모든 역량과 자원을 경영목적을 달성하기 위해 조직화하고, 이를 실행에 옮겨 경쟁우위를 달성하는 일련의 방침 및 활동이다.

① ㉠: 경영목적
② ㉡: 조직구성원
③ ㉢: 자금
④ ㉣: 평가

59 다음 글을 통해 알 수 있는 조직체제의 네 가지 구성요소로 가장 적절한 것을 고르면?

> 이것은 조직의 구성요소 중 하나로, 조직구성원들의 사고와 행동에 영향을 미치며, 일체감과 정체성을 부여하고, 조직이 안정적으로 유지되게 한다. 최근에는 이에 대한 중요성이 부각되면서 긍정적인 구축을 위한 경영층의 노력이 강조되고 있다.
>
> 또한 조직은 의사결정권의 집중정도, 명령계통, 최고경영자의 통제, 규칙과 규제의 정도에 따라 형태가 달라지며 구성원들의 업무나 권한이 분명하게 정의된 기계적 조직과 의사결정권이 하부구성원들에게 많이 위임되고 업무가 고정적이지 않은 유기적 조직으로 구분할 수 있다.
>
> 조직의 목표는 조직이 달성하려는 장래의 상태로 조직이 존재하는 정당성과 합법성을 제공한다. 전체 조직의 성과와 자원, 시장, 역량개발, 혁신과 변화, 생산성에 대한 개념이 이러한 가치에 포함된다.
>
> 조직은 그 조직의 목표나 전략에 따라 조직구성원들의 활동 범위를 제약하고 일관성을 부여하는 기능을 한다. 인사규정, 총무규정, 회계규정, 윤리규정, 안전규정 등을 수립하는 것이 그 사례이다. 특히 조직이 구성원들의 행동을 관리하기 위하여 규칙이나 절차에 의존하고 있는 공식화 정도에 따라 조직의 구조가 결정되기도 한다.

① 목표, 구조, 자원, 경영자
② 목표, 구조, 문화, 규정
③ 구조, 자원, 예산, 경영자
④ 구조, 문화, 규정, 경영자

60 다음 [표]는 K은행이 L지역에서 지점을 신설하기 위해 주변 지역을 중심으로 실시한 SWOT분석 결과이다. 이를 바탕으로 수립한 전략으로 가장 적절한 것을 고르면?

[표] L지역 주변의 SWOT분석 결과

강점(Strength)	• 직원 대부분이 인근 지역 거주 • 본점의 영업망 확대 정책에 따른 충분한 지원 확보
약점(Weakness)	• 신규 진출 지역으로 지역특화 상품 개발 경험 부족 • 직원들의 보수적 마인드에 따른 젊은 연령층 상대 영업력 부족
기회(Opportunity)	• 독거노인 등 1인 가구 증가에 따른 자산 관리 필요성 대두 • 상대적으로 경쟁사 수가 적어 초기 고객 확보에 유리
위협(Threat)	• 지역 개발이 완성되지 않아 완숙한 시장 미형성 • 전자금융 이용률의 상대적 저하

내부환경 외부환경	강점(S)	약점(W)
기회(O)	① 자산 관리를 원하는 노인 고객 유치를 통한 지역특화 상품 개발	② 본점 및 인근 지역 지점망을 통한 지역 개발 활성화 우회 지원
위협(T)	③ 본점의 대대적인 홍보 전략으로 인터넷 및 모바일 뱅킹 고객 유치 지원	④ 지역적 특성에 익숙한 직원들을 통해 지역 맞춤형 신규 대출 및 적금상품 개발 가능

60문항 / 70분 정답과 해설 P 44

01 다음 밑줄 친 단어 중 맞춤법에 맞지 <u>않은</u> 것을 고르면?

① 길 건너에 <u>아귀찜</u> 파는 곳이 새로 생겼다.
② 어머니는 내가 <u>어물쩡하게</u> 대답을 피하려고 하자 불러 세웠다.
③ 그는 새치가 희끗희끗하게 보여 나이가 <u>지긋이</u> 들어 보였다.
④ 교실의 책장에는 책들이 <u>빽빽이</u> 꽂혀 있었다.

02 다음 빈칸에 들어갈 수 있는 단어로 가장 적절하지 <u>않은</u> 것을 고르면?

> 이 제품이 상용화되기 위해서는 소재의 고효율화, 대면적화 등 실용화 기술 개발에 많은 노력을 (　　　)한다.

① 쏟아야
② 표해야
③ 기울여야
④ 경주(傾注)해야

3 다음 밑줄 친 단어의 의미와 가장 유사한 것을 고르면?

> 동생은 추웠는지 자면서 이불을 당겨 턱 밑까지 덮었다.

① 천금
② 영금
③ 각심
④ 침금

4 다음 한글 맞춤법 규정을 참고할 때 띄어쓰기가 적절하지 <u>않은</u> 것을 고르면?

> 제41항 조사는 그 앞말에 붙여 쓴다.
> 제42항 의존 명사는 띄어 쓴다.
> 제43항 단위를 나타내는 명사는 띄어 쓴다.
>   다만, 순서를 나타내는 경우나 숫자와 어울리어 쓰이는 경우에는 붙여 쓸 수 있다.

① '부모와 자식 간 문제이다.'에서 '간'은 의존 명사이므로 앞말에 띄어 써야 한다.
② '밥 한 술 뜨지 못했다.'에서 '술'은 단위를 나타내는 명사이므로 앞말에 띄어 써야 한다.
③ '제1 조, 제1 항'에서 '조'와 '항'은 숫자와 어울려 쓰이므로 '제1조, 제1항'으로 붙여 쓸 수 있다.
④ '배 아픈 데 만큼은 이 약이 잘 듣는다.'에서 '만큼'은 의존 명사이므로 앞말에 띄어 써야 한다.

05 다음 글의 내용과 일치하는 것을 고르면?

> 농림축산식품부는 국무총리 주재로 진행된 제33회 국정현안관계장관회의에서 축산 분야 온실가스 감축 및 저탄소 축산업 확대를 주요 내용으로 한 '축산 분야 2030 온실가스 감축 및 녹색 성장 전략'을 발표했다. 우선 정부는 축산 분야 온실가스 배출원을 관리해 발생량을 직접 감축한다. 분뇨의 퇴·액비화 과정에서 발생하는 다량의 온실가스를 줄이고자 농가에 저감 설비를 56%까지 확대 보급해 분뇨 정화처리 비중을 25%로 높이고 에너지화 시설을 30개소까지 늘릴 계획이다.
>
> 축산업을 활용해 다른 분야 온실가스도 줄인다. 축분을 활용한 바이오가스로 생산된 전기와 폐열을 이용하는 에너지화 단지를 현재 1곳에서 8곳까지 확대 조성하는 등 화석연료를 대체하는 방안을 마련하고, 축분 바이오차 활용 확대를 위한 규제 개선과 생산시설 투자도 늘린다. 현장의 고투입 가축 사육 관행도 저투입·저배출 구조로 전환한다. 스마트 장비와 솔루션을 전업농의 30% 이상에 보급하고, 축산과 경종농업을 연계한 자원순환농업을 더 활성화하기 위해 농식품 부산물의 사료화를 확대한다.
>
> 축산 분야의 이러한 저탄소 이행 기반을 확충하기 위해 온실가스 감축 기술 개발을 촉진하고, 저탄소 축산물 인증제를 확대하며, 저메탄·저단백 사료 급이농가에 사료비를 지원하는 저탄소 프로그램 등을 도입해 자발적인 탄소 감축을 유도해 나갈 계획이다.

① 축분을 활용하여 생산된 전기와 폐열을 이용하는 에너지화 단지를 최초 설립할 예정이다.

② 이번 전략에는 농식품 부산물을 활용하여 자원순환농업을 활성화한다는 내용이 포함된다.

③ 축산 분야의 온실가스 감축을 위한 저탄소 축산물 인증제 도입이 논의 중에 있다.

④ 정부는 농가의 저감 설비 비중을 25%까지 높이는 것을 목표로 한다.

6 다음은 문서이해의 구체적인 절차를 도식화하여 나타낸 것이다. 빈칸 A~D에 들어갈 내용을 순서대로 바르게 나열한 것을 고르면?

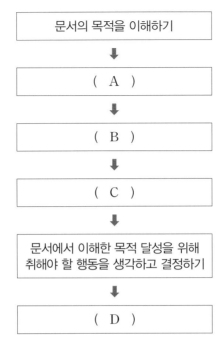

문서의 목적을 이해하기

↓

(A)

↓

(B)

↓

(C)

↓

문서에서 이해한 목적 달성을 위해
취해야 할 행동을 생각하고 결정하기

↓

(D)

ㄱ 문서에 쓰인 정보를 밝혀 내고 문서가 제시하고 있는 현안 파악하기
ㄴ 문서가 작성된 배경과 주제를 파악하기
ㄷ 문서를 통해 상대방의 욕구와 의도 및 수신자에게 요구되는 행동을 분석하기
ㄹ 상대방의 의도를 도표나 그림 등으로 메모하여 요약 및 정리하기

---

① ㄱ－ㄴ－ㄷ－ㄹ
② ㄴ－ㄱ－ㄷ－ㄹ
③ ㄴ－ㄱ－ㄹ－ㄷ
④ ㄴ－ㄷ－ㄱ－ㄹ

07 다음 밑줄 친 부분이 맞춤법에 맞지 <u>않은</u> 것을 고르면?

① 우리 민족은 <u>예부터</u> 궁을 잘 쏘았다.

② <u>생각건대</u> 작년보다 올해가 훨씬 덥다.

③ 시험을 <u>치루고</u> 나니 마음이 개운하다.

④ 자네 덕분에 명절을 잘 <u>쇄서</u> 고맙네.

08 다음 대화를 읽고 빈칸에 들어갈 적절한 단어를 고르면?

A: Do you know anything about the new staff? I'm (　　　) about him.

B: Well, I heard that he's from South Africa.

A: South Africa? I've never met anyone from South Africa before.

B: Same here. I wonder if he speaks Korean.

---

① nervous

② disappointed

③ curious

④ satisfied

09 다음 글의 빈칸에 들어갈 말로 가장 적절한 것을 고르면?

러시아와 서방국가들의 갈등 상황이 계속 고조되고 있는 가운데 에너지 가격이 오르고 있다. 이 같은 흐름은 물가 상승으로 이어질 수밖에 없는데 그럼에도 유럽중앙은행은 금리를 동결했다. 물가 추이를 좀 더 지켜보겠다는 입장이지만 금리를 올릴 가능성에 한 걸음 더 다가섰다. 영국 중앙은행은 작년부터 이어온 금리 인상 기조를 이어받아 이번에도 금리를 한 번 더 올려서 기준금리를 0.5%로 높였다.

지역적으로 매우 근접한 두 나라의 통화 정책 방향이 다른 것은 최근 인플레이션을 바라보는 전문가들의 시각도 크게 엇갈린다는 점을 보여 준다. (   ) 물론 물가 전망이 다르기 때문에 나타난 차이일 수도 있고 금리를 올려야 할 이유, 금리를 올리지 않아야 할 이유를 각각 갖고 있는 각 지역의 중앙은행이 각자의 처지에 맞는 전망을 취사선택한 결과일 수도 있다.

통화정책이 엇갈리는 표면적 이유만 보자면 경기 회복의 강도가 두 지역에서 차이를 보이고 있기 때문이다. 미국과 영국의 상황은 노동력 부족으로 인한 임금 인상이 현실화되고 있어서 금리를 올려서라도 임금 인상 폭을 줄여야 한다는 쪽인 반면, 유럽은 아직 임금 상승 가능성이나 신호가 확실하지 않다는 쪽이다.

① 영국은 물가 상승세가 당분간 지속될 것으로 보고 있지만, 유럽중앙은행은 물가 상승이 일시적인 현상이며 연말쯤에는 다시 상승률이 둔화될 것으로 보고 있다.

② 유럽중앙은행은 물가 상승세가 당분간 지속될 것으로 보고 있지만, 영국은 물가 상승이 일시적인 현상이며 연말쯤에는 다시 상승률이 둔화될 것으로 보고 있다.

③ 영국과 유럽중앙은행 모두 물가 상승이 일시적인 현상이며 연말쯤에는 다시 상승률이 둔화될 것으로 보고 있다.

④ 영국과 유럽중앙은행 모두 물가 상승세가 당분간 지속될 것으로 보고 있다.

10 다음 문단을 논리적 순서에 맞게 배열한 것을 고르면?

[가] 브로델의 이런 생각이 가장 잘 들어맞는 분야는 농업 세계이다. 세계의 각 문명권에는 대표적인 농업 작물이 있는데, 동양 문명권의 벼, 유럽 문명권의 밀, 남아메리카 인디언 문명권의 옥수수를 예로 들 수 있다. 이런 식으로 볼 때, 아주 먼 과거에 어느 문명의 한 작물을 주식으로 선택하고 나면 그것이 오랜 세월 동안 지속되면서 그 지역에 사는 사람들의 삶과 사회 구조를 결정하게 되었다는 사실이 밝혀진다. 예컨대 벼농사를 짓는 농민들이 대가족을 이루고 살며 할아버지와 아버지에게 농사 기술을 배우고, 쌀밥과 반찬으로 구성된 식사를 하는 것은 타고난 운명과도 같다.

[나] 그렇다면 브로델이 이런 타성의 힘을 강조하는 의미는 무엇일까? 사실 변하지 않는 장기 지속의 구조를 지나치게 강조하다 보면 인간의 의식적인 노력과 그로 인한 사회의 변화라는 측면이 약화되고 말 것이다. 인간은 자신의 삶의 조건을 결정짓는 더 큰 구조, 특히 지리적 여건의 노예가 되기 십상이다. 그렇게 되면 역사는 결코 발전할 수 없게 된다. 다시 말해 인간은 역사를 능동적으로 만들어 가는 존재이기보다는 역사 속에서 구속된 존재, 언제나 같은 일을 반복해야만 하는 수동적 존재가 되어 버리고 만다.

[다] 이렇게 역사적으로 지속되는 것은 비단 곡물뿐만이 아니다. 음료, 의복, 주택, 에너지 등과 같이 인간 생활에 필요한 거의 대부분의 도구가 이와 유사성을 갖는다. 과거 사회에서 인구의 태반은 늘 같은 옷을 입고, 같은 모양의 집을 짓고 살았다. 인간의 생활 방식과 정신 문명도 사정이 별반 다르지 않다. 달리 말하면, 우리의 일상생활 그 자체가 변화를 모르는 구조를 이루고 이러한 상태가 지속된다. 인간의 삶을 이루는 가장 기본적인 요소들 자체, 나날이 반복되는 일상사 또는 생활 방식 그 자체가 스스로를 지속시키려는 힘을 강하게 띠는 것이다.

[라] 브로델은 기존의 역사학과는 전혀 다른 방식으로 독특한 근대 세계사 체제를 이룬 역사학자이다. 브로델 사학의 핵심은 '장기 지속'이라는 개념으로 요약된다. 대부분의 역사학자들은 인간의 삶이 어떻게 변화해 왔는가를 추적한다. 즉 고대로부터 어떤 변화가 있어 오늘날 사회로 이어졌는가를 밝히는 것을 본업으로 한다. 그러나 이 세상의 모든 것들이 변화하는 것은 아니다. 오히려 우리 삶을 이루는 많은 것들은 변화를 모르는 지속을 특징으로 한다. 이 변화하지 않는 삶의 구조야말로 인간을 이해하는 데에 중요한 요소라는 점을 발견하고 강조한 것이 브로델 사학의 특징이다.

① [가]-[다]-[나]-[라]
② [라]-[가]-[나]-[다]
③ [라]-[가]-[다]-[나]
④ [라]-[나]-[가]-[다]

[11~12] 다음 글을 읽고 질문에 답하시오.

[가] 지금까지는 등록되지 않은 농약을 사용해도 Codex(Codex Alimentarius Commision, 국제 식품규격위원회) 기준, 유사 작물 기준(예를 들면 유자는 감귤 기준 적용) 등의 잠정기준을 적용받았지만 PLS가 도입되면 이러한 잠정기준이 사라진다.

[나] 예를 들어 호주에서 면화씨를 수입할 경우 A 농약 성분의 함량이 Codex 기준인 40ppm을 넘지 않으면 수입할 수 있으나 막상 면화씨를 생산한 호주의 농약 잔류허용기준은 15ppm이라 호주에서는 (   ) 않는 면화씨가 우리나라에는 (   ) 경우가 있다.

[다] PLS(Positive List System)는 '사용 가능한 농약의 목록'이라는 뜻이다. 작목별로 등록된 농약만 사용하고 등록 농약 이외에는 원칙적으로 사용이 금지되는 제도를 말한다. PLS가 시행되면 국내 사용등록 또는 잔류허용기준이 설정된 농약 외에는 일률기준 0.01ppm이 적용되고 이에 따른 관리가 이루어져 미미한 잔류 농약만 검출되어도 제재를 당하게 된다.

[라] 이러한 부작용을 예방하여 우리 국민에게 건강하고 안전한 먹거리를 제공하기 위해 세계적인 추세에 맞춰 PLS 제도 도입이 결정된 것이다. 당장은 어렵고 귀찮을 수 있지만 등록된 농약을 허용된 기준치만 사용하는 것이 일반화되면 소비자의 신뢰를 얻는 것은 물론 해외 수출 시에도 어렵지 않게 적용기준을 통과하는 등 장점이 더 많다.

[마] 농약 잔류허용기준을 강화하는 것은 안전성이 입증되지 않은 수입 농산물을 차단하는 데 그 목적이 있다. 현재 수입되는 농산물 중에는 수출국의 잔류허용기준보다 높은 기준을 적용하여 수입하는 사례가 빈번히 발생하고 있는데, 이는 우리나라 기준이 별도로 마련되지 않은 농약의 경우 국제 기준을 적용받고 있기 때문이다.

11 윗글의 [가]~[마] 문단을 논리적 순서에 맞게 배열한 것을 고르면?

① [가]－[나]－[다]－[마]－[라]

② [가]－[마]－[나]－[다]－[라]

③ [다]－[가]－[마]－[나]－[라]

④ [다]－[나]－[마]－[가]－[라]

12 윗글의 빈칸에 들어갈 단어를 순서대로 나열한 것을 고르면?

① 수입되지 － 수출되는

② 유통되지 － 수출되는

③ 수출되지 － 유통되는

④ 유통되지 － 수입되는

13 다음 그림과 같이 크기가 같은 작은 정육면체 64개를 쌓아서 큰 정육면체를 만들었다. 이 큰 정육면체의 겉면을 모두 색칠하고 다시 바닥에 흩어 놓은 뒤 작은 정육면체 1개를 선택했을 때, 이 작은 정육면체가 적어도 두 면이 색칠된 정육면체일 확률을 고르면?

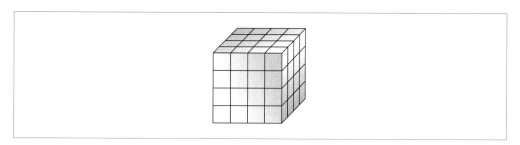

① $\dfrac{1}{2}$

② $\dfrac{1}{3}$

③ $\dfrac{1}{4}$

④ $\dfrac{2}{5}$

14 다음과 같이 일정한 규칙으로 수와 문자를 조합할 때, 빈칸에 들어갈 알맞은 것을 고르면?

J3G	P7I	M3J	H4D
X4T	T5O	F3C	( )

① K8C

② R2N

③ W7Q

④ L4G

15 어느 대회에서 네 팀씩 한 조를 이루어 조별예선을 치렀다. 조별예선 결과 상위 한 팀만 토너먼트 경기에 진출하였고, 이 대회 동안 조별예선 경기는 총 96번 치러졌다고 할 때, 토너먼트 경기에 총 몇 팀이 진출하였는지 고르면?(단, 조별예선 동안 네 팀은 서로 한 번씩 경기를 하였다.)

① 48팀

② 32팀

③ 16팀

④ 12팀

16 다음 [그래프]는 연도별 쌀 전업농 경영면적 현황을 나타낸 자료이다. 2013~2019년 중 쌀 전업농 경영면적이 전년 대비 증가한 해의 연평균 전체 벼 재배면적을 고르면?(단, 소수점 둘째 자리에서 반올림한다.)

[그래프] 2012~2019년 쌀 전업농 경영면적 현황 (단위: 천 ha, %)

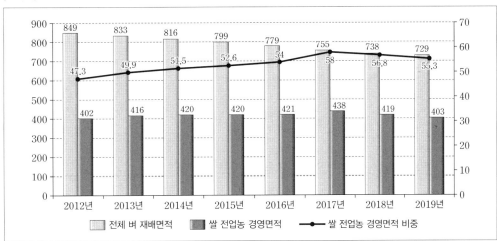

※ 쌀 전업농 경영면적 비중(%)= $\dfrac{쌀\ 전업농\ 경영면적}{전체\ 벼\ 재배면적} \times 100$

① 762.6천 ha

② 783.4천 ha

③ 795.8천 ha

④ 802.6천 ha

[17~18] 다음은 N은행 적금상품에 관한 자료이다. 이를 바탕으로 질문에 답하시오.

- 상품특징: 국내방문을 인증한 고객에게 금융혜택을 제공하는 적금상품
- 가입대상: 만 14세 이상 개인(동일 상품에 한해 1인 1계좌)
- 가입기간: 1년
- 가입금액: 1천 원 이상 30만 원 이내의 일정한 금액으로 매월 약정한 일자에 적립
- 상품과목: 정기적금
- 금리안내: 기본 0.7%
- 우대금리: 만기일 전일까지 앱을 통해 위치를 인증한 권역 수에 따라 우대금리를 차등 적용
  - 권역: 행정구역을 기준으로 9개 권역으로 분류(우대조건을 충족하는 경우 만기해지 시 적용)
    ① 서울/경기/인천 ② 강원 ③ 충남/대전/세종 ④ 충북 ⑤ 대구/경북 ⑥ 전북 ⑦ 광주/전남
    ⑧ 부산/울산/경남 ⑨ 제주

세부요건	우대금리(%p)
2개 권역	0.1
3~4개 권역	0.3
5~6개 권역	1.0
7~8개 권역	1.5
전 권역	2.5

- 위치 인증 방법: 행정구역을 기준으로 해당하는 권역 내에서 직접 앱을 통해 위치를 인증
  ※ 1개 권역당 1회만 인증 가능
  ※ 1일 1개 권역까지만 인증 가능(먼저 인증한 지역만 적용)

17 다음 중 자료에 대한 설명으로 옳은 것을 고르면?

① 매월 1천 원 이상 30만 원 이내의 금액을 자유롭게 적금한다.

② N은행에 다른 적금상품이 1계좌 있는 경우 가입할 수 없다.

③ 서울에 거주하는 사람이 적금 가입기간 동안 강원도만 여행한 경우 적용 가능한 우대금리는 0.1%p이다.

④ 최대 금리는 2.5%이다.

18 인천에 사는 A씨는 이 적금상품에 가입하여 만기일까지 다음과 같이 활동하였다. 이때 A씨가 받을 수 있는 **최종금리를 고르면?**(단, A씨는 거주지역 위치를 인증하였고, 여행 시마다 앱을 통해 위치를 인증하였다.)

- 가입기간: 1년(2021년 1월 1일~2021년 12월 31일)
- 가입금액: 30만 원(매월 1일에 적립)
- 여행일정(여행한 순서대로 정렬)

일자	지역
2021년 1월 19일	경상북도 안동시
2021년 3월 5일	대전광역시
2021년 3월 5일	충청북도 청주시
2021년 4월 9일	강원도 춘천시
2021년 5월 6일	광주광역시
2021년 5월 6일	전라북도 전주시
2021년 5월 28일	전라남도 목포시
2021년 6월 3일	경상남도 진주시
2021년 6월 4일	부산광역시
2021년 7월 8일	제주특별자치도
2021년 8월 3일	충청남도 금산군
2021년 8월 4일	충청남도 서천군
2021년 9월 2일	대구광역시
2021년 9월 5일	강원도 원주시

① 1.5%

② 1.7%

③ 2.2%

④ 3.2%

19 2024년 1월 1일부터 매년 초에 연이율 3%의 복리로 예금하려고 한다. 첫 해에 100만 원을 적립하고 둘째 해부터 적립금을 매년 3%씩 늘려 간다고 할 때, 2033년 12월 31일까지의 적립금의 합을 고르면?(단, 1.03^{10}=1.34로 계산한다.)

① 1,334만 원

② 1,336만 원

③ 1,338만 원

④ 1,340만 원

20 다음 직각삼각형 ABD의 빗변 $\overline{AB}$는 직각삼각형 CFG의 빗변 $\overline{CF}$의 몇 배인지 고르면?

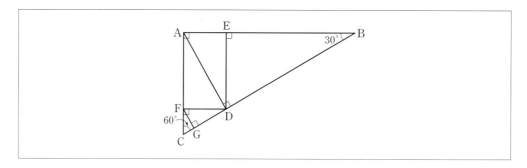

① 4배

② $4\sqrt{3}$배

③ 8배

④ $6\sqrt{3}$배

21 다음 [표]는 어느 해 국가 간 농업·농업인·농협을 비교한 자료이다. 이를 통해 알 수 있는 내용으로 옳지 <u>않은</u> 것을 고르면?

[표] 국가 간 농업·농업인·농협 비교

구분	한국	일본	독일	미국
인구(만 명)	5,175	12,384	8,310	32,883
농업 생산액(조 원)	54	86.4	78.3	453.4
농식품 무역수지(조 원)	−27.1	−53.4	−5.6	−4.7
주생산자 중 65세 이상 비중	62.0%	69.6%	6.2%	33.3%
농협 조합(개)	1,118	627	2,316	1,779
농협 정조합원(만 명)	209	418	151	190
농협 조합 직원(만 명)	6	19	11	18

※ 환율 1엔≒9.71원, 1유로≒1,360.34원, 1달러≒1,271.70원
※ 농식품 수출액이 수입액보다 많으면 농식품 순수출국이라 하고, 수입액이 수출액보다 많으면 농식품 순수입국이라 함

① 한국과 일본은 주생산자의 고령화율이 60%를 상회하여 향후 승계 및 영농구조 재편 이슈가 부상할 전망이다.

② 농식품 무역수지를 통해 한국, 일본, 독일, 미국 모두 농식품 순수출국임을 알 수 있다.

③ 인구 1만 명당 농업 생산액은 미국이 가장 많고, 일본이 가장 적다.

④ 일본의 농협 1조합당 정조합원 수는 평균 6,667명 정도이고, 직원 1명당 정조합원 수는 22명이다.

22 다음은 N은행의 '신나는 직장인 대출' 상품의 안내문이다. 이를 참고할 때, '신나는 직장인 대출' 상품을 알아보기 위한 고객과 은행 직원과의 질의응답 내용이 안내문과 부합하지 <u>않는</u> 것을 고르면?

<h2 style="text-align:center">신나는 직장인 대출</h2>

1. 상품특징: 공무원, 사립학교 교직원, 당행 선정 우량기업 임직원 대상 신용대출상품
2. 대출대상
   - 공무원, 사립학교 교직원, 당행 선정 우량기업에 3개월 이상 정규직으로 재직 중인 급여소득자
   - 단, 인터넷 또는 모바일을 통한 영업점 무방문대출은 재직기간 1년 이상이고, 소득금액증명원상 최근 귀속년도 소득금액으로 소득확인이 가능한 고객(대출신청일 현재 동일사업장 국민건강보험 가입이력이 1년 이상이어야 하며, 자격유지 기준 변동사항인 휴직, 이직, 합병 등이 있는 경우에는 신청이 불가합니다.)
3. 대출기간: 일시상환대출 1년 이내(1년 단위로 연장 가능), 할부상환대출 5년 이내
4. 대출한도: 최대 2억 5천만 원 이내(단, 인터넷 또는 모바일을 통한 영업점 무방문대출은 최대 1억 원 이내)
5. 대출금리

기준금리	우대금리	최종금리
연리 2.00%	연리 0.40%(최대)	연리 1.60~2.00%

   ※ 당행 기준금리 1년 고정
   ※ 은행고객(골드 이상) 0.20%p, 급여이체 0.10%p, 신용카드 이용(3개월) 100만 원 이상 0.10%p 등 우대금리 적용
   ※ 연체이자율은 연체기간에 관계없이 (연체일수)×(채무자 대출금리+3%)÷365

6. 고객부담수수료

5천만 원 이하	5천만 원 초과 1억 원 이하	1억 원 초과 2억 원 이하	2억 원 초과
없음	7만 원	15만 원	20만 원

7. 필요서류
   - 실명확인증표
   - 재직증명서 또는 전자공무원증
   - 고용보험 가입확인서(필요시)
   - 소득확인서류
   - 기타 필요시 요청 서류

Q. 3개월 전부터 우리 아들이 공무원으로 재직 중인데, 아들이 인터넷으로 직접 신청을 하면 영업점 무방문 대출이 될 테니 8천만 원 정도 대출은 가능하겠네요?	
A. ① 네 고객님, 영업점 무방문 대출의 경우는 최대 1억 원 한도입니다. 8천만 원 대출은 가능하시겠어요.	
Q. 저는 사립학교 행정실에 5년째 근무하는 직원입니다. 2억 원 정도 대출을 받고 싶은데 급여이체 계좌를 N은행으로 옮기면 금리가 2% 이하로 적용될 수 있지요?	
A. ② 네 가능합니다. 그런 경우 1.90%의 금리를 적용받으시겠네요.	
Q. 안내문을 보니 저는 우대금리 혜택 사항에 모두 해당이 되는데요, 연체이자율은 3.60%가 되는 게 맞겠네요?	
A. ③ 아닙니다. 우대금리가 최대 적용된다면 최종 1.60%의 금리인데요, 여기에 3%가 추가되어 연체이자율은 4.60%가 적용됩니다.	
Q. 서류를 준비해서 은행을 방문하려 하는데요, 재직증명서만 있으면 4대 보험 가입 확인과 소득 확인이 될 테니 재직증명서만 떼 가면 되겠지요?	
A. ④ 고용보험 가입확인서는 필요한 경우에만 요청드리고 있는데요, 실명확인증표와 소득 확인 서류는 별도로 준비해 오셔야 합니다.	

[23~24] 다음은 △△은행의 개인 정기적금 상품에 관한 자료이다. 이를 바탕으로 질문에 답하시오.

예치방식	월 복리 이자 지급에 따른 정기적립식(원금 및 이자는 만기 또는 해지 시 일시지급)
납입한도	월 납입금액 최대 500만 원 이내(초입금 포함)
가입기간	1년 이상 3년 이내 연 단위(계약기간 연장 불가)

기본금리	가입 기간	1년 이상 2년 미만	2년 이상 3년 미만	3년
	금리	연 2.3%	연 2.6%	연 2.9%

우대금리	1) 거래실적우대(가입기간 중 충족 시 소급 적용) 　• 가족 동반가입: 0.1%p 　• 가입 월부터 만기 전전월까지 농 · 축협 채움/BC카드 승인실적 300만 원 이상: 0.1%p 　• 가입 월부터 만기 전전월까지 경제사업 이용실적 100만 원 이상: 0.1%p 2) 기타우대(가입 시점에 충족 시) 　• 농 · 축협의 조합원(준조합원 포함): 0.1%p
부가서비스	외화환전 및 해외송금 환율우대 서비스(가입기간 한정) ▶ 가입 고객이 농 · 축협 창구에서 외화환전 또는 해외송금 거래 시 우대율 50% 적용

※ 1인당 보호한도는 각 농 · 축협별로 적용하며, 동일한 농 · 축협의 본점 및 지점의 금액은 합산함

23 다음 중 자료에 대한 설명으로 [보기]에서 옳지 <u>않은</u> 것의 개수를 고르면?

> 보기
>
> ㉠ 이 상품에는 최대 1억 9,000만 원까지 납입할 수 있다.
> ㉡ 1년 만기 가입 시 농·축협 채움/BC카드를 가입 월부터 월 28만 원씩 꾸준히 사용하면 0.1%p의 우대금리 혜택을 받을 수 있다.
> ㉢ 가입 시점에 농·축협의 조합원 또는 준조합원이 아닌 개인의 만기금리는 최고 연 3.2%까지 가능하다.
> ㉣ 본 상품에 가입한 상태에서 온라인 외화 환전 시 중국 위안화는 50%의 우대율이 적용된다.

① 1개　　　　　　② 2개　　　　　　③ 3개　　　　　　④ 4개

24 위의 정기적금 상품에 1년 만기로 [조건]과 같이 가입하였을 때, 원리금 합계를 고르면?(단, 1.002^{12} =1.02로 계산한다.)

> 조건
>
> • 초입금을 포함한 매월 초 200만 원씩 12개월 납입
> • 가입기간 중 가족 동반가입

① 2,002만 원　　　② 2,003만 원　　　③ 2,004만 원　　　④ 2,005만 원

25 A~D 네 명은 과학자, 교사, 피아니스트, 야구선수 중 각각 하나의 직업을 갖고 있고, 네 명 중 한 명은 거짓, 나머지는 진실을 말하고 있을 때, 거짓을 말한 사람과 그 직업이 바르게 연결된 것을 고르면?(단, 거짓을 말하는 사람의 진술은 모두 거짓이다.)

> • A: "나는 교사고, 어제 저녁에 과학자와 미팅이 있었어."
> • B: "나는 야구선수이고, 어제 경기가 있어서 약속이 없었어."
> • C: "나는 과학자도, 피아니스트도 아니야."
> • D: "나는 어제 야구선수와 저녁을 먹었어."

① A – 피아니스트
② B – 과학자
③ C – 교사
④ D – 야구선수

26 경남지사에 근무 중인 상원, 우연, 태민, 현일 중 2명이 본사에 발령받았다. 이에 대해서 4명이 다음과 같이 말하였는데, 1명은 거짓말을 하였고 3명은 참말을 하였다. 이때, 거짓말을 하는 사람을 고르면?(단, 거짓말을 하는 사람의 모든 진술 내용은 거짓이다.)

> • 상원: "우연이는 본사에 발령받았고, 나는 본사에 발령받지 않았어."
> • 우연: "나는 본사에 발령받았어."
> • 태민: "나는 본사에 발령받지 않았어."
> • 현일: "상원이는 본사에 발령받지 않았어."

① 상원
② 우연
③ 태민
④ 현일

27 다음 명제들이 모두 참일 때, 이끌어 낼 수 있는 결론으로 옳은 것을 고르면?

- 요리를 좋아하는 사람은 운동을 좋아한다.
- 독서를 좋아하는 사람은 게임을 좋아하지 않는다.
- 운동을 좋아하는 사람은 독서를 좋아한다.
- 음악을 좋아하는 사람은 게임을 좋아한다.

① 독서를 좋아하는 사람은 음악을 좋아한다.
② 운동을 좋아하는 사람은 게임을 좋아한다.
③ 게임을 좋아하는 사람은 운동을 좋아하지 않는다.
④ 요리를 좋아하는 사람은 독서를 좋아하지 않는다.

28 네 명의 친구 A~D 중 두 명은 농촌에 거주하고, 나머지 두 명은 도시에 거주한다. 다음은 A~D의 대화이고, 이 중 한 명은 반드시 거짓을, 나머지 세 명은 반드시 참을 말한다. 이때 도시에 사는 사람을 모두 고르면?

- A: "C는 농촌에 살아."
- B: "나는 농촌에 살아."
- C: "나는 도시에 살아."
- D: "A는 농촌에 살아."

① A, B
② A, C
③ B, D
④ C, D

29 다음 [그림]은 청년창업농의 농지수요 유형별·조사항목별 응답률 결과에 관한 자료이다. 이에 대한 설명으로 옳은 것을 [보기]에서 모두 고르면?

[그림] 청년창업농의 농지수요 유형별·조사항목별 응답률 결과   (단위: %)

유형1	유형2	유형3	유형4	유형5	유형6	조사항목
53	97.8	75.9	31.8	90.9	93.1	농지은행_앎
4.3	53.7	1.6	88.2	23.6	5.2	면적확대 의향_있음
12.2	10.4	33.9	4.7	1.8	84.5	구매의향_한국농어촌공사
15.2	10.4	33.9	2.4	21.8	84.5	임차의향_한국농어촌공사
	63.4	4.9	57.6	47.3	13.8	진흥지외 농지_비수요
			95.3	0	0	농공경험_없음
73.2	33.6	42.7	0	41.8	5.2	임차의향_기타경로
84.8	66.4	65.3	21.2	80	12.1	구매의향_기타경로
0	36.6	95.1	42.4	52.7	86.2	진흥지외 농지_수요
0	0	0	4.7			농공경험_있음
11.6	56	23.3	97.6	36.4	10.3	임차의향_없음
95.7	46.3	98.4	11.8	76.4	94.8	면적확대 의향_없음
3	23.1	0.8	74.1	18.2	3.4	구매의향_없음
47	2.2	24.1	68.2	9.1	6.9	농지은행_모름

응답률: ☐ 0% 이상 20% 미만   ▨ 20% 이상 40% 미만   ▨ 40% 이상 60% 미만
     ■ 60% 이상 80% 미만   ▨ 80% 이상 100% 미만   ▨ 100%

※ 농공경험: 한국농어촌공사를 통한 농지 임차 및 구매 경험

보기

㉠ 유형1과 유형2는 한국농어촌공사로부터 농지 임차 및 구매 경험이 없고, 이후 구매 및 임차에 있어서도 한국농어촌공사를 이용하겠다는 의향이 각 20% 미만이며, 농업진흥지역 이외 지역에 대한 수요기 각 40% 미만이다.

㉡ 유형3은 농지 면적확대에 대한 의향이 있다고 응답한 비율이 5% 미만이고, 농업진흥지역 이외의 농지에 대한 수요가 90% 이상이며, 유형1, 유형2처럼 한국농어촌공사를 통한 구매 및 임차 경험이 없다.

㉢ 유형4는 농어촌공사를 통한 구매 및 임차 경험이 있다고 응답한 비율이 5% 미만이고, 농업진흥지역 외 농지에 대한 수요가 있으며, 농지은행을 모른다고 응답한 비율이 과반수를 넘겼다.

㉣ 유형5와 유형6은 한국농어촌공사를 통해 농지 구매 및 임차 경험이 있으며, 농지 면적확대에 대한 의향이 있다고 응답한 비율과 농지은행 사업을 안다고 응답한 비율이 각 90% 이상이다.

① ㉠, ㉡

② ㉡, ㉣

③ ㉠, ㉡, ㉢

④ ㉡, ㉢, ㉣

[30~31] 다음은 하나로마트 문화센터 겨울학기 회원모집 포스터이다. 이를 바탕으로 질문에 답하시오.

하나로마트 ○○점 겨울학기 회원모집

[접수 안내]

1. 강좌기간: 2019. 12. 01.(일)~2020. 02. 29.(토)
2. 접수기간: 2019. 10. 25.(금)~개강일까지(전화접수는 2019. 10. 18.부터 가능, 신규회원은 방문접수만 가능)
3. 접수시간: 오전 10시~오후 6시

[수강료 할인 혜택]

중복 불가(가장 유리한 혜택 한 가지만 적용, 여러 강좌 수강 시 가장 비싼 한 강좌만 할인)

1. 만 36개월 이하 영유아강좌 수강료 10% 할인
2. 농협 채움 회원 정규강좌 3천 원 즉시 할인
3. 이전 학기 동일 정규강좌 수강회원 5천 원 즉시 할인
4. 1인 3강좌 등록 시 1만 원 할인
5. 다자녀 가족 회원 정규강좌 1가정 1강좌 30% 할인(성인강좌 할인 불가)

[개설 강좌]

1. 영유아교실(36개월 이하)

강좌명	수강료	개강일	수업시간
오감놀이	(3개월) 110,000원	12/5(목)	(목) 10:40~11:20(15~24개월) (목) 11:30~12:10(10~14개월) (목) 12:20~13:00(6~9개월)
자연물 통합놀이	(3개월) 80,000원	12/3(화)	(화) 11:20~12:00(15~28개월) (화) 12:10~12:50(10~14개월) (화) 13:00~13:40(5~9개월)

2. 청춘백세 시니어클래스(만 55세 이상 신청 가능)

강좌명	수강료	개강일	수업시간
인지자극 미술놀이	(3개월) 80,000원	12/6(금)	(금) 13:00~14:20
인지활동 책놀이	(3개월) 120,000원	12/6(금)	(금) 10:30~11:40

3. 어린이 교실

강좌명	수강료	개강일	수업시간
영어놀이터(5~7세)	(3개월) 180,000원	12/5(목)	(목) 17:10~17:50
	(4주) 70,000원	1/2(목)	
창의과학 실험	(3개월) 80,000원	12/2(월)	(월) 17:00~17:40(6~7세) (월) 17:50~18:30(7~8세)
유아코딩로봇(5~7세)	(3개월) 120,000원	12/6(금)	(금) 16:30~17:10(기존) (금) 17:20~18:00(신규)

4. 어른 교실

강좌명	수강료	개강일	수업시간
손글씨 캘리그래피	(3개월) 90,000원	12/3(화)	(화) 19:00~20:30 (수) 10:30~12:00
DIY 가죽공예	(3개월) 50,000원	12/4(수)	(수) 13:00~14:20
	(6주) 30,000원	1/29(수)	

30 다음 중 자료에 대한 설명으로 옳지 <u>않은</u> 것을 고르면?

① 유아코딩로봇은 12월 6일까지 신청 가능하다.

② 성인 A씨는 수요일에 손글씨 캘리그래피와 DIY 가죽공예를 모두 수강할 수 있다.

③ 만 24개월인 B군이 자연물 통합놀이와 오감놀이를 수강하는 경우 수강료는 179,000원이다.

④ 이전 학기에 인지활동 책놀이를 수강했고, 농협 채움 회원인 C씨가 겨울학기에도 인지활동 책놀이를 신청했다면 수강료가 112,000원이다.

31 다음은 다자녀 가족에 해당되는 5인 가족의 강좌 신청 내역이다. 이 가족의 총수강료를 고르면?

- 아버지: 수강 강좌 없음
- 어머니: DIY 가죽공예 3개월
- 자녀 A: 영어놀이터 3개월, 창의과학 실험 3개월, 유아코딩로봇 3개월
- 자녀 B: 창의과학 실험 3개월
- 자녀 C: 오감놀이 3개월

① 566,000원

② 565,000원

③ 556,000원

④ 555,000원

[32~33] 다음 [표]는 H농협 신입 사원들의 평가 점수 및 부서별 결원 현황에 관한 자료이다. 이를 바탕으로 질문에 답하시오.

[표1] 신입 사원 평가 점수
(단위: 점)

구분	1차 평가	2차 평가	3차 평가	희망 부서
갑	9	7	4	재무회계팀
을	8	7	6	총무인사팀
병	4	7	6	전산관리팀
정	9	5	7	홍보마케팅팀
무	8	8	4	영업관리팀
기	8	5	7	총무인사팀
경	9	6	5	재무회계팀

- 각 평가는 10점 만점이다.
- 1차, 2차, 3차 평가 점수에 각각 30%, 30%, 40%의 가중치를 가산한다.
- 환산 점수의 합이 가장 높은 사람이 최우수 사원으로 선정된다.
- 1~3차 평가에서 환산 전 기준, 4점 이하를 받은 적이 있는 사람은 최우수 사원 선정 대상에서 제외한다.

[표2] 부서별 결원 현황
(단위: 명)

부서	결원 수	부서	결원 수
경영기획팀	1	영업관리팀	2
총무인사팀	1	전산관리팀	2
재무회계팀	1	홍보마케팅팀	1

32 위 자료를 바탕으로 1~3차 평가를 통해 최우수 사원으로 선정되는 사람을 고르면?

① 을

② 정

③ 기

④ 경

33 부서 배치 기준이 다음 [보기]와 같을 때, 희망 부서로 배치받지 <u>못한</u> 사람을 모두 고르면?

> **보기**
>
> 환산 점수의 합이 높은 순으로 신입 사원들을 사원별 희망 부서로 배치한다. 부서별 결원 수를 초과하는 인원이 배치될 수 없으며, 희망 부서의 결원이 모두 보충된 후에는 차순위자의 희망 부서를 모두 고려한 뒤 정원이 미달인 부서에 배치한다.

① 갑, 기
② 병, 무
③ 병, 경
④ 무, 기

34 D사는 해외에서 제품 생산 공장을 가동하고 있다. D사가 직면한 다음 문제들에 대한 설명으로 적절하지 <u>않은</u> 것을 고르면?

> ㉠ 현지의 큰 명절을 맞아 고향을 찾았던 근로자들이 명절 후 대거 업무에 복귀하지 않아 공장 운영에 막대한 차질을 빚게 되었다.
> ㉡ 수출품에 대한 정기 불량품 검사에서 이번 달 불량률이 사상 최고치에 이르는 등 품질 관리에 심각한 문제가 발생하였다.
> ㉢ 외국 기업에 대한 현지의 부정적인 정책으로 인건비와 생산 여건이 악화될 것으로 예상되어 제3국으로의 생산 기지 이전을 고민해야 하는 문제에 직면하였다.

① ㉠은 원인을 찾아 원상복귀를 해야 하는 문제이다.
② ㉡은 상황을 개선하고 효율을 높여야 하는 문제이다.
③ ㉡은 방치하면 뒤에 큰 손실이 따르거나 해결할 수 없는 문제로 나타나게 된다.
④ ㉢은 지금껏 경험한 노하우를 끌어내 해결안을 찾아야 하는 문제이다.

[35~36] 다음은 농약관리법의 일부이다. 이를 바탕으로 질문에 답하시오.

제2조(정의) 이 법에서 사용하는 용어의 뜻은 다음과 같다.
1. "농약"이란 다음 각 목에 해당하는 것을 말한다.
　　가. 농작물[수목(樹木), 농산물과 임산물을 포함한다. 이하 같다]을 해치는 균(菌), 곤충, 응애, 선충 (線蟲), 바이러스, 잡초, 그 밖에 농림축산식품부령으로 정하는 동식물(이하 "병해충"이라 한다) 을 방제(防除)하는 데에 사용하는 살균제·살충제·제초제
　　나. 농작물의 생리기능(生理機能)을 증진하거나 억제하는 데에 사용하는 약제
　　다. 그 밖에 농림축산식품부령으로 정하는 약제
1의2. "천연식물보호제"란 다음 각 목의 어느 하나에 해당하는 농약으로서 농촌진흥청장이 정하여 고 시하는 기준에 적합한 것을 말한다.
　　가. 진균, 세균, 바이러스 또는 원생동물 등 살아있는 미생물을 유효성분(有效成分)으로 하여 제조한 농약
　　나. 자연계에서 생성된 유기화합물 또는 무기화합물을 유효성분으로 하여 제조한 농약

제3조(영업의 등록 등) ① 제조업·원제업 또는 수입업을 하려는 자는 농림축산식품부령으로 정하는 바 에 따라 농촌진흥청장에게 등록하여야 한다. 등록한 사항 중 농림축산식품부령으로 정하는 중요한 사항을 변경하려는 경우에도 또한 같다.
　② 판매업을 하려는 자는 농림축산식품부령으로 정하는 바에 따라 업소마다 판매관리인을 지정하여 그 소재지를 관할하는 시장(특별자치도의 경우에는 특별자치도지사를 말한다. 이하 같다)·군수 또는 자치구의 구청장(이하 "시장·군수·구청장"이라 한다)에게 등록하여야 한다. 등록한 사항 중 농림축산식품부령으로 정하는 중요한 사항을 변경하려는 경우에도 또한 같다.
　③ 제조업 또는 수입업을 하려는 자 중 농약 등을 판매하려는 자는 농림축산식품부령으로 정하는 기 준에 맞는 판매관리인을 지정하여 제1항 전단에 따라 등록하여야 한다.
　④ 제3항에 따른 판매관리인을 지정하지 아니하고 제1항 전단에 따라 제조업 또는 수입업의 등록을 한 자 중 농약 등을 판매하려는 자는 제3항에 따른 판매관리인을 지정하여 변경등록을 하여야 한다.
　⑤ 제1항이나 제2항에 따른 등록을 하려는 자는 농림축산식품부령으로 정하는 기준에 맞는 인력· 시설·장비 등을 갖추어야 한다. 이 경우 원제업 또는 수입업을 하려는 자 중 「화학물질관리법」에 따른 금지물질 또는 유독물질에 해당하는 원제를 취급하는 자가 갖추어야 할 기준을 따로 정할 수 있다.

제3조의2(영업의 신고) ① 방제업 중 수출입식물방제업 또는 항공방제업(이하 "수출입식물방제업 등"이 라 한다)을 하려는 자는 농림축산식품부령으로 정하는 바에 따라 농림축산식품부장관에게 신고하여 야 한다. 신고한 사항 중 농림축산식품부령으로 정하는 중요한 사항을 변경하려는 경우에도 또한 같 다.
　② 농림축산식품부장관은 제1항에 따른 수출입식물방제업 등의 신고 또는 변경신고를 받은 경우 그 내용을 검토하여 이 법에 적합하면 신고를 수리하여야 한다.
　③ 수출입식물방제업 등의 범위는 대통령령으로 정한다.
　④ 수출입식물방제업 등의 신고를 하려는 자는 농림축산식품부령으로 정하는 기준에 맞는 인력·시 설·장비 등을 갖추어야 한다.

제4조(결격사유) 다음 각 호의 어느 하나에 해당하는 자는 제3조 제1항 전단 및 제2항 전단에 따른 등록을 할 수 없다.

1. 피성년후견인 또는 피한정후견인
2. 파산선고를 받고 복권되지 아니한 사람
3. 이 법을 위반하여 징역의 실형을 선고받고 그 집행이 끝나거나(집행이 끝난 것으로 보는 경우를 포함한다) 집행이 면제된 날부터 2년이 지나지 아니한 사람
4. 이 법을 위반하여 징역형의 집행유예를 선고받고 그 유예기간 중에 있는 사람
5. 영업 등록이 취소(제4조 제1호 및 제2호에 해당하여 등록이 취소된 경우는 제외한다)된 날부터 2년이 지나지 아니한 자
6. 임원 중 제1호부터 제5호까지의 어느 하나에 해당하는 사람이 있는 법인

35 다음 중 자료에 대한 설명으로 옳은 것을 고르면?

① 항공방제업을 하려는 사람은 그 소재지를 관할하는 시장에게 신고해야 한다.
② 수출입식물방제업 등의 범위는 농림축산식품부령으로 정하는 기준에 의거한다.
③ 판매업 영업의 등록을 위해서는 농촌진흥청장에게 등록하여야 한다.
④ 살아있는 미생물을 유효성분으로 하여 기준에 적법하게 제조한 농약은 천연식물보호제에 속한다.

36 다음 [보기]에서 농약관리법 제3조 제1항에서 언급한 바에 따라 제조업·원제업 또는 수입업을 할 수 있는 사람을 모두 고르면?(단, 현재 시점을 2023년 1월 1일 기준으로 한다.)

> 보기
> ㉠ 2021년 1월 30일 파산선고를 받고 2년 뒤에 복권 예정인 사람
> ㉡ 2020년 4월 3일 피성년후견인으로 확인되어 영업 등록이 취소된 사람
> ㉢ 농약관리법을 위반하여 2022년 5월 14일에 집행유예 6개월을 선고받은 사람
> ㉣ 농약관리법을 위반하여 2021년 8월 28일 징역 2년을 선고받았으나 6개월 뒤에 가석방된 사람

① ㉢
② ㉠, ㉣
③ ㉠, ㉡, ㉣
④ ㉡, ㉢, ㉣

37 ○○농협은 현재 A업체의 스탠드 에어컨을 사용하고 있으나 여름철 냉방 효율을 높이기 위해 23년 1월에 시스템 에어컨으로 교체하고자 한다. 다음 [표]는 업체별 시스템 에어컨 가격을 나타낸 자료이다. 각 업체의 혜택 등을 고려할 때, 최저 교체비용을 고르면?

[표] 업체별 시스템 에어컨 가격

구분	제품가격	설치비	배송비	혜택
A업체	700,000원	100,000원	150,000원	자사 제품 반납 시 할인 혜택 15%
B업체	720,000원	100,000원	120,000원	23년 1분기 할인 혜택 10%
C업체	670,000원	120,000원	100,000원	상시 할인 혜택 7%
D업체	600,000원	150,000원	130,000원	—

※ 기존 제품은 별도 비용 없이 신규 업체에서 폐기함
※ 할인 혜택은 제품가격과 설치비를 합한 가격에만 적용되고, 배송비에는 적용되지 않음

① 810,000원

② 830,000원

③ 858,000원

④ 880,000원

38 다음 중 효과적인 인력 배치를 위해 필요한 기준에 대한 설명으로 옳은 것을 모두 고르면?

㉠ 개인에게 능력을 발휘할 수 있는 기회를 부여해야 한다.
㉡ 개인의 목표 달성이 우선시되어야 하므로 자유로운 보직 이동이 보장되어야 한다.
㉢ 모든 조직원에게 평등한 적재적소의 조직 배치를 고려해야 한다.
㉣ 조직원의 능력이나 성격 등과 가장 적합한 위치에 배치해야 한다.

① ㉠, ㉡

② ㉠, ㉡, ㉢

③ ㉠, ㉢, ㉣

④ ㉡, ㉢, ㉣

39 ○○농협에서는 새로운 금융 서비스 A를 개발하려고 한다. 개발 업무를 위한 세부 업무는 a~h까지이며 각 업무의 소요시간은 다음 [표]와 같다. 세부 업무는 여러 업무를 동시에 수행할 수 있지만 선행 업무를 마쳐야 다음 업무를 수행할 수 있다. 금융 서비스 A를 개발하기 위한 최소 시간이 몇 시간인지 고르면?

[표] 금융 서비스 A 개발을 위한 세부 업무 (단위: 시간)

세부 업무	소요시간	선행 업무
a	3	없음
b	2	없음
c	1	d, e, f
d	3	없음
e	1	a, b
f	5	없음
g	2	h
h	3	c

① 11시간
② 12시간
③ 13시간
④ 14시간

40 다음 중 직접비와 간접비에 대한 설명으로 옳은 것을 고르면?

① 국외로 출장을 갈 때의 비용은 직접비, 국내 거래처 방문에 필요한 교통비는 간접비이다.
② 제품 생산에 직접적으로 기여한 조직의 인건비는 직접비, 전사의 공통적인 관리 업무를 담당하는 조직의 인건비는 간접비이다.
③ 제품 생산 또는 서비스를 창출하기 위해 직접 소비된 것으로 여겨지는 비용은 직접비, 그렇지 않은 비용은 간접비이다.
④ 제품 판매가 이루어진 달의 건물관리비는 직접비, 그렇지 않은 달의 건물관리비는 간접비이다.

[41~42] N농협에서는 농민들에게 2022년 새로 시행되는 농업 정책에 대한 안내 책자를 배포하려고 한다. 다음 [표]는 인쇄 업체별로 안내 책자 제작 비용을 조사한 자료이다. 이를 바탕으로 질문에 답하시오.

[표1] 페이지당 인쇄 비용

(단위: 원)

구분	A사	B사	C사	D사
흑백 단면	44	43	44	45
컬러 단면	220	225	200	220
흑백 양면	42	40	40	41
컬러 양면	200	210	200	210

[표2] 부당 후가공 비용

(단위: 원)

구분	A사	B사	C사	D사
표지 코팅	3,000	3,200	3,500	2,800
무선 제본	1,500	1,400	1,700	2,000
스프링 제본	5,000	4,500	4,800	4,600

[표3] 업체별 참고사항

구분	비고
A사	• 1부에 흑백 100페이지 이상 인쇄 시 1부당 500원 할인 • 1부에 컬러 100페이지 이상 인쇄 시 1부당 1,000원 할인
B사	• 1부에 50페이지 이상 100부 이상 인쇄 시 전체 금액의 5% 할인
C사	• 제작 비용 1백만 원당 2만 원 할인
D사	• 1부에 100페이지 이상 인쇄 시 무료 무선 제본

41 안내 책자 제작 업무를 담당하는 박 대리는 상사의 지시에 따라 안내 책자를 주문 제작하기로 하였다. 상사의 지시가 다음과 같을 때, 총비용을 고르면?

> 우선 500부를 제작하지. 안내 책자는 1부에 120페이지이고, 컬러 양면으로 인쇄하려고 하네. 표지는 코팅하도록 하고, 스프링 제본으로 하지. 그럼 업체별로 비교해서 가장 저렴한 곳이 어디인지 계산해서 견적 부탁하네.

① 14,830,000원

② 15,000,000원

③ 15,500,000원

④ 16,300,000원

42 흑백 양면으로 300페이지짜리 안내 책자 200부를 가장 저렴한 가격으로 제작하려고 한다. 후가공으로 무선 제본을 한다고 할 때, 총비용을 고르면?

① 2,460,000원

② 2,520,000원

③ 2,546,000원

④ 2,680,000원

43 N사에서는 사택을 증설하여 신규 입주자를 선정하려고 한다. 선발 기준 및 지원자에 대한 정보가 다음과 같을 때, 신규 입주자로 선정되는 직원을 모두 고르면?

- 근속 연수 4년 이상인 신규 입주 신청자 중 총점이 높은 2명을 선발한다.
- 근속 연수 4년 이상인 무주택 신혼부부는 총점에 상관없이 최우선으로 선발한다.
- 근속 연수 4년 초과분에 대하여 1년 단위로 0.2점을 부여한다.
- 신규 입주 신청자 중 통근 시간이 가장 긴 사람에게 5점을 부여하며, 순위가 낮아질수록 1점씩 차감하여 부여한다. (최소 0점)
- 연구·기술직 직원에게는 3점을 부여한다.
- 동점인 경우 다음 우선순위에 따라 입주자를 선발한다.

1순위	2순위	3순위	4순위	5순위
본부장	부장	과장	대리	사원

※ 직급이 같을 때는 무주택자가 유주택자보다 우선함

[표] 신규 입주자 지원자 정보

구분	직급	주택 소유	근속 연수	직렬	통근 시간	기타사항
A	본부장	유	21년 5개월	사무직	50분	
B	과장	무	11년 1개월	기술직	1시간 30분	
C	대리	유	5년 7개월	사무직	45분	신혼부부
D	과장	유	16년 3개월	연구직	1시간 15분	
E	사원	무	3년 9개월	사무직	35분	신혼부부
F	대리	유	7년 2개월	연구직	1시간 45분	

① A, C

② B, E

③ B, F

④ C, E

[44~45] 다음은 어느 회사의 국내 여비 규정이다. 이를 바탕으로 질문에 답하시오.

[표] 국내 여비 규정(1인 기준) (단위: 원)

구분	교통비				현지잡비 (1일 기준)	숙박비 (1박 기준)	시비 (1일 기준)
	철도운임	선박운임	항공운임	자동차운임			
임원	KTX 특실	1등 정액	실비	연료비 +(50,000/인)	20,000	실비	25,000
1·2급	KTX 보통실	2등 정액	실비	연료비 +(40,000/인)	20,000	실비 (상한액: 특별시 70,000, 광역시 60,000, 그 밖의 지역 50,000)	20,000
3급 이하	KTX 보통실	2등 정액	실비	연료비 +(40,000/인)	20,000		20,000

- 항공운임, 자동차운임 실비 정산액은 행정관청이 인허한 요금으로 한다.
- 수로 여행 시 '페리호'를 이용하는 경우 1등 정액 해당자는 특등, 2등 정액 해당자는 1등을 적용한다.
- 숙박비의 실비 정산액은 여신전문금융업법 제2조의 규정에 의한 신용카드를 사용하여 지급한 금액 (상한액이 있는 경우 그 한도 내에서)으로 한다. 다만, 숙박업소가 카드 미발행 업소일 경우 실비를 영수 처리할 수 있다.
- 친지 집 등에 숙박한 경우 1박당 20,000원을, 2인 이상 공동으로 숙박하여 숙박비를 지출하지 않게 된 인원이 생기는 경우 그 인원수당 20,000원(1박 기준)을 공동 숙박조에게 추가로 지급한다.
  ※ 숙박비를 지출하지 않은 인원수 계산식
    : 숙박비를 지출하지 않은 인원수=총숙박비 절감액÷1박 숙박비 한도 총액(소수점 이하 절사)
    1박 숙박비 절감액=1박 숙박비 한도 총액-1박 숙박비 실비
- 연료비 지급 기준: 연료비=왕복 여행거리(km)×유가÷연비
  - 여행거리: 출발지 소재 터미널에서 도착지 소재 터미널까지의 여행거리를 계산
  - 유가: 1,600원/L
  - 연비: 10km/L(휘발유 기준)

44 5급 직원인 장 대리는 3급 직원인 김 부장과 함께 부산광역시로 3박 4일간 출장을 떠났다. 항공운임은 1인당 왕복 17만 원이었고, 숙박비는 3박 4일간 공동으로 숙박하여 총 18만 원을 지불했다. 이때 장 대리와 김 부장이 지급받을 여비 총액을 고르면?

① 78만 원
② 82만 원
③ 86만 원
④ 90만 원

45 4급 직원인 김 대리는 서울에서 대전까지 왕복으로 운전을 하여 2박 3일 동안 출장을 떠났다. 김 대리가 대전에 있는 이모 댁에서 숙박을 하였을 때, 김 대리가 지급받을 여비 총액을 고르면?(단, 서울에서 대전까지의 거리는 150km로 계산한다.)

① 224,000원

② 248,000원

③ 262,000원

④ 288,000원

46 태형이는 회사에서 출발하여 최단 경로로 A~E 5개의 거래처를 모두 방문하려고 한다. 다음 [표]와 [그림]을 참고할 때, 태형이의 총이동거리를 고르면?(단, 마지막 거래처에서 회사로 돌아오지 않는다.)

[표] 거래처 간 거리표 (단위: km)

출발지＼도착지	A	B	C	D	E
회사	10	30	—	20	15
A	—	—	—	25	16
B	—	—	8	—	—
C	—	8	—	—	24
D	25	—	—	—	5
E	16	—	24	5	—

[그림] 거래처 지도

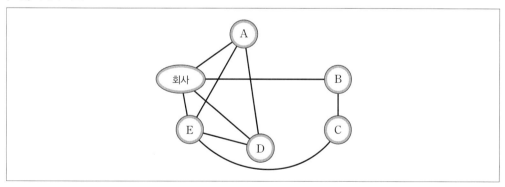

① 60km

② 72km

③ 90km

④ 108km

[47~48] 다음은 어느 전자회사의 냉장고 A/S 규정이다. 이를 바탕으로 질문에 답하시오.

- **A/S 요금 산정기준: 부품비＋수리비＋출장비**
  (1) 부품비
    - 수리 시 부품 교체를 할 경우 소요되는 부품 가격을 말합니다.
    - 부가세 10%가 포함된 가격입니다.
  (2) 수리비
    - 유상수리 시 부품비를 제외한 기술료를 말합니다.
    - 수리 시 소요시간, 난이도 등을 감안하여 산정한 수리비 기준표를 따릅니다.
  (3) 출장비
    - 출장 수리를 요구하는 경우 적용되며 20,000원을 청구합니다.
    - 단, 평일 18시 이후, 휴일(토/일/공휴일/대체휴무일) 방문 시 출장비는 30,000원을 청구합니다.
  ※ 무상수리는 부품비와 수리비에 한해 제공되고, 출장비는 출장 수리를 요구하는 경우 별도로 청구됩니다.

- **제품 보증기간: 1년**
  ▶ 단, 다음의 경우는 보증기간을 정상적인 경우의 절반(50%)으로 단축하여 적용합니다.
    (1) 영업용도나 영업장에서 사용할 경우(단, 영업용 제품은 제외)
    (2) 차량, 선박 등에 탑재하는 등 정상적인 사용 환경이 아닌 곳에서 사용할 경우
    (3) 제품 사용빈도가 극히 많은 공공장소에 설치 및 사용할 경우

- **핵심부품 보증기간**
  - 냉장고 컴프레서: 3년
  - 양문형 냉장고, 스탠드형 김치냉장고 인버터 컴프레서: 10년

※ 제품 보증기간 내에 A/S를 신청할 시 출장비를 제외하고 무상수리합니다. 또한 제품 보증기간 이후에도 핵심부품 보증기간 내에 핵심부품에 이상이 있을 시에는 출장비를 제외하고 무상수리합니다. 보증기간 이후 유상으로 수리한 적이 있는 경우, 수리한 날부터 1년 이내에 정상적으로 제품을 사용하는 과정에서 종전과 동일한 부품 고장이 재발한 경우 무상수리합니다.

---

47 김 씨는 2017년 10월 5일에 집에서 사용하는 냉장고를 이 전자회사의 가정용 냉장고로 교체하였다. 그런데 2018년 6월 4일 냉장고에서 이상한 소리가 들려 일요일에 출장 수리를 맡겼고, 팬 부품 교체로 8만 원, 수리비로 7만 원을 지불해야 하는 고장이라는 것을 알게 되었다. 이때 김 씨가 실제로 지불해야 하는 A/S 요금을 고르면?

① 2만 원

② 3만 원

③ 10만 원

④ 18만 원

48 유 씨는 4년 전에 이 전자회사의 스탠드형 김치냉장고를 구입하였다. 그런데 최근 냉장력이 저하되는 느낌이 들어 수요일 오후 4시에 출장 수리를 맡겼다. 수리 결과 인버터 컴프레서 이상으로 부품을 교체하는 데 18만 원, 수리하는 데 10만 원을 지불해야 하는 고장이라는 것을 알게 되었다. 유 씨가 이전에 수리를 맡긴 적이 없었다고 할 때, 실제로 지불해야 하는 A/S 요금을 고르면?

① 2만 원

② 3만 원

③ 28만 원

④ 30만 원

49 다음 [조건]과 [표]는 2018~2020년 품질팀 전체의 직원 성과급에 관한 자료이다. 이를 바탕으로 품질팀 직원 6명 중 기본 연봉이 가장 높은 사람을 고르면?

> **조건**
>
> - 매년 각 직원의 기본 연봉은 변동이 없다.
> - 성과급은 전체 직원에게 각 직원의 성과등급에 따라 매년 1회 지급한다.
> - (성과급)=(기본 연봉)×(지급 비율)
> - 품질팀 전체 직원의 기본 연봉을 모두 더한 값은 5억 1,000만 원이다.
> - 성과등급별 지급 비율 및 인원수는 다음과 같다.
>
> | 구분 | S등급 | A등급 | B등급 |
> |---|---|---|---|
> | 지급 비율 | 20% | 10% | 5% |
> | 인원수 | 1명 | 2명 | 3명 |

[표] 2018~2020년 품질팀 전체 직원의 성과급   (단위: 백만 원)

구분	2018년	2019년	2020년
갑	12	6	3
을	5	20	5
병	6	3	6
정	8	8	16
무	4.5	4.5	4.5
기	6	6	12

① 을

② 병

③ 정

④ 기

50 다음 글을 바탕으로 '5 Why' 기법이 갖는 문제해결 방식의 가장 큰 장점으로 적절한 것을 고르면?

'5 Why' 기법이란 문제점에 대한 발생 요인을 추적해 나가는 수단으로, 규칙적인 순서에 의해 단계별 Why(왜)를 반복함으로써 해결안을 도출하는 분석 방법이다. 다섯 번의 Why를 통하여 각 관점의 명확한 원인을 발견하는 것으로 다음과 같은 방법으로 진행된다. 경우에 따라 두세 번의 Why로 해결안을 도출할 수도 있으며, 다섯 번 이상의 Why를 반복해야 하는 경우도 생기게 된다.

문제점: 전시관 바닥이 심하게 부식되어 있다.
1단계: 왜 전시관의 대리석이 부식되고 있는가? → 대리석을 비눗물로 너무 자주 닦기 때문이다.
2단계: 왜 비눗물로 바닥을 자주 닦는가? → 비둘기가 많아 비둘기의 배설물들이 많이 떨어지기 때문이다.
3단계: 왜 비둘기들이 많은가? → 전시관에 비둘기가 좋아하는 거미들이 많기 때문이다.
4단계: 왜 거미들이 많은가? → 해지기 전에 전등을 켜서 거미들의 먹이인 나방이 많기 때문이다.
5단계: 왜 해지기 전에 전등을 켜는가? → 계절과 상관없이 점등시간이 오후 7시로 규정되어 있기 때문이다.
결론: 계절별 일몰 시간에 맞게 점등시간 규정을 수정해야 한다.

① 도출된 각 문제를 상호 비교, 분석할 수 있다.

② 문제의 근본적이고 진정한 원인을 찾아낼 수 있다.

③ 조직이나 개인이 처한 상황에 대한 모든 문제를 발견할 수 있다.

④ 시간이나 비용 등 가장 큰 낭비를 유발하는 문제가 무엇인지를 알 수 있다.

51 다음 중 농협의 5대 핵심가치에 대한 설명이 <u>아닌</u> 것을 고르면?

① 전 기관 전산화를 통한 효율적 자원관리 시스템 구축으로 잉여가치 창출 극대화

② 소비자에게 합리적인 가격으로 더 안전한 먹거리를, 농업인에게 더 많은 소득을 제공하는 유통개혁 실현

③ 농업인 영농지원 강화 등을 통한 농업경쟁력 제고로 농업인 소득 증대 및 삶의 질 향상

④ 농협의 정체성 확립과 농업인 실익 지원 역량 확충을 통해 농업인과 국민에게 신뢰받는 농협 구현

52 다음은 농협의 캐릭터이다. 해당 캐릭터의 이름으로 알맞은 것을 고르면?

① 벼리

② 아리

③ 알리

④ 콩이

53 다음은 농협 창립 50주년을 기념하는 엠블럼과 슬로건이다. 엠블럼 우측의 'ㅎ' 자 모습이 의미하는 것으로 옳은 것을 고르면?

① 협력
② 협동
③ 협치
④ 협상

54 다음 글의 빈칸에 들어갈 수 <u>없는</u> 요소를 고르면?

맥킨지 7S 모델 또는 맥킨지 7S 프레임워크(McKinsey 7S Framework)는 비즈니스 컨설턴트 로버트 H. 워터맨 주니어와 톰 피터스가 1980년대에 개발한 경영 모형이다. 이것은 사업, 사업 단위, 팀을 포함시키려는 그룹을 위한 전략적 비전이기도 하다. 7S는 구조(Structure), 전략(Strategy), 시스템(Systems), 기술(Skills), 구성원(Staff), 스타일(Style), 공유 가치(Shared values)를 의미한다. 이 모형은 조직의 내부 상황 변화를 조사하고 모니터링하기 위한 조직 분석 도구로서 사용된다.

피터스는 7개의 요소를 비교적 변화가 용이한 'Hard 3S'와 변화 및 양성에 시간이 걸리는 'Soft 4S'로 구분한 바 있다. Soft 4S에는 (   )와/과 같은 요소가 포함된다.

① Style
② System
③ Skill
④ Staff

55 다음 [그림]은 ○○농협에서의 작물을 BCG 매트릭스로 분석한 자료이다. 이에 대한 설명으로 옳은 것을 고르면?

[그림] 작물별 BCG 매트릭스

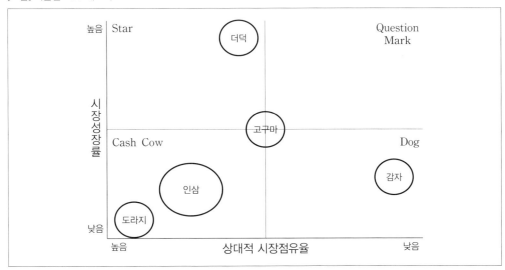

① 상대적 시장점유율이 낮은 감자를 가장 집중적으로 개발해야 한다.

② 시장성장률을 고려했을 때 더덕에서 얻는 수익을 인삼에 투자해야 한다.

③ 위치로 보았을 때 가장 안정적인 수익을 낼 수 있는 작물은 고구마이다.

④ 위치로 보았을 때 모든 작물 중에 가장 집중적으로 개발해야 할 것은 더덕이다.

56 다음 중 BCG 매트릭스와 GE 매트릭스에 대한 설명으로 가장 적절하지 <u>않은</u> 것을 고르면?

① GE 매트릭스의 대각선 영역에서는 선택 또는 획득전략이 사용된다.

② GE 매트릭스는 사용변수와 현금흐름 간의 관계가 확실하지 않다는 단점이 있다.

③ BCG 매트릭스에서 수평축은 상대적 시장점유율을 나타내며 로그(Log)값으로 표시한다.

④ BCG 매트릭스에서 Dog와 Question Mark가 너무 많거나 Star나 Cash Cow가 너무 적다면 불균형적인 포트폴리오로 본다.

[57~58] 다음은 M농협의 내부 결재 규정이다. 이를 바탕으로 질문에 답하시오.

- 결재를 받으려면 해당 업무에 대해 최고 결정권자(조합장)를 포함한 이하 직책자의 결재를 받아야 한다.
- '전결'이라 함은 조합의 경영활동이나 관리활동을 수행함에 있어 의사결정이나 판단을 요하는 일에 대하여 최고 결재권자의 결재를 생략하고, 자신의 책임하에 최종적으로 의사결정이나 판단을 하는 행위를 말한다.
- 전결 사항에 대해서도 위임받은 자를 포함한 이하 직책자의 결재를 받아야 한다.
- 표시내용: 결재를 올리는 자는 최고 결재권자로부터 전결 사항을 위임받은 자가 있는 경우 위임받은 자의 결재란에 '전결'이라고 표시하고 위임받은 자는 최고 결재권자의 결재란에 서명한다. 다만, 결재가 불필요한 직책자의 결재란은 상향대각선으로 표시한다.
- 최고 결재권자의 결재 사항 및 최고 결재권자로부터 위임된 전결 사항은 다음의 표에 따른다.

구분	내용	금액 기준	결재서류	팀장	전무이사	조합장
접대비	거래처 식대, 경조사비	40만 원 이하	접대비 지출품의서, 지출결의서	○◇		
		50만 원 이하			○◇	
		50만 원 초과				○◇
교통비	국내 출장비	50만 원 이하	출장 계획서, 출장비 신청서	○◇		
		70만 원 이하		○	◇	
		70만 원 초과		○		◇
	해외 출장비	―		○		◇
소모품비	사무용품비	―	지출결의서	◇		
	문서, 전산소모품	―				◇
	기타 소모품	30만 원 이하		◇		
		40만 원 이하			◇	
		40만 원 초과				◇
교육훈련비	자녀의 교육	―	기안서, 지출결의서	○◇		
영업카드	법인카드 사용	50만 원 이하	법인카드 신청서	◇		
		100만 원 이하			◇	
		100만 원 초과				◇

※ ○: 기안서, 출장 계획서, 접대비 지출품의서
※ ◇: 지출결의서, 출장비 신청서, 법인카드 신청서

57 다음 중 M농협의 내부 결재 규정에 대한 설명으로 옳지 <u>않은</u> 것을 고르면?

① 해외 출장비 신청서는 출장비 금액에 관계없이 조합장의 전결 사항이다.

② 60만 원이 소요되는 국내 출장 계획서의 팀장 결재란에는 '전결'이라고 표시한다.

③ 50만 원이 소요되는 기타 소모품비 지출결의서에는 팀장, 전무이사, 조합장이 모두 서명하게 된다.

④ 120만 원의 법인카드를 사용하기 위한 신청서에는 전무이사 결재란에 상향대각선을 표시한다.

58 영업팀 남 대리는 37만 원의 경비가 소요될 국내 출장을 가기 위해 경비 요청에 앞서 출장 계획서를 결재받으려 한다. 남 대리가 작성해야 할 문서의 결재 양식으로 옳은 것을 고르면?(단, 기울임체는 서명을 나타낸다.)

①

출장 계획서

결재	담당	팀장	전무이사	조합장
	남 대리			*팀장*

②

출장 계획서

결재	담당	팀장	전무이사	조합장
	남 대리			전결

③

출장 계획서

결재	담당	팀장	전무이사	조합장
	남 대리	전결		*팀장*

④

출장 계획서

결재	담당	팀장	전무이사	조합장
	남 대리	전결		*조합장*

[59~60] 다음은 A사의 내부 결재규정이다. 이를 바탕으로 질문에 답하시오.

- 결재를 받으려는 업무에 대해서는 최고결정권자(이사장)를 포함한 이하 직책자의 결재를 받아야 한다.
- 전결이라 함은 회사의 경영활동이나 관리활동을 수행함에 있어 의사결정이나 판단을 요하는 일에 대하여 최고결재권자의 결재를 생략하고, 자신의 책임하에 최종적으로 의사결정이나 판단을 하는 행위를 말한다.
- 전결사항에 대해서도 위임받은 자를 포함한 이하 직책자의 결재를 받아야 한다.
- 표시내용: 결재를 올리는 자는 최고결재권자로부터 전결사항을 위임받은 자가 있는 경우 위임받은 자의 결재란에 '전결'이라고 표시하고 위임받은 자는 최고결재권자의 결재란에 서명한다. 결재가 불필요한 직책자의 결재란은 상향대각선으로 표시한다.
- 최고결재권자의 결재사항 및 최고결재권자로부터 위임된 전결사항은 다음의 표에 따른다.

업무내용	전결권자				이사장
	담당	부서장	실국장	이사	
1 경영정책사항 및 사업운영계획					
○ 주요 사업계획 및 정책 등 기본방침 사항					○
○ 기본방침 외의 사업계획 결정, 운영 사항				○	
○ 소관 업무추진 관련 부서 간 협조		○			
－ 관계기관 협조의뢰 및 조회		○			
－ 내부부서 자료제출 요구 및 협조	○				
2 예산편성					
○ 기본 사업비 예산안 작성		○			
○ 각종 현황자료 작성·유지	○				
3 예산집행					
○ 예산의 재배정			○		
○ 예산집행 현황 보고		○			
4 경영평가 실적관리					
○ 경영평가 실적 관리계획의 수립					○
○ 경영평가 실적 결과보고			○		

59 다음 중 A사의 결재규정에 대한 설명으로 적절하지 <u>않은</u> 것을 고르면?

① 부서장은 기본 사업비 예산안 작성 관련 업무에 대하여 결재를 해야 한다.

② '담당'이 전결권자인 경우 담당자는 결재양식의 가장 우측에 서명한다.

③ 주요 사업계획 및 정책 등 기본방침 사항에 관한 업무의 결재양식에는 상향대각선이 표시되지 않는다.

④ 기본방침 외의 사업계획 결정, 운영 사항 업무의 결재양식에는 '이사장' 결재란에 '전결'을 표시한다.

60 다음 중 A사의 결재양식으로 적절한 것을 고르면?

①

		주요 사업계획 기본방침			
결재	담당	부서장	실국장	이사	이사장
	서명	서명	서명	서명	전결

②

		기본방침 외의 사업계획 결정			
결재	담당	부서장	실국장	이사	이사장
	서명	서명	서명	전결	

③

		예산의 재배정			
결재	담당	부서장	실국장	이사	이사장
	서명	서명	전결		실국장 서명

④

		예산집행 현황 보고			
결재	담당	부서장	실국장	이사	이사장
	서명				부서장 서명

60문항 / 70분

정답과 해설 ⓟ 58

01 다음 밑줄 친 단어와 동일한 의미로 쓰인 것을 고르면?

> 이렇게 좋은 결과를 <u>받게</u> 될 줄은 몰랐다.

① 새해 복 많이 <u>받으세요</u>.
② 쌀을 팔아 술을 <u>받아</u> 왔다.
③ 병원에 가서 의사에게 진료를 <u>받았다</u>.
④ 그는 좌회전 신호를 <u>받고</u> 천천히 차의 속도를 높였다.

02 다음 글의 빈칸에 들어갈 한자성어로 가장 적절한 것을 고르면?

> 현실적인 발전 방안을 마련하는 데 (   )만으로는 한계에 부딪힐 수밖에 없다. 따라서 현장 경험과 지식을 바탕으로 해결책을 모색함으로써 추진력을 얻어야 한다.

① 탁상공론(卓上空論)
② 읍참마속(泣斬馬謖)
③ 견강부회(牽强附會)
④ 당랑거철(螳螂拒轍)

03 다음 (가), (나)의 사례에서 A사원과 B사원이 보이고 있는 논리적 오류를 바르게 짝지은 것을 고르면?

> (가) □□아이스크림 회사 마케팅 팀장이 A사원에게 광고를 하면 매출이 얼마나 오를지 검토하라고 지시했다. A사원은 과거 회사 데이터를 살펴봤다. 회사에서는 2015년까지 광고를 안 하다가 2016년에 처음으로 광고를 했는데 그해 매출이 전년 대비 40% 늘었다. 이를 본 A사원은 팀장에게 "광고 덕분에 2016년 매출이 전년 대비 40% 늘었습니다."라고 보고했다.
>
> (나) ○○회사에서 직장 내 성교육을 진행한다는 공고가 붙었다. 그리고 직장 생활을 하면서 겪었던 성희롱이나 남녀 차별적 행동에 대한 자유 의견을 사전 조사하였다. B사원은 직장 내에서 성희롱이나 남녀 차별이 있었다는 것을 증명할 수 없기 때문에 ○○회사에서는 남녀 평등이 실현되고 있다고 적었다.

	(가)	(나)
①	거짓 딜레마의 오류	무지에의 호소 논증 오류
②	인과 관계의 오류	애매어의 오류
③	거짓 딜레마의 오류	애매어의 오류
④	인과 관계의 오류	무지에의 호소 논증 오류

04 다음 ㉠~㉣ 중 어법에 맞게 쓰이지 않은 것을 고르면?

> 민주주의 원칙에 따르면 사법은 양도할 수 없고 포기할 수 없는 국가의 기본 ㉠임무로서 국가가 반드시 제공해야 할 가장 중요한 공공서비스 중의 하나이다. 사법은 국민의 기본권과 법치국가의 수호자이므로 국민의 이름으로, 국민의 이익을 위해 봉사해야 하며, 철저히 중립적이고 임무 실현에 ㉡걸맞는 공평한 ㉢태도로써 분쟁을 해결해야 한다. 또 헌법에 보장된 행정부나 입법부로부터 독립성은 스스로 확보해야 한다. 결코 ㉣행정부든 입법부든 사법부의 독립성을 보장해 주려고 하지는 않을 것이며 오히려 되도록 그들의 영향력을 행사하려고 노력할 것이다.

① ㉠

② ㉡

③ ㉢

④ ㉣

05 다음 글의 제목으로 가장 적절한 것을 고르면?

A씨(52)는 충북 단양에서 운영하는 체류형 관광프로그램 '단양일기(단양에서 일주일 살기)' 참여를 시작으로 지난해만 3번 단양을 찾았다. 유람선, 스카이워크를 비롯한 다양한 레저활동은 물론 고수동굴 등 자연경관까지 폭넓게 즐길 수 있는 점이 매력적으로 다가왔다. 단양의 경우 등록인구는 3만 명을 밑돌지만, 지역을 수시로 찾는 생활인구는 그 9배에 달하는 것으로 나타났다.

행정안전부와 통계청은 최근 이 같은 인구감소지역을 대상으로 한 '생활인구 시범산정 결과'를 내놨다. 지난해 8월 인구감소지역 가운데 7개 시·군을 선정하여 4~6월 기준 이 지역 생활인구의 성별, 나이, 체류 일수 등을 조사한 자료다. 조사지역은 단양 외 강원 철원, 충남 보령, 전북 고창, 전남 영암, 경북 영천, 경남 거창이 포함됐다. 흥미를 끄는 조사 결과는 대상 지역 7곳 모두 월 1회, 하루 3시간 이상 체류하는 생활인구가 등록인구보다 최소 3배 이상 많았다는 점이다.

생활인구는 인구감소 흐름 속에서 지방 소멸에 대응할 수단으로 떠오른 새로운 인구개념이다. 전문가들은 이미 총인구가 감소세에 접어든 만큼 지방자치단체가 정주인구를 확보하는 데는 한계가 있다고 지적한다. 절대인구를 늘리기 어려운 조건에서 유동인구를 포함한 생활인구가 지역경제의 활력을 높일 대안으로 꼽히는 이유다. 이에 지자체들도 체류인구를 확보해 지역경제의 돌파구를 마련하겠다는 차원에서 생활인구에 관심을 쏟는 분위기다.

① 노인 비중이 높은 군 지역, 고령화 속도는 시·구가 빠르다.
② 인구 감소 지역 '세컨드 홈', 정부 차원에서 지원한다.
③ 등록인구 넘어선 생활인구, 지역소멸 대안으로 부상한다.
④ 농촌 인구유출 심화, 정주여건 개선책 시급하다.

06 다음 문단을 논리적 순서에 맞게 배열한 것을 고르면?

[가] A씨의 실패는 '(애호박) 농사가 쉽다'라는 잘못된 생각을 가지고 있었던 데다 제대로 된 교육이나 주변 이웃의 도움을 받지 못한 탓이다. 이런 유형의 실패를 피하려면 준비기간을 넉넉히 갖고 교육도 충분히 받아 자신에게 필요한 농사기술을 익혀야 한다. 그리고 농업경영을 어떻게 할지 등에 대한 체계적인 창업계획서를 작성해 목표의식을 확실하게 가져야 한다.

[나] 귀농·귀촌은 준비과정을 제대로 거치지 않으면 실패할 수밖에 없다. 혹여나 실패하면 되돌리기가 쉽지 않기에 귀농·귀촌을 '사회적 이민'이라고도 한다. 따라서 귀농·귀촌 실패 유형을 알아보고 그런 실패를 극복할 수 있도록 준비하는 것이 귀농·귀촌 성공의 지름길이다.

[다] 또 다른 유형은 농지와 주택 구입 실패 사례이다. 멋진 농가주택을 저렴하게 사들였는데 살아 보니 문제가 발생하면 곤혹스럽기 마련이다. 인근 축사의 악취가 풍겨 오는 주택, 도로가 없는 맹지, 물빠짐이나 토질 등이 농사에 부적절한 농지 등을 구입해 고생하는 것이 그 예라고 할 수 있다.

[라] 귀농·귀촌에 실패하는 사람들은 대개 몇 가지 유형으로 나뉜다. 첫 번째는 '남 따라 하기' 유형이다. 서울에서 자영업을 하던 A씨는 선배가 애호박 농사를 지어 돈을 많이 번다는 말을 듣고 농촌으로 내려가 애호박 농사에 뛰어들었다. 그런데 영농기술이 미숙한 상태에서 농사를 짓다 보니 병해충을 잡지 못했다. 시설하우스 다섯 동에서 키우던 애호박이 병들어 제대로 수확하지 못하는 바람에 경제적 어려움을 겪었다. A씨는 결국 농사를 접고 다시 서울로 돌아가야 했다.

[마] 이 문제는 농지와 주택 구입 때 무조건 발품을 팔아야 한다는 수칙을 지키지 않아 발생한다. 구매를 계획하고 있는 농지나 주택 주변을 자주 다니면서 이장 등 마을 사람들과 친분을 쌓아 자세히 알아보고 구매를 결정하거나, 임차로 일정 기간 살아보는 방법 등을 선택하면 실패 확률을 줄일 수 있다.

① [가] - [나] - [다] - [라] - [마]
② [가] - [마] - [다] - [라] - [나]
③ [나] - [가] - [마] - [라] - [다]
④ [나] - [라] - [가] - [다] - [마]

[07~08] 다음 글을 읽고 질문에 답하시오.

최근 영유아들에게서 신체적·정서적 불안 증세를 보이는 문제행동(ADHD, 공격적 행동, 등원거부, 거짓말 등)이 증가하는 추세임에도 불구하고 이를 지도하기 위한 가정, 보육교사 지원 정책이 미비한 상태이다. 이에 문제행동 지도를 위한 교사용 지침서 및 부모 교육용 안내서 개발이 필요하다.

보건복지부는 '국민 100% 행복사회'를 비전으로 제시하고, 아동을 위한 전략으로 '걱정 없이 아이를 낳고 키우는 사회환경' 마련과 '국가가 책임지는 보육지원'을 ㉠표방하고 있다. 보육정책의 최우선은 영유아의 행복한 삶이어야 하고, 이를 실현하기 위해서는 영유아의 가장 밀접한 환경인 부모와 보육교사를 지원하는 체제를 마련하고, 장기적이고 꾸준한 교육시스템을 국가가 책임지고 담당해야 한다.

최근 우리나라에서 취업모 증가, 출산율 감소, 이혼율 증가와 같은 가족 변동 및 ㉡해체와 경쟁적 분위기를 조장하는 상황들이 영유아에게 부담으로 다가오고, 좌절과 통제 경험이 이전보다 증가하면서 영유아의 문제행동을 유발하고 심각한 발달상 문제를 일으킬 수 있다. 영유아의 문제행동은 개인 및 가족이 경험하는 일상생활의 어려움뿐 아니라 사회 경제적인 면에서도 비용을 유발하게 한다. 보건 교육 정신건강 사법체계 분야에 지불되는 비용과 이 과정에서의 생산성 감소, 아동과 가족 나아가 지역사회가 겪는 고통을 추계하면 높은 비용이 발생한다.

영아들 중에는 상황에 대한 인지적 이해 능력이 낮아 상황을 잘못 이해하는 경우가 있다. 경험과 기술 부족으로 사회적 상황에서의 대처 능력이 낮은데 문제 상황에서 우연히 울었더니 예상 밖의 좋은 결과를 얻어서 잘못된 학습이 강화되기도 한다. 잘못을 용서받거나 무마되고 난 후 자기방어의 용도로 울음을 사용하는 것이다. 이럴 때는 우는 원인을 물어보고 이유를 듣고 난 뒤, "아아, 그런 일이라면 울지 않아도 될 걸 그랬구나. ○○아 이걸로 A를 만들어보자. ○○가 도와주니까 ㉢금새 만들 수 있었네~"라며 영아가 만족감을 느낄 수 있도록 격려하는 것이 좋다. 물론 아이가 슬플 때나 ㉣짓궂은 일을 당했을 때, 아플 때, 분할 때 등은 위로해 주어야 한다. 반면 요구를 관철시키려고 할 때나 주목을 끌려고 할 때, 책임을 회피하려고 할 때, 자기방어를 하려고 할 때의 울음에는 오히려 위로가 역효과를 내므로 위로해 주지 않도록 해야 한다.

07 윗글의 내용과 일치하는 것을 고르면?

① 부모가 영유아의 문제행동 지도를 하는 것이 효과적이다.

② 보육정책의 최우선은 부모와 자녀의 행복한 삶이다.

③ 영유아가 울 때는 우는 원인에 따라 다르게 반응해야 한다.

④ 일하는 엄마의 자녀에게서 주로 문제행동이 유발된다.

08 다음 중 글의 밑줄 친 ㉠~㉣ 중 그 쓰임과 어법에 맞는 것을 고르면?

① ㉠ 표반

② ㉡ 해제

③ ㉢ 금새

④ ㉣ 짓궂은

09 다음 (가)와 (나)의 사례에서 요구되는 사고력의 종류를 바르게 짝지은 것을 고르면?

> (가) 현재 A사가 영위하는 사업은 사양길로 접어들어, 성장 산업으로의 진출이 필요한 시점이다. A사의 김 사장은 현재 A사가 보유하고 있는 인적·물적자원과 외부환경 등을 고려하여 어떤 산업으로 진출하는 것이 가장 효과적인지를 모색하려고 한다.
>
> (나) B광고회사에서 고객사 신제품 광고 프로젝트의 최종 광고 게시 직전에 점검 회의를 했다. 프로젝트를 총괄하던 홍 과장은 갑작스럽게 최 상무로부터 다음과 같은 질문을 받았다. "이 광고가 전하고자 하는 메시지가 무엇이죠?"

	(가)	(나)
①	논리적 사고	비판적 사고
②	논리적 사고	전략적 사고
③	비판적 사고	전략적 사고
④	전략적 사고	논리적 사고

10 다음 글을 읽고 추론할 수 있는 내용으로 적절하지 <u>않은</u> 것을 고르면?

관상은 말 그대로 용모(相)를 살피는(觀) 것이다. 관상은 얼굴을 비롯해 음색, 머리카락 형태, 걷는 자세 등 상대방의 모든 형태를 보고 그의 성격과 운명 등을 판단하는 모든 행위가 포함된다. 이를 이론으로 정립한 것이 관상학(觀相學)이다.

일반적으로 사람들은 관상을 보는 습관이 있는데, 관상학을 따로 공부하지 않은 사람들도 대개 관상을 볼 줄 안다. 나이가 들수록 그 적중률도 높아진다. 이는 생존을 위해 자연스레 발전한 것으로, 진화의 산물이라고 볼 수 있다. 원시시대부터 처음 본 사람이 적인지 아군인지 빠른 판단이 필요했기 때문이다. 실제로 타인의 얼굴을 보고 그의 매력이나 호감도, 신뢰도 등에 대해 결정하는 시간은 불과 0.1초라는 연구 결과가 있다. 따라서 동서양 구분 없이 관상학이 발달하고 놀랄 정도로 유사성이 존재한다는 것은 우연이 아니다.

서양에서는 4,000년 전 메소포타미아 지역에서 발견된 유적에서도 관상 관련 자료가 나왔다. 고대 그리스 철학자 아리스토텔레스는『관상학』을 집필했다. 그리스 의사 히포크라테스 역시 얼굴과 체상(體相)으로 질병을 진단하기도 했다. 인도에서는 석가모니의 탄생 설화가 담겨 있는 책「불소행찬」에 아시타라는 선인이 석가모니의 범행할 상에 관해 얘기한 것이 전해진다. 중국의 경우, 요 임금과 그 뒤를 이은 순도 인재를 등용할 때 관상을 활용했다는 기록이 있다. 우리나라에는 신라 시대 때 불교와 함께 관상학이 전해진 것으로 추정된다.

관상학에서는 주로 사람에 동물을 비교하는 '물형법(物形法)'이 사용된다. 물형법의 비유와 설명은 관심을 끌 수 있다. 그러나 사람과 동물 사이의 유사성과 그 논리에 대해서는 의문이 제기된다. 게다가 기계적으로 장단점을 나열하는 것에 대해 비판적 시각도 존재한다.

관상은 외면으로 내면을 판단하는 것이다. 사실 사람의 얼굴에는 삶이 드러나기 때문에 외모는 그의 과거와 현재, 건강 등 많은 정보를 제공한다. 다시 말해 관상은 사람을 판단하는 하나의 증거가 될 수 있다. 하지만 개개인이 가지고 있는 상은 끊임없이 변화한다. 관상이 운명을 바꾸고, 운명은 또 관상을 바꾸며, 이 둘은 상호작용을 한다. 따라서 얼굴로 그 사람을 한 번에 단정 짓는 것은 실수할 확률이 높다. 특히 현대 사회는 외모를 바꾸는 게 쉬운 세상이다. 잘못되고 자의적인 관상법으로 인한 폐해는 역사적으로 증명된 것이 많다.

① 나이가 들수록 관상의 적중률이 높아지는 이유는 그만큼 경험이 쌓이기 때문이다.

② 사람의 관상과 운명은 서로 영향을 주고받으며 지속적으로 변화한다.

③ 사자처럼 생긴 사람은 자존심이 세다는 주장은 물형법의 일종이다.

④ 서양과 비교하였을 때 동양은 질병의 진단과 인재 등용 등의 측면에서 관상학을 더욱 중요하게 여겼다.

11 다음 글을 이해한 내용으로 적절하지 <u>않은</u> 것을 고르면?

최근 육류·생선·달걀 등 '동물성' 식품을 먹지 않는 채식이 인기이다. 인기는 수치로도 나타난다. 국내 채식 인구는 10년 사이 10배 가까이 증가했다. 2008년 15만 명에 불과했던 채식 인구는 2019년 기준 200만 명으로 늘었다. 하지만 우리나라의 비건 인구는 미국이나 유럽에 비하면 아직은 현저히 적은 편이다. 독일 채식주의자 협회에 따르면 2016년 독일 채식주의 인구는 800만 명에 가까우며, 이 가운데 약 200만 명이 비건으로 추정된다. 미국은 인구 3.3%인 약 800만 명이 채식주의로 집계된다.

이러한 이유로 유럽과 미국은 이와 관련된 상품들이 많이 출시되어 있다. 대표적인 예로 베를린에 있는 채식 슈퍼마켓 체인 비건즈(Veganz)에 가 보면, 45가지 종류에 달하는 우유와 80여 가지에 달하는 비건 치즈 등이 판매 중이다. 이는 국내와는 비교하기 힘든 수준이다. 비건즈는 수천 가지의 비건 식품뿐 아니라 화장지, 세제 등의 생활용품도 구비하고 있다. 이에 반해 국내의 경우 늘어나는 채식 인구수에 견주어 인프라 확보는 더디다. 우리나라에서 판매 중인 비건 치즈의 경우 브랜드가 한두 개에 불과하며 그 가격마저도 굉장히 비싸다.

한국 비건에게 힘든 점은 더 있다. 식품을 고를 때 성분을 일일이 다 따져 봐야 한다는 것이다. 마트 등에서 파는 제품들에는 수십 가지 성분이 작은 글씨로 쓰여 있다. 예를 들어 제품의 성분 중 우유에서 지방을 분리해 만든 탈지분유 하나만 있어도 비건은 그 제품을 먹을 수 없다. 비건들의 고충은 또 있다. 한국채식연합은 비건 레스토랑을 전국 350~400개로 추정하고 있다. 문제는 이들 음식점 외에는 어디서도 채식 음식을 믿고 고를 수 있는 식당이 없다는 점이다. 흔히 채식 음식이라고 알려진 음식들 중 비빔밥에는 고깃가루가, 된장국에는 멸치 육수가 들어간다. 한국 대표 음식인 김치에도 액젓, 젓갈 등이 들어 있어 비건이 먹을 수 없는 음식이다.

① 최근 국내 채식 인구는 10년 사이에 약 10배 증가했다.
② 국내 비건 시장은 유럽이나 미국에 비하면 그 규모가 작은 편이다.
③ 국내에서 비건 생활을 하는 것은 유럽이나 미국에서 하는 것보다 어려움이 많다.
④ 국내의 비건 인프라 활성화로 인해 한국 비건들은 시장에서 주 고객층으로 자리 잡았다.

12 다음 글에서 중심 주제로 다루고 있는 개념을 고르면?

Corporate debt, which was one of the main causes of the foreign exchange crisis, has decreased considerably, and the debt−to−equity ratio fell from 300% to 100%. Government debt, which has emerged as a major problem in other countries, is not yet at risk in our case. However, we have to watch out for household debt, which amounts to 1,400 trillion won, as this is a factor that could amplify the economic and social instability of vulnerable groups beyond the risks to the financial system. There is no easy solution, but at least the growth rate of total household debt should be kept within the nominal growth rate, that is, the sum of economic growth rate and inflation rate, so that the household debt to GDP ratio does not increase further. The short−term loan method that repays interest should be changed to a long−term repayment system that repays the principal and interest and in deciding the loan size, the repayment ability should be an important standard together with the collateral.

① Corporate debt
② Government debt
③ Household debt
④ Economic and social instability

13 대형 마트에서는 유통기한이 임박한 상품들을 다음과 같이 할인하여 판매한다고 한다. 이때, 새송이 버섯 한 팩과 느타리 버섯 한 팩의 정가의 차를 고르면?

> - 할인 전 새송이 버섯 한 팩과 느타리 버섯 한 팩의 가격의 합은 8,300원이다.
> - 새송이 버섯 한 팩은 정가의 40%를 할인하여 판매한다.
> - 느타리 버섯 한 팩은 정가의 30%를 할인하여 판매한다.
> - 할인 후 새송이 버섯 한 팩의 가격은 느타리 버섯 한 팩의 가격보다 40원 비싸다.

① 600원

② 650원

③ 700원

④ 750원

14 김 대리는 3월 8일 베트남 여행을 위해 60만 원을 환전하였다. 3월 13일 여행이 끝나고 남은 돈은 116만 동이었다. 이 돈을 한국에 돌아와 3월 15일에 환전하였을 때, 다음 [표]를 참고하여 원화로 얼마를 받게 되는지 고르면?

[표] 한국-베트남 환율표

날짜	환율	날짜	환율
3월 8~10일	21동/원	3월 11~12일	20.5동/원
3월 13일	22동/원	3월 14~15일	20동/원

① 58,000원

② 58,500원

③ 59,000원

④ 59,500원

15 다음 그림과 같이 두 영역으로 등분된 세 원판 A, B, C가 있다. 김 씨, 이 씨, 박 씨 세 사람은 각각 세 원판 A, B, C를 선택하여 돌렸다가 원판이 멈추었을 때, 바늘이 가리키는 수가 가장 큰 원판을 선택한 사람이 이기는 게임을 하였다. 이에 대한 설명으로 옳은 것을 [보기]에서 모두 고르면?(단, 바늘이 경계를 가리키는 경우는 생각하지 않는다.)

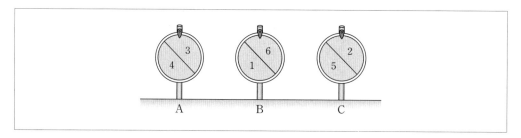

> **보기**
>
> ㉠ 김 씨가 이길 확률은 50%이다.
> ㉡ 김 씨와 박 씨는 이길 확률이 서로 같다.
> ㉢ 박 씨가 이길 확률은 김 씨가 이길 확률과 이 씨가 이길 확률을 더한 값과 같다.
> ㉣ 이 씨가 이길 확률은 김 씨가 이길 확률과 박 씨가 이길 확률을 더한 값과 같다.

① ㉠, ㉡
② ㉠, ㉢
③ ㉡, ㉢
④ ㉡, ㉣

16 다음 [표]는 2022년 물 수급 전망에 관한 자료이다. 이에 대한 설명으로 옳지 <u>않은</u> 것을 고르면?

[표] 2022년 물 수급 전망 (단위: 억 L)

구분	전국	한강	낙동강	금강	영산강	섬진강	기타
생활용수 수요량	7,479	3,787	1,795	1,196	365	224	112
공업용수 수요량	2,839	917	910	750	79	180	3
농업용수 수요량	14,335	2,643	3,772	4,234	2,211	1,250	225
공급가능량	24,249	7,295	6,461	6,040	2,489	1,624	340

※ (총수요량)=(생활용수 수요량)+(공업용수 수요량)+(농업용수 수요량)
※ 전국 수요량 및 공급가능량은 한강, 낙동강, 금강, 영산강, 섬진강, 기타의 수요량 및 공급가능량의 총합으로 나타냄

① 기타의 총수요량은 공급가능량과 같다.
② 금강의 총수요량은 공급가능량보다 많다.
③ 낙동강의 공업용수 수요량은 전국의 30% 이상이다.
④ 생활용수 수요량이 가장 많은 강은 농업용수 수요량도 가장 많다.

[17~18] 다음 [표]는 2019~2021년 국가별 지적재산권 수입 및 지급 현황에 관한 자료이다. 이를 바탕으로 질문에 답하시오.

[표] 2019~2021년 국가별 지적재산권 수입 및 지급 현황

(단위: 만 달러)

구분	2019년		2020년		2021년	
	수입	지급	수입	지급	수입	지급
한국	32,870	16,480	35,789	18,279	34,289	21,369
일본	95,274	48,270	98,294	49,264	88,742	46,535
프랑스	27,498	19,263	29,431	21,348	28,527	14,948
독일	85,427	55,360	99,490	52,715	92,461	49,368
영국	34,261	38,201	37,280	34,525	33,259	32,228

※ 수익=수입−지급

17 위의 자료에 대한 설명으로 옳은 것을 고르면?

① 매년 제시된 다섯 국가의 수입액은 지급액보다 많다.

② 제시된 다섯 국가 중 2019~2021년에 지적재산권 지급액의 합이 가장 높은 국가는 일본이다.

③ 2021년 영국의 지적재산권 지급액은 전년 대비 10% 이상 감소하였다.

④ 2021년 프랑스의 지적재산권 지급액은 전년 대비 6,400만 달러 감소하였다.

18 다음 중 자료를 바탕으로 작성한 그래프로 옳지 <u>않은</u> 것을 [보기]에서 모두 고르면?

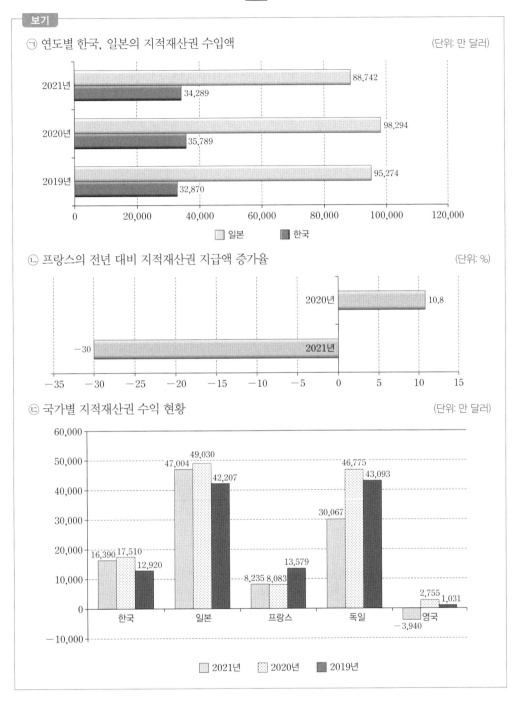

① ㉡

② ㉢

③ ㉠, ㉡

④ ㉠, ㉢

19 ○○회사의 경영지원본부 직원은 총 50명이며, A, B, C 3개의 독서 모임이 운영되고 있다. A모임 하나만 참여한 사람이 17명, B모임 하나만 참여한 사람이 6명이고, C모임에 참여한 사람은 21명, A모임과 B모임 모두 참여한 사람은 9명이다. A, B, C 3개 모임에 모두 참여한 사람에게만 커피 쿠폰이 지급될 때, ○○회사의 경영지원본부 직원 중 커피 쿠폰을 받지 못하는 사람의 수를 고르면?(단, ○○회사의 경영지원본부 식원은 모두 1개 이상의 독서 모임에 참여하였다.)

① 41명

② 43명

③ 45명

④ 47명

20 다음 [표]는 2017~2020년 국내외 금융 관련 키워드 검색 건수에 관한 자료이다. 이에 대한 설명으로 옳은 것을 [보기]에서 모두 고르면?

[표] 2017~2020년 국내외 금융 관련 키워드 검색 건수 (단위: 만 건)

구분	국내				국외			
	2017년	2018년	2019년	2020년	2017년	2018년	2019년	2020년
예금	6,890	7,012	7,579	7,895	3,869	3,968	4,069	4,194
적금	7,132	7,954	8,012	8,461	5,374	5,529	5,984	5,895
금리	3,645	3,912	3,465	3,810	2,537	2,241	2,368	2,745
보험	1,924	2,310	2,249	1,825	1,374	1,195	1,244	1,144
청약	3,102	2,908	3,567	4,024	2,045	2,222	2,789	3,012

보기

㉠ 4년간 국외 '예금' 검색 건수의 평균은 4,025만 건이다.
㉡ '금리'의 국내 검색 건수 차이는 매년 증가하고 있다.
㉢ 2020년 국외 '보험' 검색 건수는 3년 전 대비 20% 미만 감소하였다.
㉣ 매년 국내 '청약' 검색 건수는 국내 '예금' 검색 건수의 절반 미만이다.

① ㉠, ㉡

② ㉠, ㉢

③ ㉡, ㉢

④ ㉡, ㉣

21 다음 [그래프]는 2015~2021년 증권시장 상장회사 수와 시가총액에 관한 자료이다. 이에 대한 설명으로 옳지 <u>않은</u> 것을 고르면?

[그래프1] 2015~2021년 증권시장 상장회사 수 (단위: 개)

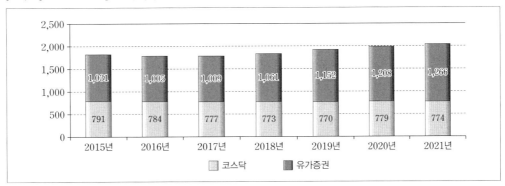

[그래프2] 2015~2021년 증권시장 시가총액 (단위: 조 원)

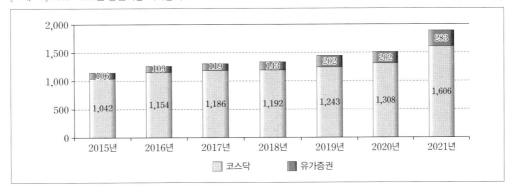

① 증권시장 시가총액은 매년 증가하고 있다.

② 코스닥시장의 상장회사 수와 시가총액은 비례한다.

③ 2016년 코스닥시장의 시가총액은 유가증권시장의 10배 이상이다.

④ 2021년 유가증권시장의 상장회사당 평균 시가총액은 약 2,235억 원이다.

22 어느 회사에서 직원 1,000명을 대상으로 회사 내 복지에 관한 설문조사를 진행한 결과, 만족이 30%, 보통이 30%, 불만족이 40%로 나왔다. 불만족을 선택한 직원 중 여직원이 전체 여직원의 50%를 차지하고, 불만족을 선택한 직원 중 여직원의 비율이 70%일 때, 이 회사의 남직원 수와 여직원 수를 바르게 짝지은 것을 고르면?

	남직원 수	여직원 수
①	400명	600명
②	420명	580명
③	440명	560명
④	460명	540명

23 서로 다른 주사위 2개를 동시에 던질 때, 두 주사위 눈의 수의 합이 4 또는 9일 확률을 고르면?

① $\dfrac{1}{9}$

② $\dfrac{5}{36}$

③ $\dfrac{1}{6}$

④ $\dfrac{7}{36}$

24 다음 [그림]은 한 변의 길이가 3cm인 정사각형과 그 정사각형 각 변의 중점을 이어 만든 작은 정사각형, 그리고 그 작은 정사각형의 각 변의 중점을 이어 만든 더 작은 정사각형이 무한히 생성되는 구조이다. [그림]에서 색칠된 부분의 전체 넓이와 둘레의 길이를 바르게 짝지은 것을 고르면?

[그림] 정사각형이 무한히 생성되는 구조

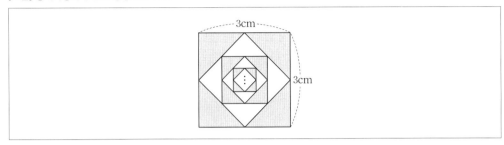

넓이	둘레의 길이
① 6cm^2	$24+12\sqrt{2}\text{cm}$
② 6cm^2	$24+24\sqrt{2}\text{cm}$
③ 9cm^2	$24+12\sqrt{2}\text{cm}$
④ 9cm^2	$24+24\sqrt{2}\text{cm}$

25 다음 명제가 모두 참일 때, 항상 참인 명제가 <u>아닌</u> 것을 고르면?

> • A가 합격이면 B는 불합격이다.
> • C가 불합격이면 B가 합격이다.
> • D가 합격이면 E가 불합격이고 A가 합격이다.

① A가 합격이면 B와 C 중 한 명만 합격이다.
② E가 합격이면 D는 불합격이다.
③ A가 합격이면 C는 불합격이다.
④ C가 불합격이면 A도 불합격이다.

26 다음 명제가 모두 참일 때, 항상 참인 것을 고르면?

> • A가게에서 판매하는 모든 팥빙수는 여름에 잘 팔린다.
> • A가게에서 판매하는 어떤 팥빙수는 할인행사를 한다.

① A가게에서 할인행사를 하고 있지 않은 모든 팥빙수는 여름에 잘 팔린다.
② A가게에서 할인행사를 하고 있는 어떤 팥빙수는 여름에 잘 팔린다.
③ 여름에 잘 팔리는 모든 팥빙수는 할인행사를 하고 있지 않다.
④ 여름에 잘 팔리지 않는 모든 팥빙수는 할인행사를 하고 있다.

27 다음 중 문제 상황이 닥쳤을 때 이를 해결하기 위한 과정에 대한 설명으로 가장 적절하지 <u>않은</u> 것을 고르면?

① 이슈와 데이터를 근거로 독창적이고 혁신적인 방안을 도출해 본다.
② 문제해결에 가장 큰 영향을 미칠 수 있는 핵심 이슈를 선정해 본다.
③ 필요한 데이터를 수집하여 문제별, 항목별로 종합 · 정리해 본다.
④ 문제를 조직 전체의 관점에서 바라보지 말고, 기능단위별 관점으로 문제점을 분석하고 해결안을 도출해 본다.

28 문제해결과정 중에는 다양한 환경에 대한 분석이 필요하고, 그중 고객이 무엇을 원하는지, 고객의 만족도는 어떤지 등 고객들의 요구를 조사해야 할 필요가 있다. 다음 글에서 설명하는 고객들의 요구 조사 방법의 장점으로 옳지 <u>않은</u> 것을 고르면?

> 조사자가 응답자와 일대일로 마주한 상태에서 응답자의 잠재된 동기와 신념, 태도 등을 발견하고 조사 주제에 대한 정보를 수집하는 방법이다. 응답자 한 사람당 30분에서 1시간 정도의 시간이 소요되는데, 조사자는 편안한 분위기를 조성하여 응답자의 응답에 영향을 미치지 않도록 해야 한다. 첫 번째 질문을 던지고 이에 대한 응답에 따라 면접을 진행하며, 조사자는 진행 과정과 조사 문제에 대한 개략적인 윤곽을 가지고 있어야 한다. 구체적인 질문 내용과 순서는 응답자의 응답에 따라 다르게 진행한다.

① 응답자로부터 독특한 정보를 얻을 수 있다.
② 성과와 관련된 실제적이고 구체적인 자료를 축적할 수 있다.
③ 단기간에 최대한 많은 사람에 대한 정보를 습득할 수 있다.
④ 수집된 자료를 자기진단과 평가, 그리고 매뉴얼 및 사례 등으로 활용할 수 있다.

29 다음과 같이 일정한 규칙으로 숫자를 나열할 때, 빈칸에 들어갈 알맞은 숫자를 고르면?

> 273　　275　　271　　279　　263　　(　　)

① 281
② 285
③ 291
④ 295

30 다음 세 단어의 속성을 바탕으로 공통으로 관련 있는 단어를 고르면?

• 새싹	• 물	• Flower

① 뿌리
② 나비
③ 곡식
④ 화분

31 다음과 같이 일정한 규칙으로 숫자를 나열할 때, 빈칸에 들어갈 알맞은 숫자를 고르면?

10	12	1
7	5	11
6	6	( )

① 10
② 11
③ 12
④ 13

32 다음 도형에서 일정한 규칙으로 숫자가 나열되어 있을 때, '?'에 들어갈 양수로 알맞은 것을 [보기]에서 모두 고르면?

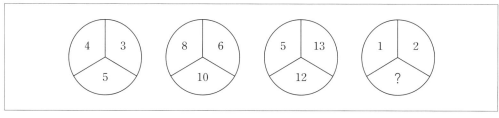

02

실전모의고사 4회

보기

⊙ 1　　　　⊙ $\sqrt{2}$　　　　⊙ $\sqrt{3}$　　　　⊙ $\sqrt{5}$

① ⊙, ⊙

② ⊙, ⊙

③ ⊙, ⊙

④ ⊙, ⊙

33 A~H가 2명씩 4줄로 놀이기구에 탑승하였다. A, B, C, D는 남자, E, F, G, H는 여자일 때, 다음 [조건]을 바탕으로 반드시 옳은 것을 고르면?

조건

- 제일 앞줄엔 남자만, 제일 뒷줄엔 여자만 탑승한다.
- 두 번째와 세 번째 줄은 남녀가 섞여서 탑승한다.
- 왼쪽 자리, 오른쪽 자리 모두 남자 2명, 여자 2명씩 탑승한다.
- B는 C의 바로 앞 좌석에 탑승한다.
- D와 E는 서로 옆 좌석에 탑승한다.
- 마지막 줄 오른쪽 좌석엔 F가 탑승한다.

① A는 두 번째 줄에 탑승한다.

② D는 오른쪽 좌석에 탑승한다.

③ E는 C의 바로 뒷좌석에 탑승한다.

④ F와 G는 서로 옆 좌석에 탑승한다.

34 다음은 농협에서 운영하는 'A예금상품'에 대한 안내문이다. [보기]와 같은 조건으로 A예금상품에 가입하려는 개인 고객이 받을 수 있는 총원리금합계를 고르면?(단, 세전금액 기준이다.)

구분	내용
가입대상	개인, 법인(국가 및 지방자치단체, 교육청, 금융기관 세외)
예금종류	정기예금
가입금액	■ 개인: 1백만 원 이상(1인당 최고 가입한도 5억 원) ■ 법인: 1백만 원 이상(최고한도 제한 없음)
가입기간	■ 개인: 1년 이상 3년 이내(월 단위) ■ 법인: 1년

기본금리
(연%, 세전)

계약기간별 기본금리(연 단리)

가입기간	12개월 이상	24개월 이상	36개월
개인 금리	1.10	1.15	1.20
법인 금리	1.05	—	—

우대금리
(연%p, 세전)

■ 우대금리 적용: 아래 우대금리 기준을 만족하는 경우 가입일 현재 기본금리에 가산하여 만기해지 시 적용
 – 개인 우대금리: 최대 0.4%p

세부조건	우대금리
가입 월부터 만기 전 전월 기간 중 농협 신용·체크카드 15만 원 이상 이용 시	0.3
만기일 전월 말 기준 'A적금' 보유 시	0.1

※ 농협 신용·체크 사용실적은 승인 기준(현금서비스 제외, 매출 취소 시 차감)
※ A예금상품 만기일 전월 말 기준 A적금 유효계좌(대면, 비대면 포함) 보유 고객
 – 법인 우대금리: 최대 0.3%p(구매실적별로 차등 적용)

세부조건	우대금리
가입 월부터 만기 전 전월 기간 중 농협 신용·체크카드 300만 원 이상 500만 원 미만 이용 시	0.3
가입 월부터 만기 전 전월 기간 중 농협 신용·체크카드 100만 원 이상 300만 원 미만 이용 시	0.1

※ 농협 신용·체크 사용실적은 승인 기준(현금서비스 제외, 매출 취소 시 차감)

이자지급방식	만기일시지급식

보기

• 원금: 30,000,000원
• 가입기간: 16개월
• 우대금리: 해당사항 없음

① 30,410,000원

② 30,420,000원

③ 30,430,000원

④ 30,440,000원

35 약속을 잡은 치홍, 형우, 주찬, 범호, 민식, 명기, 준태, 지완 총 8명의 친구들이 약속 장소에 도착했다. 다음 [조건]을 바탕으로 할 때, 항상 거짓인 것을 고르면?(단, 동시에 도착하는 경우는 없다.)

> 조건
>
> • 치홍이는 짝수 번째로 도착하였다.
> • 형우는 홀수 번째로 도착하였다.
> • 주찬이는 네 번째로 도착하였다.
> • 범호가 도착하고 두 명이 도착한 후에 민식이가 도착했다.
> • 명기가 도착하고 세 명이 도착한 후에 범호가 도착했다.
> • 준태가 도착하고 바로 지완이가 도착했다.

① 준태는 명기보다 일찍 도착했다.

② 명기와 준태는 연속으로 도착했다.

③ 지완이는 주찬이보다 먼저 도착했다.

④ 범호가 도착하고 한 명이 도착한 후에 지완이가 도착했다.

36 영업팀은 출장지에서 8명의 직원들에게 방을 배정하고자 한다. 다음 [조건]을 바탕으로 할 때, 807호를 사용할 수 있는 직원을 고르면?

> **조건**
>
> - 조 사원은 806호를 사용한다.
> - 최 과장은 창가 바로 옆방을 사용한다.
> - 김 차장은 계단 바로 옆방을 사용한다.
> - 박 부장과 장 대리의 방은 서로 마주 보고 있다.
> - 김 차장과 한 대리는 서로의 옆방을 사용한다.
> - 이 과장의 방 번호 끝자리는 홀수이다.
> - 서 사원의 방 번호 끝자리는 5보다 작다.
>
> **[방 배치도]**
>
> | 계단 | 805 | 806 | 807 | 808 | 창가 |
> |------|-----|-----|-----|-----|------|
> | | 복도 | | | | |
> | | 801 | 802 | 803 | 804 | |

① 서 사원

② 장 대리

③ 이 과장

④ 김 차장

37 최 사원은 연말 재고자산 검수를 위해 회사에서 출발하여 A~E 5개의 공장을 모두 방문한 뒤 회사로 돌아오려고 한다. 다음 [표]와 [그림]을 바탕으로 최 사원이 최단 경로로 이동했을 때의 총거리를 고르면?(단, 방문한 공장은 다시 방문하지 않는다.)

[표] 공장 간 거리표 (단위: km)

구분	A	B	C	D	E
회사	7	—	—	9	8
A	—	—	13	—	15
B	—	—	5	11	—
C	13	5	—	—	17
D	—	11	—	—	—
E	15	—	17	—	—

[그림] 회사와 A~E 공장의 위치

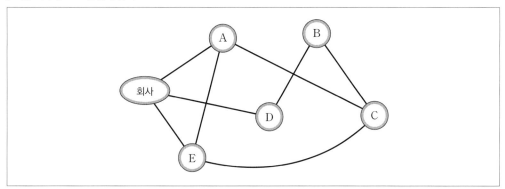

① 59km

② 61km

③ 64km

④ 65km

38 다음 사례에서 나타난 물적자원 활용의 방해 요인으로 가장 적절한 것을 고르면?

> 급성심정지 환자의 생명을 구하기 위해 공공장소에 설치된 자동심장충격기(AED) 3대 중 1 대가 고장이 난 채 방치된 것으로 확인됐다. AED는 심정지 증상 발생 초기에 환자의 생존율을 50%까지 끌어올려, 공공장소 설치가 의무화돼 있다.
>
> 경기도는 시민감사관 29명과 함께 지난달 1~19일 도내 AED 의무설치 기관 479곳(2,142 대)을 감사한 결과, 155곳(32.4%)에서 761대가 작동 불량으로 나타났다고 밝혔다. 특히 적발된 155곳에 설치된 AED는 모두 1,020대로 보유기기의 74.6%가 고장이 난 상태였다. 도에 따르면 현재 도내 2,908곳의 의무설치기관에 5,187대의 AED가 설치돼 있다.
>
> 이번 감사에선 관리가 취약할 것으로 예상되는 공동주택 600가구 이하 321곳(558대)에 대해선 전수조사, 5대 이상을 보유한 600가구 초과 공동주택 145곳(1,555대)에 대해서는 표본조사를 했다. 또 철도역사·여객자동차터미널·항만 등 다중이용시설 13곳 29대는 전수조사했다.
>
> 조사에선 AED 정상 작동 여부, 배터리·패드 유효기간 준수 여부, 설치 장소의 적정성 등을 살펴봤다. 장비 미작동 외에 배터리 및 패드 유효기한 경과, 위치안내 표시부적정, 관리자 미표시 등 경미한 위반사항까지 합치면 모두 394곳(검사 대상의 82.3%)에서 1,835대가 부적합한 것으로 파악됐다. 도는 시·군 보건소에 위반사항을 시정 및 권고 조치하고 보건복지부에 법령 지침 개정을 건의하기로 했다.
>
> AED는 급성심정지 환자에게 '골든타임'(4분 이내)에 사용할 경우 생존율을 30~50% 높일 수 있는 의료기다. 2007년 '응급의료에 관한 법률(시행규칙 제38조의 2)' 제정으로 500가구 이상의 공공주택 외에 공공의료기관, 구급차, 여객항공기 및 공항 등 사람들의 이동이 많고 빠른 시간 내에 접근할 수 있는 장소에 설치가 의무화됐다.

① 훼손됨
② 분실됨
③ 편리성 추구
④ 비계획적 행동

39 김 대리는 농식품공무원교육원 10월 교육과정을 수강하고자 한다. 다음 [표]를 참고할 때, 최 과장이 수강한 것으로 인정받을 수 있는 교육을 고르면?

[표1] 농식품공무원교육원 10월 교육과정 안내

과정명	교육일정	과정명	교육일정
세계농업유산의 이해	10/10~10/12	첨단과수, 시설원예산업육성	10/22~10/24
벌과 꿀의 세계	10/15~10/17	엑셀 중급(데이터 분석)	10/22~10/26
농촌관광상품 개발 및 활성화	10/15~10/19	외식산업과 농업 연계전략	10/29~11/1
디지털 사진촬영 및 편집	10/15~10/19	종자, 생명 산업	10/29~11/2
미디어 홍보역량 강화	10/17~10/19	귀농, 귀촌 길잡이	10/29~11/2
농업의 6차 산업화	10/22~10/24	농지관리제도 실무	10/29~11/2

※ 교육일정 전체에 참석해야 해당 교육과정을 수강한 것으로 인정함

[표2] 최 과장의 10~11월 일정

10/3~10/5	10/9	10/15	10/24~10/25	11/1
업무 출장	보고서 작성	세미나 참석	학회 참석	중요 회의 참석

※ 최 과장은 일정이 있는 날은 교육에 참여하지 못함

① 세계농업유산의 이해, 디지털 사진촬영 및 편집
② 세계농업유산의 이해, 미디어 홍보역량 강화
③ 벌과 꿀의 세계, 미디어 홍보역량 강화
④ 농촌관광상품 개발 및 활성화, 미디어 홍보역량 강화

40 부서의 경비 집행을 담당하고 있는 조 대리는 항상 부서의 경비가 당초 계획했던 것보다 많이 집행되는 일이 반복되어 관리상의 개선이 필요하다고 생각한다. 이런 상황에서 조 대리에게 필요한 조언으로 가장 적절한 것을 고르면?

① 경비 집행 담당자의 관리 경험이 쌓이면 나아질 것이다.
② 계획 수립 시 필요한 활동들을 모두 뽑아내지 못했을 것이다.
③ 기존의 방식보다 더 보수적으로 계획을 짜서 경비를 운용해야 할 것이다.
④ 경비 집행의 우선순위를 미리 정해 두면 경비 집행의 효율성을 높일 수 있을 것이다.

41 ○○농협의 a팀과 b팀은 협업을 위한 회의를 진행하려고 한다. 다음 자료를 바탕으로 가능한 회의 일정을 고르면?(단, 업무 시간은 점심시간 12:00~13:00을 제외한 09:00~18:00이다.)

[표1] ○○농협 회의실 예약 현황

구분	소회의실					대회의실				
	월	화	수	목	금	월	화	수	목	금
09:00~10:00		■				■				
10:00~11:00										
11:00~12:00							■			
12:00~13:00	■	■	■	■	■	■	■	■	■	■
13:00~14:00		■					■			
14:00~15:00							■	■		
15:00~16:00			■				■			
16:00~17:00							■			
17:00~18:00							■			

※ ■: 사용 불가능
※ 소회의실은 4명까지 회의 가능하며 대회의실은 8인까지 회의 가능함

[표2] 직원별 회의 불가능시간 및 출장/휴가 일정

구분		월	화	수	목	금
a팀	A팀장	09:00~11:00	—	13:00~17:00	출장	—
	B차장	—	15:00~16:00	09:00~10:00	10:00~11:00	휴가
	C과장	13:00~18:00	—	09:00~15:00	15:00~17:00	휴가
	D대리	—	14:00~15:00	11:00~12:00	14:00~15:00	—
	E사원	09:00~10:00	—	11:00~12:00	출장	—
b팀	F팀장	출장	—	11:00~14:00	10:00~13:00	—
	G과장	13:00~18:00	출장	10:00~12:00	13:00~18:00	—
	H과장	—	09:00~12:00	—	출장	휴가
	I사원	14:00~15:00	12:00~14:00	11:00~13:00	—	휴가
	J사원	—	14:00~16:00	휴가	—	15:00~18:00

※ '—': 하루 중 회의 불가능한 시간 없음

[회의조건]
• 팀장 2명 중 1명, 각 팀의 과장 중 최소 1명씩은 반드시 참석한다.
• 회의 인원은 최소 a팀 2명, b팀 3명으로 구성한다.
• 회의 시간은 업무 시간 중 1시간으로 회의 중간에 나갈 수 없다.
• 회의는 업무 일정을 고려하여 가장 빠른 일정으로 진행한다.

① 월 11:00~12:00

② 화 13:00~14:00

③ 수 15:00~16:00

④ 목 10:00~11:00

42 다음 [가], [나]는 시간관리에 관한 사례이다. 두 사례를 통해 강조하고 있는 시간관리를 해야 하는 이유로 관계가 깊은 것을 [보기]에서 모두 고르면?

[가] 산업심리학 분야에서는 오래전부터 조직의 관리자들이 그들에게 주어진 시간 중 30%만을 효율적으로 사용하고 있다는 주장이 제기되어 왔다. 예를 들어, 한 조사결과에 따르면 일반 기업체의 관리자들은 전화 한 통화당 6분 정도를 사용한다. 그들은 자신들이 통화 중 나누었던 구체적인 내용들은 2분 정도면 요점을 충분히 전달할 수 있는 내용들이라고 결론을 내렸다. 그리고 지속적인 비교를 통해서 통화 시간을 기존의 절반인 3분 정도로 줄였더니 오히려 다른 부분에서 업무 효율 등이 2배 이상 늘면서 부족한 자원인 시간을 아낄 수 있었다고 한다.

[나] 성공을 위해서 쉬지 않고 달려가는 사람들이 매우 많다. 일중독자(workaholic)라는 말이 생겨났을 정도로 많은 사람이 직장 업무에 파묻혀 살고 있다. 또한 요즘 같은 모바일 환경에서는 집에서도 일을 끊기 어렵고 세계적인 대기업에 근무하는 직원들은 다른 국가, 다른 시간대에서 일하고 있는 동료들과 계속 접촉해야 하는 압력을 받기도 한다. 하지만 이러한 사람들 대부분은 정해진 근무시간 내에 일을 끝내지 못해 남들보다 오랜 시간 일을 하는 사람들이다.

> **보기**
>
> ㉠ 목표 달성 　　　　　　　　㉡ 생산성 향상
> ㉢ 스트레스 감소 　　　　　　㉣ 균형적인 삶 유지

① ㉠, ㉢

② ㉠, ㉣

③ ㉡, ㉢

④ ㉡, ㉣

[43~44] NH은행에서는 새해 신규 계좌 개설자들에게 사은품으로 탁상달력을 나누어 주려고 한다. 다음 [표]는 달력 주문 시 소요되는 비용에 관한 자료이다. 이를 바탕으로 질문에 답하시오.

[표1] 달력 사이즈별 비용

(단위: 원/개)

구분	A사	B사	C사	D사
230×160	1,400	1,500	1,450	1,600
250×180	1,450	1,500	1,550	1,600
260×190	1,600	1,700	1,650	1,700
297×210	1,650	1,700	1,750	1,800

[표2] 달력 추가 옵션

(단위: 원/개)

구분	A사	B사	C사	D사
박인쇄(단면)	50	50	무료	80
박인쇄(양면)	100	50	100	120
선물포장	200	150	100	100

[표3] 제조사별 참고 사항

구분	비고
A사	• 기본 500개 이상 주문 • 1,000개 이상 주문 시 박인쇄(단면) 옵션 무료
B사	• 기본 100개 이상 주문 • 1,000개 이상 주문 시 달력 구입 금액 10% 할인(옵션은 할인 후 추가)
C사	• 기본 500개 이상 주문 • 297×210 500개 이상 주문 시 선물포장 옵션 무료
D사	• 기본 100개 이상 주문 • 500개 이상 주문 시 100개당 15,000원 할인

43 NH은행에서는 260×190 크기의 탁상달력 1,000개를 주문하려고 한다. 박인쇄(단면) 옵션을 추가로 선택하였을 때, 가장 저렴하게 구매할 수 있는 제조사를 고르면?

① A사

② B사

③ C사

④ D사

02

실
전
모
의
고
사

4
회

44 달력 제작 업무를 맡은 이 대리는 상사의 지시에 따라 탁상달력을 주문하기로 하였다. 상사의 지시가 [보기]와 같을 때, 총주문금액을 고르면?

> **보기**
>
> 이 대리, 올해는 신종 바이러스 질병 때문에 은행에 방문하여 신규 계좌를 개설하는 고객이 많이 감소할 것으로 예상되니 탁상달력을 600개만 주문해야 할 것 같아. 아무래도 직접 방문하는 고객들은 나이 드신 분들이 많을 테니 가장 큰 사이즈 탁상달력으로 글씨도 크게 하여 제작하고, 양면 박인쇄, 선물포장까지 추가해서 가장 저렴한 곳에서 주문하게.

① 1,071,000원

② 1,110,000원

③ 1,114,000원

④ 1,122,000원

[45~46] 다음은 어느 회사의 퇴직금 지급에 관한 규정이다. 이를 바탕으로 질문에 답하시오.

1. 퇴직금은 평균 임금에 근속연수에 해당하는 지급률을 곱한 금액을 뜻한다.
2. 평균 임금은 퇴직일 직전 3개월간 지급된 기본급, 연장근로수당, 기술수당 및 직무등급수당 등 각종 수당을 모두 합한 금액의 3분의 1로 한다.
3. 근속연수별 지급률표는 다음과 같다.

근속연수	기준 지급률(%)	근속연수	기준 지급률(%)	근속연수	기준 지급률(%)
1	1	11	17.2	21	34.9
2	2	12	18.8	22	36.7
3	3.5	13	20.5	23	38.6
4	5.5	14	22.3	24	40.6
5	7.5	15	24.1	25	42.5
6	9.1	16	25.8	26	44.5
7	10.6	17	27.5	27	46.4
8	12.2	18	29.3	28	48.4
9	13.9	19	31.2	29	50.5
10	15.5	20	33	30	52.5

4. 근속연수 계산: 퇴직금 산정을 위한 근속연수는 퇴직한 날의 전날까지 계산한다.
   ① 근속기간이 n년 6개월 이상인 경우에는 (n+1)년으로 하고, n년 6개월 미만인 경우에는 (n년 +6개월)로 하여 n년의 기준 지급률에 0.5를 더하여 계산한다.
   ② 월수 계산 시 15일 미만이 남으면 이를 계산하지 아니하고, 15일 이상이 남으면 1개월로 산입한다.
   ③ 30년을 초과하는 근속연수의 지급률 산정은 다음 기준에 따른다.

$$근속연수 \times \{150 + (근속연수 - 5)\} \div 100$$

45 김 과장은 2006년 9월 12일에 입사하여 2018년 7월 1일에 퇴사하였다. 김 과장의 퇴사 직전 6개월간 급여가 다음 [표]와 같을 때, 김 과장이 받은 퇴직금을 고르면?(단, 이 기간 동안 김 과장은 휴직을 하거나 징계를 받지 않았다.)

[표] 김 과장의 6개월간 급여 (단위: 만 원)

구분	1월	2월	3월	4월	5월	6월
기본급	400	390	420	410	430	420
수당	32	25	40	36	40	44

① 8,618만 원

② 8,628만 원

③ 8,638만 원

④ 8,648만 원

46 이 부장은 1997년 3월 2일에 입사하여 2018년 8월 1일에 퇴사하였다. 이 부장의 퇴사 직전 3개월간 급여가 다음 [표]와 같을 때, 이 부장이 받은 퇴직금을 고르면?(단, 이 기간 동안 이 부장은 휴직을 하거나 징계를 받지 않았다. 모든 계산에서 천 원 단위 이하는 반올림한다.)

[표] 이 부장의 3개월간 급여 (단위: 만 원)

구분	5월	6월	7월
기본급	480	520	530
수당	62	59	65

① 20,246만 원

② 20,247만 원

③ 20,248만 원

④ 20,249만 원

47 다음은 물품을 효과적으로 관리하기 위한 사례에 관한 자료이다. 이와 관련된 설명으로 적절한 것을 [보기]에서 모두 고르면?

대형 할인매장과 같이 다량의 물품을 취급하는 곳에서는 바코드와 QR 코드를 통해서 물품을 관리한다. 바코드(bar code)란 컴퓨터가 쉽게 판독하고 데이터를 빠르게 입력하기 위하여 굵기가 다른 검은 막대와 하얀 막대를 조합시켜 문자나 숫자를 코드화한 것이다. QR 코드(Quick Response Code)는 흑백 격자무늬 패턴으로 정보를 나타내는 매트릭스 형식의 바코드로, 기존 바코드가 용량 제한에 따라 가격과 상품명 등 한정된 정보만 담는 데 비해 QR코드는 넉넉한 용량을 강점으로 다양한 정보를 담을 수 있다. 최근 유통업계가 QR코드 도입에 앞장서고 있는 것은 스마트폰 보급 확산에 따라 훌륭한 마케팅 도구로 활용할 수 있기 때문이다.

바코드 원리는 자신의 물품을 기호화하여 관리하는 것을 의미한다. 이러한 점을 개인의 사적인 물품관리에도 적용하여 활용한다면 효과적으로 관리할 수 있을 것이다. 이는 다양한 형태로 기호화가 가능한데, 한 예로 다음과 같이 기호화를 할 수 있다.

[그림] 책의 분류

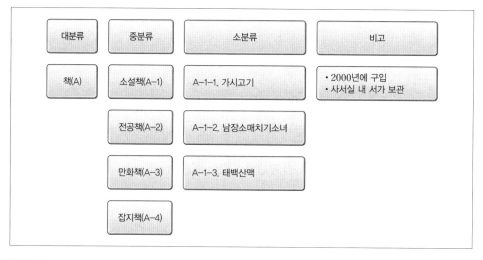

㉠ 동일성의 원칙을 적용하여 분류하였다.
㉡ 유사성의 원칙을 적용하여 분류하였다.
㉢ 반복 작업을 방지할 수 있다.
㉣ 물품 활용의 편리성을 도모할 수 있다.

① ㉠, ㉡
② ㉢, ㉣
③ ㉠, ㉢, ㉣
④ ㉠, ㉡, ㉢, ㉣

48 다음 글의 빈칸에 들어갈 말로 가장 적절하지 <u>않은</u> 것을 고르면?

> 조직은 개인 없이는 존재하지 않으며, 단순한 개인의 총화 이상의 것이다. 조직은 개인의 퍼스널리티에 주목하는 것만으로는 해명할 수 없는 고유의 현상이나 특징을 나타낸다. 조직은 두 사람 이상이 공동의 목표를 달성하기 위해 의식적으로 구성된 상호작용과 조정을 행하는 행동의 집합체라고 말할 수 있으나, 단순히 사람들이 모였다고 해서 조직이라고 하지는 않는다. 조직의 개념은 (   )(이)라는 필수적인 요소를 통해 그 형성과 유지, 행위과정 등이 올바르게 설명될 수 있다.

① 구조
② 목적
③ 협동적인 노력
④ 예산

49 다음 중 조직목표에 대한 설명으로 적절하지 <u>않은</u> 것을 고르면?

① 조직목표는 공식적인 목표와 실제적 목표가 다를 수 있다.
② 조직목표는 조직구성원들의 수행을 평가할 수 있는 기준이 된다.
③ 조직목표는 복수로 존재할 수 없으며, 단일한 목표여야 한다.
④ 조직목표는 조직이 달성하려는 미래의 상태이며, 현재 조직행동의 방향을 결정해 주는 역할을 한다.

50 다음은 농협의 조직도이다. 이를 통해 알 수 있는 농협의 조직에 대한 설명으로 옳지 <u>않은</u> 것을 고르면?

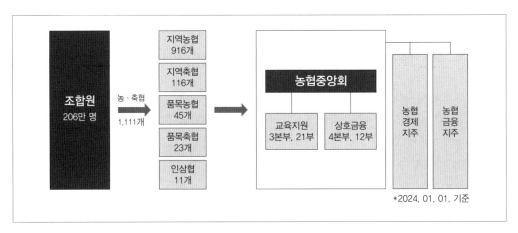

① 농협의 조합원 수는 200만 명 이상이고, 농·축협은 1,100개 이상이다.
② 농협중앙회 전체는 7본부, 35부로 구성되어 있다.
③ 전체 농·축·인삼협의 80% 이상이 지역농협이다.
④ 품목농협은 품목축협의 2배 미만이다.

51 자신의 향후 목표를 세우는 데 있어 활용할 수 있는 도구로 다음과 같은 'SMART 법칙'이 있다. 이에 대한 설명으로 옳지 <u>않은</u> 것을 고르면?

구분	내용
S(Specific)	목표를 구체적으로 작성한다.
M(Measurable)	수치화, 객관화시켜서 측정 가능한 척도를 세운다.
A(Action-oriented)	사고 및 생각에 그치는 것이 아닌 행동 중심의 목표를 세운다.
R(Realistic)	실현 가능한 목표를 세운다.
T(Time limited)	목표를 설정함에 있어 제한 시간을 둔다.

① SMART 법칙에 따라 목표를 장기, 중기, 단기 등으로 구분하여 세워야 한다.
② Specific의 원칙은 Measurable의 원칙보다 우선시되어야 한다.
③ 부모님께 효도해야 한다는 생각보다 매일 전화 한 통을 하는 것은 SMART 법칙을 적절하게 활용하는 사례이다.
④ 막연히 빠른 시간 내에 보고서를 작성하고자 하기보다 2시간 안에 5페이지를 작성하고자 계획하는 것은 측정 가능한 척도를 세우는 것이다.

52 다음은 □□기관 내부 결재규정의 일부이다. 이를 참고할 때, 상무이사가 전결권자인 구매계약 품의서의 결재 양식으로 옳은 것을 고르면?

> 결재를 올리는 자는 최고결재권자로부터 전결사항을 위임받은 자가 있는 경우 위임받은 자의 결재란에 '전결'이라고 표시하고 위임받은 자는 최고결재권자의 결재란에 서명한다. 결재가 불필요한 직책자의 결재란에는 상향대각선을 표시한다.

①

구매계약 품의서

결재	담당	팀장	상무이사	부사장	사장
	서명	서명	전결	서명	사장 서명

②

구매계약 품의서

결재	담당	팀장	상무이사	부사장	사장
	서명	서명			상무이사 서명

③

구매계약 품의서

결재	담당	팀장	상무이사	부사장	사장
	서명	서명	서명		전결

④

구매계약 품의서

결재	담당	팀장	상무이사	부사장	사장
	서명	서명	전결		상무이사 서명

53 조직의 경영전략은 조직이 변화하는 환경에 적응하기 위하여 경영활동을 체계화하는 것으로, 목표 달성을 위한 수단이 된다. 다음은 이러한 경영전략을 추진하는 과정을 정리한 것이다. 빈칸 ㉠~㉢에 들어갈 말로 바르게 짝지어진 것을 고르면?

	㉠	㉡	㉢
①	환경 분석	경영전략 도출	경영전략 실행
②	환경 분석	경영전략 실행	경영전략 도출
③	전략수행 계획	경영전략 실행	경영전략 도출
④	전략수행 계획	경영전략 도출	경영전략 실행

54 농협은 윤리경영 실천을 위하여 다음과 같은 윤리시스템을 적용하고 있다. 이러한 제도를 일컫는 말로 가장 적절한 것을 고르면?

◆ 임직원이 불법·부당행위를 알리거나 문제를 제기하는 행위
  • 신고대상(실명 또는 익명)
    − 임직원 행동강령 위반 행위
    − 지위 또는 권한을 남용하거나 각종 규정 등을 위반한 불법·부당 행위
  • 신고자 보호
    − 비밀보장: 신고자 동의 없이 신분 공개 금지 및 위반 시 처벌
    − 신분보장: 인사상 불이익 및 근무조건 차별 금지
    − 협조자 보호: 신고자 외 신고 관련 진술, 자료 제출 조력자 등 보호
  • 신고자 보상: 최고 3억 원 지급

① 내부고발제도
② 청렴경영제도
③ 징벌적 손해배상 제도
④ 익명제보제도

55 다음은 기업의 SWOT 분석에 관한 자료이다. 이를 바탕으로 [보기]에 제시된 NH농협은행 SWOT 분석의 결과가 어떤 영역에 해당하는지 바르게 짝지어진 것을 고르면?

기업의 SWOT 분석이란 기업 외부환경의 기회와 위협을 찾아내고 기업 내부환경의 강점과 약점을 발견해, 기회를 활용하고 위협은 억제하며, 강점을 활용하고 약점을 보완하는 전략 수립을 말한다. SWOT 분석에 관한 내용을 표로 나타내면 다음과 같다.

Strength 소비자로부터 강점으로 인식되는 것은 무엇인가?	Weakness 소비자로부터 약점으로 인식되는 것은 무엇인가?
Opportunity 외부환경에서 기회요인은 무엇인가?	Threat 외부환경에서 불리한 위협요인은 무엇인가?

보기

[가] NH농협은행 등 대형 은행들이 제3 인터넷 전문은행에 관심을 보이고 있지만, 실제 설립으로 이어질 가능성은 높아 보이지 않는다. 인터넷 전문은행사업의 문턱이 높다는 점이 확인된 데다 네이버가 빠진 상황에서 적합한 사업 동반자를 찾기가 쉽지 않기 때문인데, 은행권에 따르면 NH농협은행 등 아직 인터넷 전문은행에 참여하지 못한 대형 은행들은 제3 인터넷 전문은행의 주도적 설립에 부정적이라는 관측이 많이 나오고 있다. NH투자증권이 케이뱅크 지분을 보유하고 있다고 해서 NH농협은행이 제3 인터넷 전문은행 지분을 취득하는 데 법적 문제가 있는 것은 아니면서도 같은 금융 그룹 안에서 2개의 인터넷 전문은행 지분을 취득하려는 점은 인가 심사에서 불리하게 작용할 수 있다고 판단되기도 한다.

[나] 디지털 금융 혁신을 선도하는 NH농협은행은 'NH디지털챌린지플러스'라는 스타트업 액셀러레이팅 프로그램을 운영 중이다. 해당 프로그램은 유망 스타트업을 선정해 업무 공간 및 성장 단계별 맞춤형 프로그램 및 경영 컨설팅을 제공한다. NH농협은행은 맞춤형 액셀러레이팅 프로그램인 'NH디지털챌린지플러스' 도입과 혁신 스타트업 전용 투자 자금 'NH−아주 디지털혁신 펀드'를 조성하였고 올해에도 참여 기업을 모집한다. 이번 기수는 AI · 블록체인 · 마이데이터 · ESG 등 디지털을 기반으로 한 유망 산업과 연관된 기업을 중점적으로 선발할 계획이라고 밝혔다. 선정된 기업은 범농협 계열사와의 사업 제휴와 데모데이 참여 및 기본 6개월 동안 양재 NH디지털혁신캠퍼스 내 프라이빗 오피스 및 미팅룸 등 업무 공간, 우수 기업 초기 자금 투자 등의 기회를 제공받는다. 또한 세미나 · 오피스아워 · 멘토링 등 기업 운영에 필요한 육성 프로그램도 지원받을 수 있다. 이처럼 NH농협은행은 향후 디지털 혁신을 선도할 스타트업들과 소통하고 그들을 적극적으로 지원하여 디지털 시대를 주도하는 지속성장 가능한 상생 모델을 만들어나가는 데 적극적인 태도를 보인다.

	[가]	[나]		[가]	[나]
①	Weakness	Opportunity	②	Weakness	Strength
③	Threat	Opportunity	④	Threat	Strength

56 다음은 일반적인 직장 내 조직의 업무 내용을 나타낸 표이다. 이를 바탕으로 부서별 업무 내용이 적절한 것을 고르면?

구분	업무 내용
총무부	주주총회 및 이사회 개최 관련 업무, 의전 및 비서업무, 집기비품 및 소모품의 구입과 관리, 사무실 임차 및 관리, 차량 및 통신시설의 운영, 국내외 출장 업무 협조, 복리후생 업무, 법률자문과 소송관리, 사내외 홍보 광고업무
인사부	조직기구의 개편 및 조정, 업무분장 및 조정, 인력수급계획 및 관리, 직무 및 정원의 조정 종합, 노사관리, 평가관리, 상벌관리, 인사발령, 교육체계 수립 및 관리, 임금제도, 복리후생제도 및 지원업무, 복무관리, 퇴직관리
기획부	경영계획 및 전략 수립, 전사기획업무 종합 및 조정, 중장기 사업계획의 종합 및 조정, 경영정보 조사 및 기획보고, 경영진단업무, 종합예산수립 및 실적관리, 단기사업계획 종합 및 조정, 사업계획, 손익추정, 실적관리 및 분석
회계부	회계제도의 유지 및 관리, 재무상태 및 경영실적 보고, 결산 관련 업무, 재무제표 분석 및 보고, 법인세, 부가가치세, 국세 · 지방세 업무자문 및 지원, 보험가입 및 보상업무, 고정자산 관련 업무
영업부	판매 계획, 판매예산의 편성, 시장조사, 광고 선전, 견적 및 계약, 제조지시서의 발행, 외상매출금의 청구 및 회수, 제품의 재고 조절, 거래처로부터의 불만처리, 제품의 애프터서비스, 판매원가 및 판매가격의 조사 검토

① 회계부에서는 복리후생제도 개선을 위한 회의를 진행하기로 하였다.

② 퇴직자의 퇴직금 정산에 문제가 생겨 기획부에 퇴직자 근무 당시 자료를 요청하였다.

③ 총무부에서는 노조와의 갈등을 해결하기 위하여 총무부장이 노조대표와의 협상을 준비하고 있다.

④ 바이어로부터 선적 물품에 대한 대금이 수취되어 입금 내역과 근거 자료를 회계부에 제출하였다.

농촌진흥청은 국립한국농수산대학교(이하 한농대), 한국과학기술정보연구원(이하 KISTI)과 국립한국농수산대학교에서 업무협약을 체결했다. 이번 업무협약을 체결한 3개 기관은 농업기술 및 정밀 농업 데이터, 지능형 데이터 기술 및 컴퓨팅 인프라, 농업 관련 시설과 인프라, 디지털 청년농업인 인재 양성을 주도하며 핵심적인 역할을 수행하고 있다.

농촌진흥청은 지난 60년 동안 우리나라 농업·농촌 발전을 책임져 온 농업기술 개발·보급 전문기관이며, KISTI는 지난 60년 동안 우리나라 과학기술정보의 구축·활용에 이바지한 데이터 전문 연구기관이다. 한농대는 미래 농어업을 선도하는 디지털 농어업인 인재 육성을 목표로 우리나라의 농어업 발전에 이바지한 전문 교육기관이다.

이번 업무협약으로 3개 기관은 △국가 미래농업을 위한 농산업 혁신생태계 조성 △데이터, 인공지능(AI) 기반의 스마트농업 솔루션 개발 및 활용, 교육프로그램 개발 △농업 관련 시설·인프라 활용 및 디지털 청년 농업인 육성 △클라우드 환경, 초고속연구망(KREONET) 등 인프라 구축 및 활용 △국내외 협력사업 발굴 및 인적·물적 자원 교류에 상호 협력할 것을 합의했다.

농촌진흥청 디지털농업추진단 단장은 "농촌진흥청은 KISTI, 한농대와 협력해 스마트농업의 조기 정착과 케이(K)—농업기술 확산, 디지털 청년 농부 양성에 힘써 ㉠도약의 발판을 마련했다."라고 말했다.

57 윗글의 제목으로 가장 적절한 것을 고르면?

① 농업기술 개발·보급 전문기관 농촌진흥청의 역할
② 데이터 기반 미래 농업 생태계 조성의 중요성
③ 농진청·KISTI·한농대 교류를 통해 청년 농부 양성에 박차
④ 농진청·KISTI·한농대 '데이터 기반 미래농업 생태계 조성' 업무협약 체결

58 윗글의 밑줄 친 ㉠의 한자 표기로 가장 적절한 것을 고르면?

① 塗藥
② 跳躍
③ 道約
④ 渡鑰

59 다음은 농협금융지주의 직원 복지에 관한 안내이다. 이를 통해 알 수 있는 내용으로 옳지 <u>않은</u> 것을 고르면?

---

1. **평등한 고용과 인권 존중:** 농협금융은 인권 존중과 소수 인력 보호를 위하여 임직원의 고용과 처우에 지역, 학벌, 연령, 성별에 대한 차별을 두지 않고 실력 위주로 전문 인력과 인재를 채용하고 있습니다. 특히 여성 채용에 남녀평등을 실현하기 위해 노력한 결과, 전체 인원 대비 여성의 비율과 여성 관리자의 비율이 점차 증가하고 있습니다. 이와 더불어 지역에 연고를 둔 우수한 인재를 채용하여 지역사회의 발전에도 기여하고, 지역 밀착도를 높임으로써 영업활동의 경제적 성과를 제고하기 위해 지역별로 채용인원을 할당하여 선발하는 인력 채용 제도를 운영하고 있습니다.

2. **보상제도:** 농협금융은 능력과 성과중심의 공정한 보상과 인사제도를 통해 자발적인 역량강화를 위한 동기부여와 우수 인력 확보 및 생산성 향상에 힘쓰고 있습니다. 직원의 보상체계는 기본급과 성과급으로 크게 구분되며, 성과급 지급은 공정하고 객관적인 평가 과정을 거쳐 운영되고 있습니다.

3. **복리후생 제도:** 농협금융은 임직원의 다양한 욕구를 파악하고, 이를 반영한 복리후생 제도의 운영을 통해 직원 개개인의 발전과 만족도를 제고하고자 노력하고 있습니다. 또한 임직원의 일과 삶의 조화를 통한 의욕적인 직장 생활을 지원하고자 다음과 같은 프로그램을 운영하고 있습니다.

• 경조사 지원	• 정기 종합건강검진 실시
• 보건관리실 및 수유실 운영	• 장애인자녀 양육비 지원
• 피복비 및 여직원 근무복 지원	• 의료비 지원
• 체력단련실 운영	• 직장 어린이집 운영

4. **모성보호 제도:** 농협금융은 우리나라의 저출산 및 고령화 사회가 도래함에 따라 출산장려정책을 지원하고 모성보호를 위한 휴가 및 휴직 제도를 시행하고 있습니다. 산전·후 휴가 제도를 통해 직원이 임신 16주 이후에 출산(조산, 사산, 유산 포함)한 경우와 16주 미만에 유산한 경우로 나누어 각각에 휴가를 부여하고 있습니다. 실근무기간이 1년 이상인 직원이 만 8세 이하 또는 초등학교 2학년 이하 자녀를 양육할 수 있도록 육아휴직 제도를 운영하고 있습니다.

5. **퇴직연금 제도:** 농협금융은 근로기준법을 준수하며 퇴직금 제도를 시행하고 있습니다. 종업원들에게 안정적인 작업장을 만들어 주기 위해 1년 이상 근속한 전 임직원이 일시에 퇴직할 경우에 퇴직금 지급규정과 임원퇴직금 지급규정에 따라 지급할 퇴직금 총추계액을 '퇴직급여충당부채'로 대차대조표에 계상하고 있습니다.

---

① 농협금융지주는 채용 시 지역할당제를 시행하고 있다.

② 농협금융지주 직원은 기본급뿐만 아니라 성과급도 받는다.

③ 농협금융지주 직원은 1년 이상 근무하면 만 8세 이하 자녀의 양육비를 지원받는다.

④ 농협금융지주는 1년 이상 근속한 직원이 일시에 퇴직할 경우 퇴직금을 지급할 수 있도록 미리 준비하고 있다.

60 B기업은 다음 그림과 같이 조직구조를 개편하고자 한다. B기업의 조직 개편 방향에 대한 설명으로 가장 적절한 것을 고르면?

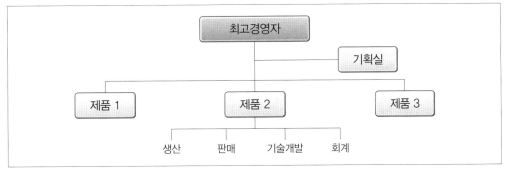

① 사업별 조직구조 형태에서 기능적 조직구조 형태로 개편하고자 한다.

② 급변하는 환경에 신속하고 효과적인 대응을 하고자 한다.

③ 조직구조 개편을 통해 기업의 규모가 다소 작아질 것으로 예상된다.

④ 조직구조 개편을 통해 전체적인 의사소통 체계가 더 빠르고 원활해질 것이다.

정답과 해설 **P** 71

01 다음 밑줄 친 단어와 동일한 의미로 쓰인 것을 고르면?

> 김 대리는 기안문에서 틀린 부분을 고친 후 제출하였다.

① 곽 차장은 복권에 당첨되어 신세를 고쳤다.
② 유 대리는 고장난 컴퓨터를 고쳐서 사용하였다.
③ 최 부장이 보고서의 내용을 조금 고쳤더니 보기가 더 쉬워졌다.
④ 박 과장은 새해를 맞이하여 자신의 게으른 근무 태도를 고치려고 다짐하였다.
⑤ 김 주임은 병을 고치기 위해 병원을 찾았다.

02 다음 밑줄 친 단어와 동일한 의미로 쓰인 것을 고르면?

> 음식을 급히 먹으면 목이 멘다.

① 그는 너무 기뻐 목이 메었다.
② 강당이 메어 터지게 사람들이 모였다.
③ 하수도 구멍이 메다.
④ 그녀는 학생회장이라는 중책을 메었다.
⑤ 사람들이 몰려서 길이 메어지다.

3 다음 나열된 한자성어들이 공통적으로 가진 속성을 나타내고 있는 단어를 고르면?

관포지교, 교칠지심, 금란지교

① 효(孝)
② 학문(學問)
③ 부부(夫婦)
④ 우정(友情)
⑤ 충정(忠貞)

4 다음 중 맞춤법에 맞게 수정되지 <u>않은</u> 문장을 고르면?

① 너와 나의 스타일은 틀리다. → 너와 나의 스타일은 다르다.
② 두꺼운 허벅지를 얇게 만들고 싶다. → 굵은 허벅지를 가늘게 만들고 싶다.
③ 출석 회원의 과반수 이상이 찬성하였다. → 출석 회원의 과반수가 찬성하였다.
④ 싱그러운 봄나물이 입맛을 돋우었다. → 싱그러운 봄나물이 입맛을 돋구었다.
⑤ 옷 사이즈가 적어서 못 입는 사람들이 많다. → 옷 사이즈가 작아서 못 입는 사람들이 많다.

수용성 비타민인 비타민 B는 인체의 생리활성 대사와 합성에 필요한 보조인자(co-factor)로, B1, B2, B3, B5, B6, B9, B12가 있다. B1은 티아민, B2는 리보플라빈, B3는 나이아신, B5는 판토텐산, B6는 피리독신, B9은 엽산, B12는 코발라민으로 불린다. 각 성분은 인체의 에너지합성과 대사, 필수인자 합성, 신경전달물질의 매개와 지방산·DNA 합성 등 다양한 생리활성에 관여한다. 이들은 음식을 통해 섭취하거나 체내 미생물에 의해 합성된다. 일부 비타민 B제품은 두뇌와 혈관 건강에도 도움을 준다고 광고를 한다. 비타민 B가 어떻게 뇌와 혈관까지 영향을 줄 수 있을까 싶어 속는 셈치고 복용하는 사람이 많은데, 일부 비타민 B는 뇌와 혈관 건강 강화에 실제로 도움을 준다.

대한약사회의 오○○ 약사는 "두뇌에서 필요한 에너지를 사용할 때는 비타민 B군이 필요하다. 또한 비타민 B군은 뇌신경물질의 합성에도 필요한 성분이다."라고 말했다. 오 약사는 "그 때문에 비타민 B는 두뇌 건강에 도움을 주는 것으로 알려졌다."라고 설명했다. 비타민 B12 결핍은 노인의 인지기능 저하와도 연관이 있어, 비타민 B12의 보충이 필요하다는 연구도 있다. 비타민 B는 실제 혈관 건강에도 도움을 준다. 이어 "혈관 건강에 악영향을 끼칠 수 있는 호모시스테인 등 여러 물질의 생성을 억제하는 과정에 B6, B9, B12가 필요하다. 그 외에도 나이아신 등의 성분도 혈관 건강에 도움을 줄 수 있다."라고 말했다.

특정 비타민 B제품은 직장인에게 혹은 임산부에게 더 좋다고 알려졌다. 그러나 특정 비타민 B군이 특정 사람에게 강력히 권고되지는 않는다. 오 약사는 "비타민 B 중에서도 B1, B2, B3, B5, B6 등이 탄수화물과 지방, 단백질의 에너지 대사에 관여하는 성분이라 피로회복에 도움을 주는 것은 사실이다."라고 말했다. 그는 "다만, 임산부를 예로 들면 임산부에게 좋은 비타민 B가 따로 있는 게 아니다."라고 말했다. 오 약사는 "임산부는 체내 요구량이 늘어나는 비타민이 있는데, 임신 초기에는 비타민 B9이, 중기 이후에는 비타민 B6와 B12의 요구량이 늘어난다. 임산부의 빈혈을 위해 철분제와 함께 이 비타민을 복용하면 도움이 될 수 있다."라고 밝혔다.

① 비타민 B는 물에 녹는다.

② 인지기능 저하를 막기 위해서는 비타민 B12를 충분히 섭취해야 한다.

③ 임산부는 임신 초기와 임신 중기에 요구량이 늘어나는 비타민 B의 종류가 다르다.

④ 비타민 B 제품이 두뇌와 혈관 건강에도 도움을 준다고 하는 것은 광고일 뿐이다.

⑤ 비타민 B1, B2, B3, B5, B6는 탄수화물과 지방, 단백질의 에너지 대사에 관여하여 피로회복에 효과가 있다.

최근 미국이 반도체, 배터리, 희토류, 의약품 등 4개 품목의 공급망 점검을 했다. 특별히 반도체, 자동차 기업들을 백악관으로 불러 대책 회의를 개최하는 등 공급망 확보 전쟁의 방아쇠를 당겼다. EU, 중국, 일본 역시 자국 영토 내 반도체와 2차 전기 공급망을 구축하려는 움직임이 심상치 않다. 이처럼 주요 경제 강국들이 핵심 산업의 공급망을 확보하려는 일련의 행보에는 다음 두 가지 배경이 있다.

우선 미중 기술 패권 다툼, 한일 외교 갈등 등 정치적 배경에서 비롯된 기술, 물자, 자본의 국경 이동 제한으로 인해 더 이상 과거와 같이 자유롭게 투자와 교역을 통해 자본과 유·무형의 재화가 국가 간 이동을 할 수 없게 되었다. 즉, 정치적 갈등이 원인으로 작용한다는 것이다.

과거에는 정치와 경제 이슈가 비교적 엄격히 분리돼 있었고, 외교적 다툼이 고조되더라도 기업들의 비즈니스에는 별다른 영향을 미치지 않았다. 그러나 이제는 정치적 이슈의 공격 수단이 주로 경제 활동의 형태를 지니고 있기 때문에 정치, 사회적 이슈가 공급망을 뒤흔드는 결과를 낳고 있다. 특히 일본의 경우 독자적 제재에 그치고 있지만 미국은 국적에 상관없이 모든 기업들에게 동참을 강요하며 전선을 확장 중이다.

팬데믹 또한 주요 경제 강국들의 핵심 산업 공급망 확보에 큰 영향을 미친다. 과거에도 전염병의 창궐이 없었던 것은 아니지만, 경제 활동이 대부분 역내에서 자급자족되던 시절이기에 특정 지역의 전염병이 전 세계 공급망을 위협하지는 않았다. 그러나 지금은 교통 발달 등의 배경을 업고 경제적 이득만 있으면 지역에 상관없이 수요와 공급 체인이 형성된다. 그렇기에 한 지역의 전염병 발생이 전 세계 공급망에 영향을 미치게 되며 교통 발달과 기업들의 글로벌화로 전염병 확산도 과거와 비교할 수 없을 정도로 빠르게 진행된다. 현재도 진행형인 코로나19로 인해 생산과 물류가 마비되는 경험을 겪은 기업과 각국 정부는 지리적 영토 내에 공급망 구축이 필요함을 느끼게 되었다.

미국은 대통령이 직접 나서서 노골적으로 한국의 반도체 배터리 기업들에게 자국 내 설비투자를 종용하고, 중국 역시 으름장을 놓으며 자신의 영토에 공장을 지으라고 한다. EU 역시 배터리 공급망을 구축하기 위해 다양한 특혜와 차별 정책을 펼치고 있다. 공교롭게도 정치적 이유에서 비롯된 공급망 이슈가 코로나 팬데믹과 비슷한 시기에 발생해 결국 Before Corona와 After Corona 시대로 구분해 기업들의 전략이 수정돼야 하는 상황이다.

① 현상이 일어나게 되는 과정을 자세하게 소개하고 있다.
② 현상이 미치는 영향을 좋은 점과 나쁜 점으로 구분하고 있다.
③ 현상이 일어나게 된 원인을 다각도로 분석하여 설명하고 있다.
④ 현상이 나타나게 된 배경을 전문가의 시선으로 분석하여 설명하고 있다.
⑤ 현상이 나타나게 된 까닭을 시간 순서로 나열하고 여기서 파생된 문제점을 밝히고 있다.

매년 3월 22일은 세계 물의 날이다. 물의 소중함을 되새기기 위해 UN이 제정해 1993년부터 전 세계가 함께 기념하고 있다. 2023년에 UN에서 정한 주제 '변화의 가속화(Accelerating Change)'의 의미를 담아 우리나라는 세계 물의 날 주제를 '함께 만드는 변화, 새로운 기회의 물결'이라고 정했다. 물을 사용, 소비, 관리하는 모두가 함께 변화에 대응해야 한다는 것을 표현한 것이다.

미국의 미래학자 앨빈 토플러가 "21세기는 블루 골드(Blue Gold)의 시대가 될 것"이라고 말한 바와 같이, 기후변화로 인한 물 위기는 인류의 생존을 위협하고 있다. 지난해 9월 파키스탄은 대홍수로 국토의 3분의 1이 물에 잠겼고, 유럽과 중국은 각각 500년, 60년 만에 가장 심한 가뭄을 겪고 있다. 우리나라도 이미 기후변화를 겪고 있으며 기상재해는 일상이 되었다. 작년에 강우의 지역 불균형으로 중부지방은 많은 비가 내려 홍수피해를 입은 반면, 남부지방은 마른 장마로 가뭄이 발생했다. 우리나라의 국토 면적이 넓지 않음에도 가뭄과 홍수가 동시다발적으로 발생하는 것을 볼 때, 기후변화로 인한 강우의 양극화의 심각성을 체감할 수 있다.

홍수와 달리 가뭄은 서서히 진행되고 피해 발생 전까지 체감하기 어렵기 때문에 가뭄 인식 확산과 효율적인 물 관리가 더욱 중요하다. 이에 한국수자원공사는 남부지방의 가뭄 극복을 위해 여러 대책을 추진하고 있다. 첫째, 물 수요 절감을 유도하기 위해 지자체와 협약해 '광역상수도 자율절수제도'를 실시하고 있다. 이는 지자체가 물 사용량을 줄이면 절수지원금을 지원하는 제도로, 주민과 함께 참여하는 지자체에는 지원금을 추가로 지원하고 있다. 2022년 8월부터 2개 지자체를 대상으로 시범 운영을 시작해, 2023년 현재는 12개 지자체와 함께 자율절수제도를 운영 중에 있다. 또한 절수협약 실천을 지원하기 위해 수도꼭지형 절수기, 절수 샤워기, 싱크대 절수기 등 절수기기 4,140대를 지역주민에 보급한 바 있다.

둘째, 안정적인 물 공급을 위해 수원 간 연계 운영을 추진하고 있다. 지난 7월부터 주암댐 상류에 소재한 보성강댐의 발전용수를 주암댐 생활·공업용수로 전환해 운영하고 있다. 또한 주암댐에서 목포시에 공급하는 공급량 중 일부를 장흥댐을 통해 대체 공급하며 주암댐 물 확보를 위해 노력하고 있다.

셋째, 도서지역 가뭄 지원을 위해 지하수저류지 설치 운영과 병입 수돗물 공급에 총력 대응하고 있다. 섬 지역의 안정적 수자원 확보를 위해 지하수를 확보할 수 있는 친환경 수자원시설인 지하수 저류지를 설치해 운영 중이다. 작년 12월부터 공급되는 용수 규모는 하루 약 200톤에서 최대 1,000톤으로, 이는 섬 주민 최대 8,000명의 식수난 해결에 도움을 줄 수 있다. 가뭄을 극복하기 위해 국민들의 적극적인 동참도 필요하다. 절수기 사용하기, 계량기 수압 조절 생활화, 물 받아서 사용하기 등 가정에서의 자발적인 물 절약 실천이 가뭄을 극복하는 동력이 될 수 있다.

물은 생명의 근원이며 물을 대신할 수 있는 자원은 존재하지 않기에, 그 가치는 헤아릴 수 없다. 제31회 세계 물의 날을 맞이해, 우리 모두가 물의 소중함에 대해 생각해보고 일상생활 속에서 물 절약을 실천하는 계기가 되기를 희망한다.

① 2022년에 국내에서는 지역에 따른 강우 불균형이 있었다

② 세계 물의 날 주제인 '함께 만드는 변화, 새로운 기회의 물결'은 UN에서 정한 주제의 의미를 담아서 만들어 졌다.

③ 가뭄에 대비하여 댐 간 연계 운영을 중단하고, 자체적인 물 보유를 늘리고 있다.

④ 2023년에 자율절수제도를 운영하는 지자체의 수는 시범 운영 당시에 비해 6배 증가하였다.

⑤ 지하수 저류지를 통해서 최대 8,000명의 식수해결이 가능하다.

08 다음 설명의 밑줄 친 ㉠~㉤ 중 옳지 <u>않은</u> 것을 고르면?

> 공기업은 사회공공의 복지를 증진하기 위해 정부가 직·간접적으로 투자해 소유권을 갖거나 통제권을 행사하는 기업을 말한다. ㉠공기업은 사기업과 달리 수익성을 사업 요소로 하지 않으며, 사기업에서 맡을 수 없는 사회공공의 복리향상이라는 공공성이 요구된다는 점에서 공기업은 본질적으로 사기업과 구분된다.
>
> 공기업은 ㉡조직 형태에 따라 정부부처형·주식회사형·공사형 공기업으로, 운영 주체에 따라 국가 공기업과 지방 공기업으로 나눌 수 있다. 정부부처형 공기업은 우리나라의 현행 법률에서 '정부기업'이라고 부르는 행정부의 부처와 같은 조직 형태를 지닌 공기업이다. 「공공기관의 운영에 관한 법률」 제5조에서 공공기관은 공기업과 준정부기관, 그리고 기타 공공기관으로 구분하여 지정하고 있다. ㉢공기업은 자체수입액이 총수입액의 2분의 1 이상인 공공기관 중에서 기획재정부 장관이 지정하도록 되어있다.
>
> 공기업은 ㉣시장실패에 대한 보완으로서 사회취약계층에 대한 사회적 서비스 제공을 위해 민간이 담당할 경우 적합하지 않는 공공재 성격의 서비스를 제공한다. 우리나라 공기업의 변천 과정은 크게 3단계로 나누어 볼 수 있다. 제1시기는 광복 전까지, 제2시기는 광복 이후부터 5·16군사정변까지, 제3시기는 5·16군사정변 이후부터 최근까지로 구분할 수 있다.
>
> 공기업이 기업 부문에서 차지하는 비중은 산업화 초기에는 매우 높았으나 중화학 공업 육성 정책의 결과로 대규모의 재벌이 다수 등장하고 민주화 이후 이들이 급성장하면서 점차 비중이 감소되었다. 그러나 공기업은 에너지 부문, 인프라 부문, 금융 부문을 중심으로 한 여러 산업에 걸쳐서 핵심적인 역할을 담당하고 있다. ㉤공기업은 정부가 지배주주이기 때문에 지배구조가 민간기업과 전혀 다르며, 공기업의 지배구조는 경제정책의 중요한 목표가 되어 왔다.

① ㉠

② ㉡

③ ㉢

④ ㉣

⑤ ㉤

해금은 중국 동북방의 해부족에 속하는 유목민들로부터 생겨나서 중국 본토에 수입되었고, 당·송 이후로는 속악에 쓰여 오다가 고려 예종 때 우리나라에 들어와 개량·제작되어 사용된 악기이다. 고려조(高麗朝) 이후로 궁중제사와 연례용 향악에 쓰이다가 뒤에는 당악과 민속악에도 널리 사용되었다. 현재는 아악·속악 등 쓰이지 않는 곳이 없을 정도로 보편화되었다.

해금은 활로 현을 마찰해서 소리를 내는 찰현악기에 속하며, 말총으로 만든 활을 사용한다. 공명통이 작아 코가 막힌 듯한 음색이 나서 깡깡이 또는 깡깽이라고도 불리며, 휴대가 간편하다는 특징이 있다. 동양 문화권의 현악기 대부분이 줄을 뜯어 연주하는 발현악기인 관계로 소리의 장시간 지속이 어려운 데 비하여, 해금은 그 소리를 길게 끌어 연주할 수 있다는 점에서 관악기와 공통점을 지니고 있다. 또 호흡의 한계성을 지니고 있는 관악기들의 합주에 함께 섞여, 숨쉬는 부분의 음향적 공백을 메워 줄 수 있다는 장점 덕택에 관악합주에 반드시 편성된다.

전통음악에서 해금은 어떤 형태의 연주에도 빠지지 않는 필수적인 악기이다. 관악합주, 관현합주, 세악합주, 대풍류 등에서는 물론이거니와 현악기만으로 이루어진 합주에서도 해금을 사용하곤 한다. 이러한 해금은 창작 국악관현악이 만들어지고 연주되어지면서 그 역할이 더욱 커지는 경향을 보이고 있다.

과거의 전통음악이 관악기 위주의 단선율로 진행되는 음악이었다면, 요즘에는 다분히 서양음악의 영향을 받은 작곡기법이 도입되면서 단선율적인 진행보다는 화성적인 면을 많이 강조하는 듯한 창작 국악곡이 많이 나오고 있다. 이러한 서양적인 어법의 사용과 함께 국악적인 색채를 보여 주고 싶어 하는 작곡가들은 정확한 음정을 만들 수 있고, 자유로이 전조(轉調)할 수 있으면서도, 표현에 있어서 다른 악기들보다 어느 정도 자유로운 해금에 많은 비중을 두게 되었다. 또한 중간 음역대의 악기가 주를 이루는 국악기 분포를 볼 때 고음역에 속하는 해금은 관현악에서 주제된 선율을 연주하기에 최상의 조건을 갖추었다고도 볼 수 있다.

해금은 서양의 오케스트라와 비교할 때 바이올린에 해당하는 악기라 할 수 있다. 바이올린과 비올라, 첼로 등의 찰현악기들은 주선율과 대선율, 그리고 화성적인 부분을 연주함으로써 음악의 주제와 함께 전체적인 볼륨감을 풍성하게 한다. 국악기에서 찰현악기는 해금과 아쟁이 유일한데, 아쟁은 첼로와 같은 역할을 하고 있다. 즉, 저음부의 화성을 담당하여 앙상블의 안정감을 주는 것이다. 이런 맥락에서 해금의 역할은 더더욱 중요하다. 바이올린과 비올라처럼 중음역대와 고음역대의 성부를 담당하여 주제선율과 대선율, 혹은 화성적인 부분까지도 해결해야 하기 때문이다.

① 고려 시대에는 해금이 그 가치를 인정받지 못하였다.
② 해금은 창작 국악관현악에서 보편적으로 연주된다.
③ 발현악기는 호흡의 한계성으로 인해 소리의 장시간 지속이 어렵다.
④ 오늘날 창작 국악곡은 관악기 위주의 단선율로 진행되는 음악이 주를 이룬다.
⑤ 아쟁이 첼로의 역할을, 해금이 바이올린의 역할을 하는 이유는 크기에서 연유한다.

10 다음 문단을 논리적 순서에 맞게 배열한 것을 고르면?

[가] 가장 먼저 나타난 전통주의는 냉전을 유발한 근본적 책임이 소련의 팽창주의에 있다고 보았다. 소련은 세계를 공산화하기 위한 계획을 수립했고, 이 계획을 실행하기 위해 특히 동유럽 지역을 시작으로 적극적인 팽창 정책을 수행하였다. 그리고 미국이 자유민주주의 세계를 지켜야 한다는 도덕적 책임감에 기초하여 그에 대한 봉쇄 정책을 추구하는 와중에 냉전이 발생했다고 본다. 그리고 미국의 봉쇄 정책이 성공적으로 수행되어 냉전이 종식되었다는 것이 이들의 입장이다.

[나] 제2차 세계대전이 끝나고 나서 미국과 소련 및 그 동맹국들 사이에서 공공연하게 전개된 제한적 대결 상태를 냉전이라고 한다. 냉전의 기원에 관한 논의는 냉전이 시작된 직후부터 최근까지 계속 진행되었다. 이는 단순히 냉전의 발발 시기와 이유에 대한 논의만이 아니라, 그 책임 소재를 묻는 것이기도 하다. 그 연구의 결과를 편의상 세 가지로 나누어 볼 수 있다.

[다] 여기에 비판을 가한 수정주의는 기본적으로 냉전의 책임이 미국 쪽에 있고, 미국의 정책은 경제적 동기에서 비롯했다고 주장한다. 즉, 미국은 전후 세계를 자신들이 주도해 나가야 한다고 생각했고, 전쟁 중에 급증한 생산력을 유지할 수 있는 시장을 얻기 위해 세계를 개방 경제 체제로 만들고자 했다. 그러므로 미국 정책 수립의 기저에 깔린 것은 이념이 아니라는 것이다. 무엇보다 소련은 미국보다 국력이 미약했으므로 적극적 팽창 정책을 수행할 능력이 없었다는 것이 수정주의의 기본적 입장이다. 오히려 미국이 유럽에서 공격적인 정책을 수행했고, 소련은 이에 대응했다는 의견이다.

[라] 그러나 이와 같은 절충적 시각의 연구 성과는 일견 무난해 보이지만, 잠정적일 수밖에 없었다. 역사적 현상은 복합적인 요인들로 구성되지만, 중심적 경향성은 존재하고 이를 파악하여 설명하는 것이 역사 연구의 본령 중 하나이기 때문이다.

[마] 냉전의 기원에 관한 또 다른 주장인 탈수정주의는 상기 두 가지 주장에 대한 절충적 시도로서 냉전의 책임을 일방적으로 어느 한 쪽에 부과해서는 안 되다고 보았다. 다시 말해 냉전은 양국이 추진한 정책의 '상호 작용'에 의해 발생했다는 것이다. 또 경제를 중심으로만 냉전을 보아서는 안 되며 안보 문제 등도 같이 고려하여 파악해야 한다고 보았다. 이들의 주장에 따르면 소련의 목적은 주로 안보 면에서 제한적으로 추구되었는데, 미국은 소련의 행동에 과잉 반응하여 상황을 악화시켰다. 이로 인해 냉전 책임론은 크게 후퇴하고 구체적인 정책 형성에 대한 연구가 부각되었다.

① [가]―[나]―[다]―[라]―[마]
② [나]―[가]―[다]―[마]―[라]
③ [나]―[가]―[마]―[다]―[라]
④ [나]―[다]―[마]―[가]―[라]
⑤ [다]―[가]―[나]―[라]―[마]

11 다음 글을 읽고 해당 상황에서 최 사원이 [보기]의 ㉠~㉣을 바탕으로 보고서를 작성할 때, 고려해야 할 사항으로 가장 적절하지 <u>않은</u> 것을 고르면?

최근 신입사원으로 입사한 최 사원은 이 대리로부터 문서 작성의 원칙과 문서 작성 시 주의사항에 대한 교육을 들었다. 문서 작성의 원칙은 문장은 짧고, 간결하게 작성해야 하며 상대방이 이해하기 쉽게 써야 한다. 또한 문서의 주요한 내용을 먼저 작성하고 간결체로 작성하는 것이 좋다. 상황에 맞게 긍정문으로 작성하고, 간단한 표제를 붙이는 것이 좋다.

문서 작성 시 주의사항으로 문서는 육하원칙에 따라 쓰고, 작성을 완료한 후 반드시 다시 한 번 검토해야 한다. 또한, 문서 내용 중 금액, 수량, 일자 등의 기재에 정확성을 기해야 한다. 문서는 한 사안을 한 장으로 작성하는 것이 바람직하며 작성자의 성의가 담기도록 높임말이나 단어 사용에 신경을 써야 한다. 이 대리는 교육의 이해를 돕기 위해 최 사원에게 [보기]와 같은 자료를 참고하여 문서를 작성하도록 업무를 내려주었다.

보기

㉠ 2019년 3월 취업자는 1,624만 6천 명으로 지난해와 같은 기간에 비해 17만 9천 명이 증가하였다. 이는 4달 만에 가장 큰 증가 폭을 보인 것이기도 하다. 고용률은 70.9%로 지난해 같은 기간 대비 0.2% 상승했으며, 그중 20~64세 고용률은 지난해 같은 기간 대비 0.5% 상승해 68.9%를 기록하였다.

㉡ 2019년 3월 산업별 취업률을 살펴보면 제조업, 사업시설관리 및 사업지원 서비스업, 숙박 및 음식점업 등에서 취업자 증가세가 지속되었으나, 농업, 도·소매업, 금융 및 보험업 등에서 취업자가 감소한 것으로 나타난다.

㉢ 지난해 같은 기간 대비 2019년 3월 종사상 지위별 취업자를 살펴보면 임금근로자 중 상용근로자는 60만 4천 명, 임시 근로자는 4만 2천 명으로 증가세를 보였고, 일용근로자는 3만 7천 명으로 감소하였다. 비임금근로자 중 자영업자는 3.6%, 무급가족종사자는 5.6% 감소를 기록하였다.

㉣ 2015년부터 2019년까지의 3월 고용률을 살펴보면 15년 45.1%, 16년 43.3%로 감소하는 추세였으나, 17년 43.9%로 소폭 상승하기 시작하더니 18년 45.8%, 19년 46.8%를 기록했다. 2015년부터 2019년까지의 9월 실업률을 살펴보면 15년 7.2%, 16년 7.7%, 17년 8.3%, 18년 8.7%로 증가하는 추세였다. 더불어 19년은 7.8%로 18년과 비교했을 때 소폭 감소하였다.

① ㉠을 ㉢의 하위항목으로 배치하고 '전년 동월 대비 2019년 3월 취업자 현황'이라는 하나의 내용으로 구성한다.

② ㉡은 모두 어떤 기간에 비해 취업자가 증가 및 감소한 것인지 알 수 없으므로 비교 시점을 찾아 포함한 후 이를 사용한다.

③ ㉢은 %로 제시된 비임금근로자의 취업자 증감세와 달리 임금근로자의 취업자 증감세는 인원수로 제시되어 있으므로 이 부분을 통일한 후 자료로 활용한다.

④ ㉣을 시각화할 때는 2015년부터 2019년까지의 3월 고용률 및 실업률 추세가 한눈에 파악될 수 있도록 그래프로 표현한다.

⑤ 내용을 이해하기 쉽도록 간단한 표제를 붙이거나 결론에 해당하는 핵심 내용을 먼저 제시하며, 제출하기 전에 최종 점검을 받도록 한다.

12 다음 글의 빈칸 ㉠~㉢에 들어갈 단어를 바르게 짝지은 것을 고르면?

> 금융 거래는 은행과 고객 사이의 믿음을 바탕으로 성사된다. 여기서 고객은 개인만을 일컫는 것이 아니며 기업 혹은 법인 단체를 포함한다. 은행의 (㉠) 업무는 고객이 은행을 믿고 돈을 맡기는 행위이다. 고객이 예·적금 상품에 가입하거나 입출금 통장을 개설하는 대고객업무 등이 이에 해당한다. 반면 우리가 흔히 알고 있는 대출과 관련된 일들은 모두 (㉡) 업무에 속한다고 볼 수 있다. 더 나아가 채권을 발행하거나 중앙은행의 은행권을 발행하는 것은 (㉢) 업무에 포함된다.

	㉠	㉡	㉢
①	여신	여신	수신
②	여신	수신	수신
③	수신	수신	여신
④	수신	여신	수신
⑤	수신	여신	여신

13 다음 보고서를 읽었을 때, 실패박람회에 대한 내용으로 옳은 것을 고르면?

실패박람회 지역확산 지원 공공 및 민간기관(단체) 참여 수요조사

□ 추진 배경
- 실패에 대한 범사회적 긍정적인 인식 전환 및 재도전 분위기 지역 확산
- 실패 경험을 사회자산화하여 개인과 지역의 유사 실패를 예방하고, 민·관 협력을 통해 실패해도 혼자가 아니라는 사회적 연대감 강화
- 시민·전문가·행정 간 협업문화를 구축하여 새로운 도전을 저해하는 요인과 재도전을 위한 정책의 사각지대를 찾아 제도 개선 및 정책화 기반 마련

□ 추진 방향
- 실패를 포용하고 재도전을 장려하는 사회적 분위기 확산
  - 사회적 이슈 발굴 및 제도 개선 추진: 시민참여 공론의 장 운영 및 제도화 개선 추진, 분야/대상별 다양한 현장모임 구성하여 이슈 발굴
  - 지역 확산 가속화 및 민간기관(단체) 협업 강화: 지역박람회 개최 및 시민주도 소규모 행사 지원
  - 실패 극복 홍보 강화 및 문화인식 개선: 감동적인 실패 경험 사례 발굴, 언론홍보 강화, 유튜브, SNS, 방송 등 다양한 홍보매체 적극 활용
- 지역을 거점으로 실패 극복을 위한 사회적 이슈 발굴과 문제 해결을 위한 연중 캠페인(행사) 개최, 지자체·부처 연계 제도 개선, 정책화 숙의·토론 추진

□ 조사 개요
- (조사기간) '○○. 2. 7.(금)~'○○. 2. 21.(금)
- (조사대상) 공공기관, 민간기관·단체(중간지원조직·센터, 비영리법인 등)
- (개최지역) 11개 광역(內 기초) 지자체
  - ※ 작년 지역박람회 개최지역(대구, 부산, 울산, 세종, 충남, 전남) 제외
- (주요내용) 개최 일정, 장소, 행사 운영방식 및 내용, 사업 규모 등
- (제출방법) '○○. 2. 12.(수)~'○○. 2. 21.(금)까지 행정안전부로 공문 접수
  - ※ 전자문서 제출이 불가한 민간기관(단체)의 경우 담당자 이메일로 조사 기간 내 신청서류와 공문 제출 후, 반드시 담당자 이메일 수신 여부를 유선전화로 확인
- (결과안내) '○○. 3월초(선정기관·단체로 공문 발송)

□ 추진 절차

공공·민간기관 수요조사 공고		공공·민간기관 참가 신청·접수		선정 심사 (지원 대상 결정)		공공·민간기관 선정 결과 통보
공문 발송, 홈페이지 게시	→	공문 접수 (신청서류 포함)	→	서류 검토 및 심의위원회 개최	→	공문 발송 (선정 기관)

※ 기관(단체) 선정 후 지원금액, 행사내용 등 별도 협의·조정

① 실패에 대한 긍정적 인식 유도 및 재도전 분위기 확산을 위한 정책과 별개의 캠페인이다.

② 민간기관(단체) 주도적인 행사로 정부와는 관련이 없다.

③ 개최지역은 11개 광역시 내 기초 지자체로 광역시는 모두 포함된다.

④ 참여를 원하는 민간기관(단체)의 경우 반드시 행정안전부 이메일로 신청서를 제출해야 한다.

⑤ 지원 대상 기관(단체)은 심사를 거쳐 선정되며, 선정된 기관에 공문을 통해 결과를 통보한다.

14 다음 어휘들에서 공통으로 연상할 수 있는 가장 적절한 단어를 고르면?

> 키이우, 크름반도, 체르노빌

① 체코

② 슬로바키아

③ 슬로베니아

④ 우크라이나

⑤ 크로아티아

15 원가가 4만 원인 어떤 제품에 20%의 이익을 붙여 정가를 책정하였다. 세일기간을 맞아 이 제품을 10% 할인하여 판매하려고 할 때, 이 제품의 판매가를 고르면?

① 41,600원

② 43,200원

③ 45,600원

④ 48,000원

⑤ 49,720원

16 다음 [표]는 2020~2023년 식량작물 생산에 대한 자료이다. 이에 대한 설명으로 옳은 것을 고르면?

[표1] 2020~2023년 식량작물 생산 면적 (단위: ha)

구분	2020년	2021년	2022년	2023년
계	906,105	905,035	903,884	39,949
서울특별시	141	222	211	12
부산광역시	2,594	2,384	2,322	31
대구광역시	3,537	3,574	3,603	364
인천광역시	11,933	13,165	12,674	197
광주광역시	6,091	6,294	6,374	63
대전광역시	1,175	1,445	1,409	55
울산광역시	4,400	4,318	4,236	73
세종특별자치시	4,300	3,720	3,615	35
경기도	88,130	87,584	86,366	1,233
강원도	46,615	47,487	46,542	1,853
충청도	190,788	196,088	195,435	3,843
전라도	339,216	336,444	337,410	23,668
경상도	193,939	188,321	188,783	6,244
제주도	13,246	13,989	14,904	2,278

[표2] 2020~2023년 식량작물 생산량 (단위: 톤)

구분	2020년	2021년	2022년	2023년
계	4,046,574	4,456,951	4,331,596	137,698
서울특별시	628	1,116	1,025	57
부산광역시	11,075	12,259	11,428	120
대구광역시	15,695	16,699	16,962	862
인천광역시	56,013	65,119	61,206	1,030
광주광역시	25,977	30,277	29,747	166
대전광역시	5,246	7,056	6,885	258
울산광역시	19,062	20,285	19,065	368
세종특별자치시	20,647	19,237	18,277	124
경기도	387,731	425,598	414,887	6,765
강원도	203,894	237,439	221,240	10,881
충청도	920,703	1,041,519	984,597	17,480
전라도	1,448,247	1,608,506	1,593,033	68,471
경상도	904,443	946,557	926,340	24,151
제주도	27,213	25,284	26,904	6,965

① 2020년 대비 2023년 제주도 생산 면적은 180% 이상 감소했다.

② 2022년 강원도의 생산 면적 1ha당 생산량은 5톤 이하이다.

③ 조사 기간 동안 생산 면적이 많은 순서대로 나열했을 때 1~3순위는 매년 동일하다.

④ 2022년 생산량이 두 번째로 많은 지역의 전년 대비 생산량 감소율은 8% 이상이다.

⑤ 2021년 울산광역시가 전체 생산량에서 차지하는 비중은 서울특별시가 차지하는 비중의 20배 이상이다.

17 A대리는 현재 1억 1,800만 원을 보유하고 있다. 23년 후 은퇴를 계획하고 있는 A대리는 연이율 10%짜리 복리 상품에 매년 초마다 일정 금액을 투자하려고 한다. A대리가 23년 후 연말에 29억 9,800만 원을 만들기 위해 매년 초마다 투입해야 하는 금액을 고르면?(단, 현재 보유하고 있는 1억 1,800만 원은 첫 금액을 투입할 때 함께 투자하며, $1.1^{23} = 9$로 계산한다.)

① 2,000만 원

② 2,100만 원

③ 2,200만 원

④ 2,300만 원

⑤ 2,400만 원

18 다음은 식품 포장 용지에 적혀 있는 제품 정보 및 식품 영양정보이다. 이를 <u>잘못</u> 이해한 것을 고르면?

원재료명 및 함량	원유 100%[국산, 1A등급 원유(세균 수 기준)]
식품유형	우유
살균제품	130℃ 이상에서 2초 이상
반품 및 교환장소	공장, 지점 및 구입처
유통기한	상단 표시일까지
보존기준 및 보관방법	0~10℃ 냉장보관
포장재질(내면)	폴리에틸렌
생산지 번호	○○공장(F1) 123456789 □□공장(F3) 987654321 △△공장(F5) 543219876
분리배출 방법	1. 뚜껑: 뚜껑만 플라스틱류로 분리배출해 주세요. 2. 우유팩: 내용물을 물로 깨끗이 헹구어 종이팩류로 분리배출해 주세요.
총내용량	900ml

영양정보   100ml 기준

나트륨 50mg	3%	탄수화물 5g	2%
당류 5g	5%	지방 3.6g	7%
트랜스지방 0g	0%	포화지방 2.3g	15%
콜레스테롤 15mg	5%	단백질 3g	5%
칼슘 100mg	14%	열량 60kcal	3%

백분율은 1일 영양성분 기준치에 대한 비율입니다.

① 뚜껑과 우유팩의 재질이 서로 다르다.
② 세균 수를 기준으로 원유의 등급을 매기기도 한다.
③ 콜레스테롤의 1일 영양성분 기준치는 2,700mg이다.
④ 유통기한이 존재하며, 반품 및 교환이 가능한 상품이다.
⑤ 해당 제품 하나를 모두 섭취하면 칼슘의 1일 영양성분 기준치를 모두 충족할 수 있다.

19 다음과 같이 일정한 규칙으로 수를 써넣었을 때, 75가 쓰인 곳은 몇 행 몇 열인지 고르면?

구분	1열	2열	3열	4열	5열	⋯
1행	1	4	5	16	17	⋯
2행	2	3	6	15	18	⋯
3행	9	8	7	14	19	⋯
4행	10	11	12	13	20	⋯
5행	25	24	23	22	21	⋯
⋮	⋮	⋮	⋮	⋮	⋮	⋱

① 6행 8열

② 6행 9열

③ 9행 5열

④ 9행 6열

⑤ 9행 7열

20 원 모양의 호숫가 둘레를 A와 B 두 사람이 일정한 속도로 돌고 있다. A는 한 바퀴를 도는 데 30분이 걸리고, B는 한 바퀴를 도는 데 50분이 걸린다. 두 사람이 10시 정각에 같은 지점에서 동시에 반대 방향으로 출발하였을 때, 12시 이후에 처음으로 두 사람이 만나는 시각을 고르면?

① 12시 5분 45초

② 12시 10분 15초

③ 12시 10분 30초

④ 12시 11분 15초

⑤ 12시 11분 30초

[21~22] 다음 [그래프]는 2016~2021년 농축산물 수출입액에 관한 자료이다. 이를 바탕으로 질문에 답하시오.

[그래프] 연도별 농축산물 수출입액   (단위: 백만 달러)

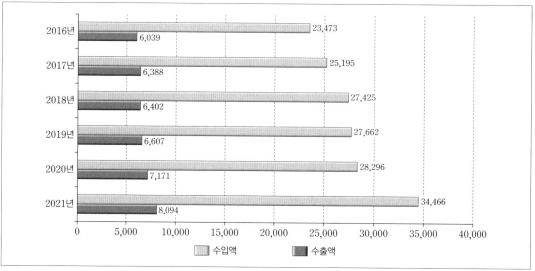

※ 농축산물 수출액은 농축산물 수입액과 농축산물 무역수지의 합임

21 위의 자료에 대한 설명으로 옳지 <u>않은</u> 것을 [보기]에서 모두 고르면?

> **보기**
>
> ㉠ 2021년 농축산물 수출액은 전년 대비 10% 이상 증가하였고, 5년 연속 성장세를 보이고 있다.
> ㉡ 2021년 농축산물 수입액은 2016년 대비 약 110십억 달러 증가하였다.
> ㉢ 전년 대비 농축산물 수출액 증가율이 가장 작은 해는 2018년이고, 전년 대비 농축산물 수입액 증가율이 가장 작은 해는 2019년이다.
> ㉣ 2016년 대비 2020년 농축산물 수출액 증가율은 수입액 증가율보다 크다.

① ㉠, ㉡

② ㉠, ㉢

③ ㉡, ㉢

④ ㉡, ㉣

⑤ ㉢, ㉣

22 2016~2021년 1달러당 환율이 다음 [표]와 같을 때, 농축산물 무역수지 적자가 가장 큰 해와 가장 작은 해의 농축산물 무역수지의 차이를 고르면?

[표] 연도별 1달러당 환율

(단위: 원)

2016년	2017년	2018년	2019년	2020년	2021년
1,130	1,140	1,150	1,160	1,180	1,130

① 약 10천억 원

② 약 99천억 원

③ 약 101천억 원

④ 약 991천억 원

⑤ 약 999천억 원

23 다음은 2021년 농가의 경영주 연령별 정보화현황에 관한 자료이다. 이에 대한 설명으로 옳지 <u>않은</u> 것을 고르면?

[표] 2021년 농가의 경영주 연령별 정보화현황

(단위: 호)

구분	전체 농가	정보화기기 보유 농가	정보화기기 활용 농가
전체	1,031,209	852,790	630,455
29세 이하	714	675	633
30~39세	7,549	7,511	6,650
40~49세	49,332	48,764	41,357
50~59세	173,790	169,818	139,180
60~69세	356,328	334,084	260,303
70~79세	299,202	221,758	146,602
80세 이상	144,294	70,180	35,730

※ 연령별 정보화기기 보유 농가 비중(%)= $\dfrac{\text{해당 연령 정보화기기 보유 농가}}{\text{해당 연령 전체 농가}} \times 100$

※ 연령별 정보화기기 활용 농가 비중(%)= $\dfrac{\text{해당 연령 정보화기기 활용 농가}}{\text{해당 연령 전체 농가}} \times 100$

① 경영주 연령이 30~39세인 농가가 정보화기기 보유 농가 비중이 가장 높다.

② 경영주 연령이 80세 이상인 농가만이 정보화기기 보유 농가 비중이 50% 미만이다.

③ 전체 농가에서 정보화기기 활용 농가 비중은 60% 이상이다.

④ 정보화기기 보유 농가 중 정보화기기 활용 농가 비중이 90% 이상인 경영주의 연령대는 29세 이하이다.

⑤ 80세 이상의 정보화기기 보유 농가 중 정보화기기 활용 농가는 50% 미만이다.

24 다음 [표]는 2018~2022년 지역마다 생산된 재화와 서비스가 타국에 판매된 액수에 대한 자료이다. 이에 대한 설명으로 옳은 것을 고르면?

[표] 2018~2022년 지역별 수출액 현황

(단위: 백만 달러)

구분	2018년	2019년	2020년	2021년	2022년
전국	604,860	542,233	512,499	644,402	683,584
서울특별시	64,618	57,379	53,332	68,538	66,906
부산광역시	14,407	13,924	11,320	14,816	16,190
대구광역시	8,103	7,491	6,265	7,934	10,641
인천광역시	40,781	38,018	37,701	45,948	54,270
광주광역시	14,664	13,415	13,772	16,603	17,946
대전광역시	4,515	4,048	5,018	4,953	4,684
울산광역시	70,127	69,530	56,091	74,269	90,093
세종특별자치시	1,229	1,285	1,300	1,532	1,620
경기도	143,338	116,686	115,157	137,832	137,419
강원특별자치도	2,097	2,088	2,023	2,730	2,749
충청북도	23,233	22,080	24,870	28,765	32,411
충청남도	91,968	79,951	79,572	104,120	107,495
전라북도	7,828	6,537	5,842	7,819	8,219
전라남도	36,622	32,587	27,092	42,793	49,435
경상북도	40,891	37,712	37,096	44,255	46,879
경상남도	40,257	39,353	35,893	41,269	36,432
제주특별자치도	182	149	155	226	195

① 2018년 대비 2019년 모든 지역의 수출액은 감소했다.

② 2018년 이후 광역시 중 수출액의 증감 추이가 전국과 같은 곳은 3곳이다.

③ 2021년 대비 2022년 전국 수출액의 증가율은 충청북도 수출액의 증가율보다 높다.

④ 2020년 수출액이 4백억 달러 이상인 지역은 5곳 이상이다.

⑤ 2020년 대비 2021년 수출액이 감소한 지역의 감소율은 1% 이상이다.

다음 [그래프]는 영업 1팀의 비용 집행내역이다. 이를 바탕으로 질문에 답하시오.

[그래프] 영업 1팀의 비용 집행내역　　　　　　　　　　　　　　　　　　　　　(단위: 만 원)

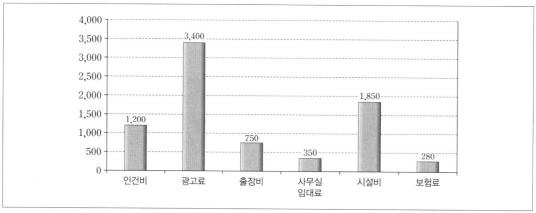

※ 직접비: 인건비, 출장비, 시설비가 포함됨
※ 간접비: 광고료, 사무실 임대료, 보험료가 포함됨

25 위의 자료를 해석한 내용으로 옳지 <u>않은</u> 것을 고르면?

① 직접비보다 간접비를 더 많이 사용하였다.
② 시설비는 직접비 총액의 절반에 못 미친다.
③ 출장비가 1,000만 원이었다면 직접비가 간접비보다 더 많았을 것이다.
④ 직접비 항목과 간접비 항목에서 각각 가장 큰 비용의 차액은 1,500만 원보다 적다.
⑤ 광고료는 시설비의 2배 미만이다.

26 다음 [표]는 영업본부 내의 영업 1~5팀의 예산 분배 내역을 나타낸 자료이다. 다음 중 영업 4팀으로 분배된 예산을 고르면?(단, 영업 1팀은 팀에 분배된 예산의 47.5%를 직접비에 사용했다.)

[표] 영업본부 내 예산 분배 내역　　　　　　　　　　　　　　　　　　　　　(단위: %)

구분	영업 1팀	영업 2팀	영업 3팀	영업 4팀	영업 5팀
예산 분배 비율	25	20	15	18	22

① 5,560만 원
② 5,670만 원
③ 5,700만 원
④ 5,760만 원
⑤ 5,820만 원

27 다음은 디지털 숫자를 일정한 규칙에 따라 각각의 수에 대응한 것이다. 이 규칙을 따를 때, 주어진 덧셈식에 대응하는 수를 고르면?

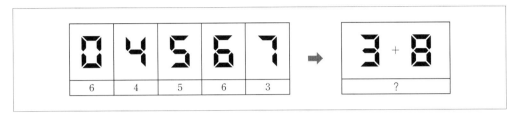

① 10

② 11

③ 12

④ 13

⑤ 14

28 다음은 일정한 규칙에 따라 각 칸에 수를 써넣은 것이다. 빈칸에 들어갈 수로 적절한 것을 고르면?

3	−2
7	2

6	9
19	8

1	13
11	5

0	
6	1

① −5

② −3

③ 3

④ 5

⑤ 8

29 다음 [표]와 [그래프]는 가스별 가스사고 현황에 대한 자료이다. 이에 대한 [보기]의 설명 중 옳은 것을 모두 고르면?(단, 비율은 소수점 첫째 자리에서 반올림한다.)

[표] 2020~2022년 가스별 가스사고 현황 (단위: 건)

구분		2020년	2021년	2022년
계		( )	( )	73
LP가스	프로판	39	31	( )
	부탄	4	4	1
도시가스		23	( )	13
고압가스	산소	3	3	2
	수소	3	1	4
	암모니아	—	2	1
	탄산가스	1	1	—
	기타	3	2	3
이동식부탄연소기		22	17	( )

[그래프] 2020~2022년 가스별 누적 가스사고 현황 (단위: 건)

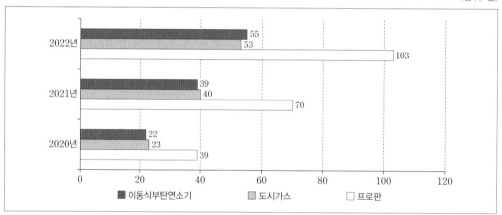

■ 이동식부탄연소기   ▨ 도시가스   □ 프로판

보기

㉠ 2021년 전체 가스사고 건수는 전년보다 20건 감소하였다.

㉡ 2021년 LP가스가 전체 가스사고에서 차지하는 비중은 40%를 넘는다.

㉢ 2020년 이후 프로판과 이동식부탄연소기에 의한 사고 건수의 증감추이는 같다.

㉣ 2022년 가스별 가스사고 대소 관계를 부등호로 표시하면, 'LP가스＞도시가스＞이동식부탄연소기＞고압가스'이다.

① ㉠, ㉡
② ㉡, ㉢
③ ㉠, ㉢, ㉣
④ ㉡, ㉢, ㉣
⑤ ㉠, ㉡, ㉢, ㉣

30 △△공장의 박 과장은 새롭게 도입된 기계의 기능성 평가를 시행한 후 다음과 같은 공정 평가서를 작성하였다. 도입 기계의 취득원가가 2억 원이고, 10년 동안 사용할 것이라 할 때 1년간의 감가상각비는 얼마인지 고르면?

[공정 평가서]

[표1] 단계별 성능, 불량률 및 비용 평가 (단위: %, 만 원)

단계	성능	불량률	비용 평가
시작	A+	0	3,000
1차 테스트	B+	20	4,000
2차 테스트	A−	0	3,000
포장 연간	B+	10	5,000

[표2] 성능별 연간 비용 평가 감소 비율 (단위: %)

성능	A+	A−	B+	B−	C+	C−
연간 비용 평가 감소 비율	3	4	5	6	7	8

※ 비용 평가 감소 비율은 최초 비용 평가에서 감소하는 비율을 의미함

- (불량률 판단 후 잔존가치)=(비용 평가)×{1−(비용 평가 감소 비율)}×{1−(불량률)}
- (비용 평가 감소 비율)=(연간 비용 평가 감소 비율)×(이용 가능 연수)
- (연간 감가상각비)={(취득원가)−(불량률 판단 후 잔존가치 총액)}÷(이용 가능 연수)

① 775만 원

② 840만 원

③ 1,160만 원

④ 1,225만 원

⑤ 1,350만 원

31 A~F 6명이 영화관에 일렬로 앉아 각자 팝콘, 나초, 추로스 중 하나씩을 먹고 있다. 다음 [조건]을 바탕으로 할 때, 각자 먹는 간식으로 잘못 짝지어진 것을 고르면?

> **조건**
>
> • 팝콘, 나초, 추로스를 먹는 사람은 각각 2명이다.
> • 추로스를 먹는 사람은 양 끝에 앉지 않는다.
> • 나초를 먹는 사람끼리는 서로 이웃한다.
> • D는 E의 바로 왼쪽 자리에 앉는다.
> • E는 나초를 먹지 않는다.
> • A가 나초를 먹으면 D는 팝콘을 먹는다.
> • B는 왼쪽에서 두 번째 자리에 앉고, 추로스를 먹는다.
> • 오른쪽에서 세 번째 자리에 앉은 사람은 팝콘을 먹는다.

① A－팝콘
② C－나초
③ D－추로스
④ E－팝콘
⑤ F－추로스

32 다음 사례를 읽고 알 수 있는 두 가지 문제의 유형이 바르게 나열된 것을 고르면?

> 지난해 자체 실시한 제반 설비 및 시설의 안전성과 내구성 조사에서 일부 부품의 누전 현상이 발생할 수 있다는 보고에 따라 부품을 교체해야 하는 문제가 발생하였다. 이에 관리팀에서는 이전부터 거래를 희망하며 꾸준히 연락해 오던 중국 공급선으로 눈을 돌려 현지의 생산 공장을 검토하기 위하여 현지에 인원을 파견하였다. 현지 출장을 마치고 돌아온 남 대리는 공정상의 별다른 문제점도 없고 제시한 가격도 나쁘지 않아 긍정적인 출장보고서를 제출하였다. 하지만 며칠 후 현지에서 대규모 파업이 예상된다는 뉴스를 접하게 되었고 이에 따라 남 대리의 회사는 부품 공급에 차질이 생길 것이 불 보듯 뻔한 상황에 놓이게 되었다.

① 기능적 문제, 발생형 문제
② 발생형 문제, 탐색형 문제
③ 발생형 문제, 설정형 문제
④ 탐색형 문제, 설정형 문제
⑤ 설정형 문제, 기능적 문제

33 다음 두 쌍의 단어가 각각 같은 의미 관계를 나타낸다고 할 때, 빈칸에 들어갈 단어로 가장 적절한 것을 고르면?

> 면박 : 핀잔 = 전횡 : (   )

① 독재
② 전담
③ 전파
④ 횡액
⑤ 횡행

34 K사는 영업용 차량을 구입하고자 한다. 연평균 주행거리는 30,000km이며 향후 5년간 사용할 계획이다. 현재 검토 중인 4종류의 차량(A~D)에 대한 정보가 다음과 같을 때, 5년 동안의 경비가 가장 큰 차량부터 순서대로 바르게 나열한 것을 고르면?(단, 언급된 사항 이외의 다른 비용은 고려하지 않는다.)

[표1] 검토 중인 차량 정보   (단위: km/L, L, 만 원)

구분	사용연료	연비	연료탱크 용량	신차구매 가격
A	휘발유	12	60	2,000
B	LPG	8	60	2,200
C	경유	15	50	2,700
D	경유	20	60	3,300

[표2] 연료 종류별 연료비   (단위: 원/L)

휘발유	LPG	경유
1,400	900	1,150

※ 경비＝신차구매 가격＋연료비
※ 향후 5년간 연료비의 변동은 없다고 가정함

① B−A−C−D
② B−A−D−C
③ B−C−D−A
④ D−B−C−A
⑤ D−C−A−B

35 다음 글과 [상황]을 바탕으로 최 씨의 퇴직연금을 DB와 DC로 각각 계산하였을 때의 차액을 고르면?(단, 최 씨는 퇴직 직전 3개월 동안 월 급여 이외의 수령액은 없는 것으로 가정하며, 만 원 미만은 절사한다.)

  퇴직연금제도란 근로자의 노후 소득 보장을 위해 근로자의 재직기간에 사용자가 근로자의 퇴직급여를 금융기관에 적립하고, 이 적립금을 사용자 또는 근로자가 운용하다가 55세 이후에 연금 또는 일시금으로 받을 수 있도록 하는 제도를 말한다. 퇴직연금은 다음과 같은 세 가지 종류가 운용된다.

- 확정급여형 퇴직연금(DB)
  사용자가 근로자의 퇴직연금 부담금을 적립하여 사용자의 책임으로 운용하는 퇴직연금을 말하며, 사용자가 내는 부담금은 운용 실적에 따라 변동이 된다. 그러나 근로자가 받게 되는 퇴직급여는 사전에 확정이 되어 있어 근로자는 퇴사 시 확정된 금액을 받게 된다. 근로자는 이것을 일시금 또는 연금으로 선택할 수 있다. 확정급여형 퇴직연금은 기존 퇴직금 제도와 계산 방법이 동일하다. 본인이 퇴사하기 직전에 받은 월급에 근무 연수를 곱한 금액으로, 이때의 월급은 본인 퇴직 전 3개월 동안 받은 수당, 상여금 등을 포함한 총수령액의 평균 급여이다.
- 확정기여형 퇴직연금(DC)
  사용자가 낼 부담금이 매년 근로자의 연간 임금 총액의 1/12로 사전에 확정된 퇴직연금을 말하며, 근로자는 직접 자신의 퇴직연금 적립금을 운용할 수 있고 운용성과 및 추가 납입에 따라 변동된 금액을 받게 된다. 근로자는 이것을 일시금 또는 연금으로 선택할 수 있다. 확정기여형 퇴직연금은 퇴직 시점의 월 평균 임금이 아닌, 임금상승률을 반영한 매년의 월 평균 임금 합계에 운용수익을 더하여 산출한다.
- 개인형 퇴직연금(IRP)
  근로자가 직장을 옮기거나 퇴직하면서 받는 퇴직급여를 한 계좌로 모아 퇴직 후 노후 재원으로 활용할 수 있도록 하는 퇴직연금 전용계좌를 말한다. 근로자가 재직 중에 자율로 가입하거나 퇴직 시 받는 퇴직급여를 계속해서 적립, 운용할 수 있으며 연간 1,800만 원까지 낼 수 있다.

　상황

  최 씨는 3년간 다니던 직장에서 퇴직하였다. 1년 차에 받은 평균 월급이 200만 원이며 매년 임금상승률이 2%, 퇴직연금 총 운용수익이 80만 원이다.

① 64만 원

② 66만 원

③ 68만 원

④ 70만 원

⑤ 72만 원

36 다음과 같이 일정한 규칙으로 분수를 나열할 때, 200번째에 들어갈 알맞은 분수를 고르면?

$$\frac{1}{2} \quad \frac{2}{1} \quad \frac{1}{3} \quad \frac{2}{2} \quad \frac{3}{1} \quad \frac{1}{4} \quad \frac{2}{3} \quad \frac{3}{2} \quad \frac{4}{1} \quad \cdots$$

① $\dfrac{1}{12}$

② $\dfrac{11}{10}$

③ $\dfrac{4}{9}$

④ $\dfrac{5}{8}$

⑤ $\dfrac{6}{6}$

37 광진, 윤재, 소미는 국어, 영어, 수학 시험을 보았다. 다음 [조건]을 바탕으로 할 때, 광진이가 1등을 한 과목과 2등을 한 과목을 바르게 짝지은 것을 고르면?(단, 모든 시험에서 동점자는 없었다고 가정한다.)

조건
- 광진이는 모든 과목의 등수가 다르다.
- 윤재는 3등을 한 과목이 하나도 없다.
- 광진이의 영어 점수는 소미보다 높다.
- 윤재는 국어와 영어 등수가 동일하다.
- 소미는 수학 시험에서 가장 낮은 점수를 받았다.
- 윤재는 1개의 과목에서만 1등을 했다.

1등	2등
① 국어	수학
② 수학	영어
③ 수학	국어
④ 영어	국어
⑤ 영어	수학

38 N은행에서는 ATM기를 설치하기 위하여 A~D 네 곳의 장소를 둘러보았고, 각 장소들의 인근 시설에 대해 조사하였다. 다음 [조건]을 고려하여 N은행이 평가한 점수가 가장 높은 지역에 ATM기를 설치하게 되었을 때, ATM기가 설치되는 지역을 고르면?(단, 항목별 점수는 합산하여 계산한다.)

[A~D 지역 위치]

			D	
		A		
C				
		☆		B

[구역별 버스정류장 개수]

2	2	4	1	1
1	1	0	2	2
1	2	2	3	1
2	2	1	1	1
0	2	0	0	3

[지점 위치(음영)]

	X			
		Y		

[구역별 ATM기 수]

1	1	1	1	1
1	3	2	0	3
1	1	0	1	1
0	2	2	2	1
2	1	0	3	1

※ 가로, 세로로 인접한 칸 사이의 거리는 각각 500m이고, 대각선의 경우는 고려하지 않는다.
※ 해당 구역에 존재하거나 가로, 세로로 붙어있는 경우에 인접한다고 표현하고, 대각선의 경우는 고려하지 않는다.

조건

인접 버스정류장 점수		은행 거리 점수		인접 ATM기 점수	
3개 이하	×2	500m 이하	−7	4개 이하	+10
4개 이상 6개 이하	×2.5	500m 초과 2km 미만	−3	5개 이상 7개 이하	0
7개 이상	×3	2km 이상	+5	8개 이상	−10

※ 인접 버스정류장 점수, 은행 거리 점수, 인접 ATM기 점수는 다음과 같이 산출한다.
 • 인접 버스정류장 점수: 인접한 버스정류장의 전체 개수를 구하고, 전체 개수에 ×2, ×2.5, ×3 중 해당하는 범위의 값을 곱한다.
 • 은행 거리 점수: 해당 지역과 X지점 및 Y지점과의 거리를 각각 구한 뒤, 각각의 거리 점수를 더한다.
 • 인접 ATM기 점수: 인접한 ATM기의 전체 개수를 구하고, +10, 0, −10 중 전체 개수의 범위에 대한 점수를 부여한다.
 예) ☆지역의 평가점수: 인접 버스정류장이 왼쪽에 2개, 위쪽에 1개로 총 3개이므로 인접 버스정류장 점수가 3×2=6(점)이고, X지점과의 거리가 2km, Y지점과의 거리가 500m이므로 은행 거리 점수는 5−7=−2(점)이고, 인접 ATM기의 수가 해당구역+좌+우+위=0+1+3+2=6(개)이므로 인접 ATM기 점수는 0점이다. 따라서 ☆지역의 평가점수는 총 6−2=4(점)이다.

① A
② B
③ C
④ D
⑤ A, D

39 다음 [자료1]은 정부에서 발표한 2021년 정부 주요 업무 계획에 관한 보도자료의 일부이고, [자료2]는 문서를 이해하는 절차에 관한 내용이다. 이를 바탕으로 [자료1]에서 [자료2]의 3단계에 해당하는 내용을 말하는 사람을 고르면?

[자료1] 2021년 정부 주요 업무 계획에 관한 보도자료

정부기관	△△기관		
일시	2020. 12. 9.(목) 14:00	배포일시	2020. 12. 10.(금) 09:00

정부, 경제 활성화를 위한 「2021년 정부 주요 업무 계획」 발표

정부는 '20. 12. 9.(목), 「2021년 정부 주요 업무 계획」을 발표하였음
○ 이번 계획을 통해 정부는 경제 활성화, 혁신적인 일자리 창출을 실현하기 위해 정책 수단을 점검하고 국민의 의견을 반영하여 빠르게 추진해 나갈 예정임
○ 시장·기업과의 소통을 강화하여 새로운 시장경제를 창출하겠다는 의지도 나타냄

「2021년 정부 주요 업무 계획」 주요 내용

1. 경제 활성화와 일자리 창출
○ 기업투자 프로젝트 조기 착공, 민자사업 대상을 모든 공공시설로 확대(3월 내 민간투자법 개정안 발의)하고, 역대 최고 수준의 조기 집행(61%) 실시
   * (1·2단계) 기 확정 총 8.3조 원 조기 추진 (3·4단계) 투자프로젝트전담반 → 추가 발굴
○ '상생형 지역일자리' 확산 위한 패키지 지원을 추진하고, 보육·요양 등 양질의 사회서비스 일자리 지속 확대(1단계 2.9만 명, 2단계 6.6만 명)

[자료2] 문서 이해 절차

1단계	문서의 목적 이해하기
2단계	문서의 작성 배경 및 주제 파악하기
3단계	문서에 쓰인 정보를 밝혀내고, 문서에 제시된 현안 문제를 파악하기
4단계	문서를 통해 상대방의 욕구 및 의도와 내게 요구되는 행동 분석하기
5단계	문서에서 이해한 목적 달성을 위해 해야 할 행동을 생각 및 결정하기
6단계	상대방의 의도를 도표, 그림 등으로 메모하여 요약 및 정리하기

① A씨: "정부가 경제 활성화를 위해 계획안을 발표했나 봐."
② B씨: "경제성장이 둔화하여 이러한 계획을 만들었나 보네."
③ C씨: "한눈에 보기 쉽게 주어진 보도자료를 도표로 정리해 봐야겠어."
④ D씨: "앞으로 추진하려는 계획에 맞춰 취업 준비를 하면 도움이 되겠어."
⑤ E씨: "경제성장과 일자리 창출을 위해 기업 투자 프로젝트 및 일자리 확산을 실시하는군."

40 다음 자료의 내용과 일치하지 <u>않는</u> 것을 고르면?

협동조합 기본법

제2장 협동조합

제2절 조합원

제20조(조합원의 자격) 조합원은 협동조합의 설립 목적에 동의하고 조합원으로서의 의무를 다하고자 하는 자로 한다.

제21조(가입)

① 협동조합은 정당한 사유 없이 조합원의 자격을 갖추고 있는 자에 대하여 가입을 거절하거나 다른 조합원보다 불리한 가입 조건을 붙일 수 없다.

② 협동조합은 제1항에도 불구하고 정관으로 정하는 바에 따라 협동조합의 설립 목적 및 특성에 부합되는 자로 조합원의 자격을 제한할 수 있다.

제22조(출자 및 책임)

① 조합원은 정관으로 정하는 바에 따라 1좌 이상을 출자하여야 한다. 다만, 필요한 경우 정관으로 정하는 바에 따라 현물을 출자할 수 있다.

② 조합원 1인의 출자좌수는 총 출자좌수의 100분의 30을 넘어서는 아니 된다.

③ 조합원이 납입한 출자금은 질권의 목적이 될 수 없다.

④ 협동조합에 납입할 출자금은 협동조합에 대한 채권과 상계하지 못한다.

⑤ 조합원의 책임은 납입한 출자액을 한도로 한다.

제23조(의결권 및 선거권)

① 조합원은 출자좌수에 관계없이 각각 1개의 의결권과 선거권을 가진다.

② 조합원은 대리인으로 하여금 의결권 또는 선거권을 행사하게 할 수 있다. 이 경우 그 조합원은 출석한 것으로 본다.

③ 제2항에 따른 대리인은 다른 조합원 또는 본인과 동거하는 가족(조합원의 배우자, 조합원 또는 그 배우자의 직계 존속·비속과 형제자매, 조합원의 직계 존속·비속 및 형제자매의 배우자를 말한다. 이하 같다)이어야 하며, 대리인이 대리할 수 있는 조합원의 수는 1인에 한정한다.

④ 제2항에 따른 대리인은 정관으로 정하는 바에 따라 대리권을 증명하는 서면을 협동조합에 제출하여야 한다.

제24조(탈퇴)

① 조합원은 정관으로 정하는 바에 따라 협동조합에 탈퇴의사를 알리고 탈퇴할 수 있다.

② 조합원이 다음 각 호의 어느 하나에 해당하면 당연히 탈퇴된다.

  1. 조합원의 자격이 없는 경우

  2. 사망한 경우

  3. 삭제 <2017. 8. 9.>

  4. 성년후견개시의 심판을 받은 경우

  5. 조합원인 법인이 해산한 경우

  6. 그 밖에 정관으로 정하는 사유에 해당하는 경우

③ 조합원지위의 양도 또는 조합원지분의 양도는 총회의 의결을 받아야 한다.

제25조(제명)

① 협동조합은 조합원이 다음 각 호의 어느 하나에 해당하면 해당 조합원을 제명할 수 있다.

　　1. 정관으로 정한 기간 이상 협동조합의 사업을 이용하지 아니한 경우

　　2. 출자 및 경비의 납입 등 협동조합에 대한 의무를 이행하지 아니한 경우

　　3. 그 밖에 정관으로 정하는 사유에 해당하는 경우

② 협동조합은 제1항에 따라 조합원을 제명하고자 할 때에는 총회 개최 10일 전까지 해당 조합원에게 제명 사유를 알리고, 총회에서 의견을 진술할 기회를 주어야 한다.

③ 제2항에 따른 의견진술의 기회를 주지 아니하고 행한 총회의 제명 의결은 해당 조합원에게 대항하지 못한다.

① 조합원의 아들은 조합원 대신 의결권 또는 선거권을 행사할 수 있다.

② 조합원이 얼마를 출좌했든 의결권과 선거권은 각각 1개이다.

③ 조합원 한 명이 최대 100분의 30의 출자를 할 수 있다.

④ 조합원이 사망한 경우, 제23조 제3항에 따른 대리인이 조합원의 자격을 이어받는다.

⑤ 협동조합의 조합원을 제명하고자 할 때는 총회 개최 10일 전까지 조합원에게 제명 사유를 알려야 한다.

41 다음 글은 보정수명과 비용효용비에 대한 설명이다. 위암 진단을 받은 김 씨가 [표]와 같은 5가지 치료법을 제안받았을 때, 비용효용비가 가장 낮은 치료법을 고르면?

> 질 보정수명(QALY)이란 삶의 질을 고려한 기대수명이다. 단순히 목숨만을 연명하는 기대수명이 아닌, 환자가 얼마나 건강하게 여생을 지내는지를 고려하는 수치로, 갈수록 기존의 단순한 기대수명을 대체해 나가고 있다.
>
> 질 보정수명은 죽음을 0, 완전한 건강 상태를 1로 두고 건강 상태에 따라 0과 1 사이의 삶의 질 가중치를 가지게 되며, 어떤 사람이 삶의 질 가중치가 0.8인 상태로 5년 동안 생존했다면 이 사람의 질 보정수명은 0.8×5=4(QALY)가 된다. 한편 환자가 1QALY를 살기 위해 필요한 치료비용을 비용효용비라고 한다.

[표] 김 씨가 선택할 수 있는 치료법

치료법	치료비용	기대수명	치료 시 삶의 질 가중치
A	2,700만 원	8년	0.8
B	2,500만 원	10년	0.9
C	2,400만 원	7년	0.9
D	3,000만 원	13년	0.8
E	2,800만 원	9년	1.0

① A

② B

③ C

④ D

⑤ E

42 6개의 야구팀이 토너먼트를 거쳐 3개 팀이 준결승에 진출하였다. 1차전에서 맞붙은 팀은 서울-제주, 부산-광주, 인천-대구이다. 6명의 친구들이 모여 다음과 같이 1차전 경기 결과에 대해 이야기하고 있다. 이 중 3명은 진실, 3명은 거짓을 말하고 있을 때, 진실을 말하는 사람의 조합으로 가능한 것을 고르면?

- 진서: "서울팀은 1차전에서 승리했어."
- 재순: "부산팀이 광주팀을 이겼어."
- 구신: "서울팀이 제주팀을 이겼어."
- 형근: "인천팀이 대구팀을 이겼어."
- 선일: "대구팀은 탈락했어."
- 석영: "광주팀이 부산팀을 이겼어."

① 진서, 재순, 석영
② 재순, 구신, 형근
③ 구신, 형근, 선일
④ 구신, 형근, 석영
⑤ 형근, 선일, 석영

43 A지역 하나로마트에서는 요일별로 매일 돌아가며 한 가지 상품을 세일한다. 세일하는 상품은 참치통조림, 휴지, 우유, 라면, 치약, 식용유, 샴푸이다. 세일 [조건]이 다음과 같다고 할 때, 금요일에 세일하는 상품을 고르면?

조건
- 비식품류는 연속해서 세일하지 않는다.
- 라면은 목요일에 세일한다.
- 휴지는 주말인 토요일, 일요일 중 하루에 세일하고, 휴지 세일 전날에는 참치통조림을 세일한다.
- 수요일에는 식품류를 세일한다.
- 치약을 세일한 다음 날 우유를 세일한다.

① 우유
② 라면
③ 치약
④ 식용유
⑤ 샴푸

44 다음 글은 인력배치의 3대 원칙에 대한 설명이다. 이러한 인력배치의 원칙을 유지하기 위하여 고려해야 할 요인으로 적절한 것을 [보기]에서 모두 고르면?

적재적소주의는 팀의 효율성을 높이기 위해 팀원을 그의 능력이나 성격 등과 가장 적합한 위치에 배치하여 팀원 개개인의 능력을 최대로 발휘해 줄 것을 기대하는 것이다. 배치는 작업이나 직무가 요구하는 요건과 개인이 보유하고 있는 조건이 서로 균형 있고, 적합하게 대응해야 성공할 수 있다.

능력주의는 개인에게 능력을 발휘할 수 있는 기회와 장소를 부여한 뒤, 그 성과를 바르게 평가하고 평가된 능력과 실적에 대해 상응하는 보상을 하는 원칙을 말한다. 정확하게 말하면 능력주의는 적재적소주의 원칙의 상위개념이라고 할 수 있다. 여기서 말하는 능력은 개인이 가진 기존의 능력에만 한정하지 않고, 미래에 개발 가능한 능력도 있기 때문에 이를 개발하고 양성하는 측면도 고려해야 한다.

균형주의는 모든 팀원에 대한 평등한 적재적소, 즉 팀 전체의 적재적소를 고려할 필요가 있다는 것이다. 팀은 사람과 사람이 모여 이룬 작은 사회이기 때문이다. 팀 전체의 능력향상, 의식개혁, 사기양양 등을 도모하는 의미에서 전체와 개체가 균형을 이루어야 한다.

> **보기**
>
> ㉠ 회사에 대한 충성도가 높은 직원을 주요 업무에 배치
> ㉡ 작업량에 따른 적절한 소요인원 배치
> ㉢ 우수한 능력과 자질을 가진 직원이 한 곳으로 몰리지 않도록 유지
> ㉣ 최대한 각자의 흥미와 적성에 맞는 업무가 부여되도록 배치

① ㉠, ㉡
② ㉡, ㉢
③ ㉢, ㉣
④ ㉠, ㉡, ㉢
⑤ ㉡, ㉢, ㉣

[45~46] 농협에서는 우리 농산물의 우수성을 외국에 홍보하고자 영어, 일본어, 중국어 안내책자를 만들어 홍보할 예정이다. 한국어로 된 안내책자를 영어, 일본어, 중국어로 번역하기 위하여 번역가들에게 번역료를 의뢰하였고, 언어별로 번역료가 가장 저렴한 번역가들에게 번역을 맡기려고 한다. 다음은 안내책자의 분량 및 번역가별 번역료에 관한 자료이다. 이를 바탕으로 질문에 답하시오.

- 한국어로 된 안내책자는 한 부에 총 16페이지이고, 페이지당 15문장(700자)이다.
- 번역가별 번역료는 다음과 같다.

번역가	번역 가능 언어	번역료	비고
A	영어	32,000원	1페이지당
B	영어	2,000원	1문장당
C	중국어	60원	1글자당
D	일본어	2,200원	1문장당
E	중국어	3,000원	1문장당
F	영어	45원	1글자당
G	일본어	50원	1글자당
H	일본어	36,000원	1페이지당
I	중국어	41,000원	1페이지당

45 다음 중 안내책자 번역을 맡은 번역가를 영어, 일본어, 중국어 순서대로 바르게 나열한 것을 고르면?

① A, D, C
② B, G, C
③ B, D, I
④ F, H, I
⑤ B, D, E

46 농협에서는 책자를 언어별로 500부씩 발행할 예정이다. 한 부 인쇄할 때마다 페이지당 400원의 비용이 든다고 할 때, 소요되는 총비용을 고르면?(단, 비용은 인쇄비와 번역료만 계산한다.)

① 4,864,000원
② 9,600,000원
③ 11,264,000원
④ 14,864,000원
⑤ 16,640,000원

[47~48] 다음 글은 프로젝트 예산관리에 대한 내용이다. 이를 바탕으로 질문에 답하시오.

프로젝트 매니저에게 가장 큰 임무는 프로젝트를 성공시키는 것이다. 즉 약속한 기한 내에 주어진 예산으로 요구사항을 수용하여 프로젝트를 마무리하는 것이다. 만약 프로젝트 예산이 초과되면 예정된 시간에 맞추어 프로젝트가 끝나고 사용자를 충족시켰다 하더라도 성공적이라고 말할 수 없다.

어떠한 일이든 수치가 증가하는 것에는 반드시 이유가 있다. 프로젝트를 진행하면서 예산을 초과하는 경우에도 반드시 그 원인이 있을 것이다. 프로젝트 진행 시 초반 예산을 설정해 둔 이후 주기적으로 관리하지 않는다면 그 프로젝트는 실패할 확률이 높다. 프로젝트의 성공률을 높이기 위해서는 예산이 초과되지 않도록 미리 예산과 관련된 지출에 주기적으로 신경을 써야 한다. 비용은 눈 깜짝할 사이에 늘어나기 때문이다.

또한 프로젝트를 진행하면서 예산과 관련된 부분을 검토해야 하는 것처럼 프로젝트 자원 활용 현황도 검토가 필요하다. 프로젝트에 참여하는 사람들로부터 발생하는 비용 증가가 굉장히 크기 때문이다. 프로젝트 매니저는 현재 프로젝트에 참여 중인 직원의 수를 파악하고, 매주 프로젝트의 자원 요구가 어떻게 변화할 것인지 점검해야 한다. 이를 통해 현재 가용 자원을 낭비 없이 활용하고, 향후 프로젝트에 필요한 자원이 충분히 확보되었는지 확인할 수 있다. 실제로 발주자가 계약 변경 없이 일을 추가하는 ㉠스코프 크리프(Scope Creep)는 예산 초과의 주요 원인 중 하나다. 계획에 없던 일이 생겨 각종 수당을 지급하면 예산을 한참 초과하게 된다. 따라서 프로젝트 매니저는 프로젝트의 최초 계약서에 언급되지 않은 업무가 추가될 경우 반드시 변경 오더를 받아 업무 관리를 해야 한다. 변경 오더를 통해 추가 수당 등 추가 비용에 대한 예산 승인을 받을 수 있고 나머지 프로젝트에 요구되는 예산 역시 계획대로 사용할 수 있게 된다.

47 윗글의 밑줄 친 ㉠에 대한 설명으로 옳은 것을 고르면?

① 계약자가 프로젝트 예산이 넉넉하여 발주자가 요청하지도 않은 기능이나 불필요한 장식 등을 추가하는 것을 의미한다.

② 프로젝트의 실제 비용과 비교하여 프로젝트 목표 달성을 위한 예방 또는 시정조치가 필요한지를 판단할 수 있는 기간별 예산을 의미한다.

③ 이미 발생한 부정적인 위험에 대응하는 것을 의미한다.

④ 발주자가 계약 변경 없이 일을 추가하여 프로젝트 범위가 확대되는 것을 의미한다.

⑤ 경영 전반에 걸쳐 지속적인 노력으로 조직의 모든 구성원들이 품질향상을 도모하는 것을 의미한다.

48 다음 [보기]에서 프로젝트 예산의 초과를 방지하는 방법으로 제시된 것을 모두 고르면?

> **보기**
>
> ㉠ 정기적으로 인력 투입 현황을 점검한다.
> ㉡ 발주자의 예산에 맞추어 프로젝트 예산을 책정한다.
> ㉢ 업무 범위를 정확하게 관리한다.
> ㉣ 지속적으로 예산 사용을 확인한다.

① ㉠, ㉡
② ㉢, ㉣
③ ㉡, ㉢
④ ㉠, ㉡, ㉣
⑤ ㉠, ㉢, ㉣

49 H사는 5명의 사원 중 승진대상자를 선별하려고 한다. 다음과 같은 기준을 적용하여 가장 높은 점수를 얻은 순서대로 2명이 승진한다고 할 때, 승진대상자를 고르면?

> 1. 근속연수는 1년당 1점으로 환산한다.
> 2. 근무평점 A는 2점, B는 0점으로 환산한다.(단, 2년 연속 A를 받은 자는 가점으로 1점을 준다.)
> 3. 자격증보유여부는 직무 3점, 어학 1점으로 환산한다.
> 4. 승진시험점수는 전공과 일반분야 점수의 평균으로 계산한다.

구분	근속연수	근무평점		자격증보유여부		승진시험점수	
		전년도	당해 연도	직무	어학	전공	일반
가	6년	A	A	○	○	81	76
나	10년	B	B	×	○	88	75
다	7년	A	B	○	×	79	82
라	9년	B	A	○	×	80	81
마	8년	A	A	×	○	86	79

① 가, 나
② 가, 다
③ 나, 마
④ 다, 라
⑤ 라, 마

50 다음 글을 읽고 기업이 제품을 포장할 때, 가장 먼저 고려해야 할 점으로 가장 적절한 것을 고르면?

　　기업의 입장에서는 포장이 과도하게 될 경우 포장에 들어가는 비용이 늘어나기 때문에 손해를 볼 수밖에 없다. 소비자 역시 과대 포장된 제품들은 만족도를 떨어뜨리고 불필요한 쓰레기들이 많이 나오기 때문에 불만을 가진다. 그래서 최근에는 이런 문제들을 개선한 경제적인 포장이 더욱 각광받고 있다. 이를 적정 포장이라 하며, 적정 포장은 제품의 보존이나 편의성 그리고 안정성이나 판매 촉진 등의 기능을 모두 보여주면서 경제적으로 포장하는 걸 뜻한다.

　　제품을 생산하는 입장에서 적정 포장은 아주 중요하다. 포장비와 생산 원가를 절감시키기 때문에 기업의 입장에서는 많은 비용을 절약할 수 있다. 이때 경제적인 부분만 신경 쓰기보다는 좀 더 다양한 부분도 함께 고려해야 포장을 통해 자연스레 기업이 노출되어 기업 광고와 제품 광고를 기대할 수 있다. 그리고 자동화 포장 설계를 통해 보다 빠르게 제품을 생산할 수 있는 체계를 구축하는 것이 좋다. 최근에는 여기에 환경까지 생각하여 재활용이 가능한 친환경 소재 위주로 포장을 진행하고 있다.

　　물류 측면에서 적정 포장은 무엇을 의미할까? 물류는 기본적으로 포장된 상품들은 적재하고 유통해야 하기 때문에 바코드나 QR 코드 등을 활용하여 물류 취급이 용이하도록 만들어지는 것이 우선이라 볼 수 있다. 중량이나 용량이 적절하지 못하다면 물류에서 많은 어려움이 생긴다. 포장 표준화를 통해 유닛 로드화를 실현하고 수송 수단을 고려한다면 더욱 효율적인 물류가 가능하며, 운송 과정에서 제품이 도난당하지 않도록 도난 방지에도 신경을 써야 한다.

　　판매자 측면에서는 어떤 포장이 적정 포장일까? 기본적으로 제품의 내용 표시가 간단하게 기입되어 있어야 한다. 너무 많은 정보들이 복잡하게 표시되어 있다면 현실적으로 이를 다 읽기가 힘들고 제품의 정보를 파악하기도 힘들어 잘못된 사용으로 인해 제품의 만족도가 떨어질 수 있다. 과대 포장이나 과잉 포장 등 소비자를 현혹시키는 포장은 결과적으로 기업의 이미지에 손상을 주는 일이기 때문에 뒤처리가 번거롭지 않도록 쓰레기가 많이 발생하지 않는 적정 포장이 아주 중요하다. 개봉과 재포장이 쉬워야 한다는 점 역시 간과할 수 없는 요소이며, 단말기를 이용하여 바코드 인식이 가능하다면 보다 빠르게 제품을 판매할 수 있다는 점도 고려해야 한다.

　　요즘의 소비자들은 단순히 제품의 비용이나 성능만 보고 선택하는 것이 아니라 포장 디자인 역시 많은 신경을 쓰기 때문에 소비자들의 감각에 적합한 디자인으로 포장된 것이 좋다. 또한 내용 표시가 간단명료해야 소비자들에게 빠른 시간에 제품을 각인시킬 수 있다.

　　그렇다면 적정 포장을 위해서는 어떤 설계 방안이 필요한지를 고민해 보아야 한다. 적정 포장을 위해서는 유통 과정에서 제품이 손상을 받거나 품질이 변하면 안 된다는 점을 고려해야 한다. 그렇기 때문에 가장 먼저 생각할 것은 제품의 상태를 안전하게 보존할 수 있느냐이다. 즉 포장 재료나 용기가 인체와 제품에 무해하면서 물류 보관 및 유통 시에도 제품의 상태에 영향을 주지 않아야 한다. 그 밖에도 내용물이 차지하는 공간 용적이 적합하지 않으면 과잉 포장으로 이어질 수 있으니 적절한 공간 용적을 차지해야 할 것이며, 포장비가 내용물 가격에 적합해야 포장에 들어가는 비용을 조금이라도 더 줄일 수 있다.

① QR 코드 활용 여부　　　② 포장재의 비용　　　③ 적정 글자 크기
④ 포장 디자인　　　　　　⑤ 제품 보존의 안전성

51 H사의 총무팀은 장기렌트한 공용차량을 교체하려고 한다. 현재 장기렌트 중인 공용차량의 만료기한은 2022년 12월 31일이고, 교체할 차량은 2023년 1월 2일부로 바로 사용해야 한다. 다음 [표]에서 월 비용이 가장 저렴한 차량을 선택한다고 할 때, 선택할 차량을 고르면?(단, 신규 렌트 계약일은 2022년 10월 1일이다.)

[표1] 렌트 차량 리스트 (단위: 일, 원)

구분	유종	차량 인도 가능일 (계약일로부터 일수)	월 렌트료
A	하이브리드	120	420,000
B	LPG	60	450,000
C	휘발유	60	500,000
D	경유	98	480,000
E	하이브리드	75	470,000

※ 차량 렌트료는 보험료와 수리비 등이 모두 포함된 금액이며 추가적으로 드는 비용은 주유비로 한정함
※ H사는 월 평균 2,000km를 운행함
※ 하이브리드는 전기와 휘발유로 구성됨

[표2] 유종별 연비 및 리터당 금액 (단위: km/ℓ, 원)

구분	연비	리터당 금액
LPG	10	920
휘발유	12	1,450
경유	15	1,600
하이브리드(전기 + 휘발유)	18	1,450

① A
② B
③ C
④ D
⑤ E

52 다음은 ○○농협의 성과급 지급기준과 N부서 직원들의 평가 결과이다. 이를 바탕으로 2023년 1월에 지급된 성과급을 가장 많이 받은 직원과 두 번째로 적게 받은 직원의 성과급 차이를 고르면?

[자료] ○○농협 성과급 지급기준

- 내부평가 성과급은 평가연도 연봉월액을 기준으로 하며, 평가연도에 근무한 월수에 비례하여 지급한다. 1일 이상 근무한 달의 경우 성과급 지급 월에 산입한다.
  - 근무 월수 비례 지급: 평가연도 근무 월수÷12(단, 소수점 셋째 자리에서 반올림한다.)
    - 예 2022년 7월 1일 입사하여 근무한 경우 6÷12=0.5로 산정
- 개인별 성과금 지급금액은 평가연도 근무성적평가결과 등급에 따라 차등지급하며 평가등급별 지급비율은 [표1]에 따른다.
  - 개인별 성과급 지급금액: 평가연도 연봉월액×평가등급별 지급비율×근무 월수 비례
- 성과급은 만 원 단위 미만은 절사하여 평가연도 다음 해 1월 급여일에 지급된다.

[표1] 평가등급별 지급비율

등급	S등급	A등급	B등급	C등급	D등급
비율	130%	115%	100%	85%	70%

[표2] 2022년 N부서 직원 연봉월액 및 평가자료

구분	연봉월액	입사일	성과평가	역량평가
A	280만 원	2018. 05. 15.	40점	40점
B	320만 원	2013. 07. 12.	35점	42점
C	300만 원	2022. 04. 01.	25점	30점
D	350만 원	2022. 03. 25.	20점	19점
E	290만 원	2021. 12. 01.	27점	32점

※ 평가등급은 성과평가와 역량평가 점수의 합으로 결정되며, 100~80점은 S등급, 79~60점은 A등급, 59~40점은 B등급, 39~20점은 C등급, 19~0점은 D등급으로 분류됨

① 88만 원
② 104만 원
③ 122만 원
④ 140만 원
⑤ 162만 원

53 다음 정보를 참고할 때, 김 부장이 선택해야 할 경로로 가장 적절한 것을 고르면?

대전에 근무지를 두고 있는 김 부장은 순천에 있는 물류창고 방문을 위해 내일 오전 10시에 출장을 갈 예정이다. 출장 당일 오후 1시에 물류창고 관리담당자와 미팅이 예정되어 있어 늦지 않게 도착하고자 한다. 교통 정보는 아래와 같으며, 1인당 출장지원 교통비 한도는 편도 기준 5만 원이다.(단, 도보 이동에 따른 소요시간은 고려하지 않는다.)

[근무지에서 대전역까지의 비용]

구분	소요시간	비용
버스	30분	2,000원
택시	15분	6,000원

[대전역에서 출발하여 순천역에 도착하는 열차 정보]

구분	열차	출발시각	소요시간	비용	비고
직통	새마을호	10:00 / 10:50	2시간 10분	28,000원	—
직통	무궁화호	10:20 / 10:40 10:50 / 11:00	2시간 40분	16,000원	—
환승	KTX	10:10 / 10:50	20분	6,000원	환승 10분
	KTX	—	1시간 20분	34,000원	
환승	KTX	10:00 / 10:30	1시간	20,000원	환승 10분
	새마을호	—	1시간	14,000원	

[순천역에서 물류창고까지의 비용]

구분	소요시간	비용
버스	40분	2,000원
택시	20분	9,000원

① 버스 → 새마을호(직통) → 버스
② 버스 → 무궁화호 → 택시
③ 버스 → KTX/KTX(환승) → 택시
④ 택시 → 무궁화호 → 택시
⑤ 택시 → KTX/새마을호(환승) → 택시

54 A대리는 새로 출시한 금융상품의 홍보를 위해 3박 4일간 전국 홍보 투어를 하였다. 다음 [자료]는 출장규정과 A대리가 출장 시 사용한 비용일 때, 출장 후 A대리가 지급받는 비용을 고르면?

[자료1] 출장규정

제1조(출장경비의 종류)

항목	내용	항목	내용
교통비	항공, 철도, 차량 등을 위하여 사용한 비용	식비	식사 등을 위하여 사용한 비용
숙박비	숙박을 위하여 사용한 비용	일비	세탁 등 영수증 처리가 어려운 비용

제2조(출장경비의 지급방법)

교통/숙박비/식비는 기준에 따라 정산하여 지급하고, 여비는 실제 비용과 상관없이 정액 지급한다. 모든 비용은 출장 후 급여일에 지급한다.

제3조(교통비 지급기준)

항공료는 직책별 좌석기준에 따르고, 항공을 제외한 교통비는 실제 사용한 비용을 지급한다.

직책	국내출장	해외출장(6시간 미만)	해외출장(6시간 이상)
임원	비즈니스	비즈니스	비즈니스
팀장/팀원	이코노미	이코노미	비즈니스

제4조(숙박비 지급기준)

직책별 숙박비 지급기준 이내에서 실제 사용한 비용을 지급한다.

직책	국내출장	해외출장
임원	1박당 20만 원 이내	1박당 20만 원 이내
팀장/팀원	1박당 10만 원 이내	1박당 15만 원 이내

제5조(식비 지급기준)

일 4만 원 이내에서 실제 사용한 비용을 지급한다. 일 4만 원 초과 사용이 예상되어 사전에 승인받을 경우 승인된 비용 범위 이내에서 실제 사용한 비용을 지급한다.

제6조(여비 지급기준 및 지급시점)

일 2만 원으로 장기출장(3일 초과 출장) 시에만 지급한다.

구분		3월 2일	3월 3일	3월 4일	3월 5일
교통비		120,000 (국내선/이코노미)	16,000(버스)	32,000(버스) 12,000(택시)	40,000(KTX)
숙박비		100,000(모텔)	140,000(호텔)	80,000(모텔)	—
식비	아침	—	10,000	10,000	10,000
	점심	10,000	20,000	50,000	15,000
	저녁	20,000	20,000	160,000	—

※ 3월 2일 A대리가 이용한 국내선/이코노미 항공료는 120,000원임
※ 3월 4일 거래처 직원들과 식사 약속이 있어 하루 20만 원 이내 비용을 식비로 사용하기로 사전 승인받음

① 800,000원

② 825,000원

③ 850,000원

④ 875,000원

⑤ 900,000원

55 다음 [표]는 2023년도 정부 관리 양곡 판매가격에 관한 자료이다. 2022년산 국산쌀을 40kg 포장단위로 2톤, 10kg 지대 포장단위로 1톤, 2021년산 현미를 20kg 지대 포장단위로 2톤, 수입쌀 중립종을 10kg 지대 포장단위로 2톤 판매한다고 할 때, 총판매가격을 고르면?

[표] 2023년 정부 관리 양곡 판매가격

구분			포장단위		판매가격(원)
국산쌀	2022년산		40kg(P.P.대)		99,340
		소포장	20kg(지대)		50,170
			20kg(P.P.대)		50,060
			10kg(지대)		25,310
	2021년산		40kg(P.P.대)		89,410
		소포장	20kg(지대)		45,200
			20kg(P.P.대)		45,090
			10kg(지대)		22,830
수입쌀 (가공용)	단립종		40kg(P.P.대)		53,050
	중립종		40kg(P.P.대)		58,590
	장립종		40kg(P.P.대)		37,030

※ [표] 이외의 포장단위 가격은 40kg 포장단위 가격을 기준으로 환산 적용함
※ 소포장은 판매가격에 포장비용을 더하여 산출(20kg P.P.대 390원/20kg, 20kg 지대 500원/20kg, 10kg 지대 490원/10kg)함
※ 현미의 경우 국산쌀 판매 가격의 90%로 환산하여 적용함

① 14,594,500원

② 15,206,300원

③ 15,947,200원

④ 16,680,900원

⑤ 17,303,100원

56 A사에서는 1박 2일 워크숍 교통편 예산을 책정하고자 한다. 다음 [표]는 A사의 워크숍 참여인원과 버스 대절 요금에 관한 자료이다. 이를 바탕으로 워크숍 교통편에 필요한 최저 예산을 고르면?

[표1] 워크숍 참여인원

구분	인원(명)
임원	45
인사총무팀	50
재무회계팀	50
마케팅팀	120
영업팀	150
생산팀	240
개발팀	170
합계	825

[표2] 버스 대절 요금

버스 등급	탑승인원(명)	1일 대절요금(원)
일반 I	40	200,000
일반 II	45	250,000
우등	35	350,000
프리미엄	25	500,000

[버스 탑승 관련 지시사항]

- 임원은 프리미엄 버스를 이용하고 해당 버스에는 임원만 탑승한다.
- 임원을 제외한 모든 직원은 기본 버스 등급을 일반II 등급으로 배정한다.
- 같은 팀끼리 탑승하는 것을 우선으로 하되, 팀 내 남은 인원이 30명 이상 35명 이하인 경우에는 우등 등급에 같은 팀원끼리 탑승하도록 배정하며, 30명 미만인 경우에는 다른 팀과 함께 일반 I 등급으로 배정한다.

① 1,070만 원
② 1,090만 원
③ 1,110만 원
④ 1,130만 원
⑤ 1,150만 원

57 다음 (가)~(마) 중 농협이 수행하고 있는 사업으로 나머지와 해당 사업 부문이 <u>다른</u> 하나를 고르면?

(가) 농협은 생산자조직 구축과 연합사업 활성화를 통해 산지유통을 혁신하고 있습니다. 또한 미곡종합처리장과 농산물 산지유통센터의 규모화·전문화로 상품성 제고에 기여하고 있습니다.

(나) 농협은 영농자금 금리인하 제도개선, 영농우대 특별저리 대출지원, 태양광 발전시설 대출지원 등 농업인 조합원에 대한 차별화된 금융서비스를 통해 영농자금과 가계자금을 제공함으로써 농업인이 안정적인 농업활동을 할 수 있도록 지원합니다.

(다) 농협은 대량구매를 통해 비료·농약·농기계·유류 등 영농에 필요한 농자재를 저렴하고 안정적으로 공급하고 있습니다. 이를 통해 농업 경영비를 절감함으로써 농업인 소득증대 및 생활안정에 기여하고자 최선을 다하고 있습니다.

(라) 농협은 안성농식품물류센터와 전국 단위 복합물류센터 구축 등 혁신적인 농산물 도매유통 시스템을 갖춤으로써 물류비 절감의 혜택을 농업인과 소비자 모두에게 제공합니다.

(마) 농협은 하나로클럽·마트 등의 농협 직영매장, 인터넷쇼핑몰과 홈쇼핑 등 도시민을 대상으로 한 소비지 유통망을 확충함으로써 우리 농산물의 안정적인 판매기반을 구축하고 있습니다.

① (가)
② (나)
③ (다)
④ (라)
⑤ (마)

58 다음 글에서 설명하는 기업 연합의 형태를 일컫는 말을 고르면?

기업 연합의 형태로 같은 산업에 존재하는 기업들 간의 자유 경쟁(신사협정)을 배제하여 독과점적인 수익을 올리기 위해 시행하는 부당한 공동행위를 의미한다. 가맹 기업은 법률, 경제적으로 독립적이며 협정에 의한 결합이므로 자주성과 결합 용이성을 가지나 결합력이 약하다. 따라서 어느 시점에서 결합 유지에 의한 이익보다 더 큰 이익이 예상된다면 이러한 연합은 쉽게 해체된다. 기업 형태의 연합인 경우 자진 신고자 감면제도(leniency program)에 의해 최초 신고자는 벌금 면제, 두 번째 신고자는 벌금의 50% 감면이라는 인센티브가 있어 해체 가능성이 더더욱 높다.

① 콘체른
② 카르텔
③ 트러스트
④ 콩글로머리트
⑤ 조인트벤처

59 N사에서는 다음 조건에 따라 부서를 배정하려고 한다. 이를 바탕으로 기획부에 배정되는 직원을 고르면?

- N사에서는 신입사원 A~H를 영업부, 기획부, 홍보부, 재무부에 2명씩 배정하려고 한다.
- 필기 점수, 면접 점수, 적성검사 점수에 따라 부서를 배정한다.
- 필기 점수는 95점 이상인 경우 10점, 90점 이상 95점 미만인 경우 9점, 90점 미만인 경우 8점으로 평가 점수를 부여한다. 면접 점수는 상인 경우 10점, 중상인 경우 9점, 중인 경우 8점으로 평가 점수를 부여한다. 적성검사 점수는 90점 이상인 경우 10점, 80점 이상 90점 미만인 경우 9점, 80점 미만인 경우 8점으로 평가 점수를 부여한다.
- 항목별 평가 점수의 총합이 가장 높은 사원부터 순서대로 등수를 매긴다.
- 동점자가 발생할 경우 '면접 점수 > 필기 점수 > 적성검사 점수' 순으로 점수가 더 높은 신입사원을 상위 등수로 간주한다.
- 남자 직원 중 1등과 여자 직원 중 4등을 영업부에 배정하고, 남자 직원 중 2등과 여자 직원 중 3등을 기획부에 배정하고, 남자 직원 중 3등과 여자 직원 중 2등을 홍보부에 배정하고, 남자 직원 중 4등과 여자 직원 중 1등을 재무부에 배정한다.
- 신입사원 A~H의 성별 및 항목별 점수는 다음과 같다.

구분	성별	필기(점)	면접	적성검사(점)
A	남	92	중상	86
B	여	91	중상	77
C	남	96	중	92
D	여	88	상	93
E	여	82	중상	86
F	여	95	중	88
G	남	93	중	78
H	남	83	상	93

① B, C
② B, H
③ C, E
④ E, H
⑤ G, H

60 다음 글의 빈칸에 들어갈 말로 적절한 것을 고르면?

> (   )의 도입 목적은 생산에서 판매 단계까지 안전관리체계를 구축하여 소비자에게 안전한 농산물을 공급하고, 농산물의 안전성 확보를 통한 소비자 신뢰 제고 및 국제시장에서의 우리 농산물의 경쟁력을 강화하고자 하며, 저투입 지속가능한 농업을 통해 농업환경을 보호하고자 함이다.
> 과거 일부 채소·과일에서 농약이 과다검출 되었다는 언론보도 등으로 농산물 안전성에 대한 국민적 우려가 증대되었고, 국제적으로도 안전농산물 공급 필요성을 인식하여 Codex('97), FAO('03) 등 국제기구에서 관련 기준을 마련한 바 있다.

① KCs
② GMP
③ ISO
④ HACCP
⑤ GAP

61 다음 ㉠~㉣ 중 사내추천제의 특징으로 옳은 것을 모두 고르면?

> ㉠ 직원들의 추천을 통해 이미 능력이 검증된 인재이므로 검증 절차가 대부분 생략된다.
> ㉡ 사내추천제를 도입하고자 하는 이유 중 하나는 인재 채용에 따르는 비용 절감이다.
> ㉢ 사내추천을 하여 직원 채용에 기여한 직원에게는 적절한 보상이 뒤따르는 경우도 많다.
> ㉣ 사내추천으로 채용된 사람에 대한 기업들의 만족도는 대체로 높게 나타나고 있다.

① ㉠, ㉡, ㉢
② ㉠, ㉡, ㉣
③ ㉠, ㉢, ㉣
④ ㉡, ㉢, ㉣
⑤ ㉠, ㉡, ㉢, ㉣

62 다음 중 민츠버그가 주장한 경영자의 역할에 따른 활동으로 적절하지 <u>않은</u> 것을 고르면?

① 부하직원에 대한 동기부여와 후원 및 정보를 제공하는 외부 집단과의 네트워크 유지 활동

② 조직 내·외부 정보의 중추적 역할을 담당하며, 다양하고 충분한 양의 정보 수집 활동

③ 조직의 계획, 정책, 실천사항 및 성과 등을 외부에 전달하는 활동

④ 유능한 구성원을 선발하여 조직 운영에 적합한 곳으로 배치하는 활동

⑤ 조직의 중요한 의사결정을 내리며, 예기치 않은 상황에 대비하여 조직을 안정시키는 책임 수행

63 다음은 A지역 농협이 수행하고 있는 사회공헌 활동의 모습을 소개하는 글이다. 다음 사회공헌 활동의 명칭으로 가장 적절한 것을 고르면?

A지역 농협은 오래 전부터 적극적인 복지환원사업을 진행해 왔다. 가장 대표적인 활동이 1960년대부터 시작한 농촌 의료지원 사업이다. 농촌 의료지원 사업은 상대적으로 의료 환경이 열악하고 경제적 형편이 어려워 진료를 받지 못하는 농업인들을 위한 활동이다. 5년 전부터는 서울대학교 병원과 협약을 체결해 더욱 적극적인 활동을 펼치고 있다. 매회 2박 3일 일정으로 저소득층 농업인과 독거노인, 다문화가정 등 상대적으로 의료혜택에서 소외된 계층을 대상으로 종합병원 수준의 진료서비스를 제공한다. 진료 대상자 한 명이 방문하여 평균적으로 3개 이상의 과목을 진료받으며, 진료 및 검사결과부터 약 제조, 투약 설명, 건강안내서비스까지 원스톱으로 제공받고 있다. 또한, 농업인들에게 가정용 건강상비약세트를 무료로 제공하여 스스로 건강을 지킬 수 있도록 도움을 주고 있다. 실제 2018년 11월에는 난소암 의심환자를 위해 치료비, 수술비 등을 지원하였으며, 안과 진료 중 각막이상이 발견되어 시력상실 위기를 넘긴 농업인의 사례도 있었다. 2017년에는 북한에 의료버스를 기증했으며, 집중호우 지역에는 응급약품을 지원하는 활동도 진행했다. 2019년 12월, 통산 119회의 무료 진료를 달성하였고 그동안의 진료를 통해 53,000명 이상의 의료취약계층이 진료 혜택을 받았다.

① 지역사회 이웃을 위한 다양한 나눔 활동

② 농촌사랑 '또 하나의 마을 만들기'

③ '사내 봉사단체' 참여를 통한 나눔 실천

④ 장애인 복지관에 대한 적극적 지원 활동

⑤ 농업인의 건강을 돌보는 농촌 구호사업

64 다음 중 예산에 대한 설명으로 옳지 <u>않은</u> 것을 고르면?

① 예산은 크게 직접비용과 간접비용으로 나눌 수 있다.

② 예산을 통제하는 것도 예산관리에 해당한다.

③ 과업세부도를 활용하면 어떤 항목에 얼마만큼의 비용이 사용되는지를 정확히 파악할 수 있다.

④ 예산은 개인을 제외한 민간기업·공공단체 및 기타 조직체의 수입·수출에 관한 것으로, 개인의 수입·지출은 가계라 한다.

⑤ 예산 책정 시 예산 항목을 제대로 파악하지 않으면 업무 추진이 중단되거나 필요한 활동을 건너뛰어야 하는 상황이 발생할 수 있다.

65 다음과 같은 업무 효율화 도구에 대한 설명으로 옳은 것을 고르면?

업무리스트	D1	D2	D3	D4	D5	D6	D7	D8	D9	D10	담당자 또는 협조
참고가 되는 자료수집	■	■									A대리/B사원
기획 초안 작성			■								A대리
슬라이드 작성				■	■						A대리
배포자료 작성						■	■				B사원
발표원고 작성								■	■		A대리
사내/사외 공지										■	B사원
회의장 세팅										■	B사원
리허설										■	A대리

① 단계별로 소요되는 시간과 각 업무활동 사이의 관계를 알 수 있다.

② 주된 작업과 부차적인 작업 등을 알 수 있다.

③ 일의 흐름을 동적으로 보여주는 데 효과적이다.

④ 업무를 세부적인 활동들로 나누고 각 활동별로 기대되는 수행수준을 달성했는지를 확인하는 데에는 효과적이다.

⑤ 세부적인 단계로 구분하여 단계별로 협조를 구해야 할 사항과 처리해야 할 일을 체계적으로 알 수 있다.

66 다음과 같은 조직도에 대한 설명으로 옳지 <u>않은</u> 것을 고르면?

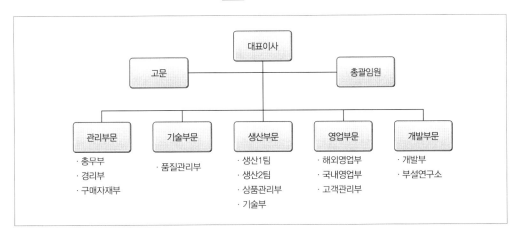

① 최고경영자의 의사결정은 각 단위 조직의 업무 중 품질관리 업무에서 가장 신속하게 이루어진다.

② 직할 조직을 제외하면 5부문 10부 2팀 1소로 구성된 조직도이다.

③ 총무부와 경리부는 대표적인 지원 조직이다.

④ 부장, 팀장, 소장 등의 중요 업무는 부문장을 거쳐 대표이사에게 보고된다.

⑤ 총괄임원과 고문은 5개 부문의 중요 업무에 두루 관여하고 있을 가능성이 크다.

67 다음 설명을 참고할 때, [보기]의 밑줄 친 현상에 대한 원인으로 가장 적절한 것을 고르면?

우리가 돈을 주고 사는 옷이나 음식, 돈을 주지는 않지만 자연스럽게 들이마시는 공기, 또한 한 국가의 국민으로서 자연스럽게 누리는 치안 등은 모두 우리에게 효용을 가져다주는 재화이다. 이 재화는 배제성과 경합성을 기준으로 크게 4가지로 나눌 수 있다.

배제성은 쉽게 말해 그 효용을 얻기 위해 돈을 지불해야 하는가를 기준으로 나눌 수 있다. 옷이나 음식은 돈을 주고 사야하기 때문에 배제성을 띠지만 공기는 무료이므로 비배제성을 보인다. 경합성은 그 재화를 이용하면 다른 사람의 몫이 줄어드는가를 기준으로 나눌 수 있다. 친구와 시킨 피자는 내가 먹는 만큼 친구의 몫이 줄어들기 때문에 경합성을 띠지만 치안과 같은 경우는 비경합성을 보인다.

보기

'낙양지가귀'란 낙양의 종잇값이 오른다는 뜻으로 어떤 저작물이 호평을 받아 베스트셀러가 된 것을 가리킨다. 이는 서진(西晉)의 문학가인 좌사(左思)가 쓴 「삼도부(三都賦)」가 걸작이었기 때문에 여러 사람이 앞을 다투어 베껴, 당시 수도인 낙양의 종잇값이 올랐다는 고사에서 유래한 말이다.

① 저작물의 비배제성 및 종이의 비경합성
② 저작물의 비배제성 및 종이의 경합성
③ 저작물의 배제성 및 종이의 비경합성
④ 저작물의 배제성 및 종이의 경합성
⑤ 저작물의 경합성 및 종이의 배제성

68 다음 [표]는 A사의 전결규정에 관한 자료이다. 이에 대한 설명으로 옳은 것을 고르면?

[표] A사의 전결규정

업무 내용		전결권자			
		사장	부사장	본부장	팀장
주간업무보고					○
팀장급 인수인계			○		
일반예산집행	잔업수당	○			
	회식비			○	
	업무활동비			○	
	교육비		○		
	해외연수비	○			
	시내교통비			○	
	출장비	○			
	도서인쇄비				○
	법인카드사용		○		
	소모품비				○
	접대비(식대)			○	
	접대비(기타)				○
이사회 위원 위촉		○			
임직원 해외출장		○(임원)		○(직원)	
임직원 휴가		○(임원)		○(직원)	
노조관련 협의사항			○		

① 팀장급 인수인계서는 담당자를 제외하고 2명의 결재를 거치게 된다.

② 업무활동비 집행을 위한 결재 문서에는 '사장' 결재란에 아무도 서명하지 않는다.

③ 해외연수비와 시내교통비 집행을 위한 두 결재 문서의 '부사장' 결재란에는 아무도 서명하지 않는다.

④ 접대비 집행을 위한 결재 문서에는 종류에 관계없이 사장과 부사장 모두 결재하지 않는다.

⑤ 임직원 해외출장을 위한 결재 문서에는 항상 부사장의 결재가 필요하다.

69 B은행은 경영진의 해외 진출 가속화 전략에 맞추어 내년부터 중국 D지역에 시범적으로 지점을 설립하고자 한다. 이를 위한 현지 SWOT 환경 분석을 실시하여 다음과 같은 분석 결과를 얻었다. 이를 토대로 세운 전략으로 옳은 것을 고르면?

[표1] B은행 중국 D지역 진출 SWOT 분석

강점(Strength)	• 본점 내 중국지역 전문가 다수 확보 • 매출 실적 호조에 따른 자본금 규모 증가
약점(Weakness)	• 과거 S지역 진출 실패에 따른 우려 존재 • 보수적인 내부 경영 관리로 인해 가시적 성과 단기 창출 압박
기회(Opportunity)	• 중국 정부의 외국 금융 기관 투자 유치 활성화 • 환율의 우호적 변동으로 환차익 증가 기대
위협(Threat)	• 국제 BIS 기준 강화로 활발한 대출 영업 난망 • 현지 고객들의 신용률 하락에 따른 영업 리스크 증대

[표2] B은행 중국 D지역 진출 전략

내부환경 외부환경	강점(Strength)	약점(Weakness)
기회(Opportunity)	[SO 전략] ① 과거 실패 경험을 극복하기 위해 지역 전문가 파견	[WO 전략] ② 기업 대출 위주 정책으로 일반 고객 신용 리스크 회피 ③ 환율 변동에 따른 추가 이익을 통해 진출 초기 수익 실현 가능
위협(Threat)	[ST 전략] ④ 현지의 외자기업에 대한 우호적인 정책에 힘입어 대규모 자본금 투입 가능	[WT 전략] ⑤ 중국 정부의 금융업 규제 조치 완화를 통해 영업력 제고

70 다음 글을 읽었을 때 A사가 새롭게 선택한 경영전략으로 적절한 것을 고르면?

조직의 경영전략은 경영자의 경영이념이나 조직의 특성에 따라 다양하다. 이 중 대표적인 경영전략으로 마이클 포터(Michael E. Porter)의 본원적 경쟁전략이 있다. 본원적 경쟁전략은 해당 사업에서 경쟁우위를 확보하기 위한 전략으로 원가우위 전략, 차별화 전략, 집중화 전략으로 구분된다.

원가우위 전략은 원가절감을 통해 해당 산업에서 우위를 점하는 전략으로, 이를 위해서는 대량생산을 통해 단위 원가를 낮춰 가격경쟁력을 확보할 필요가 있다. 차별화 전략은 조직이 생산품이나 서비스를 차별화하여 고객에게 가치가 있고 독특하게 인식되도록 하는 전략이며, 집중화 전략은 특정 시장이나 고객에게 한정된 전략으로, 원가우위나 차별화 전략이 산업 전체를 대상으로 하는 것과 달리 특정 산업을 대상으로 한다.

다음과 같은 사례에서 A사가 추구하고자 하는 경영전략을 엿볼 수 있다.

글로벌 게임기와 게임소프트웨어 업체인 A사는 모바일 게임 유저 확장으로 위기를 맞은 후 새로운 CEO가 취임하였다. "지금까지 게임과 가깝지 않았던 사람들도 가벼운 마음으로 즐겁게 게임을 즐길 수 있도록 고객을 확대하는 것이 우리의 핵심 전략입니다." 라는 기치 아래 경쟁사인 B사, C사와 마찬가지로 18~35세 남성으로 설정했던 타깃 고객층을 여성 및 중장년 남성으로 확대하고 마케팅을 진행했다. 또한 과거와는 달리 '언제 어디서나 누구나 즐길 수 있는 게임'이라는 콘셉트로 광고와 홍보를 지속했다. 새로운 CEO는 단계적이고 점진적인 개선을 이루기 위해 새로운 게임기 개발 프로젝트 팀을 대표이사 직속으로 관리하였다. 가치 있는 실패를 용인하며 고객의 관점에서 자사의 제품을 바라볼 수 있도록 관점과 시각을 전환시키기 위해 임직원들을 지속적으로 설득하고 교육시켰다. 경쟁사인 B사, C사는 고사양, 첨단 기술로 무장한 기기를 출시했지만 A사는 사용자의 편의성과 조작이 쉬운 음성인식 기능과 터치스크린을 갖춘 고객 지향적인 제품을 개발했다. 그 결과 A사의 게임기는 출시 당해에 글로벌 게임 잡지의 히트 상품 1위에 선정되며 전 세계에서 400만 개 이상의 판매고를 올릴 수 있었다.

① 원가우위 전략
② 차별화 전략
③ 차별화 전략, 집중화 전략
④ 원가우위 전략, 차별화 전략
⑤ 집중화 전략, 원가우위 전략

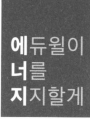

내가 꿈을 이루면
나는 누군가의 꿈이 된다.

– 이도준

지역농협 6급 NCS 실전모의고사

발 행 일	2024년 2월 19일 초판
편 저 자	에듀윌 취업연구소
펴 낸 이	양형남
펴 낸 곳	(주)에듀윌
등록번호	제25100-2002-000052호
주 소	08378 서울특별시 구로구 디지털로34길 55
	코오롱싸이언스밸리 2차 3층

www.eduwill.net

대표전화 1600-6700

여러분의 작은 소리
에듀윌은 크게 듣겠습니다.

본 교재에 대한 여러분의 목소리를 들려주세요.
공부하시면서 어려웠던 점, 궁금한 점,
칭찬하고 싶은 점, 개선할 점, 어떤 것이라도 좋습니다.

에듀윌은 여러분께서 나누어 주신 의견을
통해 끊임없이 발전하고 있습니다.

에듀윌 도서몰 book.eduwill.net
• 부가학습자료 및 정오표: 에듀윌 도서몰 → 도서자료실
• 교재 문의: 에듀윌 도서몰 → 문의하기 → 교재(내용, 출간) / 주문 및 배송

IT자격증 단기 합격!
에듀윌 EXIT 시리즈

컴퓨터활용능력

- **필기 초단기끝장(1/2급)**
  문제은행 최적화, 이론은 가볍게 기출은 무한반복!
- **필기 기본서(1/2급)**
  기초부터 제대로, 한권으로 한번에 합격!
- **실기 기본서(1/2급)**
  출제패턴 집중훈련으로 한번에 확실한 합격!

ADsP

- **데이터분석 준전문가 ADsP**
  이론부터 탄탄하게! 한번에 확실한 합격!

ITQ/GTQ

- **ITQ 엑셀/파워포인트/한글 ver.2016**
  독학러도 초단기 A등급 보장!
- **ITQ OA Master ver.2016**
  한번에 확실하게 OA Master 합격!
- **GTQ 포토샵 1급 ver.CC**
  노베이스 포토샵 합격 A to Z

정보처리기사/기능사

- **필기 / 실기 기본서(기사)**
  한번에 확실하게 기초부터 합격까지 4주완성!
- **실기 기출동형 총정리 모의고사(기사)**
  싱크로율 100% 모의고사로 실력진단+개념총정리!
- **필기 한권끝장(기능사)**
  기출 기반 이론&문제 반복학습으로 초단기 합격!

120만 권 판매 돌파!
36개월 베스트셀러 1위 교재

최신 기출 경향을 완벽 분석한 교재로 가장 빠른 합격!
합격의 차이를 직접 경험해 보세요

2주끝장

판서와 싱크 100% 강의로
2주만에 합격

기본서

첫 한능검 응시생을 위한
확실한 개념완성

10+4회분 기출700제

합격 필수 분량
기출 14회분, 700제 수록

1주끝장

최빈출 50개 주제로
1주만에 초단기 합격 완성

초등 한국사

비주얼씽킹을 통해
쉽고 재미있게 배우는 한국사

* 에듀윌 한국사능력검정시험 시리즈 출고 기준 (2012년 5월~2023년 10월)
* 2주끝장(심화): YES24 수험서 자격증 법/인문/사회 베스트셀러 1위 (2016년 8월~2017년 4월, 6월~11월, 2018년 2월~4월, 6월, 8월~11월, 2019년 2월 월별 베스트) YES24 수험서
  자격증 한국사능력검정시험 3급/4급(중급) 베스트셀러 1위 (2020년 7월~12월, 2021년 1월~2월 월별 베스트) 인터파크 도서 자격서/수험서 베스트셀러 1위 (2020년 6월~8월 월간
  베스트) 기본서(기본): YES24 수험서 자격증 한국사능력검정시험 3급/4급(중급) 베스트셀러 1위 (2020년 4월 월별 베스트)

2024 최신판

에듀윌
취업
지역농협 6급
NCS 실전모의고사

정답과 해설

2024 최신판

에듀윌
취업
지역농협 6급
NCS 실전모의고사

에듀윌
취업
지역농협 6급
NCS 실전모의고사

정답과 해설

2023.04.23.
11.05. 2023년 최신 기출복원 모의고사

P.18

01	④	02	①	03	③	04	②	05	④
06	③	07	④	08	③	09	②	10	③
11	②	12	③	13	③	14	④	15	③
16	③	17	③	18	②	19	③	20	④
21	④	22	③	23	③	24	③	25	③
26	①	27	②	28	③	29	③	30	③
31	④	32	①	33	②	34	①	35	②
36	①	37	③	38	③	39	④	40	③
41	④	42	③	43	③	44	①	45	③
46	③	47	②	48	①	49	④	50	④
51	③	52	③	53	③	54	③	55	③
56	①	57	①	58	②	59	③	60	③
61	④	62	①	63	①	64	④	65	③
66	①	67	①	68	③	69	③	70	①
71	④	72	②	73	③	74	④	75	①
76	②	77	①	78	③	79	③	80	③
81	①	82	④	83	③	84	①	85	③
86	④	87	③	88	③	89	③	90	①
91	②	92	③	93	③	94	①	95	③
96	④	97	③	98	③	99	①	100	②

01

| 정답 | ④

'순망치한(脣亡齒寒)'은 입술이 없으면 이가 시리다는 뜻으로, 서로 이해관계가 밀접한 사이에 어느 한쪽이 망하면 다른 한쪽도 그 영향을 받아 온전하기 어려움을 이르는 말이다.

| 오답풀이 |
① 간난신고(艱難辛苦): 몹시 힘들고 어려우며 고생스러움
② 금과옥조(金科玉條): 금이나 옥처럼 귀중히 여겨 꼭 지켜야 할 법칙이나 규정
③ 근묵자흑(近墨者黑): 먹을 가까이하는 사람은 검어진다는 뜻으로, 나쁜 사람과 가까이 지내면 나쁜 버릇에 물들기 쉬움을 비유적으로 이르는 말

02

| 정답 | ①

'기쁜 기별이나 소식'이라는 의미의 단어인 '낭보(朗報)'와 '슬픈 기별이나 소식'이라는 의미의 단어인 '비보(悲報)'는 반의 관계에 있다. '고개를 치켜들어 위를 보다'라는 의미의 단어인 '고앙하다'와 반의 관계에 있는 단어는 '높은 곳에서 내려다보다'라는 의미의 단어인 '부관하다'이다.

| 오답풀이 |
② 침전하다: 액체 속에 있는 물질이 밑바닥에 가라앉다.
③ 전망하다: 앞날을 헤아려 내다보다.
④ 숭배하다: 우러러 공경하다.

03

| 정답 | ③

주어진 문장에서 '결속(結束)'은 '전선 따위를 서로 통할 수 있도록 연결함'의 의미가 있으므로 이와 바꾸어 사용할 수 있는 단어는 '둘 이상의 사물이나 사람이 서로 관계를 맺어 하나가 됨'을 의미하는 단어인 '결합(結合)'이다.

| 오답풀이 |
① 결박(結縛): 몸이나 손 따위를 움직이지 못하도록 동이어 묶음
② 귀속(歸屬): 재산이나 영토, 권리 따위가 특정 주체에 붙거나 딸림
④ 단결(團結): 많은 사람이 마음과 힘을 한데 뭉침

04

| 정답 | ②

'일정한 직업이나 일 따위에 매인 사람이 다른 일로 말미암아 얻는 겨를'을 의미하는 '말미'는 '일정한 직업이나 일 따위에 매인 사람이 다른 일로 말미암아 얻는 겨를'을 의미하는 '방가(放暇)'와 유의 관계이다. 나머지 선택지는 모두 반의 관계이다.

| 오답풀이 |
① 박복(薄福): 복이 없음. 또는 팔자가 사나움
　다복(多福): 복이 많음. 또는 많은 복
③ 편파(偏頗): 공정하지 못하고 어느 한쪽으로 치우쳐 있음
　공정(公正): 공평하고 올바름

④ 병설(竝設/併設): 두 가지 이상을 아울러 한곳에 갖추거나 세움

단설(單設): 하나만을 설치함

점'은 '초점'으로, '촛점' 등은 잘못된 표현이다.
④ '음식에서, 두 그릇의 몫을 한 그릇에 담은 분량'을 의미하는 단어는 '곱빼기'이며, '곱배기'는 잘못된 표현이다.

05 | 정답 | ④

'능력이나 세력이 엇비슷하여 서로 맞섬'이라는 의미의 단어인 '필대(匹對)'는 '필적(匹敵)'과 유의관계에 있다.

| 오답풀이 |
① 대분(大分): 크게 나눔
② 발단(發端): 어떤 일이 처음으로 벌어짐 또는 그 일이 처음으로 시작됨
③ 우등(優等): 우수한 등급

06 | 정답 | ③

백로는 흰 이슬이라는 뜻으로 처서와 추분 사이의 절기이며, 가을이 본격적으로 시작되는 시기이다.

| 오답풀이 |
① 입추: 대서와 처서 사이에 들며. 가을이 시작된다고 하는 절기이다.
② 상강: 한로와 입동 사이에 들며. 서리가 내리는 시기를 뜻하는 절기이다.
④ 처서: 입추와 백로의 사이에 들며, 여름이 지나면 더위도 가시고 신선한 가을을 맞이하게 된다는 의미이다.

07 | 정답 | ④

제시된 문장은 일하는 사람이 부족해서 작업이 미뤄지고 있다는 내용으로, 여기서 '손'은 '일을 하는 사람'을 뜻한다.

| 오답풀이 |
① 예 장사꾼의 손에 놀아나다.
② 예 나는 어릴 때 할머니의 손에서 자랐다.
③ 예 그는 드디어 천하를 손에 넣었다.

08 | 정답 | ③

'사람의 생각으로는 미루어 헤아릴 수 없이 이상하고 야릇함'을 의미하는 단어는 '불가사의'이다.

| 오답풀이 |
① '나이가 같은 사람'을 의미하는 단어는 '동갑내기'이며, '동갑나기' 등은 잘못된 표현이다.
② '사진을 찍을 때 대상의 영상이 가장 똑똑하게 나타나게 되는

09 | 정답 | ②

'-ㄹ걸'은 구어체로 혼잣말에 쓰여, 그렇게 했으면 좋았을 것이나 하지 않은 어떤 일에 대해 가벼운 뉘우침이나 아쉬움을 나타내는 종결 어미이므로, "내가 먼저 미안하다고 사과할걸."과 같이 어간에 붙여 적어야 한다.

| 오답풀이 |
① '정도'의 뜻을 더하는 접미사 '-가량'은 앞말에 붙여 써야 하므로 적절하다.
③ '지난주. 지난달. 지난해'는 동사 '지나다'의 관형사형 '지난'의 뜻과는 다소 거리가 있는 뜻으로 하나의 단어인 합성어로 보아 모든 음절을 붙여 적는다. 반면 '이번 주, 이번 달, 이번 해'의 '이번'은 단어의 뜻을 그대로 나타내면서 뒤에 이어지는 단어를 꾸미므로 단어별로 띄어 쓴다.
④ '-간'은 '동안'의 뜻을 더하는 접미사이고, '만'은 다른 것으로부터 제한하여 어느 것을 한정함을 나타내는 보조사인데, 접미사와 조사는 앞말에 붙여 적으므로 '1년간만'으로 적어야 한다.

10 | 정답 | ③

주어진 글은 우주항공청법이 국회에 제출된 후 상당한 시간이 지난 후 본회의에서 의결되었다는 내용이다. 빈칸이 포함된 문장은 우주항공청법의 국회 본회의 통과 시기가 늦어져 안타깝지만 앞으로의 전망을 기대한다는 내용이므로, 빈칸에는 '시기에 늦어 기회를 놓쳤음을 안타까워하는 탄식'을 의미하는 사자성어인 '만시지탄(晩時之歎)'이 들어가는 것이 적절하다.

| 오답풀이 |
① 불치하문(不恥下問): 손아랫사람이나 지위나 학식이 자기만 못한 사람에게 모르는 것을 묻는 일을 부끄러워하지 아니함
② 위편삼절(韋編三絕): 공자가 주역을 즐겨 읽어 책의 가죽끈이 세 번이나 끊어졌다는 뜻으로, 책을 열심히 읽음을 이르는 말
④ 사상누각(沙上樓閣): 모래 위에 세운 누각이라는 뜻으로, 기초가 튼튼하지 못하여 오래 견디지 못할 일이나 물건을 이르는 말

11 | 정답 | ③

㉠ 빈칸 앞의 내용은 중소농가의 사육 규모가 줄었다는 내용이며, 빈칸이 포함된 문장은 이와 달리 대군농가의 사육 규모가 늘어났다는 내용이므로 빈

칸에는 서로 일치하지 않거나 상반되는 사실을 나타내는 두 문장을 이어 줄 때 쓰는 접속 부사인 '하지만'이 오는 것이 적절하다.

ⓛ 빈칸 앞의 내용은 한우의 공급과잉에 따라 중소규모 농가들의 어려움이 가중된다는 내용이며, 빈칸이 포함된 문장은 이를 극복하기 위해 모든 농가가 수급 조절에 동참하여 위기 극복을 위해 노력해야 한다는 내용이므로 빈칸에는 앞의 내용이 뒤 내용의 이유나 원인, 근거가 될 때 쓰는 접속 부사인 '그러므로'가 오는 것이 적절하다.

12 　　　　　　　　　| 정답 | ③

두 번째 문단에 따르면 사과 비정형과의 판매행사는 11월 1일부터, 토마토 비정형과의 판매행사는 10월 25일부터 진행되므로 일치하는 내용이다.

| 오답풀이 |
① 두 번째 문단에 따르면 농협유통 서울 양재점에서는 5kg들이 1,500상자 분량의 토마토 비정형과가 할인 판매될 예정이다.
② 첫 번째 문단에서 비정형과의 맛과 영양은 정상 상품과 같다고 하였다.
④ 첫 번째 문단에 따르면 비정형과 판매행사는 기상재해 등으로 생산량이 감소한 사과·토마토 등 주요 과일의 소비자물가 부담을 낮추기 위해 마련된 것이다.

13 　　　　　　　　　| 정답 | ②

주어진 기사는 농·축협 출자금 비과세 한도를 2,000만 원으로 상향하는 내용을 담은 '조세특례제한법'이 국회 본회의에서 최종 통과되었다는 내용이다. 따라서 기사의 제목으로는 '농·축협 출자금 비과세 한도 상향'이 가장 적절하다.

14 　　　　　　　　　| 정답 | ④

㉠ 된장과 고추장 등의 장류를 음식물쓰레기로 오해하기 쉽지만, 음식물쓰레기의 기준은 사람이 아닌 동물이라는 내용이므로 빈칸에는 '하지만', '그런데' 등 앞의 내용과 상반되는 내용을 이끌 때 쓰는 접속 부사가 와야 한다.

ⓛ 장류는 일반쓰레기를 담는 종량제 봉투에 넣어서 버려야 하지만 종종 배수구에 버리는 사람들이 있다는 내용이 되어야 하므로 빈칸에는 '어쩌다가 띄엄띄엄'의 의미를 갖는 부사인 '간혹'이 오는 것이 적절하다.

ⓒ 장류와 더불어 일반쓰레기에 해당하는 김치에 대해 설명하고 있으므로 '어떤 것을 전제로 하고 그것과 같게'의 의미를 갖는 부사인 '또한'이 와야 한다.
따라서 빈칸에 들어갈 접속어를 바르게 나열한 것은 ④이다.

15 　　　　　　　　　| 정답 | ③

• 요체(要諦): 중요한 점
• 진수(眞髓): 사물이나 현상의 가장 중요하고 본질적인 부분
• 정수(精髓): 사물의 중심이 되는 골자 또는 요점
①, ②, ④는 사물이나 현상에서 가장 중요한 점을 의미하는 단어인데, ③은 '사고파는 사람 사이에 들어 흥정을 붙임'을 의미하는 단어이다.

16 　　　　　　　　　| 정답 | ③

제시된 글은 마늘·양파가 언피해를 입지 않도록 주의를 당부하는 글이다. 먼저 마늘·양파가 언피해를 입는 기상 조건과 평년 대비 올해 날씨에 대해 언급하고 있는 (다)문단으로 글이 시작되는 것이 자연스러우며, 이어서 이 때문에 마늘·양파가 언피해를 볼 가능성이 크다는 내용의 (나)문단이 와야 한다. (나)문단의 마지막 문장에서 지역에 맞지 않는 품종을 심은 곳에서는 더 주의를 기울일 필요가 있다고 하였으므로, 그다음으로는 그 예시에 대해 언급하고 있는 (라)문단이 이어져야 한다. 마지막으로 언피해를 대비하는 방법에 대해 언급하고 있는 (가)문단으로 글이 마무리되어야 한다. 따라서 문단을 논리적 순서대로 나열하면 '(다)-(나)-(라)-(가)'이므로 정답은 ③이다.

17 　　　　　　　　　| 정답 | ③

종합 안내서는 농림축산검역본부 누리집의 '수출국가별 반려동물 검역 안내'에서 확인할 수 있다고 하였다.

| 오답풀이 |
① 종합 안내서를 대한수의사회 누리집에 게시해 동물병원 수의사도 공유하도록 했다고 하였다.
② 종합 안내서 1권의 제목은 '강아지·고양이와 함께하는 해외여행, 이렇게 준비하세요'이므로 적절하다.
④ 국가별 반려동물 검역 정보는 1권에 담긴 내용이다.

18 　　　　　　　　　　　　| 정답 | ④

아열대 과일은 따뜻한 지역에서 자라는 외래작물로 시설비와 묘목비 등 생산비 부담이 만만치 않은데, 특히 난방비에서 큰 비용이 발생한다고 하였다. 따라서 난방비 절감 효과가 나타났다는 내용은 적절하지 않다.

| 오답풀이 |
① 한반도의 기후가 변화하면서 새로운 소득작물을 찾는 농가의 진입이 늘고 있다고 하였다.
② 성공적인 아열대 과일 재배를 위한 재배 기술 확립과 기술 지도에 정부와 연구기관이 적극적으로 나설 필요가 있다고 하였다.
③ 제주와 일부 남부지역에 국한했던 아열대 과일 재배지역이 강원지역까지 북상했다고 하였다.

19 　　　　　　　　　　　　| 정답 | ③

1일 8시간 이상 가산 임금 없이 약정할 수 있으나, 근로기준법에 따라 오후 10시부터 오전 1시까지의 3시간에 대하여는 야간 근로로 인정되므로 50%의 가산 임금을 지급해야 한다.

| 오답풀이 |
① 근로계약서상 1일 근로시간을 8시간을 초과하여 약정할 수 있으며, 1일 10시간을 근무하더라도 근로계약에 따른 것이므로 연장근로 2시간에 대해 50% 가산하여 임금을 지급할 필요가 없다고 언급되어 있다.
② 근로시간·휴게·휴일 규정 이외에는 연·월차휴가수당 등 근로기준법에서 정한 규정이 전부 적용된다고 언급되어 있다.
④ 농업 분야 고용허가제 외국인근로자(E-9-4)에게도 최저임금제가 적용된다고 언급되어 있다.

20 　　　　　　　　　　　　| 정답 | ④

각 선택지의 경우에 따른 장애수당을 계산해 보면 다음과 같다.
① 2급 차상위 계층이므로 150,000원을 받을 수 있으나, 23일에 신청하였으므로 50%가 감액된 75,000원에서 65세 이상으로 노령기초연금을 받기 때문에 50%가 추가 감액된다. 따라서 37,500원의 장애수당을 받는 경우이다.
② 3급 기초수급자이므로 100,000원의 장애수당을 받는 경우이다.
③ 5급 차상위 계층이므로 50,000원을 받을 수 있으나, 21일에 신청하였으므로 50%가 감액된 25,000원에서 80세로 노령기초연금을 받기 때문

에 50%가 추가 감액된다. 따라서 12,500원의 장애수당을 받는 경우이다.
④ 1급 차상위 계층이므로 150,000원의 장애수당을 받는 경우이다.
따라서 150,000원을 받는 선택지 ④가 정답이다.

21 　　　　　　　　　　　　| 정답 | ④

세 번째 문단에 따르면 공모전 수상자에게는 표창과 더불어 경기도 '푸드테크 기업 등 시설 개선사업' 보조사업자 선정 시 가점이 부여된다고 하였다. 따라서 개선사업 대상으로 선정된다는 내용은 글의 내용과 일치하지 않는다.

| 오답풀이 |
① 세 번째 문단에 따르면 공모전에는 기업, 기관, 단체, 개인 등 푸드테크에 관심이 있는 누구나 공모에 참여할 수 있다.
② 두 번째 문단에 따르면 식품 생산과정에서 발생한 부산물 등을 재가공해 새로운 제품으로 탄생시키는 산업인 푸드 업사이클링은 아이디어 대상에 해당한다.
③ 첫 번째 문단에서 푸드테크는 식품산업 전 과정에 빅데이터와 인공지능(AI) 등 4차 산업혁명 기술을 적용해 부가가치를 높이는 새로운 산업 분야라고 하였다.

22 　　　　　　　　　　　　| 정답 | ③

$\sqrt{20}=2\sqrt{5}$이므로 주어진 근삿값을 통해 $2 \times 2.236 = 4.472$를 얻는다.
[다른 풀이1] $\sqrt{20}=\sqrt{2} \times \sqrt{2} \times \sqrt{5}$이다. 주어진 근삿값을 통해 $1.414 \times 1.414 \times 2.236$을 계산 후 반올림하면 4.47이다.
[다른 풀이2] 주어진 보기를 각각 제곱해보면 순서대로 각각 19.45, 19.71, 19.98, 20.25가 나오므로 선택지 ③이 $\sqrt{20}$과 가장 가까운 수이다.

23 　　　　　　　　　　　　| 정답 | ③

10, 18, 24를 소인수분해하면 각각 2×5, 2×3^2, $2^3 \times 3$이다.
최소공배수는 $2^3 \times 3^2 \times 5$이고 최대공약수는 2이므로 최소공배수를 최대공약수로 나눈 값은 $2^2 \times 3^2 \times 5 = 180$이다.

24 　　　　　　　　　　　　| 정답 | ③

전자의 경우 1개를 팔 때 800원의 순수익이 발생하므로 1,000개를 판매할 경우 총순수익은 800,000원이

다. 후자의 경우 정가에서 10% 할인한 경우 1,800원에 물건을 판매하므로 순수익은 600원이고 1,500개를 판매한 경우 총순수익은 900,000원이다. 따라서 후자의 경우 100,000원의 순수익이 추가로 발생한다.

25
|정답| ③

주어진 방정식을 y에 대해 정리하면 $4y=8-3x$이다.
주어진 부등식에 4배를 취하면 $-8<4y<12$이다.
따라서 $-8<8-3x<12$ 이고 모든 변에서 8을 뺀 뒤 -3으로 나누어 정리하면 $\frac{16}{3}>x>-\frac{4}{3}$을 얻는다. 이를 만족하는 음이 아닌 정수는 0, 1, 2, 3, 4, 5 총 6개이다.

26
|정답| ①

위에서부터 셀 때, n번째 층에는 $(2n-1)^2$개만큼의 정육면체가 있으므로 다음과 같이 수열의 총합을 계산하면 된다.
따라서 $1^2+3^2+5^2+7^2+9^2+11^2$이다.
다른 풀이1) 단순 계산하여 풀이하면 $1+9+25+49$
$+81+121=286$
다른 풀이2) 일반항이 $a_n=(2n-1)^2$이므로
$$\sum_{n=1}^{6}(4n^2-4n+1)=4\sum_{n=1}^{6}n^2-4\sum_{n=1}^{6}n+\sum_{n=1}^{6}1$$
$$=4\frac{6\times7\times13}{6}-4\frac{6\times7}{2}+6$$
$$=4(91-21)+6=286$$

27
|정답| ④

납부할 원금은 매년 $5,000\div10$년$=500$(만 원)이다.
7회차까지 납부했을 때 남은 대출금이 1,500만 원이며 이에 해당하는 이자가 75만 원이므로 8회차에 납부할 원리금 상환액은 575만 원이다.

28
|정답| ③

피보나치 수열과 같이 이전 두 개 항을 합쳐 다음 항이 만들어진다.
$(a_{n+2}=a_n+a_{n+1})$
따라서 빈칸에 들어갈 숫자는 $7+11=18$이다.

29
|정답| ③

전항의 2배에 전전항을 더하여 다음 항이 만들어진

다. $(a_{n+2}=2a_{n+1}+a_n)$
따라서 빈칸에 들어갈 숫자는 $2\times7+3=17$이다.

30
|정답| ③

김 과장, 이 대리가 각각 40, 50시간 걸리므로 최소공배수 200을 일의 양으로 잡으면 김 과장의 일 속도는 시간당 5, 이 대리는 시간당 4이다. 따라서 둘이 동시에 일한다면 일 속도는 시간당 9이므로 $200\div9=22.2\cdots$으로 계산하여 약 22시간이 걸린다는 것을 알 수 있다. 따라서 수요일 오후 중 일이 끝난다.

31
|정답| ④

정사각형 1개의 둘레는 $4\times4=16$m이고 원의 둘레는 4πm이다. (원의 둘레: 지름$\times\pi$)
따라서 모든 선의 총 길이의 합은 $64+4\pi$(m)이다.

32
|정답| ①

총 점수는 $10\times2+9\times4+8\times3+7\times1=20+36+24+7=87$(점)이다. 총 10발을 쏘았으므로 이를 10으로 나누면 8.7점이다.

33
|정답| ②

한 장을 한 번 접을 때마다 조각 수는 2배로 늘어나게 된다. 4번 접는다면 한 장의 종이는 총 $2^4=16$조각으로 나누어지게 될 것이다. 색종이가 총 5장이었으므로 조각 수는 80조각이 나온다.

34
|정답| ①

위에서 바라보았을 때 보이는 면과 동서남북 4개 방향에서 보이는 면의 수를 세면 된다.
위에서 바라본 모습은

과 같으므로 25개의 단면이다.

옆에서 바라본 모습은

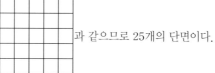

과 같으므로 9개의 단면이며 동서남북 네 곳이 같으므로 36개의 단면이 나온다.

따라서 위에서 바라본 모습과 옆에서 바라본 모습을 합하면 총 61개의 단면이 나온다.

35

|정답| ②

$\left(시간 = \dfrac{거리}{속도}\right)$

걸어서 이동하는데 걸린 시간은

$\dfrac{400\text{m}}{4\text{km/h}} = \dfrac{400\text{m}}{4000\text{m/h}} = \dfrac{1}{10}h = \dfrac{60\min}{10} = 6\min$이므로 6분이다.

자전거를 타고 이동하는데 걸린 시간은

$\dfrac{3\text{km}}{15\text{km/h}} = \dfrac{1}{5}h = \dfrac{60\min}{5} = 12\min$이므로 12분이다.

따라서 총 소요 시간은 18분이다.

36

|정답| ①

최초	1일	2일	3일	4일	5일	6일
256	128+32 =160	80+32 =112	56+32 =88	44+32 =76	38+32 =70	35+32 =67

37

|정답| ④

엄마의 나이를 y, 딸의 나이를 x로 두고 연립방정식을 세우면 $\begin{cases} y = 6x \\ y+24 = 2(x+24) \end{cases}$ 이다.

아래의 식을 정리하면 $y = 2x+24$이고, 위의 식을 대입하면 $6x = 2x+24$이므로 $x = 6$(살)이다.

따라서 현재 딸의 나이는 6살이다.

38

|정답| ③

먼저 주어진 알파벳들을 숫자로 치환하면

11 6 10 ⇨ ▲ ⇨ 1 8 14
14 11 21 ⇨ ★ ⇨ 6 4 26

이므로

▲의 연산은 $(-10, +2, +4)$, ★의 연산은 $(-8, -7, +5)$임을 알 수 있다. E D U를 숫자로 치환하면 5 4 21이고 ★, ▲를 역연산하면 $+18, +5, -9$를 취해주어야 하므로 23 9 12가 된다. 이를 다시 알파벳으로 치환하면 W I L이 된다.

39

|정답| ④

앞선 버스가 한 바퀴를 더 돌고 따라 잡을 때마다 만난다. 코스의 길이가 12km이고, 두 버스의 속도 차이가 8km/h이므로 $\dfrac{12}{8} = \dfrac{3}{2}$(시간)마다 만나게 된다.

따라서 3번째로 만나는 데까지 걸리는 시간은 4시간 30분이다.

40

|정답| ③

한 자리 숫자는 1~3까지 3개 있다.

두 자리 숫자는 1□ ,2□, 3□ 형태에서 □칸마다 3종류 카드가 들어가므로 총 9개 있다.

세 자리 숫자는 1□□ 형태가 6개 있다(첫 번째 □칸 안에 3종류 선택지, 두 번째 □칸 안에 2종류 선택지가 있으므로).

2□□ 형태도 6개 있다.

여기까지 24개이므로 25번째 숫자는 301이다.

41

|정답| ①

해당 수조의 부피는 $50^3\text{cm}^3 = 125{,}000\text{cm}^3 = 125{,}000ml= 125$L이므로 물의 무게는 0.125t이다.

$(1\text{cm}^3 = 1\text{ml}, 1{,}000\text{ml} = 1\text{L}, 1{,}000\text{g} = 1\text{kg}, 1{,}000\text{kg} = 1\text{t})$

42

|정답| ③

A지역이 수요일 16시일 때, B지역은 화요일 오전 2시이므로 14시간 느리다.

A지역이 수요일 16시일 때, C지역은 수요일 19시이므로 3시간 빠르다.

그러므로 C지역은 B지역보다 17시간이 빠르다. 따라서 B지역이 토요일 15시일 때, C지역은 일요일 오전 8시이다.

43

|정답| ③

상, 하단과 그 나머지 부분으로 나누어 생각해보면 n번째 그림의 상, 하단에는 각각 n개의 사각형이 가로로 배치되어 있고, 그 사이에는 세로로 $n+1$개의 사각형이 있으므로 총 $3n+1$로 구성되어 있다. 따라서 10번째 그림의 사각형 개수는 31개이다.

[다른 풀이]

순서대로 사각형의 개수를 세어보면 4, 7, 10… 이므로 3개씩 증가하는 수열이다.

일반항은 $3n+1$이므로 10번째는 31이다.

44 | 정답 | ①

원래 가격을 x라고 하면 20% 인상 후 3,000원 할인된

가격은 $\left(\dfrac{120}{100}x-3,000\right)$원이므로 방정식을 세우면 $\dfrac{6}{5}$

$x-3,000=x+800 \rightarrow 6x-15,000=5x+4,000$

$\therefore x=19,000$(원)

45 | 정답 | ③

$100\times1.05+100\times1.05^2+\cdots+100\times1.05^{10}=$

$\dfrac{100(1.05)(1.05^{10}-1)}{0.05}=1,323$

⊙ 문제해결 TIP

연초에 가입하는 상품의 원리합계 공식은 $\dfrac{a(1+r)((1+r)^n-1)}{r}$

이다.

46 | 정답 | ③

소금물의 농도(%)=$\dfrac{\text{소금의 양(g)}}{\text{소금물의 무게(g)}}\times100$

7% 농도의 소금물 200g에는 $\dfrac{7}{100}\times200=14$(g)의

소금이 들어있고, 10% 농도의 소금물 100g에는

$\dfrac{10}{100}\times100=10$(g)의 소금이 들어있다. 따라서 혼합

후 300g의 소금물 안에는 24g의 소금이 들어있으므

로 농도는 $\dfrac{24}{300}\times100=8$(%)이다.

⊙ 문제해결 TIP

소금물 안에 들어있는 소금의 양에 주목하여 풀면 쉽게 풀린

다.

47 | 정답 | ②

㉠ 2021년 영업이익이 $1,200-400-350=450$(억

원)이므로 영업이익률은 $\dfrac{450}{1,200}\times100=37.5$(%)

이다.

㉢ 2023년 당기순이익이 $1,800-800-930+600$

$+350-65=955$(억 원)이므로 당기순이익률은

$\dfrac{955}{1,800}\times100≒53.1$(%)이다. 즉, 50% 이상이다.

| 오답풀이 |

㉡ 연도별로 경상이익을 계산하면 다음과 같다.

· 2021년: $1,200-400-350-550=-100$(억 원)

· 2022년: $2,100-650-1,200+300=550$(억 원)

· 2023년: $1,800-800-930+600=670$(억 원)

따라서 경상이익이 가장 높은 해는 2023년이다.

㉣ 2021년 영업이익은 $1,200-400-350=450$(억 원)이고

2022년 영업이익은 $2,100-650-1,200=250$(억 원)이므로

2022년 영업이익은 전년 대비 감소하였다.

48 | 정답 | ①

연이자율을 r%라고 하면 4,000만 원을 3년간 예치

하였을 때 세전 이자는 $4,000\times\dfrac{r}{100}\times3=120r$(만

원)이다. 이때, 이자과세가 일반과세 15.4%이므로

이자과세액은 $120r\times0.154=18.48r$(만 원)이다. 따

라서 3년 뒤 세후 수령액에 대하여 $4,000+120r-$

$18.48r=4,355.32$이 성립한다.

식을 정리하면 $101.52r=355.32$

$\therefore r=3.5$

따라서 △△은행의 예금에 대한 연이자율은 3.5%이

다.

49 | 정답 | ④

㉠ 2018년 남학생 비중은 $\dfrac{1,910}{1,910+2,105}\times100≒$

47.6(%)이므로 49% 미만이다.

㉢ 여학생 비중은 2017년에 $\dfrac{2,040}{1,850+2,040}\times100≒$

52.4(%)이고 2020년에는 $\dfrac{1,945}{2,005+1,945}\times100$

≒49.2(%)이다. 따라서 $52.4-49.2=3.2$(%p)

감소하였으므로 3%p 이상 감소하였다.

| 오답풀이 |

㉡ 2020년 남학생 수는 2,005명이고 2년 전인 2018년에는

1,910명이므로 2,005-1,910=95(명) 증가하였다.

50 | 정답 | ④

2022년 충청지역의 마늘·양파·맥류 생산량은 다음

과 같다.

· 마늘: $56,711-9,064=47,647$(톤)

· 양파: $60,218-10,044=50,174$(톤)

• 맥류: $180+511=691$(톤)

따라서 2022년 충청지역의 마늘·양파·맥류 생산량에서 마늘이 차지하는 비중은 $\dfrac{47,647}{47,647+50,174+691}$ $\times 100≒48.4(\%)$이므로 48% 이상이다.

| 오답풀이 |

① 2022년 충남 지역의 양파 생산량은 54,783-11,808=42,975(톤)이다.

② 2022년 대전 지역의 마늘·양파·맥류 생산량을 각각 확인하면 다음과 같다.

 • 마늘: 350-6=344(톤)
 • 양파: 567-117=450(톤)
 • 맥류: 0+10=10(톤)

따라서 2022년 대전 지역 마늘·양파·맥류의 총생산량은 344+450+10=804(톤)이다.

③ 2023년 충청지역의 마늘 생산량 중 충북이 차지하는 비중은 $\dfrac{6,710}{56,711}\times 100≒11.8(\%)$이므로 13% 미만이다.

51 　　　　　　　　　　　　　| 정답 | ③

전년 대비 2021년 1인당 명목 국민총소득은 4,065-3,777=288(만 원) 증가하였고, 전년 대비 2022년 1인당 명목 국민총소득은 4,249-4,065=184(만 원) 증가하였다. 따라서 가장 많이 증가한 해는 2021년이다.

| 오답풀이 |

① 2021년 1인당 실질 국민총소득은 2018년 대비 $\dfrac{3,659-3,532}{3,532}$ $\times 100≒3.6(\%)$ 증가하였으므로 4% 미만으로 증가하였다.

② 2022년 1인당 명목 국민총소득은 2017년 대비 $\dfrac{4,249-3,589}{3,589}$ $\times 100≒18.4(\%)$ 증가하였으므로 20% 미만으로 증가하였다.

④ 2019~2020년, 2022년 1인당 실질 국민총소득은 전년 대비 증가하지 않았다.

52 　　　　　　　　　　　　　| 정답 | ③

2023년 소득분위 2구간의 국가 장학금 지원 구간 경곗값은 4년 전 대비 $\dfrac{2,700-2,306}{2,306}\times 100≒17.1(\%)$ 증가하였으므로 20% 미만으로 증가하였다.

| 오답풀이 |

① [표2]에서 국가 장학금 지원에 대하여 기초생활/차상위 및 소득분위 1~8구간까지 제시되고 있으므로 2023년 국가 장학금을 지원받기 위해서는 소득분위 8구간 이내여야 한다.

② [표1]을 통해 모든 구간에서 연도별 국가 장학금 지원 구간 경곗값이 해마다 증가함을 알 수 있다.

④ 2023년 국가 장학금에 대한 학기별 최대 지원 금액은 소득분

위 3구간이 260만 원이고 7구간이 175만 원이다. 이때, 260÷175≒1.5이므로 소득분위 3구간이 7구간 대비 1.2배 이상이다.

53 　　　　　　　　　　　　　| 정답 | ④

2011년부터 2016년까지 남자가 6~9세 이상인 초혼 부부의 비중은 해마다 꾸준히 증가하고 있고, 여자가 6~9세 이상인 초혼 부부의 비중은 0.7%에서 0.9%까지 유지 및 증가하고 있다. 따라서 2011년부터 2016년까지 6~9세 연령차 초혼 부부의 비중은 전반적으로 꾸준히 증가한다고 할 수 있다.

| 오답풀이 |

① 남자가 10세 이상 연상인 초혼 부부의 비중이 가장 낮은 해는 2020년(3.8%)이다.

② 여자가 연상인 초혼 부부의 비중은 2014년과 2016년에 전년 대비 증가하지 않았다.

③ 남자가 3~5세 이상 연상인 초혼 부부의 비중이 27% 미만인 해는 2017~2020년의 4번 있다.

54 　　　　　　　　　　　　　| 정답 | ④

2021년 4분기 철강 가격의 1톤당 평균 가격은 $(120+95+114)÷3≒109.7$(달러)이고 2022년 1분기 철강 가격의 1톤당 평균 가격은 $(131+143+148)$ $÷3≒140.7$(달러)이다. 따라서 두 평균 가격의 차이는 140.7-109.7=31(달러)이므로 30달러 이상이다.

| 오답풀이 |

① 원유 가격이 가장 낮을 때는 2021년 12월이고 가장 높을 때는 2022년 3월이다. 이때의 차이는 배럴당 111-72=39(달러)이다.

② 2022년 2월 목재 가격은 2021년 11월 대비 $\dfrac{1,337-825}{825}$ $\times 100≒62.1(\%)$ 증가하였으므로 60% 이상 증가하였다.

③ 2022년 3월 유연탄 10톤 구매 가격은 2,310달러이고 2021년 12월 구매 가격은 1,400달러이다. 따라서 2022년 3월 유연탄 10톤 구매 가격은 2021년 12월 대비 2,310-1,400=910(달러) 비싸다.

55 　　　　　　　　　　　　　| 정답 | ③

[그림3]에서 양파 생산자단체는 생산자로부터 전체 생산량의 23%를 받고 전체 생산량의 4%에 해당하는 양을 저장업체에 유통한다. 따라서 양파 저장업체가 생산자단체로부터 받는 양파의 양은 전체 생산량

의 4%이다.

| 오답풀이 |

① [그림3]에서 양파 저장업체는 산지유통인으로부터 44, 생산자로부터 22, 생산자단체로부터 4를 받으므로 세 군데에서 양파를 받고, 도매시장과 대량수요처의 두 군데에 유통한다.

② [그림1]에서 대형유통업체를 통해 소비자에게 유통되는 오이의 비중은 $\frac{35}{77} \times 100 \fallingdotseq 45.5(\%)$이므로 40% 이상이다.

④ [그림2]에서 대량 수요처는 도매시장에서만 수박을 유통 받는다. 따라서 산지 유통인으로부터 직접 받는 수박의 대량 수요량은 없다.

56　　　　　　　　　　　| 정답 | ①

2015년 출생아 수는 전년 대비 증가하였으므로 옳지 않다.

| 오답풀이 |

② 출생아 수는 2017년에 357.8천 명이고, 2016년에 406.2천 명이므로 2017년 출생아 수는 전년 대비 406.2−357.8=48.4(천 명), 즉 48,400명 적다.

③ 출생아 수는 2020년에 272.3천 명이고 2014년에 435.4천 명이므로 2020년 출생아 수는 2014년 대비 $\frac{435.4-272.3}{435.4}$ ×100$\fallingdotseq$37.5(%) 감소하였다.

④ 주어진 [표]를 통해 알 수 있다.

57　　　　　　　　　　　| 정답 | ①

2020년 유동비율은 $\frac{1,745}{690} \times 100 \fallingdotseq 252.9(\%)$이므로 255% 미만이다.

| 오답풀이 |

② 2022년 부채 중 유동부채의 비중은 $\frac{755}{755+265} \times 100 \fallingdotseq$ 74.0(%)이므로 75% 미만이다.

③ 2023년 유동자산은 2020년 대비 $\frac{2,130-1,745}{1,745} \times 100 \fallingdotseq$ 22.1(%) 증가하였으므로 20% 이상 증가하였다.

④ 2021년과 2023년 부채비율을 구하면 다음과 같다.

•2021년: $\frac{635+260}{2,550+80} \times 100 \fallingdotseq 34.0(\%)$

•2023년: $\frac{820+315}{2,885+85} \times 100 \fallingdotseq 38.2(\%)$

따라서 2023년 부채비율은 2년 전 대비 38.2−34.0=4.2 (%p) 증가하였으므로 5%p 미만으로 증가하였다.

58　　　　　　　　　　　| 정답 | ④

자산은 크게 자본과 부채로 구성된다. 즉, 빚(부채)도

자산의 일부인 것이다. A씨는 2.8억(부채)을 대출받아 자본 0.4억으로 집을 마련하였다. 그런데 2023년이 되면서 그 아파트값이 4,000만 원이 올랐다고 하였으므로 자산액은 3.6억 원이 되었다. 또, 개인사업을 하면서 은행으로부터 1.5억을 대출 받았고, 시인에게 공증을 받고 5,000만 원을 빌려주었으므로 이 또한 모두 자산에 포함된다. 따라서 A씨의 자산총액은 3.6+1.5+0.5=5.6(억 원)이다.

59　　　　　　　　　　　| 정답 | ③

연도별로 업무상 손상 발생률을 확인해 보면 다음과 같다.

•2020년: $\frac{21+10+23}{150+120+230} \times 100 = 10.8(\%)$

•2021년: $\frac{12+19+31}{80+250+170} \times 100 = 12.4(\%)$

•2022년: $\frac{9+31+15}{100+240+260} \times 100 \fallingdotseq 9.2(\%)$

•2023년: $\frac{35+18+16}{240+210+250} \times 100 \fallingdotseq 9.9(\%)$

따라서 업무상 손상 발생률이 가장 낮은 해는 2022년이다.

60　　　　　　　　　　　| 정답 | ③

ⓒ=17,455×(1−0.408)$\fallingdotseq$10,333이므로 옳지 않다.

| 오답풀이 |

① ㉠=14,382×(1+0.285)$\fallingdotseq$18,481

② $\frac{5,272-3,488}{5,272} \times 100 \fallingdotseq 33.8(\%)$이므로 ㉡=−33.8%

④ $\frac{11,758-7,648}{7,648} \times 100 \fallingdotseq 53.7(\%)$이므로 ㉣=+53.7%

61　　　　　　　　　　　| 정답 | ④

첫 번째 명제를 벤 다이어그램으로 나타내면 [그림1]과 같다.

[그림 1]

이때, 두 번째 명제에 의해 [그림2]와 같이 나타낼 수 있다.

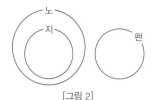

[그림 2]

이때, 지우개와 펜 사이에 공통영역이 없으므로 '어떤 지우개도 펜이 아니다'라고 언급하는 ④가 정답이다.

| 오답풀이 |

①, ② 모든 지우개는 펜이 아니다.
③ 모든 펜은 노란색이 아니다.

62 | 정답 | ①

강아지는 화분을 좋아하고, 화분을 좋아하는 동물은 사과를 좋아한다. 이때, 두 번째 명제의 대우 명제가 '사과를 좋아하면 노란색을 좋아하지 않는 동물이다.' 이므로 결국 강아지는 노란색을 좋아하지 않음을 알 수 있다. 따라서 정답은 ①이다.

| 오답풀이 |

② 화분을 좋아하는 동물, 즉 강아지는 노란색을 좋아하지 않는다. 따라서 항상 옳지 않다.
③ 세 번째 문장의 대우 명제에 의해 항상 옳지 않다.
④ 주어진 내용으로 참/거짓 여부를 판단할 수 없다.

63 | 정답 | ①

기획부 직원 A, B, C 모두 개발부 직원 F, G, H보다 점수가 높은데, C는 900점 미만이고 900점 미만인 직원은 4명이므로 C가 뒤에서 네 번째, F, G, H가 최하위권이다. 또한 G는 같은 부서 직원 중 점수가 가장 높으므로 이를 정리하면 다음과 같다.

1	2	3	4	5	6	7	8
				C	G	F/H	H/F

이때, 가장 점수가 높은 직원은 재무부 D, E가 아니므로 A, B 중 하나인데, A는 D 바로 다음이므로 B의 점수가 가장 높다. A와 D는 'D-A'로 함께 붙어 다니므로 다음과 같이 정리할 수 있다.

1	2	3	4	5	6	7	8
B	D	A	E	C	G	F/H	H/F
B	E	D	A	C	G	F/H	H/F

그런데 어느 경우이든 D는 항상 B보다 점수가 낮으므로 정답은 ①이다.

64 | 정답 | ④

C가 세 번째에 서 있다고 하였고, B는 C와 이웃하여 서 있으므로 B는 두 번째 또는 네 번째이다. A가 D 앞에 서 있다고 하였으므로 다음과 같이 순서를 정리할 수 있다.

첫 번째	두 번째	세 번째	네 번째
A	B	C	D
A	D	C	B

따라서 A는 항상 맨 앞에 서 있으므로 옳지 않은 것은 ④이다.

65 | 정답 | ③

당직하지 않는 사람이 거짓말을 한다.

영철이의 말에 따르면 윤재는 주말에 당직하지 않는다. 영철이의 말이 참이면 윤재는 당직하지 않고, 영철이의 말이 거짓이면 영철이가 당직하지 않는다.

성주의 말이 참이라면 성주는 동혁이와 같은 날 당직이고, 동혁이의 말도 참이 된다. 이때 동혁이는 종원이와 같은 날 당직이라고 했으므로 모순이 된다. 따라서 성주의 말은 거짓이며, 성주는 당직하지 않는다.

성주가 당직하지 않고, 영철, 윤재 중 1명이 당직하지 않으므로 유진, 동혁, 종원은 당직하고 참을 말한다. 따라서 유진이는 일요일에 당직하고, 동혁이와 종원이는 같은 날 당직하므로 토요일에 당직한다. 윤재의 말에 따르면 영철이가 토요일에 당직한다고 하였는데 토요일 당직은 동혁, 종원이므로 윤재의 말은 거짓이다. 즉, 윤재가 당직하지 않고, 영철이가 일요일에 당직한다.

따라서 일요일에 당직을 하는 사람은 유진, 영철이다.

66 | 정답 | ①

[4월 전력사용량]

A씨 집의 제품별 4월 전력사용량은 다음과 같다.

- TV: $150 \times 5 \times 30 = 22,500(\text{Wh}) = 22.5(\text{kWh})$
- 공기청정기: $50 \times 10 \times 30 = 15,000(\text{Wh}) = 15(\text{kWh})$
- 형광등: $100 \times 5 \times 30 = 15,000(\text{Wh}) = 15(\text{kWh})$
- 냉장고: $110 \times 24 \times 30 = 79,200(\text{Wh}) = 79.2(\text{kWh})$
- 김치냉장고: $40 \times 24 \times 30 = 28,800(\text{Wh}) = 28.8(\text{kWh})$
- 밥솥: $1,000 \times 1 \times 30 = 30,000(\text{Wh}) = 30(\text{kWh})$
- 세탁기: $600 \times 0.5 \times 30 = 9,000(\text{Wh}) = 9(\text{kWh})$

- 진공청소기: $1,100 \times 0.5 \times 30 = 16,500(\text{Wh}) = 16.5(\text{kWh})$
- 컴퓨터: $120 \times 5 \times 30 = 18,000(\text{Wh}) = 18(\text{kWh})$

즉, A씨 집의 4월 전력사용량은 $22.5+15+15+79.2+28.8+30+9+16.5+18=234(\text{kWh})$이다.

[사용량요금]

4월은 하절기 외이므로 구간별 사용량요금은 다음과 같다.
- 1구간: $93.3 \times 200 = 18,660(\text{원})$
- 2구간: $187.9 \times (234-200) = 6,388.6(\text{원})$

즉, A씨 집의 4월 사용량요금은 $18,660+6,388.6=25,048.6(\text{원})$인데, 원 단위 미만을 절사하면 25,048원이다.

4월은 하절기 외 요금이 적용되고, 전력사용량이 234kWh이므로 기본요금은 201~400kWh에 해당하는 1,600원이다. 따라서 A씨 집의 전기요금은 $1,600+25,048=26,648(\text{원})$이다.

67 | 정답 | ①

K이사와 N대리는 출장지가 스페인이므로 B지역으로 3박 4일간 출장을 갈 예정이다. 이때, 두 사람에 대하여 출장비를 계산하면 다음과 같다.
- K이사: $15 \times 3 + 8 \times 4 = 77(\text{만 원})$
- N대리: $13 \times 3 + 6 \times 4 = 63(\text{만 원})$

따라서 두 사람의 출장비 총액은 $77+63=140(\text{만 원})$이다.

68 | 정답 | ④

맨 마지막 D대리의 발언에 의해 숙박비는 가장 알맞게 책정되었음을 알 수 있다. 기념품비는 1,200만 원의 예산 중 32%가 남아 384만 원어치를 보관 중이지만, 워크숍 이전 회의에서 사내 소모품으로 구입하는 것에 대해 합의가 된 상황이고, 계속 사용될 수 있기에 크게 문제가 되지 않는다고 언급하고 있다. 상품비에서는 상품의 질이 좋지 않고 너무 많은 사람에게 질이 낮은 상품으로 제공된 점이 아쉽다고 하였지만, 여러 사람에게 상품이 지급되는 것이 목적이었으므로 크게 문제가 되지는 않는다.

그런데 기타여비는 2,000만 원 중 21%에 해당하는 금액이 남은 상황인데, 그 금액이 $2,000 \times 0.21 = 420(\text{만 원})$이다. 이는 기념품비보다 더 적은 비율이 남은 것이지만, 실제 금액은 더 많다. 게다가 남은 비

용에 대해서 어떻게 활용할 것인지에 관한 내용 또한 없으므로 예산관리 측면에서 가장 먼저 축소해야 하는 비용은 기타여비이다.

69 | 정답 | ③

장○○ 씨의 신상에 관한 일을 들어 비난하고 있으므로, 주어진 논증은 '인신공격의 오류'에 해당한다. 이와 같은 논리적 오류를 범하는 것은 ③이다. B는 음주운전으로 물의를 일으킨 바가 있으나, 이는 도난 사건과 무관하다. 즉, B의 신상인 음주운전 경력에 대한 '인신공격의 오류'에 해당한다.

| 오답풀이 |

① 오류라고 볼 수 없다.
② 거짓 원인의 오류에 해당한다.
④ 공포(협박)에 호소하는 오류에 해당한다.

70 | 정답 | ①

㉠ 출자금 제도는 일반적으로 협동조합에서 운영한다. 즉, 출자금 제도를 운영하는 것은 지역농협이다.
㉢ 지역농협은 농협중앙회가 관리하지만, 농협금융지주 소속은 아니다. 반면 농협은행은 농협중앙회의 관리를 받으면서 동시에 농협금융지주 소속이다.

| 오답풀이 |

㉡ 농협은행은 사익을 목적으로 하는 영리기관이다. 하지만 지역농협은 농업인과 조합원을 위한 금융 편의를 제공하기 위해 설립된 법인이다.
㉣ 농협은행은 제1금융권으로 분류되고 지역농협은 제2금융권으로 분류된다.

71 | 정답 | ④

축산물위해요소중점관리제도인 HACCP 시스템은 위해 요소 중점관리기준으로 작업공정에 대한 체계적이고 과학적인 사전 예방적 위생관리기법이며, 소비자에게 위생적이고 안전한 축산물을 공급할 수 있는 기본적인 시스템이다. HACCP는 기존 위생관리체계와는 달리 위해를 사전 예방하고 전 제품의 안전성을 확보하는 것을 목적으로 한다. 농산물우수관리인증제도는 GAP(Good Agricultural Practices)이다.

| 오답풀이 |

① 농협 홈페이지 기준으로 브로콜리, 갈치, 한라봉을 제주도의 특산물로 제시하고 있다.

② 농협에서 운영하는 농촌인력중개센터에서는 농촌이 유·무상으로 인력을 중개한다. 참여자는 농작업이 가능한 누구나 가능하고, 농가는 조합원이 아니더라도 일손을 제공받을 수 있다.

72 |정답| ②

회의를 진행할 때 분위기가 딱딱한 회의실에서 진행하는 것보다는 부드럽고 자연스럽게 얘기를 나눌 수 있는 카페 등에서 차 또는 커피를 마시면서 편하게 대화를 나눌 때 더 많은 아이디어를 발산할 수 있다. 이것이 자신의 생각을 타인의 생각과 비교하면서 최선의 결정을 내리는 퍼실리테이션의 취지에 부합하는 것이다. 회의실에서 아이디어 회의를 진행하면 자칫 경직된 분위기 속에서 솔직한 말을 할 수가 없게 되고, 이로 인해 서로의 의견에 대한 장단점을 확인하기가 어려워질 수 있다.

73 |정답| ③

주어진 두 상황은 모두 스캠퍼 기법 중 '제거하기(Eliminate)'에 관한 예를 설명하고 있다. 자동차 '히드라'에서는 나노기술을 통해 와이퍼를 없앴고, 노트북 컴퓨터에서는 마우스의 선을 없앤 무선 마우스를 사용하는 것은 모두 기존에 있던 것을 생각의 전환을 통해 '제거하기(Eliminate)'를 구현한 것이다. 이와 같은 또 다른 예로는, 날개 없는 선풍기 등이 있다.

74 |정답| ④

해외 출장비는 금액에 상관없이 출장계획서는 팀장에게 전결되었고, 출장비 신청서는 대표이사에게 결재권이 있다. 따라서 정답은 ④이다.

75 |정답| ①

별빛마을부터 모든 지역을 거쳐 매화마을까지 유통하는 경로는 두 지역을 고정하고 나머지 3개 지역을 순서대로 배열하는 방법과 같으므로 총 6가지 경우의 수가 발생한다. 따라서 각 경로에 따라 지역 간의 이동에 드는 물류비용을 정리하면 다음과 같다.

- 별빛마을－금빛마을－은빛마을－민속마을－매화마을: $6+9+1+8=24$(만 원/톤)
- 별빛마을－금빛마을－민속마을－은빛마을－매화마을: $6+5+1+4=16$(만 원/톤)
- 별빛마을－은빛마을－금빛마을－민속마을－매화마을: $7+9+5+8=29$(만 원/톤)

- 별빛마을－은빛마을－민속마을－금빛마을－매화마을: $7+1+5+3=16$(만 원/톤)
- 별빛마을－민속마을－금빛마을－은빛마을－매화마을: $4+5+9+4=22$(만 원/톤)
- 별빛마을－민속마을－은빛마을－금빛마을－매화마을: $4+1+9+3=17$(만 원/톤)

따라서 두 번째 또는 네 번째 경로를 통해 농산물을 유통할 때, 물류비용이 16만 원/톤으로 최소가 된다.

76 |정답| ②

주어진 설명에 따른 순서를 도식화하여 정리하면 다음과 같다.
오리－(　　)－양
젖소＞양
돼지＞오리
염소－젖소
따라서 이러한 순서에 모두 부합하는 선택지는 ②밖에 없다는 것을 알 수 있다.

|오답풀이|
① 첫 번째 설명에 부합하지 않는다.
③ 두 번째 설명에 부합하지 않는다.
④ 첫 번째, 두 번째, 세 번째 설명에 부합하지 않는다.

77 |정답| ④

우선 마지막 설명을 통하여 C는 서울에서 화초를 구매하였다는 것을 알 수 있다. C가 진달래를 구매하지 않았다고 하였는데 만일 개나리를 구매하였다면 세 번째 설명에 모순이 생기게 되므로 C는 무궁화를 구매하였다는 것을 알 수 있다. 따라서 B는 진달래와 무궁화 중 진달래를 구매한 것이 되며, A는 개나리를 구매한 것이 된다. 그러므로 개나리를 구매한 A가 수원에서, 진달래를 구매한 B가 용인에서 각각 화초를 구매한 것이 되어 선택지 ④가 정답인 것을 알 수 있다.

78 |정답| ③

출발시각을 한국 시간으로 먼저 바꾼 다음 소요시간을 더해서 도착 시간을 확인해 보면 다음과 같다.

구분	출발시각 (현지시간)	출발시각 (한국시간)	소요시간	도착시간
갑 지점장	7월 5일 17:20	7월 6일 01:20	13시간	7월 6일 14:20

을 지점장	7월 5일 08:30	7월 5일 22:30	14시간	7월 6일 12:30
병 지점장	7월 5일 09:15	7월 6일 01:15	11시간	7월 6일 12:15
정 지점장	7월 5일 22:30	7월 6일 04:30	9시간	7월 6일 13:30

따라서 도착 시간이 가장 빠른 사람과 가장 늦은 사람은 각각 병 지점장과 갑 지점장이 된다.

79 | 정답 | ③

10분마다 10대가 나가고 20대가 주차를 하게 되므로 결국 10분마다 10개씩 주차 대수가 늘어나게 따라서 8시 30분이 되면 100대가 모두 주차하여 자리가 없게 된다. 8시 40분에는 대기 차량이 20대가 되며, 이 중 우선 대기 차량 10대가 주차를 하게 된다. 다시 8시 50분이 되면 이전 대기 차량 10대와 추가 대기 차량 20대를 합해 모두 30대의 대기 차량 중 8시 40분까지 도착했던 대기 차량 중 나머지 10대가 주차를 하게 된다. 9시에는 총 대기 차량 40대 중 8시 50분에 도착했던 차량의 우선 대기 차량 10대가 주차를 할 수 있다. 따라서 8시 50분에 도착할 경우 '반드시' 주차가 가능하다고 볼 수 없으므로 8시 40분까지 도착해야 9시까지는 '반드시' 주차가 가능하게 된다.

80 | 정답 | ③

두 번째 명제와 네 번째 명제의 대우명제를 삼단논법으로 연결하면 선택지 ③과 같은 결론을 얻을 수 있다.

| 오답풀이 |
① 네 번째 명제의 이이므로 항상 올바른 것은 아니다.
② 두 번째 명제의 이이므로 항상 올바른 것은 아니다.
④ 농구와 배구의 선호도에 관해서는 상호 인과관계를 찾을 수 없어 알 수 없다.

81 | 정답 | ①

분야별 중복응모는 가능하지만, 한 개 분야에 중복응모는 불가능하다고 설명되어 있으므로 올바른 판단이 아니다.

| 오답풀이 |
② 조경시설물 설치 공사업 등록이 되어 있지 않아도 시설물 제작·설치가 가능한 업체면 응모가 가능하다.
③ 제안서 제출확약서는 e-mail 접수이나, 제안서는 방문 제출

을 해야 한다.
④ 제안서는 지정된 대표사가 제출해야 하나, 제안서 제출확약서는 하나 이상의 구성원이 제출하면 되므로 반드시 같을 필요는 없다.

82 | 정답 | ④

초입금이 10만 원 이상이며, 월 납입한도가 1인당 500만 원이므로 같은 월의 2회차 납입금은 최대 490만 원이다.

| 오답풀이 |
① 자금 마련형과 연금 지급형 모두 가입 대상은 개인이므로 올바른 설명이다.
② 두 가지 유형 모두 우대금리는 최고 연 0.2%p라고 언급되어 있다.
③ 적립 기간(1년 차)과 재예치 기간(2년 차, 3년 차)의 적용 금리가 각각 1년제, 2년제, 3년제이므로 적용 금리 기준이 모두 다르다.

83 | 정답 | ③

모든 서류의 제출기간은 마감일 오후 4시가 아닌, '2024.01.09.(화) 나라장터 마감 시까지'라고 명시되어 있다.

| 오답풀이 |
① 과업명이 직원 채용 대행 용역이므로 ○○조합의 직원 채용을 대행할 용역 업체를 선정하기 위한 입찰이다.
② 입찰서는 기술평가 후 개찰한다고 명시되어 있다.
④ 제안서류 일체는 PDF 파일 형식으로 제출하여야 하며, 총 용량은 300MB를 초과할 수 없다고 명시되어 있으므로 아래한글 파일과 200MB 용량의 파일 2개(총 용량 400MB)를 제출할 수 없다.

84 | 정답 | ①

'D농협의 직원'을 A로, '3인 가구이다'를 C로, '고추를 재배하는 농민'을 B로 바꾸어 전제1과 결론을 도식화 해보면 다음과 같다.
A → C
B → C
따라서 'A이면 C'라는 전제를 통해 'B 역시 C'라는 결론을 도출하기 위해서는 'B는 A와 같거나 A에 포함된다.'는 전제가 필요하다는 것을 추론할 수 있다.
그러므로 'B는 A와 같거나 A에 포함된다.'의 의미를 갖는 전제는 '모든 B는 A이다.' 즉, '고추를 재배하는 모든 농민은 D농협의 직원이다.'가 되는 것을 알 수

있다.

85
|정답| ③

ㄴ 대여받는 조합(가로축)을 기준으로 숫자 1이 가장 많이 표시된 조합은 D조합이다.

ㄹ E조합은 B조합에 농기계를 직접 대여하며, B조합은 C조합에 대여하고, C조합은 D조합에 대여가 가능하다.

| 오답풀이 |

ㄱ E조합은 B조합에 농기계를 직접 대여하고, B조합은 C, D조합에 대여한다. 이 중 D조합이 A조합에 대여할 수 있으므로 옳지 않다.

ㄷ E조합은 A조합과 B조합에 농기계를 직접 대여하고, A, B조합 모두 C조합에 대여할 수 있으므로 옳지 않다.

86
|정답| ④

주어진 조건에 따르면 D는 A보다 먼저 신청하였고, A는 C보다 먼저 신청한 것을 알 수 있다. 또한 B는 C와 E보다 먼저 신청하였고, C는 마지막으로 신청하지 않았다. 이에 따라 C가 네 번째로 신청하였고 E가 다섯 번째로 방문하여 9개월을 신청한 것을 알 수 있다. 이때, B와 E가 신청한 개월 수의 합은 D가 신청한 개월 수와 같으므로 D가 신청한 개월 수는 9+3=12(개월)이다. 이에 따라 B의 신청 순서에 따라 가능한 경우는 다음과 같다.

• B가 첫 번째로 신청했을 경우

구분	첫 번째	두 번째	세 번째	네 번째	다섯 번째
신청자	B	D	A	C	E
개월 수	3개월	12개월	9개월 또는 6개월	6개월 또는 9개월	9개월

• B가 두 번째로 신청했을 경우

구분	첫 번째	두 번째	세 번째	네 번째	다섯 번째
신청자	D	B	A	C	E
개월 수	12개월	3개월	9개월 또는 6개월	6개월 또는 9개월	9개월

• B가 세 번째로 신청했을 경우

구분	첫 번째	두 번째	세 번째	네 번째	다섯 번째
신청자	D	A	B	C	E
개월 수	12개월	9개월 또는 6개월	3개월	6개월 또는 9개월	9개월

따라서 A와 E가 같은 개월 수를 신청했다면 C는 6개월을 신청한 것이므로 항상 옳지 않은 것은 ④이다.

87
|정답| ③

'V' 꼴은 '농'자의 'ㄴ'을 변형한 것으로 싹과 벼를 의미하여 농협의 무한한 발전을, 'V' 꼴을 제외한 아랫부분은 '업'자의 'ㅇ'을 변형한 것으로 원만과 돈을 의미하며 협동 단결을 상징한다. 또한, 마크 전체는 '협'자의 'ㅎ'을 변형한 것으로 'ㄴ+ㅎ'은 농협을 나타내고 항아리에 쌀이 가득 담겨 있는 형상을 표시하여 농가 경제의 융성한 발전을 상징한다.

또한 시그니처는 심벌과 로고 타입을 가장 합리적이고 균형적으로 조합시킨 것으로 농협의 정식 표기를 의미하며, 농협의 이미지를 인식시키는 가장 직접적인 표현 형식이다.

88
|정답| ③

네트워크와 유통망이 다양한 것은 자사의 강점이며 이를 통하여 심화되고 있는 일본 업체와의 경쟁을 우회하여 돌파할 수 있는 전략은 주어진 환경에서 적절한 ST전략이라고 볼 수 있다.

| 오답풀이 |

① 세제 혜택(O)을 통하여 환차손 리스크 회피 모색(W)

② 타 해외 조직의 운영 경험(S)을 살려 업무 효율성 벤치마킹(O)

④ 해외 진출 경험으로 축적된 우수 인력(S) 투입으로 업무 누수 방지(T)

89
|정답| ①

로봇이 직접 농작물의 상태를 살펴 사용자에게 실시간으로 정보를 전달한다고 하였으므로 정보통신 기술이 큰 역할을 담당한다고 추론할 수 있다. 실제로 스마트팜에는 나노기술과 정보통신 기술이 매우 중요한 역할을 담당한다.

| 오답풀이 |

② 수경 재배 기법의 발전을 직접적으로 추론할 수 있는 근거는 없다.

③ 첨단 기술을 활용하는 스마트팜은 오히려 경영비 증가를 가져올 수 있다.

④ 기술이 대체하는 스마트팜 운영은 실질적인 농업인력의 감소

로 이어질 수 있다.

90

| 정답 | ①

기부액 10만 원까지 전액이 공제되는 것이며, 10만 원 초과분에 대하여 16.5%가 공제되는 것이므로 116,500원에 대한 세금이 공제되는 것이다.

| 오답풀이 |

② 기부자 본인의 주민등록등본상 거주지를 제외한 지역자치단체에 기부하는 제도이다.

③ 답례품은 기부금액의 30% 한도 내이며, '답례품 선택'이라고 명시되어 있으므로 동일한 답례품이 지급되는 것은 아니다.

④ 법인은 기부할 수 없으며, 연간 최대 상한액이 500만 원이나, 매달 일정한 금액을 기부해야 한다는 언급은 찾아볼 수 없다.

91

| 정답 | ②

(가) 1인 가구는 40,000원이 지원되나 가구원 수가 많아질수록 1인당 지원 금액은 조금씩 줄어드는 것을 알 수 있다.

(다) 매월 2,000원 미만에 한해서 이월 가능하므로 남은 금액이 1,000원이면 다음 달에 사용할 수 있다.

| 오답풀이 |

(나) 소득액이 300만 원인 4인 가구는 중위소득 50%에 해당되지 않으므로 농식품바우처 지원 대상이 아니다.

92

| 정답 | ③

새로운 조직을 인수하면 신규 사업이 기존 조직에 원활하게 융합될 수 있도록 조직구조를 적절히 개편하는 작업이 가장 먼저 이루어져야 한다.

| 오답풀이 |

① 조직문화를 무분별하게 바꾸려고 하는 것은 적절한 시도가 아니며, 인수된 기업이 모기업의 기존 조직문화에 적절히 흡수될 수 있도록 유도할 필요가 있다.

② 조직 인수와 기업 공개가 반드시 동시에 진행되는 것은 아니다.

④ 조직 구성원을 대폭 감축하는 것은 조직의 발전을 위한 바람직한 기업 인수의 후속 작업이라고 할 수 없다.

93

| 정답 | ①

조직의 경영전략 추진과정은 다음 도식화 된 바와 같은 단계를 거쳐 이루어진다.

전략목표설정	환경분석	경영전략 도출
• 비전 설정 • 미션 설정	• 내부 환경 분석 • 외부 환경 분석 (SWOT 분석 기법)	• 조직전략 • 사업전략 • 부문전략

경영전략 실행	평가 및 피드백
• 경영목적 달성	• 경영전략 결과 평가 • 전략목표 및 경영전략 재조정

94

| 정답 | ①

매트릭스 조직 구조의 장단점은 다음과 같이 정리할 수 있다.

[장점]

• 신축성과 적응성이 요구되는 불안정하고 급변하는 환경에 신속히 대처할 수 있으며, 새로운 사업 수요에 대해 신속하게 대응할 수 있다.

• 지식과 정보의 흐름을 활성화시킬 수 있다.

• 사업구조와 기능구조의 상호 견제를 통해 여러 사업에 걸친 관리의 일관성을 유지할 수 있다.

• 새로운 프로젝트를 수행하는 데 있어 기존 인력을 활용할 수 있다.

• 다양한 업무를 수행하는 과정에서 조직 구성원의 참여가 이루어지고 능력이 개발되며 시야가 넓어진다.

• 이질적인 구성원의 상호작용을 통해 창조성을 확보할 수 있다.

[단점]

• 이중적 명령계통은 역할의 모호성을 초래하며 갈등을 유발할 수 있다.

• 조정을 중시하나, 소속감 결여와 지휘명령계통의 다원화로 실질적인 조정이 곤란한 경우가 많다.

• 토론과 논의가 끊임없이 이루어지기 때문에 의사결정에 많은 시간이 소요된다.

• 권한구조가 다원화되면서 관리계층 증가에 따른 관리비용이 증가하게 된다.

95

| 정답 | ③

주어진 대화를 해석하면 다음과 같다.

A: 여보세요, □□□ 센터 소비자서비스 팀입니다.

B: 낸시와 통화할 수 있을까요?

A: 죄송합니다만 지금 낸시는 통화하기 어려운데요,
메모 남겨 주시겠어요?
B: 그럼 케네스를 좀 바꿔주시겠어요?
전화 통화 시 메모를 남겨 달라는 말은 관용적 표현으
로 Can I take a message?로 쓴다.

96
|정답| ④

창의적인 사고는 당면한 문제를 해결하기 위해 이미
알고 있는 경험과 지식을 해체하여 다시 새로운 정보
로 결합함으로써 가치 있고 참신한 아이디어를 산출
하는 사고이다. 이를 위해서는 기존 인식의 틀을 깨고
발상의 전환을 시도하는 태도가 가장 중요하다.

|오답풀이|
① 상대방의 말에 공감할 수 있는 능력은 설득을 위해 필요한 것
으로, 논리적 사고를 위한 방법이다.
② 경험적 증거나 타당한 논증을 근거로 사고하는 것은 비판적
사고를 위한 방법이다.
③ 상대방의 논리를 구조화하는 태도는 논리적 사고를 위한 방법
이다.

97
|정답| ③

을이 거래처2를 방문할 계획이므로 병이 방문 예정인
거래처는 거래처4가 된다. 갑이 제시한 회의 안건이
구매이므로, 거래처3을 방문할 예정이며 재고관리를
안건으로 제시한 사람은 정이 된다. 따라서 갑이 방문
할 거래처는 거래처1이 되고, 을이 제시한 안건은 가
격협상, 병이 제시한 안건은 반품이 된다. 이를 표로
정리하면 다음과 같다.

갑	을	병	정
거래처1	거래처2	거래처4	거래처3
구매	가격협상	반품	재고관리

따라서 옳은 설명은 ㉠, ㉡, ㉣이다.

98
|정답| ③

첫 번째와 두 번째 조건에 의하면, 김 씨 직원-정 씨
직원의 연이은 도착순서와 이후 류 씨 직원이 도착한
것을 알 수 있다. 그런데 김 씨 직원이 가장 먼저 도
착한 것이 아니면서 김 씨 직원-정 씨 직원의 연이
은 도착순서가 충족되려면, 김 씨 직원-정 씨 직원
의 도착순서는 2-3등, 3-4등 중 하나가 된
다.(4-5등일 경우 류 씨 직원의 도착순서에 모순이

생긴다.) 그런데 만일 이들의 도착순서가 3-4등이라
면 5등은 류 씨 직원이 되어 1-2등의 연이은 도착순
서에 양 씨 조합원과 이 씨 조합원이 해당되어야 하므
로 네 번째 조건에 모순이 생긴다. 그러므로 김 씨 직
원-정 씨 직원의 도착순서는 2-3등이 되는 것을 알
수 있으며, 1등과 4등 중 하나씩에 양 씨 조합원과 이
씨 조합원이 해당되며 마지막 5등이 류 씨 직원이 되
어야 한다. 정 씨 직원과 류 씨 직원의 도착순서는 3
등과 5등이 되므로 2등인 김 씨 직원과 양 씨 조합원
의 도착순서 차이가 이와 같기 위해서는 양 씨 조합원
의 도착순서는 4등이 되고 이 씨 조합원이 1등이 되
는 것을 알 수 있다.
따라서 첫 번째와 네 번째로 도착한 인원은 이 씨 조
합원과 양 씨 조합원이 된다.

99
|정답| ①

타일은 세트 단위로만, 구매가 가능하므로 105개, 60
개, 70개의 최소공배수를 찾으면 어렵지 않게 정답을
찾을 수 있다. 105, 60, 70의 최소공배수는 420이므
로 A타일은 4세트, B타일은 7세트, C타일은 6세트
가 사용될 경우 세 개 벽의 크기가 같게 되는 것을 알
수 있다.
이 경우 A타일은 $153,000 \times 4 = 612,000$(원), B타일
은 $148,000 \times 7 = 1,036,000$(원), C타일은 142,500
$\times 6 = 855,000$(원)의 비용이 발생한다. 따라서 타일
총비용이 가장 싼 경우는 A타일이고, 이때 타일 비용
은 612,000원인 것을 알 수 있다.

100
|정답| ②

식품뿐 아니라 금전과 생활용품의 기부도 가능하다고
언급되어 있으며, 실제로 푸드뱅크는 금전, 물품, 시
간, 재능기부 등 다양한 종류의 기부가 포함된다.

|오답풀이|
① 보건복지부의 주도로 전국 단위 푸드뱅크가 설치된 것은
2002년 5월이다.
③ 미국에서 전국 규모로 기부 받은 식품의 저장 및 관리를 시작
한 것은 1979년이 아닌, 2001년부터이다.
④ 2008년 피딩 아메리카에는 170명 이상의 직원이 근무하고
있으며, 5,500명의 직원은 미국 전역 200여 개의 푸드뱅크
에 근무하는 인원이다.

01	②	02	③	03	④	04	①	05	④
06	④	07	④	08	④	09	③	10	④
11	③	12	③	13	④	14	①	15	④
16	②	17	①	18	④	19	①	20	④
21	②	22	④	23	④	24	③	25	①
26	①	27	①	28	④	29	②	30	④
31	④	32	④	33	③	34	①	35	④
36	②	37	③	38	③	39	④	40	②
41	④	42	①	43	③	44	④	45	④
46	④	47	①	48	③	49	①	50	②
51	②	52	④	53	②	54	④	55	①
56	④	57	②	58	②	59	①	60	②

01 | 정답 | ②

수주대토(守株待兔)란 '한 가지 일에만 얽매여 발전을 모르는 어리석은 사람을 비유적으로 이르는 말'로, 한 농부가 우연히 나무 그루터기에 토끼가 부딪쳐 죽은 것을 잡은 후 또 그와 같이 토끼를 잡을까 하여 일도 하지 않고 그루터기만 지키고 있었다는 데서 유래한다. 따라서 의미가 같은 것은 '융통성 없이 현실에 맞지 않는 낡은 생각을 고집하는 어리석음을 이르는 말'을 뜻하는 ② 각주구검(刻舟求劍)이다.

| 오답풀이 |
① 각골난망(刻骨難忘): 남에게 입은 은혜가 뼈에 새길 만큼 커서 잊히지 아니함.
③ 토사구팽(兔死狗烹): 토끼가 죽으면 토끼를 잡던 사냥개도 필요 없게 되어 주인에게 삶아 먹히게 된다는 뜻으로, 필요할 때는 쓰고 필요 없을 때는 야박하게 버리는 경우를 이르는 말.
④ 견토지쟁(犬兔之爭): 개와 토끼의 다툼이라는 뜻으로, 두 사람의 싸움에 제삼자가 이익을 봄을 이르는 말.

◎ 문제해결 TIP

단어를 한자로 표기하거나 제시된 지문과 의미가 통하는 한자성어를 찾는 유형으로, 기초적인 한자에 대한 이해가 있으면 보다 쉽게 풀 수 있다. 일상생활에서 자주 접하는 한자부터 익혀 두면 문제 풀이에 도움이 된다.

02 | 정답 | ③

잘못된 유비추리의 오류란 어떤 것을 유사한 다른 것에 비유하여 설명할 때, 유사한 부분 하나를 근거로 나머지 모두를 추론하여 발생하는 오류이다. 제시된 사례는 단순한 선후관계를 인과관계로 판단하는 잘못된 인과관계의 오류에 해당한다.

| 오답풀이 |
① 강조의 오류는 문장의 한 부분만을 강조하여 발생하는 오류이다. 제시된 사례에서는 친구와 싸우지 말라고 한 것에 '친구'만을 강조하여 발생한 오류이다.
② 분할의 오류는 전체나 집합이 지닌 성질이 참이라고 할 때 그 개별적인 요소도 참이라고 주장하여 발생하는 오류이다. 제시된 사례에서는 대한민국의 성질을 대한민국 국민의 성질이라고 판단하여 발생한 오류이다.
④ 은밀한 재정의의 오류는 특정 단어를 자의적으로 정의 및 해석하여 발생하는 오류이다. 제시된 사례에서는 주말에 늦게 일어나는 것을 '게으름'이라고 자의적으로 해석하여 발생한 오류이다.

03 | 정답 | ④

탐욕은 '지나치게 탐하는 욕심'을 뜻하고, 영욕은 '영예와 치욕을 아울러 이르는 말'을 뜻한다. 따라서 정답은 ④이다.

| 오답풀이 |
① 도모: 지나치게 탐하는 욕심.
② 야욕: 자기 잇속만 채우려는 더러운 욕심.
③ 욕념: 분수에 넘치게 무엇을 탐내거나 누리고자 하는 마음.

04 | 정답 | ①

밑줄 친 단어는 지역별로 분류한다는 의미로 쓰였으므로 여러 가지가 섞인 것을 구분하여 분류한다는 의미의 ①이 적절하다.

| 오답풀이 |
② 말이나 이야기, 인사 따위를 주고받다.
③ 음식 따위를 함께 먹거나 갈라 먹다.
④ 즐거움이나 고통, 고생 따위를 함께하다.

05 　|정답| ④

제시된 내용은 시네틱스에 관한 설명이다. 시네틱스 기법을 활용하려면 다음의 사항을 고려해야 한다.

- 친숙한 것을 이용해 새로운 것을 창안: 주변의 사물로부터 무엇인가를 추출하려면 먼저 너무나 친숙해서 달리 보이는 것이 하나도 없는 것처럼 보이는 상황을 벗어나야 한다.
- 친숙하지 않은 것을 친숙한 것으로 보도록 하는 것: 친숙하지 않은 것을 보면 기존의 인지 구조 내에서 이들을 탐색한 후에 무관심의 영역으로 내던져 버리는 때가 많다. 주변에서 접하게 되는 친숙하지 않은 상황도 수용할 수 있어야 한다.
- 어떤 문제에 대한 새로운 시각을 마련하는 것에 중점: 어떤 문제를 해결하고자 할 때 아이디어 발견

06 　|정답| ④

필자가 주장하는 농촌의 실상으로 가장 핵심적인 내용은, 전업농가는 점차 감소하고 있으며, 농업 외 수입이 더 많은 겸업농가의 수는 증가하였다는 것이다. 또한 전업농가는 여전히 농업 외의 소득을 통한 농가소득 확보가 쉽지 않은 70대 이상 고령농가에서 높은 비중을 차지하고 있다고 추가 설명하고 있다.

| 오답풀이 |
① 겸업농가화가 전 연령층에서 나타나는 현상은 아니므로 적절하지 않다.
② 70대 이상 고령농가에 국한된 의견이므로 적절하지 않다.
③ 두 번째 문단에서 겸업농가 비중은 식량작물이 52.0%, 화훼가 58.2%로 식량작물이 화훼보다 비중이 낮으므로 적절하지 않다.

07 　|정답| ④

㉠ 업무를 추진하다 보면 관련 부서나 외부기관, 단체 등에 명령이나 지시를 내려야 하는 일이 많다. 이 경우 일반적으로 업무 지시서를 작성한다. 업무 지시서는 상황에 적합하고 명확하게 작성해야 한다. 또한, 단순한 요청이나 자발적인 협조를 구하는 차원의 사안이 아니므로 즉각적인 업무 추진이 실행

될 수 있도록 해야 한다. 따라서 (나)가 적절하다.
㉡ 제안서나 기획서의 목적은 업무를 어떻게 혁신적으로 개선할지, 어떤 방향으로 추진할지에 대한 의견을 제시하는 것이다. 그러므로 회사의 중요한 행사나 업무를 추진할 때 제안서나 기획서를 효과적으로 작성하는 것은 매우 중요하다. 제안이나 기획의 목적을 달성하기 위해서는 관련된 내용을 깊이 있게 담을 수 있는 작성자의 종합적인 판단과 예견적인 지식이 요구된다. 따라서 (라)가 적절하다.

| 오답풀이 |
(가) 업무 내용과 관련된 요청사항이나 확인 절차를 요구해야 할 때에는 일반적으로 공문서를 활용한다.
(다) 시각적인 자료를 활용하여 신속하고 정확하게 작성하는 문서는 정보 제공을 해야 하는 경우에 작성하는 문서이며, 기업 정보를 제공하는 홍보물이나 보도자료 등의 문서, 제품 관련 정보를 제공하는 설명서나 안내서 등이 이에 해당된다.

08 　|정답| ④

상대방의 말을 듣고 곧 자신이 다음에 할 말을 생각하는 데 집중하는 것은 상대방이 말하는 것을 잘 듣지 않는 것을 의미한다. 이러한 태도는 결국 자기 생각에 빠져서 상대방의 말에 제대로 반응할 수가 없게 된다.

| 오답풀이 |
경청은 상대가 무엇을 느끼고 있는가를 상대의 입장에서 받아들이는 공감적 이해, 자신이 가지고 있는 고정관념을 버리고 상대의 태도를 받아들이는 수용의 정신, 자신의 감정을 솔직하게 전하고 상대를 속이지 않는 성실한 태도가 필수적이다. 적극적 경청은 의사소통에 있어 기본이 되는 태도이다. 나머지 선택지에 언급된 것 이외에도 상대방이 말하는 동안 경청하고 있다는 것을 표현하는 것, 대화 시 흥분하지 않는 것 역시 필요한 태도이다.

09 　|정답| ③

두 번째 문단에서 대출금리의 이자 계산 방식은 실효수익률의 이자 계산 방식과 유사하다고 하였다. 따라서 대출금리 6%로 100만 원을 대출받은 경우 1년 뒤에 원금을 한꺼번에 갚으면 6만 원을 이자로 내야 하지만 12개월로 나누어 갚으면 줄어든 원금만큼 매월 이자도 적어지므로 적절하지 않다.

| 오답풀이 |
①, ② 첫 번째 문단에서 실질금리는 명목금리에서 물가상승률을 빼면 알 수 있다고 하였으므로 명목금리가 일정할 때, 물가상승률이 높아지면 실질금리는 낮아지고, 물가상승률이 낮아지면 실질금리는 높아진다. 명목금리가 6%, 물가상승률이 7%

이면 실질금리는 6-7=-1(%)이다.

④ 만기 1년, 연리 6%의 정기예금에 100만 원을 납입할 경우, 6%인 6만 원의 이자가 붙는다. 하지만 세 번째 문단에서 이자는 금융소득이기 때문에 소득세와 주민세를 내야 한다고 하였으므로 실제로 받는 금액은 106만 원 미만이 될 수 있음을 추론할 수 있으므로 적절하다.

10
| 정답 | ④

주어진 글은 콘크리트의 변화를 중심으로 건축 재료가 어떻게 변화하고 이에 따라 건축 미학이 어떻게 발전하는지에 대한 내용을 담고 있다.

11
| 정답 | ③

[A] 부분을 보면 우리는 볼록 모서리는 가까운 데서 발견하고, 오목 모서리는 먼 데서 발견하는 경험을 한다고 나와 있다. 따라서 ⓒ은 [A]에서 사용되는 배경지식이다. 그리고 멀리 있는 선일수록 짧게 보여야 하는데, 주어진 두 선분이 망막에 같은 길이로 등록되었으므로, 길게 보인다고 설명하고 있다. 따라서 ⓓ 역시 [A]의 착시 현상에서 사용되는 배경 지식이다.

12
| 정답 | ③

두 번째 문단에서 농약 제조·수입업체는 등록이 취소된 9월 10일부터 11월 9일까지 2개월 동안 농약 판매업체에 공급했던 농약을 회수, 폐기하고 판매업체와 농약 구매자들에게 구입대금을 보상해야 한다고 하였고, 마지막 문단에서 농약 판매업체는 등록 취소된 기간 내 농약 구매자들에게 판매 완료된 농약을 포함하여 보관 중인 농약 전량을 제조·수입업체에게 반품하고 안전하게 폐기되도록 해야 한다고 하였으므로 농약 구매자들에게 구입대금을 보상해야 하는 주체는 농약 판매업체가 아닌 농약 제조·수입업체이다.

| 오답풀이 |

① 첫 번째 문단에서 국립농업과학원은 클로르피리포스에 대한 안전성을 재평가한 결과, 발달신경독성과 유전독성 등 인체 유해성이 있다고 판정했다고 하였으므로 적절하다.

② 첫 번째 문단에서 클로르피리포스는 가지, 고추, 사과, 벚나무 등 37종류의 농작물에 나방류, 진딧물류, 멸구류 등 47종의 병해충이 등록되어 있었다고 하였으므로 가지, 고추, 사과 등에 클로르피리포스가 사용되었음을 알 수 있다.

④ 두 번째 문단에서 등록이 취소된 9월 10일부터 11월 9일까지 2개월 동안 농약 판매업체에 공급했던 농약을 회수, 폐기하고 판매업체와 농약 구매자들에게 구입대금을 보상해야 한다고 하였으므로 환불받을 수 없다.

13
| 정답 | ④

①~④의 결괏값을 계산하면 다음과 같다.

① $100-36 \times 2+1=100-72+1=29$

② $56 \div (3+5) \times 10 = 56 \div 8 \times 10 = 70$

③ $8+4 \div 2 \times (10-5) = 8+4 \div 2 \times 5 = 8+2 \times 5 = 8+10 = 18$

④ $(6+5 \times 30-10+9 \times 0) \div 2 = (6+150-10+0) \div 2 = 146 \div 2 = 73$

따라서 ④의 결괏값이 가장 크다.

14
| 정답 | ①

첫 번째 연말에 20만 원을 예금하면 15년 뒤에는 $20 \times (1.04)^{14}$만 원이 된다.

두 번째 연말에 20만 원을 예금하면 14년 뒤에는 $20 \times (1.04)^{13}$만 원이 된다.

세 번째 연말에 20만 원을 예금하면 13년 뒤에는 $20 \times (1.04)^{12}$만 원이 된다.

이와 같은 방법으로 15년 뒤의 마지막 해에 20만 원을 예금하면 이자가 없으므로 20만 원이다.

즉, 복리로 계산할 때 원리합계금을 만 원 단위로 계산하면 다음과 같다.

$20 \times (1.04)^{14} + 20 \times (1.04)^{13} + \cdots + 20$

$= 20 \times \{(1.04)^{14} + (1.04)^{13} + \cdots + 1\}$

$= 20 \times \dfrac{1\{(1.04)^{15}-1\}}{1.04-1}$

$= 20 \times \dfrac{(1.8-1)}{0.04} = 20 \times 20 = 400$

따라서 원리금 합계는 400만 원이다.

> **🎯 문제해결 TIP**
>
> 금융수리에서 등비수열을 활용하는 유형은 크게 원리금 합계 계산, 원리금 균등분할상환 계산, 연금 일시불 수령 계산이 있다. 유형별로 답을 도출하는 공식이 있으나, 여러 조건의 변경으로 공식을 적용할 수 없는 문제가 출제될 수 있으니 풀이 과정을 이해하는 것이 중요하다.

15 　|정답| ④

정사각형 25개를 변끼리 이어 붙여 사각형 모양을 만들면 가로×세로 개수가 5×5인 정사각형, 25×1 또는 1×25 직사각형 모양의 사각형이 만들어진다. 이때, 25개로 만들어지는 사각형의 넓이는 한 변의 길이가 2cm인 정사각형의 개수가 정해져 있으므로 넓이는 $2 \times 2 \times 25 = 100(\text{cm}^2)$로 일정하다. 즉, $A = 100$ 만들어진 사각형 중 둘레가 최소가 되려면 가로×세로 개수가 5×5인 정사각형 형태여야 한다. 따라서 둘레의 최솟값은 $(10+10) \times 2 = 40(\text{cm})$이므로 $B = 40$

$\therefore A + B = 100 + 40 = 140$

> **🎯 문제해결 TIP**
>
> 제시된 조건을 활용하여 도형의 넓이와 둘레를 구하는 유형이다. 도형별 둘레·넓이·부피 공식을 미리 익혀두고 문제에 적용하는 것이 중요하다.

16 　|정답| ②

2021년 누에사육 농가는 454호이므로 6상자 미만 사육 농가 수는 $454 \div 2 = 227(\text{호})$이다. 이때 2020년 6상자 미만 사육 농가는 2021년 6상자 미만 사육 농가보다 11호 적으므로 $227 - 11 = 216(\text{호})$이다.

즉, 2020년 전체 누에사육 농가 수는 $216 \div 0.45 = 216 \times \dfrac{100}{45} = 480(\text{호})$이고, 2020년 11상자 이상 사육 농가는 2020년 누에사육 농가 전체의 $100 - (45+15) = 40(\%)$이다.

따라서 2020년 11상자 이상 사육 농가 수는 480×

$0.4 = 192(\text{호})$이다.

17 　|정답| ①

2030 NDC 상향안에서 농축산물 온실가스 배출량은 18.4백만 톤CO_2eq이고, 2030 NDC 목표 배출량은 19.4백만 톤CO_2eq이므로 기준연도 배출량 25.0백만 톤CO_2eq 대비 $\dfrac{18.4-19.4}{25.0} \times 100 = -4(\%\text{p})$이므로 4%p 더 낮게 설정되었다.

|오답풀이|

② 2030 NDC 상향안에서의 국가온실가스 목표 배출량은 기준연도 배출량 대비 $\dfrac{436.8-727.7}{727.7} \times 100 = -40(\%)$, 즉 약 40% 감축하는 것이다.

③ 기준연도('18)에서 온실가스 배출량이 두 번째로 많은 부문은 260.3백만 톤CO_2eq인 산업 부문이다.

④ 2030 NDC 상향안에서의 국가온실가스 목표 총배출량은 436.8+(26.7+10.3+35.0)=508.8(백만 톤CO_2eq)이다.

> **🎯 문제해결 TIP**
>
> 제시된 자료의 제목, 항목, 단위 등 주어진 모든 요소를 꼼꼼하게 확인해야 한다. 특히 단위에 함정이 있는 경우가 많으므로 유의한다. 선택지를 확인할 때에는 ①부터 순차적으로 풀이하는 것이 아니라, 계산할 필요가 없는 선택지부터 확인하여 계산을 최소화하는 것이 좋다. 계산 시에는 문제에서 묻는 단위와 자료의 단위가 같은지 먼저 확인하여 계산한다.

18 　|정답| ③

2030 NDC 흡수원의 흡수 및 제거량을 k백만 톤CO_2eq라고 하면, $584.6 - (k+10.3+16.2) = 536.1$ $\rightarrow k = 22(\text{백만 톤}CO_2\text{eq})$이다. 따라서 2030 NDC 상향안 흡수원의 흡수 및 제거량은 2030 NDC 흡수원의 흡수 및 제거량 대비 $\dfrac{26.7-22}{22} \times 100 = 21.4(\%)$ 증가했다.

19 　|정답| ①

㉠ 봄감자, 사과, 배의 증감을 모두 더하면 $1,841 + 683 - 2,082 = 442(\text{ha})$이므로 전년보다 넓다.

㉡ 사과의 재배면적이 전체 재배면적에서 차지하는 비율은 다음과 같다.

• 2019년: $\dfrac{32,954}{108,174} \times 100 = 30.5(\%)$

• 2020년: $\dfrac{31,598}{97,230} \times 100 = 32.5(\%)$

- 2021년: $\dfrac{33,439}{92,429}\times100\fallingdotseq36.2(\%)$

따라서 매년 비율이 높아졌다.

| 오답풀이 |

ⓒ 2019년, 2020년에 재배면적 순위는 쌀보리, 맥주보리, 겉보리, 밀 순으로 동일하지만, 2021년에는 쌀보리, 맥주보리, 밀, 겉보리 순이다.

ⓔ 맥류의 전년 대비 재배면적 감소율을 구하면 다음과 같다.

- 2020년: $\dfrac{47,455-40,202}{47,455}\times100\fallingdotseq15.3(\%)$

- 2021년: $\dfrac{40,202-34,959}{40,202}\times100\fallingdotseq13.0(\%)$

따라서 2021년 감소율이 더 낮다.

20 | 정답 | ④

2017년 경기당 평균 관중 수는 야구 $\dfrac{8,713,000}{736}\fallingdotseq$ 11,838(명), 축구 $\dfrac{1,913,000}{412}\fallingdotseq4,643$(명), 남자 농구 $\dfrac{928,000}{293}\fallingdotseq3,167$(명), 여자 농구 $\dfrac{124,000}{111}\fallingdotseq1,117$(명), 배구 $\dfrac{521,000}{231}\fallingdotseq2,255$(명)으로 야구가 가장 많고, 여자 농구가 가장 적다. 따라서 야구와 여자 농구의 경기 수 차이는 $736-111=625$(회)이다.

21 | 정답 | ②

2014~2019년 중 전체 관중 수가 전년 대비 증가한 해는 2015년, 2016년, 2019년이며, 그 수가 가장 많이 증가한 해는 $12,052-10,719=1,333$(천 명) 증가한 2015년이다.

| 오답풀이 |

① 2013년 남자와 여자 농구의 경기 수의 합은 290+114=404(회)로 축구 경기 수인 409회보다 적다.

③ 2013년부터 2019년까지 좌석점유율은 축구가 매년 가장 낮았지만, 좌석점유율이 가장 높은 종목은 2013년은 야구, 2014년과 2015년은 남자 농구, 2016년부터 2018년까지는 야구, 2019년은 배구이다.

④ 2013년 대비 2019년에 관중 수가 증가한 종목은 야구, 축구, 배구이나, 좌석점유율은 세 종목 중 축구, 배구만 증가했다.

22 | 정답 | ④

현찰 매입률은 은행이 고객으로부터 외화를 살 때 적용되는 환율이므로 이를 산출해 보면 다음과 같다.

통화명	매매기준율 (KRW)	스프레드 (%)	현찰 매입률
유럽 EUR	1,305	2	$1,305\times(1-0.02)=1,278.9$
아랍에 미리트 AED	320	4	$320\times(1-0.04)=307.2$
태국 THB	35	6	$35\times(1-0.06)=32.9$

신 과장이 가지고 있는 외화를 원화로 환전하면 다음과 같다.

- EUR: $100\times1,278.9=127,890$(원)
- AED: $4,000\times307.2=1,228,800$(원)
- THB: $1,500\times32.9=49,350$(원)

원화로 환산한 총금액은 $127,890+1,228,800+49,350=1,406,040$(원)이고, 현찰 매도율은 $1,160\times(1+0.015)=1,177.4$이므로 신 과장이 환전 후 보유하게 될 달러 총액은 $1,406,040\div1,177.4\fallingdotseq1,194.19$(USD)이다.

23 | 정답 | ③

2021년 4월의 전기 장비 가동률지수가 100.5이므로 기준이 되는 2010년 1월의 가동률보다 높고, 2020년 4월의 전기 장비 가동률지수는 99.5이므로 기준이 되는 2010년 1월의 가동률보다 낮다. 따라서 2021년 4월의 전기 장비 가동률은 전년 동월 대비 증가하였다.

| 오답풀이 |

① 지수의 기준이 되는 2010년 1월의 가동률이 산업 분야마다 다를 수 있으므로 가동률 자체를 비교할 수는 없다.

② 2021년 1월 1차 철강의 가동률지수는 100을 넘지만, 이는 2010년 1월의 가동률보다 높다는 것만을 의미할 뿐 생산 실적이 생산 능력보다 더 높다는 것을 의미하지는 않는다.

④ 2019년 3분기 수송 장비의 가동률지수 자료가 없으므로 판단할 수 없다.

24 | 정답 | ③

남자 직원 7명 중 대리는 3명이고, 여자 직원 7명 중 주임은 2명이다. 따라서 남자 직원 중 대리를 선정할 확률은 $\dfrac{3}{7}$, 여자 직원 중 주임을 선정할 확률은 $\dfrac{2}{7}$이고, 이 두 사건은 함께 일어나므로 구하고자 하는 확률은 $\dfrac{3}{7}\times\dfrac{2}{7}=\dfrac{6}{49}$이다.

25
| 정답 | ①

[명제 1]에 의해 다음과 같은 벤 다이어그램을 생각할 수 있다.

이때 '재택'과 '늦잠' 사이에 공통영역이 존재한다는 결론을 반드시 만족하기 위해서는 반드시 '늦잠'이 '행복'을 포함해야 한다. 따라서 정답은 ①이다.

26
| 정답 | ①

'Framing'은 문제의 범위가 어디까지인지 파악하고 문제를 쉽게 다룰 수 있는 작은 단위로 나누는 단계이다. Framing 단계에서 초기 가설(Initial hypothesis)을 도출해 낸다. 그다음 'Designing'은 초기 가설이 옳은지 아닌지를 증명하기 위해서 어떤 분석이 필요한지를 규정하는 단계이다. 'Gathering'은 그 분석에 필요한 데이터, 즉 '팩트'를 모으는 단계이다. 마지막으로 'Interpreting'은 데이터를 바탕으로 초기 가설의 유효성을 판단하고 결과를 해석하여 앞으로 어떤 행동을 취해야 할지 결정하는 단계이다.
따라서 맥킨지의 문제 분석 기법을 순서대로 바르게 나열한 것은 ①이다.

27
| 정답 | ①

가능한 결과는 다음 3가지이다.

운전석		조수석 D, 사원
B, 대리	C, 주임	A, 팀장

운전석		조수석 D, 주임
B, 대리	C, 사원	A, 팀장

운전석		조수석 B, 주임
D, 대리	C, 사원	A, 팀장

따라서 A는 항상 팀장이다.

| 상세해설 |

팀장과 대리, C의 자리를 표시하면 다음과 같다.

운전석		조수석
대리	C	팀장

- B가 대리일 경우
  A는 D보다 직급이 높으므로 A의 직급은 팀장 또는 주임이다. A가 주임이라고 가정하면 A는 조수석에 앉을 수밖에 없고, D가 팀장이 될 수밖에 없다. 이는 A가 D보다 직급이 높다는 조건에 모순되므로 A는 주임이 아니라 팀장이다. 즉, B가 대리일 경우 다음과 같은 결과가 나온다.

운전석		조수석 D
B, 대리	C	A, 팀장

- B가 주임일 경우
  C는 팀장도, 대리도 아니므로 주임 또는 사원인데, B가 주임이므로 C는 사원이다. 또한 A가 D보다 직급이 높으므로 A는 팀장, D는 대리이다. 이를 정리하면 다음과 같은 결과가 나온다.

운전석		조수석 B, 주임
D, 대리	C, 사원	A, 팀장

따라서 B가 대리이든 주임이든 A는 항상 팀장이다.

| 오답풀이 |

② B는 주임일 수도 있다.
③ C는 주임일 수도 있다.
④ D는 사원 또는 대리일 수도 있다.

28
| 정답 | ④

만약 B의 진술이 참이라면 B와 E는 Q면접관에게 면접을 보았고, E의 진술도 참이다. 따라서 A는 P면접관에게 면접을 보았고, A의 진술은 거짓이다. 이때 C의 진술이 참이라면 P면접관은 총 3명의 면접을 진행하여 거짓을 말하는 사람이 3명이 되어야 하므로 모순이 발생한다. 즉, C의 진술은 거짓이고, 참을 말하는 사람은 B, D, E 3명이다.
만약 B의 진술이 거짓이라면 B는 P면접관, E는 Q면접관에게 면접을 보았고. E의 진술은 참이다. 따라서 A는 P면접관에게 면접을 보았다. 이때 C의 진술이 참이라면 P면접관은 총 3명의 면접을 진행하여 거짓을 말하는 사람이 3명이 되어야 한다. 즉, C, E의 진술만 참이고 A, B, D의 진술은 거짓이어야 하는데, D의 진술이 참이 되므로 모순이 발생한다. 만약 C의 진술이 거짓이라면 P면접관은 총 2명의 면접을 진행하여 참을 말하는 사람이 3명이 되어야 한다. 그런데 이 경우에는 거짓을 말하는 사람이 A, B, C 3명이 되므로 역시 모순이 발생한다. C의 진술이 참이어도, 거짓이어도 모두 모순이 발생하므로 결국 B의 진술이 거짓이라는 가정 자체가 잘못되었다.

따라서 B의 진술이 참인 경우만 모순이 발생하지 않으므로 Q면접관에게 면접을 본 사람은 B, D, E이다.

29 | 정답 | ④

가능한 모든 경우는 다음과 같다.

A	B	C	D
감자	고구마	옥수수	토마토
고구마	토마토	옥수수	감자
감자	옥수수	고구마	토마토
고구마	옥수수	감자	토마토
고구마	옥수수	토마토	감자

따라서 D는 반드시 고구마를 재배하지 않는다.

| 상세해설 |

첫 번째 조건이 거짓이라면 A는 감자도, 고구마도 재배하지 않으므로 토마토 또는 옥수수를 재배한다. 그런데 C가 옥수수를 재배하고 있으므로 A는 토마토를 재배하고, D는 감자를 재배한다. B는 고구마도, 토마토도 재배하지 않으므로 감자 또는 옥수수를 재배하는데, 이미 감자는 D가, 옥수수는 C가 재배하고 있다. 따라서 모순이 발생하므로 첫 번째 조건은 반드시 참이다.

두 번째 조건이 거짓이라면 B는 고구마 또는 토마토를 재배한다. 이때 가능한 경우를 나열하면 다음과 같다.

A	B	C	D
감자	고구마	옥수수	토마토
고구마	토마토	옥수수	감자

세 번째 조건이 거짓이라면 C는 옥수수를 재배하지 않는다. 이때 가능한 경우를 나열하면 다음과 같다.

A	B	C	D
감자	옥수수	고구마	토마토
고구마	옥수수	감자	토마토
고구마	옥수수	토마토	감자

네 번째 조건이 거짓이라면 D는 감자도, 토마토도 재배하지 않으므로 고구마 또는 옥수수를 재배한다. 그런데 C가 옥수수를 재배하고 있으므로 D는 고구마를 재배하고, A는 감자를 재배한다. B는 고구마도, 토마토도 재배하지 않으므로 감자 또는 옥수수를 재배해야 하는데, 이미 감자는 A가, 옥수수는 C가 재배하고 있다. 따라서 모순이 발생하므로 네 번째 조건은 반드시 참이다.

따라서 가능한 모든 경우는 다음과 같다.

A	B	C	D
감자	고구마	옥수수	토마토
고구마	토마토	옥수수	감자
감자	옥수수	고구마	토마토
고구마	옥수수	감자	토마토
고구마	옥수수	토마토	감자

D는 모든 경우에서 고구마를 재배하지 않으므로 정답은 ④이다.

| 오답풀이 |

① A는 감자를 재배할 수도 있다.
② B는 토마토를 재배할 수도 있다.
③ C는 고구마를 재배할 수도 있다.

30 | 정답 | ③

두 경우 모두 '연체일수×(채무자 대출금리+3%p)÷365(윤년은 366)'로 적용하되, 지연배상금률이 연 15%를 초과하는 경우에는 연 15%를 적용한다고 하였으므로 지연배상금률 기준은 동일하다.

| 오답풀이 |

① 원리금균등할부상환은 매월 원리금을 납부해야 한다.
② 만기 일시상환의 경우, 대출기간 동안 매월 이자만 납부하고 만기에 대출금을 모두 상환하는 방식이므로 반드시 다음 달부터 일정 금액의 원금을 매월 상환해야 하는 것은 아니다.
④ 신용대출이므로 신청인의 신용 상태에 따라 대출 여부가 결정되며, 담보 또는 보증인은 필요하지 않다.

31

| 정답 | ④

월 급여가 200만 원일 경우, 연소득이 $200 \times 12 =$ 2,400(만 원)이므로 제시된 대출 조건을 만족한다.

| 오답풀이 |

① 연소득 2천만 원 이상인 자에 해당하지 않는다.
② 재직기간 1년 미만인 자에 해당하지 않는다.
③ 건강보험 직장가입자에 해당하지 않는다.

32

| 정답 | ④

주어진 조건을 바탕으로 가능한 경우는 다음과 같다.

301호	302호	303호
여 대리	여 대리	F대리, G대리
201호	202호	203호
B과장	A과장	E과장, H사원

또는

301호	302호	303호
여 대리	여 대리	F대리, G대리
A과장		
201호	202호	203호
B과장	E과장	H사원

따라서 P와 Q 모두 옳고 그름을 판단할 수 없다.

| 상세해설 |

B과장은 201호에 혼자 배정되었고, 여자 대리 중 1명은 302호에 배정되었는데 대리는 모두 같은 층에 배정되었으므로 C대리, D대리, F대리, G대리는 모두 3층에 배정되었다. 302호의 여자 대리 외에 다른 여자 대리는 301호 또는 303호에 배정되었는데, 사원이 배정된 방의 바로 윗방에는 남자 직원이 배정되었으므로 여자 대리는 301호, H사원은 203호에 배정되었다. 자연스럽게 303호에는 남자인 F대리와 G대리가 함께 배정된다.

301호	302호	303호
여 대리	여 대리	F대리, G대리
201호	202호	203호
B과장		H사원

남은 사람은 A과장(여)과 E과장(남)이다. 202호에는 A과장, E과장 중 한 명이 배정될 수 있는데, A과장

이 202호에 배정될 경우 E과장은 203호에 배정되어야 하며, E과장이 202호에 배정될 경우 A과장은 301호 또는 302호에 배정되어야 한다.

301호	302호	303호
여 대리	여 대리	F대리, G대리
201호	202호	203호
B과장	A과장	E과장, H사원

또는

301호	302호	303호
여 대리	여 대리	F대리, G대리
A과장		
201호	202호	203호
B과장	E과장	H사원

따라서 과장은 모두 2층에만 배정될 수도 있고, 2층과 3층에 나눠 배정될 수도 있다. 또한 여자 직원은 모두 혼자 배정될 수도 있고, 301호 또는 302호에 2명이 같이 배정될 수도 있다. 즉, P와 Q 모두 옳고 그름을 판단할 수 없다.

33

| 정답 | ③

$$200 \times 0.1 + 120 \times \frac{210}{210+240} = 76(억 원)$$

| 상세해설 |

우선 (가)에 의해 A사가 $200 \times 0.1 = 20$(억 원), B사가 $600 \times 0.1 = 60$(억 원)을 분배받는다. 남은 금액인 $200 - 20 - 60 = 120$(억 원)을 분배하기 위해 가중치를 적용한 각 회사의 비용을 계산하면 다음과 같다.

• A: $100 \times 0.5 + 200 \times 0.3 + 500 \times 0.2 = 210$(억 원)
• B: $300 \times 0.5 + 200 \times 0.3 + 150 \times 0.2 = 240$(억 원)

따라서 120억 원 중 A사에 분배되는 금액은 $120 \times \frac{210}{210+240} = 56$(억 원)이므로, A사가 분배받는 총 순이익은 $20 + 56 = 76$(억 원)이다.

34

| 정답 | ①

주어진 도식을 보면 빈칸까지 ◆ → ◇ → ♧의 순서로 규칙이 적용됨을 확인할 수 있다. 다음과 같은 문자표를 참고하여 연산 기호 ◆, ◇, ♧의 규칙을 구하면 다음과 같다.

A	B	C	D	E	F	G	H	I	J	K	L	M
N	O	P	Q	R	S	T	U	V	W	X	Y	Z

- ◆ : 'DOPR → ◆ → DQRR'의 규칙을 참고할 때 ◆는 두 번째와 세 번째에 2를 더하는 숫자 연산 규칙 $(0, +2, +2, 0)$이 적용된다.
- ◇ : 'KLHM → ◇ → JKGL'의 규칙을 참고할 때 ◇는 숫자 연산 규칙 $(-1, -1, -1, -1)$이 적용된다.
- ♣ : 'JKGL → ♣ → LJKG'의 규칙을 참고할 때 ♣는 문자를 한 칸씩 오른쪽으로 옮기는 순서 바꾸기 규칙이 적용된다.

연산 기호 ◆, ◇, ♣의 규칙을 바탕으로 빈칸에 들어 갈 문자를 구하면 다음과 같다.

ABWY → ◆ → ADYY → ◇ → ZCXX → ♣ → XZCX

따라서 빈칸에 들어갈 문자는 XZCX이다.

35 | 정답 | ④

주어진 수열을 3개씩 묶어서 보면 다음과 같은 규칙을 확인할 수 있다.

$(1 \quad \sqrt{3} \quad 2) \rightarrow 1^2 + (\sqrt{3})^2 = 2^2$
$(3 \quad 4 \quad 5) \rightarrow 3^2 + 4^2 = 5^2$
$(6 \quad 8 \quad 10) \rightarrow 6^2 + 8^2 = 10^2$

빈칸에 들어갈 숫자를 x라고 하면

$(5 \quad x \quad 13) \rightarrow 5^2 + x^2 = 13^2$에서

$x^2 = 13^2 - 5^2 = 144 = 12^2$이므로 $x = 12$이다.

36 | 정답 | ③

A~E의 상점을 계산하면 다음과 같다.

구분	격려 점수	감사 점수	우수사원 점수	클레임 점수	징계 점수	합계
A	100	20	0	−15	−10	95
B	60	100	20	−20	−20	140
C	90	40	40	−25	0	145
D	80	60	20	−30	−20	110
E	120	0	20	−20	0	120

가장 많은 상점을 받은 사람은 145점인 C이며, 가장 적은 상점을 받은 사람은 95점인 A이다. 따라서 두 직원의 점수 차이는 $145 - 95 = 50$(점)이다.

37 | 정답 | ④

1회 구매 시 드는 총비용은 '1회 구매 비용+운송료' 로 구할 수 있다. 단위를 통일해야 한다는 점에 주의한다.

- 천일비료: $890 + 15 \times 90 = 2,240$(천 원)
- 대한비료: $1,490 + 12 \times 60 = 2,210$(천 원)
- 한성비료: $1,150 + 14 \times 75 = 2,200$(천 원)
- 동우비료: $1,860 + 11 \times 35 = 2,245$(천 원)

따라서 1회 구매 시 드는 총비용이 가장 큰 거래처는 동우비료, 가장 작은 거래처는 한성비료임을 알 수 있다.

38 | 정답 | ③

제2항 제1호와 제2호에 따르면 주택담보대출의 경우, 이자와 분할상환금은 연체에 따른 기한의 이익 상실 예정 통보 시점이 동일하지 않다. 이자의 경우는 연속하여 2개월간 지체한 때, 분할상환금의 경우는 3회 이상 연체한 때에 기한의 이익 상실 예정 사실을 통보하게 된다.

| 오답풀이 |

① 제1항 제1호에 따르면 은행에 별도의 담보가 있을 경우, 은행 예치금에 가압류가 되어 채권회수에 중대한 지장이 있다고 판단될 때에만 해당 가압류가 기한의 이익 상실 사유가 된다.
② 제1항 제5호에 따르면 개인회생절차 또는 파산절차의 신청이 있는 때에는 별도의 독촉이나 통지가 없어도 기한의 이익이 자동으로('당연히') 상실된다.
④ 제2항에 따르면 은행이 기한의 이익상실일 7영업일 전까지 통지하지 않은 경우 실제 통지가 도달한 날부터 7영업일이 지난날에 기한의 이익을 상실하여 채무자는 곧 이를 갚아야 할 의무를 진다.

39 | 정답 | ④

[라]에서는 경기농협이 진행한 바 있는 '고객대상 장바구니 나눔'을 소개하고 있으며, 이는 교육지원사업이 아닌 환경보호를 위한 탄소중립 실천 캠페인의 일환으로 볼 수 있다.

| 오답풀이 |

① [가]에서는 온라인 교육플랫폼 '초록샘'을 통해 농협이 도시와 농촌 간 교육 격차를 해소하고 농촌 학생들의 꿈을 키워내는 역할을 하고 있음을 설명하고 있다.
② [나]에서는 농업과 농촌의 인재 육성을 위해 농협의 산하조직인 농협은행의 장학금 사업을 설명하고 있으며, 이는 교육지원사업의 일환이다.
③ [다]에서는 농협의 미래 교육지원사업의 하나인 농업박물관

운영에 대해 설명하고 있으며 농업박물관은 도심 속 청소년들의 농업교육 공간으로 자리매김하고 있다고 언급되어 있다.

40
|정답| ②

팀장이 중요성과 긴급함이 부딪힐 경우에는 급한 일을 우선 처리해 줄 것을 요청하였으므로 시간관리 매트릭스와 팀장의 요청을 준수한 업무처리는 매트릭스 상의 Ⅰ→Ⅲ→Ⅱ→Ⅳ의 순으로 진행되어야 한다. 따라서 업무별 우선순위를 바르게 나타낸 것은 ②이다.

41
|정답| ③

N회사가 총비용이 가장 저렴한 건설사의 제안서를 받아들일 예정이라 하였는데, 총비용은 건설 기간 동안의 인건비와 건설 비용을 합한 비용이므로, A~D사의 총비용을 구하면 A사 $3 \times 3 + 32 = 41$(억 원), B사 $4 \times 2.8 + 30 = 41.2$(억 원), C사 $3 \times 4 + 36 = 48$(억 원), D사 $2 \times 5 + 40 = 50$(억 원)이다. 따라서 N회사는 총비용이 가장 저렴한 A사의 제안서를 받아들이게 되므로 N회사가 지불해야 하는 최종 공사비는 (총비용)$\times 2 = 41 \times 2 = 82$(억 원)이다.

42
|정답| ①

A~D사에 마트 건설을 의뢰하였을 때 지불해야 할 최종 공사비를 구하면 다음과 같다.
- A사: $(3 \times 3 + 32) \times 2 = 82$(억 원)
- B사: $(2.8 \times 4 + 30) \times 2.2 = 90.64$(억 원)
- C사: $(4 \times 3 + 36) \times 1.8 = 86.4$(억 원)
- D사: $(5 \times 2 + 40) \times 2 = 100$(억 원)

마트 한 곳당 매달 7억 원의 이익을 얻을 수 있으므로 마트 두 곳을 운영한다면 매달 총 14억 원의 이익을 얻을 수 있는데, 건설 기간을 고려하여 A~D사에서 순이익을 얻을 수 있는 시기를 구하면 다음과 같다.
- A사: $14 \times 6 = 84$(억 원)이므로 마트를 운영한 지 6개월 차에 순이익을 얻을 수 있는데, 건설 기간이 3개월이고 완공 후 1개월 이후에 운영할 수 있으므로 건설 시작 후 10개월 차부터 순이익을 얻을 수 있다.
- B사: $14 \times 7 = 98$(억 원)이므로 마트를 운영한 지 7개월 차에 순이익을 얻을 수 있는데, 건설 기간이 4개월이고 완공 후 1개월 이후에 운영할 수 있으므로 건설 시작 후 12개월 차부터 순이익을 얻을 수 있다.
- C사: $14 \times 7 = 98$(억 원)이므로 마트를 운영한 지 7개월 차에 순이익을 얻을 수 있는데, 건설 기간이 3개월이고 완공 후 1개월 이후에 운영할 수 있으므로 건설 시작 후 11개월 차부터 순이익을 얻을 수 있다.
- D사: $14 \times 8 = 112$(억 원)이므로 마트를 운영한 지 8개월 차에 순이익을 얻을 수 있는데, 건설 기간이 2개월이고 완공 후 1개월 이후에 운영할 수 있으므로 건설 시작 후 11개월 차부터 순이익을 얻을 수 있다.

따라서 가장 빨리 순이익을 얻을 수 있는 건설사는 A사이다.

43
|정답| ③

출장지 방문 경우의 수는 다음과 같다.
- 회사 − A − B − E − C − D − 회사: $50 + 20 + 30 + 35 + 55 + 40 = 230$(km)
- 회사 − A − D − C − E − B − 회사: $50 + 60 + 55 + 35 + 30 + 45 = 275$(km)

따라서 A차장이 최단 경로로 이동했을 때의 거리는 총 230km이다.

44
|정답| ④

최단 경로는 '회사 − A − B − E − C − D − 회사'이다. 이동 속도가 평균 60km/h이므로 분당 시간으로 환산하면 분당 1km를 간다. 이를 바탕으로 A차장의 출장시간을 정리하면 다음과 같다.

일정	출발(시작)시간	도착(마무리)시간
회사 → A 이동 (50km)	09:30	10:20
A에서 업무	10:20	10:50
A → B 이동 (20km)	10:50	11:10
B에서 업무	11:10	11:40
B → E 이동 (30km)	11:40	12:10
E에서 업무	12:10	12:40
점심식사	12:40	13:10
E → C 이동 (35km)	13:10	13:45
C에서 업무	13:45	14:15

C → D 이동 (55km)	14:15	15:10
D에서 업무	15:10	15:40
D → 회사 이동 (40km)	15:40	16:20

따라서 오후 2시에 A차장은 출장지 C에 위치함을 알 수 있다.

45

| 정답 | ④

업체별 2박 3일 교통, 숙박 금액은 다음과 같다. 이때 전체 일정은 첫날 9시~24시, 둘째 날 0시~24시, 셋째 날 0시~16시까지 총 15+24+16=55(시간)이다.

구분	교통	숙박	합계
A	• 필요대수: 1대 • 일 단위 금액: 50×3=150(만 원)	• 남자(최대 5인, 4개): {15+(2×3)}×4×2=168(만 원) • 여자(최대 5인, 5개): {15+(2×3)}×5×2=210(만 원)	150+168+210=528(만 원)
B	• 필요대수: 2대 • 12시간 단위 금액: 18×5×2=180(만 원)	• 남자(5인, 4개): 20×4×2=160(만 원) • 여자(5인, 5개): 20×5×2=200(만 원) • 기사님(1개): 20×2=40(만 원)	180+160+200+40=580(만 원)
C	• 필요대수: 2대 • 일 단위 금액: 30×3×2=180(만 원)	• 남자(10인, 2개): 40×2×2=160(만 원) • 여자(10인, 1개/15인, 1개): {40+40+(5×2)}×2=180(만 원)	180+160+180=520(만 원)
D	• 필요대수: 3대 • 12시간 단위 금액: 13×5×3=195(만 원)	• 남자(5인, 4개): 18×4×2×0.9=129.6(만 원) • 여자(5인, 5개): 18×5×2×0.9=162(만 원) • 기사님(1개): 18×2×0.9=32.4(만 원)	195+129.6+162+32.4=519(만 원)

따라서 총비용이 가장 저렴한 업체는 519만 원인 D 업체이다.

46

| 정답 | ④

필수요건을 만족하지 못하면 불합격이므로 유관업무 경력이 1년 미만인 B를 제외하고, 나머지 지원자들의 우대요건 점수를 계산하면 다음과 같다.

지원자	운용프로그램	자격증	공인영어성적	합계
A	2점	1점	2점	5점
C	2점	2점	1점	5점
D	3점	2점	0점	5점
E	2점	0점	2점	4점
F	3점	2점	1점	6점

F는 점수가 가장 높으므로 합격이고, A, C, D가 2순위로 동점이다. 동점자의 경우 운용프로그램 점수가 높은 순서로 채용한다고 하였으므로 D가 2순위로 합격한다. 따라서 채용될 지원자는 D와 F이다.

47

| 정답 | ①

주어진 표를 바탕으로 할인이 적용된 왕복 항공권 가격을 구하면 다음과 같다.

부서	출장지		인원	할인율		왕복 항공권 가격/1인 (할인 적용)
영업부	뉴욕	미주 노선	2명	개인	15%	1,275,000원
선행 기술부	하와이	미주 노선	3명	특별 운임	25%	750,000원
경영 지원부	프랑크 푸르트	유럽 노선	2명	개인	20%	1,040,000원
연구 개발부	부다 페스트	유럽 노선	3명	단체	25%	1,050,000원
자재 검사부	텍사스	미주 노선	2명	개인	15%	1,360,000원

그리고 출장일수와 인원에 따른 총출장비와 총왕복 항공권 가격을 구하면 다음과 같다.

부서	왕복 항공권 가격/1인 (할인 적용)	1일당 출장비/1인	인원	출장 일수	총왕복 항공권 가격	총 출장비
영업부	1,275,000원	130,000원	2명	5일	2,550,000원	1,300,000원
선행 기술부	750,000원	110,000원	3명	6일	2,250,000원	1,980,000원
경영 지원부	1,040,000원	90,000원	2명	11일	2,080,000원	1,980,000원
연구 개발부	1,050,000원	70,000원	3명	7일	3,150,000원	1,470,000원
자재 검사부	1,360,000원	120,000원	2명	5일	2,720,000원	1,200,000원

따라서 총 출장 예산은 총 왕복 항공권 가격과 총 출장비의 합계인 20,680,000원, 즉 2,068만 원이다.

48

전결권자는 회사의 경영활동이나 관리활동을 수행함에 있어 의사결정이나 판단을 요하는 일에 대하여 최고결재권자의 결재를 생략하고, 자신의 책임하에 최종적으로 의사결정이나 판단을 하는 결재권자를 의미한다. 따라서 총장의 결재를 거치지 않으며, 사후 총장에게 보고할 필요도 없다.

| 오답풀이 |

① 부총장이 전결권자인 경우, 부총장 결재란에 '전결'이 표시되며, 부총장은 총장의 결재란에 서명하게 되므로 상향대각선은 필요하지 않다.
② 전결권자는 항상 최종 결재권자인 총장의 결재란에 서명하며, 총장이 전결권자인 경우 자신의 결재란에 서명할 것이므로 총장의 결재란에는 항상 서명이 있게 된다.
④ 초·중등교원 직무연수 특수기관 지정에 관한 모든 업무는 부총장이 전결권자이므로 총장의 결재가 필요하지 않다.

49

처장이 전결권자이므로 처장의 결재란에 '전결'을 표시하고, 부총장 결재란에는 결재가 필요 없으므로 상향대각선을 표시한다. 전결권자인 처장은 최종 결재권자인 총장의 결재란에 서명하게 된다.

| 오답풀이 |

② 부총장이 전결권자이므로 부총장의 결재란에 '전결'이 표시되며, 부총장은 총장의 결재란에 서명해야 한다. 상향대각선은 필요하지 않다.
③ 팀장이 전결권자이므로 팀장의 결재란에 '전결'을 표시하고 팀장은 최종 결재권자인 총장의 결재란에 서명하게 된다. 결재가 필요하지 않은 처장과 부총장의 결재란에는 상향대각선을 표시한다.
④ 총장이 전결권자이므로 총장을 포함한 모든 결재권자가 자신의 결재란에 서명하게 되어, '전결'은 어디에도 표시하지 않는다.

50

대표적인 기능적 조직구조의 형태를 보여주는 그림이다. 환경이 안정적이거나 일상적인 기술, 조직의 내부 효율성을 중요시하며 기업의 규모가 작을 때에는 업무의 내용이 유사하고 관련성이 있는 것들을 결합해서 기능적 조직구조 형태를 이룬다. 그러나 급변하는 환경 변화에 효과적으로 대응하고 제품, 지역, 고객별 차이에 신속하게 적응하기 위해서는 분권화된 의사결정이 가능한 사업별 조직구조 형태를 이룰 필요가 있다.

51

[표1]의 기준에 따라 세 직원의 성과급을 계산해 보면 다음과 같다.

- 직원 A: $24 \times 6 - 16 \times 2 + 250 \times 0.2 = 162$(만 원)
- 직원 B: $18 \times 6 - 4 \times 3 + 300 \times 0.1 = 126$(만 원)
- 직원 C: $9 \times 5 - 0 \times 3 + 320 \times 0.05 = 61$(만 원)

㉠ 직원 A의 성과급은 162만 원이므로 150만 원 이상이다.
㉣ 직원 A와 C의 성과급의 차는 $162 - 61 = 101$(만 원)이므로 100만 원 이상이다.

| 오답풀이 |

㉡ 직원 B의 성과급은 두 번째로 많다.
㉢ 직원 C의 성과급은 61만 원이므로 80만 원 미만이다.

52

a~f의 환산점수를 계산하면 다음과 같다.

구분	필기 시험	30%	1차 면접	40%	2차 면접	30%	환산 점수	환산 점수 순위
a	58	17.4	80	32	68	20.4	69.8	4
b	72	21.6	68	27.2	70	21	69.8	4
c	60	18	72	28.8	66	19.8	66.6	6
d	68	20.4	74	29.6	64	19.2	69.2	3
e	70	21	76	30.4	62	18.6	70	2
f	62	18.6	75	30	72	21.6	70.2	1

a와 b의 환산점수가 동일하므로 1차 면접 점수를 비교하면 a가 80점, b가 68점이므로 최종순위는 a가 4등, b가 5등이다. 따라서 가장 높은 점수로 합격한 사람은 f이며 가장 낮은 점수로 합격한 사람은 a이다.

53

매트릭스 조직이란 하나 이상의 보고체계를 가진 조직구조를 의미하며, 기존 기능부서의 상태를 유지하면서 특정한 프로젝트를 위해 서로 다른 부서의 인력이 함께 일하는 조직설계방식이다. 매트릭스 조직에 속한 개인은 두 명의 상급자(기능부서 관리자, 프로젝트 관리자)로부터 지시를 받으며 보고를 하게 된다. 기존의 전통적 조직구조에 적용되는 명령통일의 원칙을 깨뜨린 것이 매트릭스 조직의 가장 큰 특징이다. 매트릭스 조직은 신속한 업무 대응이 가능하나, 이중

권한으로 인해 통제력이 약화될 수 있다는 단점이 있다.

대규모 조직보다 오히려 소규모 조직에서 구성원들을 효율적으로 활용하기 위하여 매트릭스 조직을 취하게 되며, 많은 종류의 제품을 생산하는 대규모 조직에서는 제품의 종류별로 사업부를 운영하는 사업부제 조직 형태가 효율적이다. 사업부제 조직에서는 대부분의 의사결정 권한이 해당 사업본부장에게 주어지는 특징이 있다.

54
| 정답 | ④

축구 동호회는 인간관계에 의해 자발적으로 구성되었을 경우 비공식 조직으로 볼 수 있으나, 규모도 방대하고 일정한 기능이나 영향력 등을 갖추고 규정에 의해 활동이 이루어질 경우 공식적인 조직으로 인정될 수도 있으므로 두 가지 성격을 모두 갖출 수 있다.

| 오답풀이 |

① 대기업은 공식적인 조직으로 분류된다.
② 병원, 대학, 시민단체 등은 이윤이 생기는 면도 있으나, 설립 취지를 공익 추구로 볼 수 있으므로 비영리 조직으로 분류될 수 있다.
③ 가족 소유 상점은 일반적으로 소규모 조직으로 볼 수 있으나, 영리를 추구하고 있으므로 영리 조직으로 분류된다.

55
| 정답 | ①

빈칸에 들어갈 국가명은 '싱가포르'이다. 싱가포르에서는 길거리에 침을 뱉거나 휴지를 버리면 벌금이 부과될 수 있으므로 주의해야 한다.

56
| 정답 | ④

시간관리 매트릭스에 따라 구분하면 다음과 같다.
㉠ 긴급하지 않고 중요하지 않은 일
㉡ 긴급하지 않지만 중요한 일
㉢ 긴급하면서 중요한 일
따라서 먼저 해야 하는 업무 순으로 나열하면 ㉢-㉡-㉠이다.

57
| 정답 | ②

조직문화의 분류와 그 특징을 정리하면 다음과 같다.

관계지향 문화	• 조직 내 가족적인 분위기의 창출과 유지에 가장 큰 역점을 둠 • 조직 구성원들의 소속감, 상호 신뢰, 단결 및 팀워크, 참여 등이 핵심가치로 강조됨
혁신지향 문화	• 조직의 유연성을 강조하는 동시에 외부 환경에의 적응성에 초점을 둠 • 적응과 조직성장을 뒷받침할 수 있는 조직 구성원들의 창의성, 도전의식, 모험성, 자원 획득, 기업가 정신이 핵심가치로 강조됨
위계지향 문화	• 조직 내부의 안정적이고 지속적인 통합/조정을 바탕으로 조직효율성을 추구함 • 분명한 위계질서와 명령계통, 그리고 공식적인 절차와 규칙을 중시함
과업지향 문화	• 조직의 성과 달성과 과업 수행에 있어서의 효율성을 강조함 • 명확한 조직목표의 설정을 강조하며, 합리적 목표 달성을 위한 수단으로서 구성원들의 전문 능력을 중시하고, 구성원들 간의 경쟁을 주요 자극제로 활용함

따라서 (가)는 위계지향 문화, (나)는 과업지향 문화, (라)는 관계지향 문화의 특징이며, (다)와 같이 개인의 자율성을 추구하는 경우는 조직문화의 고유 기능과 거리가 멀다.

58
| 정답 | ②

㉠ 은행의 출납업무는 은행자금을 관리하는 업무뿐 아니라 대출 상담, 계좌 개설 등 다양한 업무를 수행한다. 또한 창구에서 다량의 현금을 수납한 경우 개인이 보유하지 않으며 수시로 약식 회계처리에 의해 관리된다.
㉡ 출납업무는 은행업무와 독립되어 있는 것이 아니며, 타 업무와도 밀접히 관련되어 있어 법률문제에서 단독적이고 독립적인 업무가 아니다.
따라서 옳지 않은 설명은 2개이다.

59
| 정답 | ①

BCG 매트릭스는 여러 사업을 수행하는 기업들의 전략수립을 위한 모델로서 사업부서 간의 자원배분 문제를 해결하는 데 이용되는 모델이다. 즉, 기업의 경영자에게 각 사업단위의 자원배분에 대한 지침을 제공하며, 존속시킬 사업, 처분해야 할 사업, 기업의 목표를 달성해 줄 수 있는 사업 등 기업의 이상적인 균형을 알 수 있게 해 준다. 이에 따라 다음과 같이 4개 영역으로 사업을 구분할 수 있다.

구분	상대적 시장점유율 1 이상	상대적 시장점유율 1 미만
시장성장률 10% 이상	Star	Question Mark
시장성장률 10% 미만	Cash Cow	Dog

따라서 ㉠은 Star에 해당하는 '성장기', ㉡은 Dog에 해당하는 '쇠퇴기', ㉢은 Cash Cow에 해당하는 '성숙기', ㉣은 Question Mark에 해당하는 '도입기'가 된다.

🖲 문제해결 TIP

경영이해 유형은 해당 내용에 대한 이론적 토대가 없다면 풀수 없는 문제들이다. 지역농협 NCS의 경영이해 유형은 SWOT 분석, BCG 매트릭스와 같이 주로 기초적인 이론수준으로 출제되고 있다.

60
| 정답 | ②

Y기업은 ESG 경영으로의 전환 흐름(D)에 관한 역량(ESG 경영 전환 진행 상황 등)이 업계 평균보다 낮으므로 강점이 아닌 약점으로 작용하여 ST전략이 아닌 WT전략에 해당한다.

| 오답풀이 |

① Y기업은 인지도가 높은 브랜드에 대한 선호 증가(C)에 관한 역량(인지도가 높은 브랜드 보유 현황 등)이 업계 평균보다 높으므로, SO전략을 활용하는 것이 적절하다.
③ Y기업은 국제 유가 하락으로 인한 제품 원가 하락(B)에 관한 역량(높은 원가로 인한 낮은 마진율)이 업계 평균보다 낮으므로, WO전략을 활용하는 것이 적절하다.
④ Y기업은 법인세 인상(E)에 관한 역량(법인세 절세 전략 등)이 업계 평균보다 낮으므로, WT전략을 활용하는 것이 적절하다.

60문항 / 60분
P.122

01	②	02	②	03	③	04	②	05	②
06	①	07	①	08	②	09	②	10	④
11	②	12	④	13	③	14	④	15	③
16	③	17	③	18	③	19	②	20	②
21	③	22	①	23	②	24	①	25	①
26	④	27	②	28	②	29	③	30	③
31	④	32	④	33	①	34	②	35	①
36	④	37	④	38	②	39	④	40	②
41	④	42	③	43	②	44	④	45	④
46	④	47	③	48	①	49	④	50	②
51	③	52	②	53	③	54	④	55	④
56	④	57	③	58	④	59	②	60	③

01
| 정답 | ②

'연식(年食)'과 '연경(年庚)'은 모두 '사람이나 동·식물 따위가 세상에 나서 살아온 햇수'를 뜻하므로 밑줄 친 의미와 가장 유사한 것은 ②이다.

| 오답풀이 |

① 연주(妍醜): 생김새의 아름다움과 추함.
③ 인경(隣境): 인접한 땅의 경계.
④ 연감(年鑑): 어떤 분야에 관하여 한 해 동안 일어난 경과, 사건, 통계 따위를 수록하여 일 년에 한 번씩 간행하는 정기 간행물.

🖲 문제해결 TIP

단어의 사전적 의미를 정확히 알고 있지 못하더라도 용례를 통하여 대강의 뜻과 쓰임새를 짐작할 수 있다. 어휘 유형은 어휘의 뜻을 알면 바로 풀 수 있지만 어휘의 뜻을 모르면 정답을 찾기가 쉽지 않다. 어휘력은 한 번에 길러지는 것이 아니므로 평소에 헷갈리는 단어들을 모아 두고 틈틈이 암기하면서 어휘력을 기르는 것이 좋다.

02
| 정답 | ②

빈칸이 있는 문장에서 N사의 임직원들이 농민과 같은 자세로 농가소득 5,000만 원 시대를 만들겠다고 하였으므로 서로 같은 마음으로 덕을 함께한다는 의미인 '동심동덕(同心同德)'이 들어가는 것이 가장 적절하다.

03

| 정답 | ③

ⓒ이 있는 문장에서 태어난 해를 원년으로 여긴다고 하였으므로 무엇을 무엇이 되게 하거나 여긴다는 의미의 '삼다'가 적절하다.

| 오답풀이 |

① 헤깔리다(×) → 헷갈리다(○)

② 첫돐(×) → 첫돌(○)

④ 몇일(×) → 며칠(○)

04

| 정답 | ②

'품사−수사'는 상하관계이므로, 제시된 단어와 유사한 관계에 있는 것은 '문학−희곡'이다. ①, ③, ④는 대등관계이다.

05

| 정답 | ②

주어진 글은 리볼빙에 대해 전반적으로 서술하고 있다. 리볼빙의 개념과 위험성에 대해 언급하고 있는 (가)문단을 글의 시작으로, 구체적인 금액을 제시하며 그 예시를 들고 있는 (다)문단이 이어져야 한다. 또한 (나)문단과 (라)문단은 모두 장기적인 리볼빙 이용 시 발생할 수 있는 영향에 대한 내용인데 (라)문단의 첫 문장을 통해 (나)문단이 먼저 와야 함을 알 수 있다. 따라서 문단을 논리적 순서대로 바르게 나열하면 '(가)−(다)−(나)−(라)'이므로 정답은 ②이다.

06

| 정답 | ①

아침저녁으로 뜯어고친다는 뜻으로, 계획이나 결정 따위를 일관성이 없이 자주 고친다는 의미의 사자성어는 '조변석개(朝變夕改)'이다.

| 오답풀이 |

② 당랑거철(螳螂拒轍): 제 역량을 생각하지 않고, 강한 상대나 되지 않을 일에 덤벼드는 무모한 행동거지를 비유적으로 이르는 말

③ 전화위복(轉禍爲福): 재앙과 근심, 걱정이 바뀌어 오히려 복이 됨

④ 해의추식(解衣推食): 옷을 벗어 주고 밥을 나누어 준다는 뜻으로, 남을 각별히 친절하게 대하여 은혜를 베풂을 이르는 말

07

| 정답 | ①

주어진 글은 추상 회화의 특징을 서술하고 있다. 첫 번째 문단에서는 음악에 빗대어 추상 회화가 가지고 있는 특징을, 두 번째 문단에서는 추상 회화가 등장한 배경을, 세 번째 문단에서는 추상 회화에서 중요시하는 부분에 대해 설명하고 있다. 따라서 주어진 글의 중심 내용을 이끌어 내기 위한 질문으로 가장 적절한 것은 ①이다.

> ### 🎯 문제해결 TIP
>
> 제목·중심 내용·주제 찾기 유형은 내용 일치나 추론 등의 독해 유형과는 달리 지문을 자세하게 기억하며 읽을 필요는 없다. 따라서 글을 읽어 내려가며 필자가 주장하거나 드러내고자 하는 핵심 논지를 파악하는 것이 중요하다.

08

| 정답 | ②

글 전체에서 은행위기를 중심으로 금융위기에 관한 주요 시각을 네 가지로 분류하여 제시하면서 각 시각이 어떤 방식으로 금융위기를 바라보고 있는지를 구체적으로 설명하고 있다.

09

| 정답 | ②

은행의 지불능력이 취약하다고 많은 예금주들이 예상하게 되면 실제로 지불능력이 취약해진다. 은행의 예금 지급 불능이 예상되면 예금주들은 불안감 때문에 예금 인출을 요구하게 되는데, 은행의 지급준비금은 통상 전체 예금의 몇 %밖에 되지 않기 때문에 예금 인출 요구가 쇄도하게 되면 은행은 현금 보유량을 ⊙ '늘려야'하므로 자산을 매각하게 된다. 이때 은행이 자산을 서둘러 매각하려고 하면 은행의 자산 가격은 ⓒ '하락하게' 된다. 그 결과 은행의 지불능력은 실제로 ⓒ '낮아진다'.

10

| 정답 | ④

제28조 제2항에서 동일한 지역 내의 다른 지역농협에는 1년 6개월 이내에 가입할 수 없다고 규정하고 있으며, 출자를 하면 가능하다는 규정도 찾아볼 수 없다.

| 오답풀이 |

① 제29조 제1항에서 조합원은 지역농협에 탈퇴 의사를 알리고 탈퇴할 수 있다고 규정하고 있다.

② 제28조 제5항에서 조합원이던 자가 사망한 경우, 상속인 자격을 갖춘 아들은 상속인 또는 공동상속인 경우에는 공동상속인이 선정한 1명의 상속인에 해당할 것이므로, 피상속인의 출자를 승계하여 조합원이 될 수 있다. 따라서 추가 출자 없이 해당 지역농협의 조합원이 될 수 있다.

③ 제28조 제1항에서 제명된 후 2년이 지나지 아니한 자에 대하여는 가입을 거절할 수 있다고 하였으며, 정당한 사유 없이 조합원 자격을 갖추고 있는 자의 가입을 거절할 수 없다고 규정하고 있다.

11 | 정답 | ②

두 번째 문단에서 독일은 관계 금융을 하는 협동조합은행과 지방 공공 은행의 비중이 37%에 이르러 대형 시중 은행의 자산 규모를 앞지르는 반면 한국의 경우 지방 공공 은행은 존재하지 않고 공공 은행인 기업은행이 전국망을 갖고 있지만 관계 금융을 한다고 말하기 어렵다고 하였다는 점에서 관계 금융의 주체가 지방 공공 은행인 나라는 독일이며, 우리나라는 관계 금융을 한다고 보기는 어려움을 알 수 있다. 따라서 ②는 적절하지 않다.

| 오답풀이 |

① 세 번째 문단에서 지역 농·축협이 앞장서서 지역 내 농업 관련 산업과 중소기업을 발굴하고 지원하는 관계 금융을 펼친다면 한국 경제에 의미 있는 변화를 가져올 수 있다고 하였으므로 적절하다.

③, ④ 첫 번째 문단에서 관계 금융을 하는 은행의 심사역은 해당 기업의 정량 정보에만 기초해 대출 여부를 판단하지 않고, 관계 금융은 지속적인 접촉과 관찰, 현장 방문 등을 통해 확보한 정성 정보를 바탕으로 이루어진다고 하였으므로 적절하다.

12 | 정답 | ④

aligned는 align의 과거분사형으로 '일직선으로 맞춰진', '제휴한', '조절/정렬된'의 의미이다. 장기화되고 있다는 의미를 가진 적절한 단어로 'prolonged' 또는 'long lasted' 등을 쓸 수 있다.

| 오답풀이 |

① 'mark'는 '자국이 나다', '표를 내다'의 의미로, '그러한 해를 기록하였다' 정도의 의미로 해석할 수 있다.

② 'achieve'는 '성취하다', '거두다'의 의미이다.

③ 'take the lead'는 '주도하다', '솔선수범하다'의 의미를 갖는 관용 표현이다.

문제해결 TIP

영어 실력을 단기간에 키우는 것은 어렵지만 문제의 난도는 쉬운 편이며, 금융, 농업, 농협에 대한 지문이 나올 가능성이 높으므로 관련 어휘 위주로 공부한다면 보다 쉽게 지문을 해석할 수 있을 것이다.

13 | 정답 | ③

작년 등산 동호회의 남자 회원 수를 a명이라고 하면 $1.15a=368$이므로 $a=\dfrac{368}{1.15}=320$이다. 즉, 작년 등산 동호회의 남자 회원 수는 320명이다.

작년 등산 동호회의 여자 회원 수를 b명이라고 하면 $0.85b=408$이므로 $b=\dfrac{408}{0.85}=480$이다. 즉, 작년 등산 동호회의 여자 회원 수는 480명이다.

따라서 작년 등산 동호회의 전체 회원 수는 $320+480=800$(명)이고 올해는 $368+408=776$(명)이므로 작년 대비 $\dfrac{800-776}{800}\times100=3$(%) 감소하였다.

14 | 정답 | ④

나열된 숫자의 차를 계산해 보면 $12-9=3$, $14-12=2$, $15-14=1$, $15-15=0$, $14-15=-1$, $12-14=-2$로 그 차이가 3부터 1씩 감소한다. 따라서 빈칸에 들어갈 숫자는 $12+(-2-1)=9$이다.

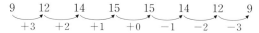

문제해결 TIP

수추리 문제를 해결하려면 등차수열, 등비수열, 계차수열, 퐁당퐁당 수열, 피보나치 수열의 규칙을 기본적으로 알고 있어야 한다. 확인 순서는 등차·등비·피보나치 수열 → 계차수열 → 퐁당퐁당 수열이 일반적이다. 즉 먼저 눈으로 등차수열, 등비수열, 피보나치 수열인지 확인한다. 만약 모두 아니라면 각 숫자들 사이의 증감을 표시하여 증감 사이에서의 규칙을 다시 한번 확인하고 계차수열의 가능성을 따진다. 만약 계차수열도 아니라면 퐁당퐁당 수열인지 확인하며, 퐁당퐁당 수열도 아닐 경우 풀이 시간이 오래 소요될 수 있으므로 우선 다른 문제로 넘어간 후에 시간이 남는 경우 문제를 다시 푸는 것도 방법이 될 수 있다.

15 | 정답 | ③

이사를 가기 전 버스를 타고 이동한 거리를 $x$km라 하면, 걸어서 이동한 거리는 $(25-x)$km이다. 이사를 가기 전 버스로 이동한 시간은 $\frac{x}{48}$시간이고, 걸어서 이동한 시간은 $\left(\frac{25-x}{5}\right)$시간이고, 회사까지 걸린 시간은 42분이므로,

$\frac{x}{48}+\frac{25-x}{5}=\frac{42}{60} \rightarrow \frac{x}{48}+5-\frac{x}{5}=\frac{7}{10} \rightarrow \frac{x}{48}$
$-\frac{x}{5}=-\frac{43}{10} \rightarrow \frac{5x-48x}{240}=-4.3 \rightarrow 43x=1,032$
$\rightarrow x=24$(km)이다. 이때, 이사를 간 후 버스로 이동하는 시간은 이사를 가기 전의 $\frac{2}{3}$이므로 $\frac{x}{48}\times\frac{2}{3}=$
$\frac{24}{48}\times\frac{2}{3}=\frac{1}{3}$(시간)이고, 걸어서 이동하는 시간은 이사를 가기 전의 2배이므로 $\frac{25-x}{5}\times2=\frac{25-24}{5}\times2$
$=\frac{2}{5}$(시간)이다. 따라서 이사를 간 후 집에서부터 회사까지 걸리는 시간은 $\frac{1}{3}+\frac{2}{5}=\frac{5+6}{15}=\frac{11}{15}=\frac{44}{60}$
(시간)이므로 44분이다.

🎯 문제해결 TIP

방정식 유형은 거리·속력·시간을 구하는 문제 외에도 소금물 농도, 일의 양, 간격 등 다양한 형태의 방정식 활용 문제가 등장할 수 있다. 문제는 중학교 수준의 지식을 요구하므로 기초적인 개념을 이해하고 있으면 모두 풀 수 있기 때문에 핵심 공식에 대한 암기가 필수적이다. 또한 방정식은 무궁무진하게 활용될 수 있으므로 다양한 유형의 문제를 접해 보는 것이 중요하다. 관건은 주어진 문제에서 미지수를 두고 그에 따라 식을 도출하는 것이다. 이 능력을 키우기 위해서는 해설을 미리 보지 않고 식을 도출할 때까지 고민해 보는 시간을 갖는 것이 좋다.

16
| 정답 | ①

선택지를 식에 대입해 보면 다음과 같다.

① $6\div\left(\frac{8}{2}-6\right)+4\times3=9 \rightarrow$ 성립

② $6\div\left(\frac{8}{3}-6\right)+4\times2=\frac{31}{5}\neq9 \rightarrow$ 성립×

③ $6\div\left(\frac{8}{4}-6\right)+4\times1=\frac{5}{2}\neq9 \rightarrow$ 성립×

④ $6\div\left(\frac{8}{-2}-6\right)+4\times(-3)=-\frac{63}{5}\neq9 \rightarrow$ 성립×

따라서 a와 b의 값으로 가장 알맞은 것은 ①이다.

17
| 정답 | ③

해당 예금의 만기는 2년이고, 인터넷으로 가입을 했으므로 기본금리는 1.78%이며, 우대금리 조건 중 'N은

행 입출식 통장 3개월 이상 급여이체실적', 'N은행 카드 결제실적 100만 원 이상', '인터넷으로 해당 예금을 가입할 경우'를 만족하므로 우대금리는 0.4+0.3+0.2 =0.9(%p)이지만, 최대 0.8%p까지 적용되므로 최종 만기 일시 지급 금리는 1.78+0.8=2.58(%)이다. 따라서 2년 만기 후, 이자는 20,000,000×0.0258×2 =1,032,000(원)이 되므로 A가 수령하게 될 총금액은 20,000,000+1,032,000=21,032,000(원)이다.

18
| 정답 | ①

3년 후 만기이며 인터넷을 통해 가입했으므로, 우대금리 0.2%p가 적용되어 최종 만기 시 금리는 1.83 +0.2=2.03(%)가 되므로 3,000만 원 예치금의 3년 만기 시 수령 금액은 30,000,000+30,000,000× 0.0203×3=31,827,000(원)이다.

1년 만기로 3번 가입하는 경우 1년 후 만기일 때의 최종 만기 시 금리는 1.75+0.2=1.95(%)이므로, 3,000만 원 예치금의 1년 만기 시 이자는 30,000,000 ×0.0195×1=585,000(원), 다음 1년 만기 가입 시 예치금 30,000,000+585,000=30,585,000(원)의 1년 만기 시 이자는 30,585,000×0.0195×1= 596,407.5(원)이고, 백의 자리에서 올림 처리하므로 597,000원이며, 마지막 1년 만기 가입 시 예치금 30,585,000+597,000=31,182,000(원)의 1년 만기 시 이자는 31,182,000×0.0195×1=608,049(원)으로 백의 자리에서 올림 처리하여 609,000원으로 최종 수령 금액은 31,182,000+609,000=31,791,000 (원)이다. 따라서 수령 금액의 차이는 31,827,000− 31,791,000=36,000(원)이다.

19
| 정답 | ②

넓이가 $0.1km^2$인 밭에서 500kg의 작물을 수확한다고 하였으므로 넓이가 $10km^2$인 땅에서는 500×100 =50,000(kg)의 작물을 수확할 수 있다. 그런데 가뭄으로 인하여 수확량이 20% 감소했다고 하였으므로 총수확량은 50,000×0.8=40,000(kg)이다.

20
| 정답 | ①

현재 사탕의 개수를 x개라고 하면 2개가 없을 때 3과 4와 6의 공배수가 되어야 한다. 즉 $(x-2)$가 3, 4, 6의 공배수이다. 3, 4, 6의 최소공배수는 12이고, x가 50 이상 60 이하이기 위해서는 $(x-2)$가 48 이상 58

이하여야 한다. 12의 배수 중 해당되는 수는 48뿐이다. 따라서 $x-2=48$이므로 $x=50$(개)이다.

21 | 정답 | ③

㉠ 연도별로 무역수지를 구하면 다음과 같다.
- 2019년: $525.7-431.4=94.3$(십억 불)
- 2020년: $494.3-399.5=94.8$(십억 불)
- 2021년: $571.4-471.4=100$(십억 불)

따라서 2020년, 2021년 모두 재화 전체의 무역수지는 전년 대비 증가하였다.

㉢ 자본재 수출액에서 대기업이 차지하는 비중은 2019년이 $\frac{204.8}{307.3}\times100\fallingdotseq66.6(\%)$이고, 2021년이 $\frac{234.1}{339.5}\times100\fallingdotseq69.0(\%)$이므로 2019년보다 2021년이 더 크다.

| 오답풀이 |

㉡ 연도별로 중견기업의 원자재 무역수지를 구하면 다음과 같다.
- 2019년: $24.9-30.9=-6$(십억 불)
- 2020년: $23-27.4=-4.4$(십억 불)
- 2021년: $27.2-31.6=-4.4$(십억 불)

따라서 2019~2021년 동안 중견기업의 원자재 무역수지는 총 $6+4.4+4.4=14.8$(십억 불), 즉 148억 불의 적자를 보인다.

22 | 정답 | ①

ⓐ $\frac{102.4-84.1}{84.1}\times100\fallingdotseq21.8(\%)$

ⓑ $\frac{45.3-39.4}{39.4}\times100\fallingdotseq15.0(\%)$

ⓒ $\frac{(339.5+176.7)-(307.3+156.9)}{307.3+156.9}\times100$
$\fallingdotseq11.2(\%)$

따라서 ⓐ~ⓒ의 대소 관계를 나타내면 ⓐ＞ⓑ＞ⓒ이다.

23 | 정답 | ②

중위연령은 총인구를 연령순으로 나열할 때 정중앙에 있는 사람의 연령을 말하므로, 그 사회의 고령화 정도를 파악할 수 있다. 다만, 중위연령의 변화로 출산율이 점차 낮아진다고 단정할 수는 없으며, 주어진 자료에서도 중위연령이 높아지는 것이 출산율과 직접적인 연관이 있다고 볼 근거를 찾을 수는 없다.

| 오답풀이 |

① 인구수가 2000년 47,008천 명에서 2060년 45,246천 명으로 변동된 것이므로 감소율은 $\frac{47,008-45,246}{47,008}\times100\fallingdotseq3.7(\%)$이다.

③ 인구가 감소하는 2030년 이후에도 65세 이상 고령 인구 비율은 지속적으로 증가할 것으로 전망되고 있다.

④ 2010년 이후 2050년까지 64세 이하 인구는 지속적으로 감소하는 반면, 65세 이상 인구는 지속적으로 증가하므로 반비례 관계가 지속될 것으로 전망할 수 있다.

24 | 정답 | ①

㉠ 신용카드로 구입하는 경우에 대한 설명이 나와 있지만 신용카드로만 구입할 수 있다는 정보는 없다.

㉢ 농촌사랑 종이상품권을 농협몰에서 이용하기 위해서는 농협몰 예치금으로 전환해야 한다.

| 오답풀이 |

㉡ 개인 고객인 경우 농협몰에서 농촌사랑 모바일상품권 구입 및 사용이 모두 가능하다. 법인 대량고객은 KT 기프티쇼 비즈에서 구입할 수 있다.

㉣ 상품권을 여러 장 지불한 경우이므로 총금액의 100분의 60 이상을 사용하면 잔액을 받을 수 있다. 3만 1천 원어치의 물품을 구매하며 4만 원을 지불하였는데, 4만 원의 60%인 2만 4천 원 이상 사용하였으므로 잔액을 현금으로 받을 수 있다. 따라서 차액인 9천 원을 현금으로 받을 수 있다.

25 | 정답 | ①

첫 번째와 세 번째 조건에 의해 F와 G의 순서가 정해진다. 두 번째, 네 번째, 다섯 번째 조건에 의해 나머지 직원들의 출근 순서는 B → A → E → C → D라는 것을 알 수 있다. 따라서 출근 순서는 다음 경우만 가능하다.

1	2	3	4	5	6	7
G	B	F	A	E	C	D

3명이 지각하였다고 하였으므로 E, C, D가 지각하였음을 알 수 있다. 따라서 지각하지 않은 사람은 G, B, F, A이므로 답은 ①이다.

26 | 정답 | ④

알파벳 순서대로 $A=1$, $B=2$, …를 대입해 보면 주어진 문자의 배열은 다음과 같다.
10, 13, 16, 19, 22, (　　)
즉, 앞의 수에 3을 더하는 규칙이므로 빈칸에 들어갈

문자는 25＝Y이다.

알파벳으로 이루어진 수열의 경우, 다섯 개씩 끊어서 'EJOTY'로 암기해 두면 편리하다.

27 　　　　　| 정답 | ②

주어진 명제와 대우 명제를 간단히 나타내면 다음과 같다.

- 감자 → 수박, ~수박 → ~감자
- 농협 → 감자, ~감자 → ~농협
- 수박 → ~귤, 귤 → ~수박
- ~당근 → ~농협, 농협 → 당근

이때, 논리적 흐름에 따라 '농협 → 감자 → 수박 → ~귤'이므로 '농협을 좋아하면 귤을 좋아하지 않는다'가 성립한다.

| 오답풀이 |

① 주어진 내용으로 알 수 없다.
③ '~수박 → ~감자 → ~농협'이 성립하므로 항상 옳지 않다.
④ 주어진 내용으로 알 수 없다.

28 　　　　　| 정답 | ②

㉠ 2019년 농촌가구의 에너지 소비량은 44,700Tcal이고, 전력과 석유류의 소비량은 $15,900+9,800+3,800=29,500$(Tcal)이므로 농촌가구에서 소비한 에너지 중 전력과 석유류는 전체 에너지원의 $\frac{29,500}{44,700}\times100\fallingdotseq66.0$(%)이다.

㉣ 2016년 농촌가구 에너지 소비량은 45,500Tcal, 도시가구 에너지 소비량은 162,500Tcal이므로 농촌가구의 에너지 소비량은 도시가구의 $\frac{45,500}{162,500}\times100=28.0$(%)이고, 2019년은 ㉢에서 27.0%이므로 $28.0-27.0=1$(%p) 감소하였다.

따라서 [보고서]의 밑줄 친 내용 중 옳은 것은 ㉠, ㉣이다.

| 오답풀이 |

㉡ 열에너지에서 2016년과 2019년 모두 도시가구 대비 농촌가구의 상대소비 비율이 4%이지만 2019년 도시가구의 열에너지 소비량이 2016년 대비 감소하였으므로 2019년 농촌가구의 열에너지 소비량은 2016년 대비 감소하였다.

㉢ 2019년 농촌가구 에너지 소비량은 44,700Tcal, 도시가구 에너지 소비량은 165,600Tcal이므로 농촌가구의 에너지 소비량은 도시가구의 $\frac{44,700}{165,600}\times100\fallingdotseq26.9$(%), 즉 약 27%이다.

29 　　　　　| 정답 | ④

2반에는 여학생만, 3반에는 남학생만 배정받았으며, 1등과 8등은 모두 여학생이므로 1반과 4반은 남학생과 여학생 1명씩 배정받았다. 그런데 C는 G와 같은 반이므로 C, G는 1반 또는 4반인데, C의 등수는 D 바로 다음으로 낮으므로 C, G는 4반일 수밖에 없으며, D는 6등, C는 7등, G는 8등이다.

1반		2반		3반		4반	
1등(여)	2등(남)	3등(여)	4등(여)	5등(남)	6등(남)	7등(남)	8등(여)
					D	C	G

F의 등수는 E 바로 다음으로 낮은데, 남은 자리 중 여학생끼리 붙어 있을 수 있는 곳은 3등, 4등뿐이다. 따라서 E는 3등, F는 4등이며, 여자 중 남은 H가 1등이다. 이때 A와 H는 서로 다른 반이므로 A는 5등, 마지막으로 남은 B는 2등이다.

1반		2반		3반		4반	
1등(여)	2등(남)	3등(여)	4등(여)	5등(남)	6등(남)	7등(남)	8등(여)
H	B	E	F	A	D	C	G

따라서 옳지 않은 것은 ④이다.

30 | 정답 | ③

[명제 1]과 [결론]에 해당하는 벤 다이어그램은 각각 [그림 1], [그림 2]와 같다.

[그림 1]에서 '비빔밥'이 '탕수육'을 포함하고 있다면 자연스럽게 [그림 2]와 같이 '떡볶이'가 '탕수육'을 포함할 것이다. 따라서 [명제 2]는 '비빔밥'이 '탕수육'을 포함하는 명제인 '탕수육 → 비빔밥'이 되어야 하므로 정답은 ③이다.

31 | 정답 | ④

농축산물 안정생산 기술 확산을 위한 예산 중 '이상기상 대응 농축산물 피해경감 및 안정생산 기술개발' 분야에 737억 원이 책정되었고, 농업의 미래 성장산업화를 위한 예산 중 '저탄소 농업기술 개발과 기후변화 대응 기술개발·보급' 분야에 824억 원이 책정되었으므로 이상 기후 등 기후변화와 직접적으로 관련하여 책정된 예산은 737＋824＝1,561(억 원)이다. 즉 총 1,000억 원 이상이 책정되었다.

| 오답풀이 |
① 농촌진흥청 예산은 2022년에 11,893억 원이었고 2023년에 12,547억 원이므로 2022년 대비 $\frac{12,547-11,893}{11,893} \times 100$ ≒5.5(%) 증가하였다. 즉 5% 이상 증가하였다.
② 2023년 한국농업기술의 글로벌 확산을 위한 예산은 554억 원이고, 이는 2022년 대비 20억 원 증가한 것이다. 따라서 2022년 한국농업기술의 글로벌 확산을 위한 예산은 554-20=534(억 원)이다.
③ 2023년 농촌진흥청 예산은 전년 대비 12,547-11,893=654(억 원) 증가하였다. 그런데 사업별로 증가액을 확인해 보면 21+23+523+40+16+20=643(억 원)이므로 사업비를 제외한 인건비 및 기본경비는 654-643=11(억 원) 증가하였음을 알 수 있다.

32 | 정답 | ④

여성 D는 2월의 W은행 체크카드 결제실적이 20만 원이므로 기준 한도인 30만 원에 미치지 못하고 있다. 따라서 지난달에 수수료 면제 조건 미충족 시 이번달 1일부터 우대서비스가 중지되므로 3월 12일인 오늘, 여성 D는 수수료 면제 혜택을 받을 수 없다.

| 오답풀이 |
① 전자금융 이체수수료 면제 혜택은 횟수에 제한이 없으므로 3월에 이미 10회 이상 수수료 면제 혜택을 받았더라도 3월 12일에 수수료 면제 혜택을 받을 수 있다.
② 지난달 2건 이상의 공과금 자동이체 출금실적이 발생하였으므로 거래실적 기준을 충족하여, 3월에 수수료 면제 혜택을 받을 수 있다.
③ W은행 자동화기기를 통한 타행 송금수수료 면제 혜택은 월 5건 한도로 제공되므로 3월에 4건의 수수료 면제 혜택을 받았다면, 추가로 1건의 수수료 면제 혜택을 받을 수 있다.

33 | 정답 | ①

문제 인식 단계는 문제해결 과정 중 '무엇(what)'을 결정하는 단계로, 해결해야 할 전체 문제를 파악하여 우선순위를 정하고, 선정문제에 대한 목표를 명확히 하는 단계를 말한다. 이를 위해 환경 분석, 주요 과제 도출, 과제 선정의 절차를 수행하는 과정이 필요하다. 참고로 실행 및 평가 단계는 해결안 개발을 통해 만들어진 실행계획을 실제 상황에 적용하는 활동으로 당초 장애가 되는 문제의 원인들을 해결안을 사용하여 제거해 나가는 단계를 말한다.

| 오답풀이 |
② 문제 도출 단계는 선정된 문제를 분석하여 해결해야 할 것이 무엇인지를 명확히 하는 단계로 현상에 대하여 문제를 분해하여 인과관계 및 구조를 파악하는 단계를 말한다. 이러한 문제 도출은 문제 구조 파악, 핵심 문제 선정의 절차를 거쳐 수행된다.
③ 원인 분석 단계는 파악된 핵심 문제에 대한 분석을 통해 근본 원인을 도출해 내는 단계이다. 원인 분석은 쟁점(issue) 분석,

데이터 분석, 원인 파악의 절차로 진행되며 핵심 이슈에 대한 가설을 설정한 후 가설 검증을 위해 필요한 데이터를 수집, 분석하여 문제의 근본 원인을 도출해 나가는 것이다.

④ 해결안 개발 단계는 문제로부터 도출된 근본 원인을 효과적으로 해결할 수 있는 최적의 해결방안을 수립하는 단계를 말한다. 해결안 개발은 해결안 도출, 해결안 평가 및 최적안 선정의 절차로 진행된다.

34 | 정답 | ②

'길'은 흐르는 대상으로 볼 수 없다. '구름'과 '시간'은 넓다고 말하기 어렵다. 따라서 넓고, 건널 수 있으며 흐르는 것이라 말할 수 있는 '강'이 세 단어의 속성을 모두 지니고 있다.

35 | 정답 | ①

A의 단풍 절정기 시작날짜가 10월 18일로 가장 빠르다.

| 상세해설 |

각 산의 고도 H와 시작고도와의 고도차 및 온도차는 다음과 같다.

구분	고도 H	시작고도와의 고도차	시작고도와의 온도차
A	720m	220m	1.54℃
B	600m	200m	1.4℃
C	340m	140m	0.98℃
D	220m	120m	0.84℃

따라서 고도 H에서의 일 최저기온이 5℃ 이하가 되기 위해서는 시작고도의 일 최저기온이 A의 경우 6.54℃ 이하, B의 경우 6.4℃ 이하, C의 경우 5.98℃ 이하, D의 경우 5.84℃ 이하여야 한다. 해당 날짜를 찾아보면 A는 10월 18일, B는 10월 20일, C는 10월 27일, D는 10월 25일이다. 따라서 단풍 절정기 시작날짜가 가장 빠른 산은 A이다.

36 | 정답 | ②

인간의 활동에는 많은 물적자원이 수반되는데, 물적자원을 얼마나 확보하고 활용할 수 있느냐는 기업 및 국가의 큰 경쟁력이 되므로 물적자원관리는 매우 중요하다고 할 수 있다. 혹여나 이미 보유하고 있는 물건을 관리하지 않아 분실 및 훼손되었을 경우 같은 물건을 다시 구입해야 할 수 있기 때문에 경제적 손실뿐

아니라 더 나아가 과제나 사업의 실패를 부를 수 있다. 제시된 사례의 경우 고가의 장비를 구입하고 한 번도 사용하지 않았다는 것에서 명확한 목적과 계획이 없이 물품을 구입하였다는 것을 추론할 수 있으며, 이로 인해 결국 장비가 고장 나 불필요한 경제적 손실을 야기하였으므로 물적자원 활용의 방해요인으로 ②가 가장 적절하다.

| 오답풀이 |

① 물품 구입에 할애한 예산이 주어진 예산보다 과도하다는 근거는 확인할 수 없다.

③ 물품의 사용 유효기간은 제시된 내용에서 확인할 수 없다.

④ 물품 구입 후 한 번도 사용하지 않았다는 것에서 물품 구입의 우선순위를 선정하지 못하였음을 유추해 볼 수 있으나, 그리하여 정작 필요한 물품을 구입하지 못하였다는 내용의 근거는 확인할 수 없다.

37 | 정답 | ④

㉠ 회원권 보유자 6명은 $7,000 \times 6 = 42,000$(원)의 비용을 지불해야 하며, 회원권 미보유자 2명은 $40,000 \times 2 = 80,000$(원)의 비용을 지불해야 하므로 총비용은 $42,000 + 80,000 = 122,000$(원)이다.

㉢ 회원권 없이 주중에 A석에서 4회 관람할 때는 $70,000 \times 4 = 280,000$(원)의 비용을 지불해야 하며, 회원권을 구입해 주말과 공휴일에 C석에서 6회 관람할 때는 $120,000$(가입비)$+ 12,000 \times 6 = 192,000$(원)의 비용을 지불해야 한다.

㉣ 회원권을 구입해 D석에서 8회 관람할 때는 $60,000$(가입비 50% 할인)$+ 9,000 \times 8 = 132,000$(원)의 비용을 지불해야 한다.

| 오답풀이 |

㉡ 회원권이 없을 때는 9,000×36=324,000(원)의 비용을 지불해야 하며, 회원권이 있을 때는 120,000(가입비)+6,000×36=336,000(원)의 비용을 지불해야 한다.

38 | 정답 | ②

최단경로는 '회사－A－C－E－B－D－회사(회사－D－B－E－C－A－회사)'이며, 이때의 거리는 $45+65+43+41+49+63 = 306$(km)이다.

| 상세해설 |

총 5가지 경로가 가능하다.

1) 회사－A－B－C－E－D－회사
　(회사－D－E－C－B－A－회사)

$\rightarrow 45+57+43+43+59+63=310(\text{km})$

2) 회사$-$A$-$B$-$D$-$E$-$C$-$회사

(회사$-$C$-$E$-$D$-$B$-$A$-$회사)

$\rightarrow 45+57+49+59+43+54=307(\text{km})$

3) 회사$-$A$-$C$-$B$-$E$-$D$-$회사

(회사$-$D$-$E$-$B$-$C$-$A$-$회사)

$\rightarrow 45+65+43+41+59+63=316(\text{km})$

4) 회사$-$A$-$C$-$E$-$B$-$D$-$회사

(회사$-$D$-$B$-$E$-$C$-$A$-$회사)

$\rightarrow 45+65+43+41+49+63=306(\text{km})$

5) 회사$-$C$-$A$-$B$-$E$-$D$-$회사

(회사$-$D$-$E$-$B$-$A$-$C$-$회사)

$\rightarrow 54+65+57+41+59+63=339(\text{km})$

따라서 최단거리는 306km이다. 가장 긴 노선인 65km, 63km의 노선을 모두 이용해도 경우에 따라서는 최단거리가 될 수 있다는 것에 주의해야 한다.

39
| 정답 | ④

최단경로는 '회사$-$A$-$C$-$E$-$B$-$D'이며, 이때의 거리는 $45+65+43+41+49=243(\text{km})$이다.

| 상세해설 |

39번에서 구한 5가지 경로에서 회사와 연결된 경로 하나씩을 빼면 A, C, D지점을 마지막으로 하는 경로들 중에서 가장 짧은 거리를 찾을 수 있다. 가령 회사$-$A$-$C$-$E$-$B$-$D$-$회사 경로에서 가장 마지막의 D$-$회사 노선을 제외한 경로의 길이는 $+63$을 제외하면 되고, 이를 거꾸로 뒤집은 회사$-$D$-$B$-$E$-$C$-$A$-$회사 경로에서 가장 마지막 A$-$회사 노선만 제외한 경로의 길이는 $+45$를 제외하면 된다. 따라서 306km의 최단거리 $45+65+43+41+49+63$에서 63을 뺀 243km가 A, C, D지점을 마지막으로 하는 경로들 중 최단거리가 된다. 물론 다른 경로 중에서 더 큰 수를 뺄 수 있다면 다른 경로가 더 짧아질 수도 있지만 63이 뺄 수 있는 가장 큰 수이다.

그러므로 243km와 B, E지점을 마지막으로 하는 경로들 중 최단거리를 비교하면 전체 경로 중 최단거리를 찾을 수 있다. 우선 B지점을 마지막으로 하는 경로는 회사$-$A$-$C$-$E$-$D$-$B, 회사$-$D$-$E$-$C$-$A$-$B가 있고, E지점을 마지막으로 하는 경로는 회사$-$A$-$C$-$B$-$D$-$E, 회사$-$C$-$A$-$B$-$D$-$E, 회사$-$D$-$B$-$A$-$C$-$E가 있다. 5개 경로의 거리를 구해 보면 다음과 같다.

1) 회사$-$A$-$C$-$E$-$D$-$B

$\rightarrow 45+65+43+59+49=261(\text{km})$

2) 회사$-$D$-$E$-$C$-$A$-$B

$\rightarrow 63+59+43+65+57=287(\text{km})$

3) 회사$-$A$-$C$-$B$-$D$-$E

$\rightarrow 45+65+43+49+59=261(\text{km})$

4) 회사$-$C$-$A$-$B$-$D$-$E

$\rightarrow 54+65+57+49+59=284(\text{km})$

5) 회사$-$D$-$B$-$A$-$C$-$E

$\rightarrow 63+49+57+65+43=277(\text{km})$

이 경로들 중 243km보다 짧은 거리는 없으므로 최단거리는 243km이다.

40
| 정답 | ②

A~D사의 비용과 제작 기간을 정리하면 다음과 같다.

구분	A사	B사	C사	D사
종이	100,000원	100,000원	120,000원	120,000원
CTP	80,000원	70,000원	80,000원	70,000원
인쇄	80,000원	70,000원	60,000원	50,000원
제본	240,000원	200,000원	240,000원	200,000원
총비용	500,000원	440,000원	500,000원	440,000원
완료일	월요일	화요일	일요일	월요일

따라서 가장 저렴한 비용은 B사, D사의 440,000원이고, 이 경우 가장 빠른 책자 완료일은 월요일이다.

41
| 정답 | ③

원래의 견적에서 B사는 페이지 수가 증가하였고, D사는 부수가 증가하였으므로 다음과 같이 계산할 수 있다.

· B사: 네 가지 공정의 비용이 모두 100% 상승하므로 총비용은 880,000원이다.

· D사: 각 공정의 비용이 종이 80%, 인쇄 90%, 제본 100% 상승하므로 총비용은 $(120{,}000\times1.8)+70{,}000+(50{,}000\times1.9)+(200{,}000\times2)=781{,}000(원)$이다.

42
| 정답 | ③

마트별로 가중치를 고려한 점수를 계산해 보면 다음과 같다.

· A마트: $7\times0.1+8\times0.2+10\times0.3+9\times0.4=$

8.9(점)
- B마트: $10 \times 0.1 + 8 \times 0.2 + 9 \times 0.3 + 7 \times 0.4 = 8.1$(점)
- C마트: $7 \times 0.1 + 8 \times 0.2 + 9 \times 0.3 + 10 \times 0.4 = 9.0$(점)
- D마트: $8 \times 0.1 + 10 \times 0.2 + 7 \times 0.3 + 9 \times 0.4 = 8.5$(점)

따라서 가중치를 고려한 점수가 가장 높은 마트는 C마트이다.

43 | 정답 | ②

사원 인사평가 결과를 점수로 환산하면 다음과 같다.

(단위: 점)

이름	갑	을	병	정	무	기
성과평가점수(①)	70	78	90	85	80	82
①×70%(③)	49	54.6	63	59.5	56	57.4
역량평가점수(②)	75	82	78	80	90	85
②×30%(④)	22.5	24.6	23.4	24	27	25.5
1차평가(③+④)	71.5	79.2	86.4	83.5	83	82.9
가산점	0	4	0	2.5	0	2.5
최종	71.5	83.2	86.4	86	83	85.4

따라서 최종평가 점수가 가장 높은 사람은 병이다.

⏱ 문제해결 TIP

주어진 자료를 바탕으로 기준에 따라 점수를 합산하여 결괏값을 얻는 유형으로, 문제 구조는 단순하지만 반복적인 계산을 많이 해야 하므로 빠른 계산력이 필요하다. 하지만 전체를 모두 계산하지 않고 필요한 부분만 계산하여 시간을 단축할 수 있다.

44 | 정답 | ④

자원을 적절하게 관리하기 위해서 거쳐야 하는 4단계의 자원관리 과정과 순서는 다음과 같다.

어떤 자원이 얼마나 필요한지를 확인하기 → 이용 가능한 자원을 수집(확보)하기 → 자원 활용 계획 세우기 → 계획에 따라 수행하기

따라서 각 단계를 설명하고 있는 내용은 (라)−(다)−(나)−(가)의 순이 된다.

45 | 정답 | ④

부품 3개를 교체하게 되므로 A, B, C업체에서 할인을 받을 수 있다. 업체별로 비용을 계산해 보면 다음과 같다.

구분	출장비 + 부품 3개 총비용	할인 혜택	할인 후 가격
A업체	180,000원	5%	171,000원
B업체	200,000원	10%	180,000원
C업체	235,000원	20%	188,000원
D업체	172,000원	−	172,000원

따라서 A업체를 이용할 때 가장 저렴하므로 최저 교체비용은 171,000원이다.

46 | 정답 | ④

A를 제외한 전환배치 점수를 구하면 다음과 같다.

이름	희망부서	2022년 성취점수(①)	전환면접 점수			총점 (①x0.3+②x0.7)
			1차	2차	계(②)	
B	IT경제부	75	80	74	154	130.3
C	IT경제부	80	82	67	149	128.3
D	지역사회공헌부	70	78	68	146	123.2
E	지역사회공헌부	90	75	80	155	135.5
F	IT경제부	85	74	65	139	122.8
G	지역사회공헌부	75	75	80	155	131
H	IT경제부	90	72	75	147	129.9
I	인사총무부	85	70	84	154	133.3
J	인사총무부	95	60	70	130	119.5

전환인원이 6명이라고 하였으므로 상위 첫 번째인 A를 제외한 상위 5명은 순서대로 E(지역사회공헌부)−I(인사총무부)−G(지역사회공헌부)−B(IT경제부)−H(IT경제부)이다. A는 상위 2번째인 E의 총점보다 높으면 된다.

A점수가 $80 \times 0.3 + (75 + Y) \times 0.7 = 0.7Y + 76.5$이므로 $0.7Y + 76.5 > 135.5$이고 $Y > 84.286 \cdots$이므로 Y의 최솟값은 85점이다.

47

주어진 선택지 중 회의가 가능한 일정은 ③과 ④이다. 화요일 13:00~15:00의 경우 B차장과 C과장이 회의에 참여하지 못하며 A부장, D과장, E대리, F대리, G사원이 회의에 참여할 수 있다. 수요일 14:30~16:30의 경우 B차장과 F대리가 회의에 참여하지 못하며 A부장, C과장, D과장, E대리, G사원이 회의에 참여할 수 있다. 회의는 가능한 일정 중 가장 빠른 일정으로 진행되므로 정답은 ③이다.

| 오답풀이 |

① C과장, E대리, F대리, G사원이 회의에 참여하지 못하므로 첫 번째 회의 조건을 충족하지 못한다.
② C과장과 D과장이 모두 회의에 참여하지 못하므로 두 번째 회의 조건을 충족하지 못한다.

48

총수익금이 가장 많은 노선은 1번 노선으로 225.6만 원, 총수익금이 가장 적은 노선은 2-1번 노선으로 121.9만 원이므로 그 차이는 $225.6-121.9=103.7$(만 원)이다.

| 상세해설 |

버스 노선별 시간당 평균 운행거리는 다음과 같다.
- 1번: $80\div(288\div60)≒16.7(km)$
- 2번: $65\div(192\div60)≒20.3(km)$
- 2-1번: $32\div(138\div60)≒13.9(km)$
- 3-1번: $70\div(240\div60)=17.5(km)$

따라서 이에 해당하는 수익금과 총운행시간을 곱하면 하루의 총수익금을 구할 수 있다.

노선번호	총운행시간	시간당수익금	총수익금
1번	4.8시간	47만 원	$4.8\times47=225.6$(만 원)
2번	3.2시간	40만 원	$3.2\times40=128$(만 원)
2-1번	2.3시간	53만 원	$2.3\times53=121.9$(만 원)
3-1번	4시간	45만 원	$4\times45=180$(만 원)

따라서 총수익금이 가장 많은 1번 노선과 가장 적은 2-1번 노선의 총수익금 차이는 $225.6-121.9=103.7$(만 원)이다.

49

프레젠테이션이 성공하려면 한정된 시간 안에 청중에게 핵심 내용을 소리 있게 전달해야 한다. 만약 제한된 시간을 적절히 배분하지 못하면 프레젠테이션은 실패하게 된다. 그러나 제시된 P씨의 사례에서는 P씨가 시간 배분을 적절하게 하지 못했다는 내용을 확인할 수 없으므로 정답은 ④이다.

| 오답풀이 |

① P씨가 청중이 아닌 다른 곳으로 시선을 돌리며 프레젠테이션을 함으로써 듣는 사람들이 불편함을 느낀다고 하였으므로 자신감 없는 태도는 P씨의 프레젠테이션이 실패하게 된 요인이라고 볼 수 있다.
② P씨가 남들 앞에서 프레젠테이션을 하는 상황에서, 당황하여 혼자 중얼거리거나 헤매게 되는 것은 잘못된 언어 습관으로 볼 수 있으므로 잘못된 언어 습관은 P씨의 프레젠테이션이 실패하게 된 요인이라고 볼 수 있다.
③ P씨의 프레젠테이션이 끝난 후 동료들이 내용을 이해하지 못했다는 것은 내용을 알기 쉽도록 조리 있게 설명하지 못했다는 것을 의미하므로 불명확한 내용 전달은 P씨의 프레젠테이션이 실패하게 된 요인이라고 볼 수 있다.

50

본부장이 전결권자이므로 서명은 담당, 과장, 팀장, 본부장 4명이 해야 한다. 따라서 부문장은 결재가 필요하지 않아 부문장 결재란 한 곳에 상향대각선이 표시되어야 하며(ⓛ), 전결권자인 본부장의 결재란에는 '전결'이 표시되어야 한다. 본부장은 자신의 결재란에 서명하지 않고(ⓒ), 최고 결재권자인 사장의 결재란에 서명한다.

주어진 상황에 대한 올바른 결재 양식과 서명은 다음과 같다.

해외출장 신청서						
결재	담당	과장	팀장	본부장	부문장	사장
	서명	서명	서명	전결	/	본부장 서명

🔅 문제해결 TIP

조직이해능력에서 출제되는 문제들은 전반적으로 NCS 직업기초능력 매뉴얼에 수록된 이론에 기초한다. 특히 조직체제 관련 유형에서는 결재 규정이나 조직도에 대한 문제가 주로 출제되는데, 결재 규정은 실제 결재 규정을 그대로 따르거나 단순화하여 출제되므로, 전결 등의 개념에 대해 미리 알고 있다면 문제를 빠르게 파악할 수 있다.

51

| 정답 | ③

ⓒ 상대방의 요구를 거절할 때에는 먼저 요구를 거절하는 것에 대한 사과를 한 다음, 응해줄 수 없는 이유를 설명하고, 거절할 때는 모호한 태도보다는 단호하고 확실하게 거절하는 것이 효과적인 의사표현 방법이다. 따라서 C씨의 사례는 적절하다.

| 오답풀이 |

ⓐ 상대방의 잘못을 지적할 때에는 칭찬의 말, 질책의 말, 격려의 말의 순서대로 표현하는 것이 듣는 사람이 반발하지 않고 부드럽게 받아들일 수 있으며, 충고할 때에는 직접적인 표현보다는 은유적이고 비유적으로 표현하는 것이 효과적인 의사표현 방법이다. 따라서 A씨의 사례는 적절하지 않다.

ⓑ 상대방에게 요구해야 할 때에는 상대의 사정을 먼저 듣고 상대가 나의 요구를 들어줄 수 있는 상황인지 확인하는 태도를 보여줘야 하며, 응하기 쉽게 구체적으로 부탁하는 것이 효과적인 의사표현 방법이다. 따라서 B씨의 사례는 적절하지 않다.

ⓓ 상대방을 칭찬할 때 상황과 상관없이 별 의미 없는 내용을 칭찬하면 빈말이나 아부로 느껴질 수 있다. 그러므로 상대방에게 대화 서두에 분위기 전환 용도로 간단한 칭찬을 하는 것이 효과적인 의사표현 방법이다. 따라서 D씨의 사례는 적절하지 않다.

◎ 문제해결 TIP

NCS 모듈에 관한 문제로, 관련 이론에 대해 알고 있어야 해결이 가능하다. 상식적인 수준의 문제가 출제되는 경우도 있지만 세부 능력에 관한 이해도를 묻는 문제도 종종 출제되므로 관련 이론을 익혀 두어야 한다.

52

| 정답 | ②

문제해결을 위한 방법은 소프트 어프로치, 하드 어프로치, 퍼실리테이션 세 가지로 구분되는데, 퍼실리테이션(Facilitation)이란 '촉진'을 의미하며, 어떤 그룹이나 집단이 의사결정을 잘하도록 도와주는 일을 의미한다. 소프트 어프로치나 하드 어프로치 방법은 단순한 타협점의 조정에 그치지만, 퍼실리테이션에 의한 방법은 초기에 생각하지 못했던 창조적인 해결방법이 도출될 수 있으며, 구성원의 동기가 강화되고 팀워크도 한층 강화된다는 특징을 보인다. 이 방법을 이용한 문제해결은 구성원이 자율적으로 실행하는 것이며, 제3자가 합의점이나 줄거리를 준비해 놓고 예정대로 결론이 도출되어 가는 것이어서는 안 된다. 따라서 ⓒ과 ⓓ의 설명이 퍼실리테이션에 의한 문제 해결 방법의 특징이다.

| 오답풀이 |

ⓐ 문제해결을 위해서 직접 표현하는 것이 바람직하지 않다고 여기며, 무언가를 시사하거나 암시를 통하여 의사를 전달하고 기분을 서로 통하게 함으로써 문제해결을 도모하고자 하는 소프트 어프로치의 방법이다.

ⓑ 상이한 문화적 토양을 가지고 있는 구성원을 가정하고, 서로의 생각을 직설적으로 주장하고 논쟁이나 협상을 통해 의견을 조정해 가는 하드 어프로치의 방법이다.

53

| 정답 | ③

일을 하다 보면 외국 비즈니스 파트너와 같이 식사를 하게 되는 경우가 있다. 서양요리를 먹을 때에는 기본적으로 지켜야 할 매너가 있다. 먼저 포크와 나이프는 바깥쪽에서 안쪽 순으로 사용한다. 수프는 소리 내면서 먹지 않으며, 뜨거울 경우 입으로 불어서 식히지 않고 숟가락으로 저어서 식혀야 한다. 빵은 수프를 먹고 난 후부터 먹으며, 디저트 직전부터 식사가 끝날 때까지 먹을 수 있다. 빵은 칼이나 치아로 자르지 않고 손으로 떼어 먹는다. 생선요리는 뒤집어 먹지 않고, 스테이크는 처음에 다 잘라 놓지 않고 자르면서 먹는 것이 좋다. 따라서 ③은 국제 매너로 적절하지 않다.

| 오답풀이 |

① 악수는 전 세계에서 많이 통용되는 인사법이다. 악수를 할 때 친밀감의 표현으로 손을 꽉 잡는 사람도 있고, 예의를 표시하기 위해 손끝만 살짝 잡는 사람도 있다. 그러나 미국에서는 악수할 때 손끝만 잡으면 예의에 어긋난다고 생각한다. 영미권에서 악수를 할 때에는 일어서서, 상대방의 눈이나 얼굴을 보면서, 오른손으로 상대방의 오른손을 잠시 힘주어서 잡았다가 놓아야 한다.

② 일본의 음주문화는 우리의 음주문화와 다른 부분이 많다. 술을 따를 때에도 한 손으로 하고 받을 때도 마찬가지인데 전혀 실례가 되지 않으니 오해하지 않도록 한다.

④ 독일 비즈니스 문화에서 약속시간을 지키는 것은 상당히 중요하다. 2~3분 늦게 도착하는 것도 결례이니 주의해야 한다. 금요일 2시나 3시에 업무를 종료하는 회사도 많으므로 금요일 오후에는 약속을 잡지 않아야 한다.

54

| 정답 | ③

ⓑ 교육지원사업은 농업인의 권익을 대변하고 농업발전과 농가소득 증대를 통해 농업인 삶의 질 향상에 도움을 주고자 함을 목적으로 하는 사업이다.

ⓒ, ⓓ 농업 및 축산경제사업 등을 통하여 농업인이 영농활동에 안정적으로 전념할 수 있도록 생산, 유통, 가공, 소비에 이르기까지 다양한 경제사업

을 지원하고 있다.

① 농협은 금융부문사업을 통해 일반 시중은행의 업무 또한 수행하고 있다.

55
정답 | ④

행사는 총 3일간 진행할 예정이므로 행사비는 하루에 50만 원씩 총 150만 원을 예상하고 있다. 행사비는 지출품의서와 지출결의서 모두 대표이사가 최종 결재권자이다. 따라서 장 대리가 작성할 결재 양식은 다음과 같다.

행사비 지출품의서

결재	담당	부장	본부장	최종결재
	장 대리	부장	본부장	대표이사

행사비 지출결의서

결재	담당	부장	본부장	최종결재
	장 대리	부장	본부장	대표이사

①, ③ 최종 결재권자는 대표이사이다.
② 부장과 본부장의 결재도 받아야 한다.

56
정답 | ④

[V] 꼴을 제외한 아랫부분은 [업] 자의 [ㅇ]을 변형한 것이다. 마크 전체가 [협] 자의 [ㅎ]을 변형한 것으로 [ㄴ+ㅎ]은 농협을 나타내고 항아리에 쌀이 가득 담겨 있는 형상을 표시하여 농가 경제의 융성한 발전을 상징한다.

57
정답 | ③

중소기업의 연체율이 상승될 수 있다는 것은 자사의 내부적 요인이 아닌 외적 환경요인으로 분류되어야 하므로 외부의 위협요인(Threat)이 된다.

① 특화된 신용평가 시스템은 L은행 내부의 장점이므로 강점요인(Strength)이 된다.
② 벤처기업 대출금리가 인상되면 L은행의 수익성이 좋아질 것이며, 이러한 요인은 정부 정책에 기인한 것이므로 외부의 기회요인(Opportunity)이 된다.
④ 모든 SWOT 분석에서 해당 업계의 경쟁이 심화된다는 것은

외부의 위협요인(Threat)이 된다.

58
정답 | ④

조직은 목적을 가지고 있기 때문에 목적을 달성하기 위하여 지속적인 관리와 운영이 요구된다. 경영이란 조직이 수립한 목적을 달성하기 위하여 계획을 세우고 실행하고 그 결과를 평가하는 과정으로, 경영은 일반적으로 경영목적과 조직구성원, 자금, 전략의 4개의 구성요소로 구분할 수 있다. 따라서 ㉣에 들어갈 말은 '전략'이다.

59
정답 | ②

조직의 체제는 조직목표와 조직구조, 조직문화, 규칙 및 규정 등으로 이루어진다. 주어진 글의 첫 번째 단락은 조직문화에 대한 설명이며, 조직이 지속되면 조직구성원들이 생활양식이나 가치를 공유하게 되는데 이를 조직문화라고 한다. 두 번째 단락에서 언급된 요소는 조직구조이며, 조직의 구조는 조직도로 쉽게 파악할 수 있다. 조직도는 구성원들의 임무와 수행하는 과업, 일하는 장소 등을 알 수 있게 해준다. 세 번째 단락에서는 조직의 목표를, 네 번째 단락에서는 조직의 규칙 및 규정을 언급하고 있다.
따라서 조직체제의 네 가지 구성요소로 가장 적절한 것은 ②이다.

60
정답 | ③

본점의 영업망을 확대하고자 하는 정책에 대한 적극적인 지원이 가능하다는 점은 강점(S)에 해당한다. 또한 이러한 본점의 전략에 따른 홍보 강화를 통해 인터넷 및 모바일 등의 전자금융 이용률이 저조한 지역(T)의 전자금융 이용률을 제고하는 대응 방안은 외부적 위협 요인을 내부 강점으로 극복하는 적절한 ST전략이다.

① 자산 관리를 필요로 하는 노인(O) 대상의 지역특화 상품 개발(W)에 대한 WO전략이다.
② 본점의 지원과 인근 지역 지점망(S)을 통해 완성되지 않은 지역 개발(T)의 활성화를 지원하는 ST전략이다.
④ 직원 대부분이 인근 지역에 거주한다는 점(S)을 활용해 지역특화 상품 개발 경험 부족(W)을 개선하기 위한 전략이다.

실전모의고사 2회

43

60문항 / 70분								P.164	
01	②	02	②	03	④	04	④	05	②
06	②	07	③	08	③	09	①	10	③
11	③	12	④	13	①	14	①	15	③
16	②	17	③	18	③	19	④	20	②
21	②	22	①	23	④	24	③	25	②
26	②	27	③	28	②	29	③	30	④
31	①	32	②	33	①	34	④	35	④
36	①	37	②	38	②	39	④	40	④
41	④	42	①	43	④	44	④	45	②
46	②	47	②	48	①	49	④	50	②
51	④	52	②	53	②	54	②	55	④
56	②	57	④	58	③	59	④	60	③

01
| 정답 | ②

'말이나 행동을 일부러 분명하게 하지 아니하고 적당히 살짝 넘기다'의 의미로는 '어물쩍하다'가 맞는 표현이므로 '어물쩡하다'는 맞춤법에 맞지 않다.

| 오답풀이 |
① '아귀찜'은 맞는 표현이다.
③ '나이가 비교적 많아 득직하게'의 의미로 쓰였으므로 '지긋이'는 맞는 표현이다.
　※ 지그시: 1) 슬며시 힘을 주는 모양. 2) 조용히 참고 견디는 모양
④ 한글맞춤법 제51항에 따르면 부사의 끝음절이 분명히 [이]로만 나는 것은 '-이'로 적고, [히]로만 나거나 [이]나 [히]로 나는 것은 '-히'로 적으며, '-이'로 적는 경우는 '간간이', '겹겹이', '나날이', '짬짬이', '빽빽이' 등이 있으므로 '빽빽이'는 맞는 표현이다.

> **☻ 문제해결 TIP**
>
> 어법에 맞는 표기를 찾는 문제로, 한글 맞춤법을 알고 있으면 바로 풀 수 있지만 기본 지식이 없으면 정답을 찾기가 다소 어렵다. 출제 비중이 그렇게 높지는 않지만 특정 규정들이 자주 출제되므로 국립국어원 홈페이지에서 한글 맞춤법 규정을 찾아 익혀 두는 것이 좋다.

02
| 정답 | ②

빈칸에는 노력을 한곳으로 모은다는 의미의 단어들이

들어가야 한다. '표하다'는 태도나 의견 따위를 나타낸다는 의미의 단어로, 빈칸에 들어갈 단어로 가장 적절하지 않다.

| 오답풀이 |
① 쏟다: 마음이나 정신 따위를 어떤 대상이나 일에 기울이다.
③ 기울이다: 정성이나 노력 따위를 한곳으로 모으다.
④ 경주(傾注)하다: 힘이나 정신을 한곳에만 기울이다.

03
| 정답 | ④

'이불'은 '잘 때 몸을 덮기 위하여 피륙 같은 것으로 만든 침구의 하나'를 뜻한다. '침금'은 '이불과 요를 통틀어 이르는 말'로 밑줄 친 의미와 가장 유사한 것은 ④이다.

| 오답풀이 |
① 천금: 많은 돈이나 비싼 값을 비유적으로 이르는 말.
② 영금: 따끔하게 당하는 곤욕.
③ 각심: 각 사람의 마음.

04
| 정답 | ④

④의 '만큼'은 의존 명사가 아닌 조사이므로 앞말에 붙여 써야 한다.

| 상세해설 |

문맥상 '만큼'은 앞말에 한정됨을 나타내는 보조사이다. 따라서 '배 아픈 데만큼은 이 약이 잘 듣는다.'와 같이 앞말에 붙여 써야 한다. 다만 '숨소리가 들릴 만큼 조용했다.'처럼 앞의 내용에 상당한 수량이나 정도임을 나타내거나, '까다롭게 검사하는 만큼 준비를 철저히 해야 한다.'처럼 뒤에 나오는 내용의 원인이나 근거가 됨을 나타낼 경우 의존 명사로 쓰인 것이므로 앞말에 띄어 써야 한다.

| 오답풀이 |
① '간'은 관계의 뜻을 나타내는 의존 명사이므로 앞말에 띄어 써야 한다. 다만 '부부간, 내외간, 부자간, 모자간, 부녀간, 모녀간, 형제간, 남매간, 자매간, 동기간, 고부간, 인척간' 등은 하나의 단어로 굳어져 붙여 쓴다.
② '술'은 밥 따위의 음식물을 숟가락으로 떠 그 분량을 세는 단위를 나타내는 의존 명사이므로 앞말에 띄어 써야 한다.
③ '조'와 '항'은 단위를 나타내는 의존 명사이므로 앞말에 띄어 쓰는 것이 원칙이지만, 숫자와 어울리어 쓰이는 경우에는 앞말에 붙여 쓸 수 있다.

05

| 정답 | ②

두 번째 문단에 따르면 축산과 경종농업을 연계한 자원순환농업을 더 활성화하기 위해 농식품 부산물의 사료화를 확대하는 내용이 '축산 분야 2030 온실가스 감축 및 녹색 성장 전략'에 포함된다.

| 오답풀이 |

① 두 번째 문단에서 축분을 활용하여 생산된 전기와 폐열을 이용하는 에너지화 단지가 현재 1곳에서 8곳까지 확대 조성된다고 하였으므로 최초 설립된다는 내용은 적절하지 않다.

③ 마지막 문단에 따르면 저탄소 축산물 인증제는 이미 도입된 제도로, 확대될 예정이다.

④ 첫 번째 문단에서 정부는 농가의 저감 설비 비중을 56%까지 높이는 것을 목표로 한다고 하였다.

06

| 정답 | ②

빈칸 A~D에 들어갈 내용을 순서대로 나열하면 ⓒ-ⓐ-ⓓ-ⓔ이다.

| 상세해설 |

문서를 이해하는 구체적인 절차는 다음과 같다.

1) 문서의 목적을 이해하기
2) 문서가 작성된 배경과 주제 파악하기
3) 문서에 쓰인 정보를 밝혀 내고 문서가 제시하고 있는 현안 파악하기
4) 문서를 통해 상대방의 욕구와 의도 및 수신자에게 요구되는 행동에 관한 내용 분석하기
5) 문서에서 이해한 목적 달성을 위해 취해야 할 행동을 생각하고 결정하기
6) 상대방의 의도를 도표나 그림 등으로 메모하여 요약 및 정리하기

07

| 정답 | ③

시험, 대가, 손님 등 '무슨 일을 겪어 내다'의 의미의 단어는 '치르다'이며, '치루다'는 잘못된 표현이다.

| 오답풀이 |

① 명사 '예' 뒤에 조사 '부터'가 붙은 것이므로 '예부터'로 적어야 한다.

② 어간의 끝음절 '하' 앞에 무성 자음 'ㄱ, ㅂ, ㅅ'이 와서 '하'가 주는 경우에는 준 대로 적으므로 '생각건대'로 적어야 한다.

④ '명절, 생일, 기념일 같은 날을 맞이하여 지내다'의 의미를 갖는 단어는 '쇠다'이고, '쇠다'의 과거형인 '쇠었다'의 준말은 '쇘다'이다.

08

| 정답 | ③

새로 온 스태프에 대하여 알고 있는 것이 없는 상황이므로 빈칸에는 '궁금하고 호기심이 있는'의 뜻을 가진 curious가 들어가는 것이 적절하다.

| 원문해석 |

A: 새로 온 스태프에 대해서 좀 알고 계신 거 있으신가요? 궁금해서요.

B: 글쎄요. 남아프리카에서 오신 분이라던데요.

A: 남아프리카요? 전 지금껏 남아프리카에서 온 사람은 만나 본 적이 없어요.

B: 저도 그래요. 한국말은 좀 하실 수 있는지 모르겠네요.

| 오답풀이 |

① nervous: 불안해 하는, 두려워 하는
② disappointed: 실망한
④ satisfied: 만족하는, 흡족해 하는

09

| 정답 | ①

첫 번째 문단에서 유럽중앙은행은 금리를 동결했고, 영국 중앙은행은 금리를 한 번 더 올려서 기준금리를 0.5%로 높였다고 하였으므로 유럽중앙은행과 영국의 금리정책이 엇갈리고 있어야 한다. 아울러 세 번째 문단에서 미국과 영국의 상황은 노동력 부족으로 인한 임금 인상이 현실화되고 있어서 금리를 올려서라도 임금 인상 폭을 줄여야 한다는 쪽이라고 하였다는 점에서 금리를 인상하고 있는 쪽은 물가 상승을 걱정하고 있으며 금리를 동결하는 쪽은 물가 상승을 일시적인 것으로 해석하고 있음을 알 수 있다. 따라서 빈칸에 들어갈 말로 가장 적절한 것은 ①이다.

10

| 정답 | ③

주어진 글은 브로델 사학의 핵심인 '장기 지속'에 대해 설명하고 있다. 우선 제일 먼저 역사학자인 브로델을 소개하고 '장기 지속'이 무엇인지 밝히는 [라]가 나와야 한다. 그리고 '장기 지속'의 대표적인 예를 설명하는 [가]와 [다]가 순서대로 나와야 한다. [가]가 [다]보다 먼저 나오는 까닭은 [가]는 장기 지속의 예로 '곡물'을 들었는데, [다]는 '이렇게 역사적으로 지속되는 것은 비단 곡물뿐만이 아니다'라고 하며 시작하고 있기 때문이다. 그리고 브로델이 장기 지속으로 강조하고자 하는 것을 밝힌 [나]가 마지막으로 나와야 한다.

따라서 문단을 논리적 순서에 맞게 배열하면 [라]—
[가]—[다]—[나]가 적절하다.

🎯 문제해결 TIP

문단 배열 유형의 경우 맨 처음 제시되는 문단이 있다면 해
당 내용을 통해 글의 전체적인 흐름을 예상하고 문맥을 파악
할 수 있다. 만약 처음 제시되는 문단이 없다면 글의 핵심 내
용을 먼저 찾고 접속어, 지시어 등을 참고하여 논리적 순서
를 찾아 나가야 한다. 일반적으로는 핵심 제재에 대한 사례
등을 바탕으로 개념을 소개하고, 핵심 내용을 서술한 후 필
자의 주장이나 전개한 내용에 대한 요약을 통해 글을 마무리
하는 구조로 글이 구성되어 있으므로 이를 바탕으로 배열을
확인해야 한다. 주어진 선택지에서 첫 문단을 한정한 후 논
리적 선후 관계를 확인하면 시간을 단축할 수 있다.

11 | 정답 | ③

주어진 글은 우리 국민의 안전한 먹거리 생활을 위해
도입되는 PLS 제도에 관한 글이다. 선택지에서 글의
첫 문단으로 제시된 [가]와 [다]를 비교해 보면, [가]
는 PLS 도입의 기대효과를 설명하고 있고, [다]는
PLS의 개념을 설명하고 있는데, 중심화제에 대한 개
념 이해를 바탕으로 필자의 주장이 이어지는 것이 자
연스러우므로 [다]가 첫 번째 문단으로 오는 것이 적
절하다. 다음으로 [라]의 경우 모든 선택지에서 마지
막 문단으로 제시되었으므로 [가], [나], [마]의 선후
관계를 분석하면 되는데, [라]의 첫 부분에서 '이러한
부작용'이라는 말이 언급되고 있으므로 호주의
Codex 및 농약 잔류허용기준 관련 사례를 통해
PLS 도입 이전의 부작용 사례를 제시하고 있는 [나]
가 [라]의 바로 앞 문단으로 배치되어야 함을 알 수 있
다. 따라서 글의 논리적 순서를 고려한 자연스러운 문
단 순서는 [다]—[가]—[마]—[나]—[라]의 ③이 정답
이다.

12 | 정답 | ④

[나]에서는 호주에서 생산되는 면화씨를 수입할 때 생
길 수 있는 문제에 대해 언급하고 있다. 여기에서
Codex 기준과 호주의 농약 잔류허용기준이 다르다
는 내용을 통해 빈칸의 내용을 추론할 수 있다. 즉 호
주에서 생산한 면화씨를 수입했을 때 A 농약 성분의
함량이 30ppm이라고 가정하면, 호주의 농약 잔류허
용기준인 15ppm을 넘었으므로 호주 내에서는 '유통
되지' 않는 면화씨가 Codex 기준인 40ppm을 넘지

않았으므로 수입이 가능하여 우리나라에 '수입되는'
경우가 가능한 것이다. 따라서 첫 번째 빈칸에는 '유
통되지'가, 두 번째 빈칸에는 '수입되는'이 들어가는
것이 적절하므로 ④가 정답이다.

13 | 정답 | ①

'적어도 ~인 사건'의 확률을 구하는 것이므로 여사건
의 확률을 활용한다. ('적어도 ~인 사건'의 확률)=
$1-$(반대인 사건인 확률)이므로 정육면체가 적어도
두 면이 색칠된 사건의 반대는 정육면체가 어느 면에
도 색칠되지 않거나 한 면에만 색칠되는 경우이다. 작
은 정육면체 중 어느 면에도 색칠되지 않은 것의 개수
는 $2 \times 2 \times 2 = 8$(개)이고, 한 면에만 색칠된 작은 정육
면체의 개수는 $2 \times 2 \times 6 = 24$(개)이다. 따라서 작은
정육면체 1개를 선택했을 때, 이 작은 정육면체가 적어
도 두 면이 색칠된 정육면체일 확률은 $1-\left(\dfrac{8}{64}+\dfrac{24}{64}\right)$
$=1-\dfrac{32}{64}=\dfrac{32}{64}=\dfrac{1}{2}$이다.

🎯 문제해결 TIP

확률 유형은 고등학교 수준의 지식을 요구하는 문제가 많다.
그러나 심화내용은 출제되지 않으며, 기본적이라고 할 수 있
는 경우의 수를 활용하여 확률을 구하는 공식만 알면 문제를
풀 수 있도록 출제되므로 기초적인 개념을 정확히 알아두는
것이 중요하다.

14 | 정답 | ①

알파벳을 모두 숫자로 바꾸면 다음과 같은 배열이 된다.

10, 3, 7	16, 7, 9	13, 3, 10	8, 4, 4
24, 4, 20	20, 5, 15	6, 3, 3	( )

따라서 네모 칸의 3개의 숫자는 '첫 번째 숫자—두 번
째 숫자=세 번째 숫자'의 규칙으로 구성된 것을 알
수 있다. 이러한 규칙에 맞는 배열은 $11-8=3$인
K8C이다.

| 오답풀이 |
② $18-2 \neq 14$
③ $23-7 \neq 17$
④ $12-4 \neq 7$

15

정답 | ③

네 팀이 한 번씩 경기를 하는 경우의 수는 네 팀 중 두 팀을 순서 없이 뽑는 경우의 수와 같다. 따라서 $_4C_2=\dfrac{4\times3}{2\times1}=6$(가지)이다. 조별예선 경기가 총 96번 치러졌다면 조의 개수는 $96\div6=16$(개)이다. 각 조마다 상위 한 팀만 진출하였으므로 토너먼트 경기에 진출한 팀은 16팀이다.

16

정답 | ③

2013~2019년 중 전년 대비 쌀 전업농 경영면적이 증가한 해는 2013년, 2014년, 2016년, 2017년으로 이때의 연평균 전체 벼 재배면적은
$$\frac{833+816+779+755}{4}\fallingdotseq795.8(천\ ha)$$이다.

17

정답 | ③

서울과 강원에서 위치를 인증할 수 있으므로 2개 권역을 인증할 수 있다. 따라서 적용 가능한 우대금리는 0.1%p이다.

| 오답풀이 |

① 정기적금이므로 매월 1천 원 이상 30만 원 이내의 일정한 금액을 약정한 일자에 적립해야 한다.
② 해당 적금상품에 대해 1인 1계좌이므로 다른 적금 상품이 1계좌 있어도 가입 가능하다.
④ 기본금리가 0.7%이고, 전 권역을 인증하였을 경우 우대금리가 2.5%p이므로 최대 금리는 0.7+2.5=3.2(%)이다.

18

정답 | ③

인천에 거주하므로 서울/경기/인천 권역을 인증하였고, 1월 19일 대구/경북 권역, 3월 5일 충남/대전/세종 권역, 4월 9일 강원 권역, 5월 6일 광주/전남 권역, 6월 3일 부산/울산/경남 권역, 7월 8일 제주 권역을 인증하였다. 총 7개 권역을 인증하였으므로 우대금리가 1.5%p이고, 기본금리가 0.7%이므로 최종 금리는 0.7+1.5=2.2(%)이다.

| 상세해설 |

행정구역을 기준으로 9개 권역은 ① 서울/경기/인천 ② 강원 ③ 충남/대전/세종 ④ 충북 ⑤ 대구/경북 ⑥ 전북 ⑦ 광주/전남 ⑧ 부산/울산/경남 ⑨ 제주 권역으로 나뉜다.
인천에 거주하므로 서울/경기/인천 권역은 인증하였다.

여행일정에 따른 인증내역을 정리하면 다음과 같다.

일자	지역	인증 여부
2021년 1월 19일	경상북도 안동시	대구/경북 권역 인증
2021년 3월 5일	대전광역시	충남/대전/세종 권역 인증
2021년 3월 5일	충청북도 청주시	1일 1권역만 인증 가능하므로 인증 불가능
2021년 4월 9일	강원도 춘천시	강원 권역 인증
2021년 5월 6일	광주광역시	광주/전남 권역 인증
2021년 5월 6일	전라북도 전주시	1일 1권역만 인증 가능하므로 인증 불가능
2021년 5월 28일	전라남도 목포시	1개 권역당 1회만 인증 가능하므로 인증 불가능
2021년 6월 3일	경상남도 진주시	부산/울산/경남 권역 인증
2021년 6월 4일	부산광역시	1개 권역당 1회만 인증 가능하므로 인증 불가능
2021년 7월 8일	제주특별 자치도	제주 권역 인증
2021년 8월 3일	충청남도 금산군	1개 권역당 1회만 인증 가능하므로 인증 불가능
2021년 8월 4일	충청남도 서천군	1개 권역당 1회만 인증 가능하므로 인증 불가능
2021년 9월 2일	대구광역시	1개 권역당 1회만 인증 가능하므로 인증 불가능
2021년 9월 5일	강원도 원주시	1개 권역당 1회만 인증 가능하므로 인증 불가능

따라서 서울/경기/인천 권역, 대구/경북 권역, 충남/대전/세종 권역, 강원 권역, 광주/전남 권역, 부산/울산/경남 권역, 제주 권역 7개 권역을 인증하였으므로 우대금리가 1.5%p이다. 기본금리가 0.7%이므로 최종 금리는 0.7+1.5=2.2(%)이다.

19

정답 | ④

첫 번째 해에 100만 원을 적립하면 2033년 12월 31일에 $100(1.03)^{10}$만 원이 된다.
두 번째 해에 적립금을 3% 늘려 적립하면 2033년 12월 31일에 $100(1.03)\times(1.03)^9$만 원이 된다.
세 번째 해에 다시 적립금을 3% 늘려 적립하면 2033년 12월 31일에 $100(1.03)^2\times(1.03)^8$만 원이 된다.
이와 같은 방법으로 적립하면 2033년 1월 1일에는 $100(1.03)^9$만 원을 적립하므로 12월 31일에는 $100(1.03)^9$

$\times (1.03)$만 원이 된다.

따라서 2033년 12월 31일까지의 적립금의 합은 $10 \times 100(1.03)^{10} = 1,000 \times 1.34 = 1,340$(만 원)이다.

20

| 정답 | ②

내각이 $30°$, $60°$인 직각삼각형의 세 변은 빗변 2, 밑변 1, 높이 $\sqrt{3}$의 비율을 가진다. 주어진 직각삼각형들은 모두 닮음이므로, 그 비도 동일하다. 따라서 직각삼각형 CFG의 밑변 $\overline{CG}$를 a, 빗변 $\overline{CF}$를 $2a$라 하면, $\overline{FG}$는 $a\sqrt{3}$이다. 같은 방법으로 직각삼각형 DFG의 밑변인 $\overline{FG}$가 $a\sqrt{3}$이므로 빗변인 $\overline{FD}$는 $2a\sqrt{3}$이고, 직각삼각형 ADF의 빗변 $\overline{AD}$는 $4a\sqrt{3}$, 직각삼각형 ABD의 빗변 $\overline{AB}$는 $8a\sqrt{3}$이다. 따라서 직각삼각형 ABD의 빗변 $\overline{AB}$는 직각삼각형 CFG의 빗변 $\overline{CF}$의 $\dfrac{8a\sqrt{3}}{2a} = 4\sqrt{3}$(배)이다.

21

| 정답 | ②

농식품 무역수지는 '농식품 수출액 $-$ 농식품 수입액'이므로 무역수지가 '$-$(마이너스)'이면 수입액이 수출액보다 많다는 뜻이다. 즉, 농식품 무역수지가 모두 '$-$(마이너스)'인 한국, 일본, 독일, 미국 모두 농식품 수입액이 농식품 수출액보다 많은 농식품 순수입국이므로 옳지 않다.

| 오답풀이 |

① 독일과 미국 대비 한국과 일본은 주생산자의 고령화율이 60%를 상회하므로 향후 승계 및 영농구조 재편 이슈가 부상할 전망임을 알 수 있다.

③ 인구 1만 명당 농업 생산액을 어림셈하면 한국은 인구 1만 명당 $\dfrac{54}{5,175} = \dfrac{50}{4,800} = \dfrac{1}{96}$(조 원), 일본은 인구 1만 명당 $\dfrac{86.4}{12,384} = \dfrac{80}{12,000} = \dfrac{1}{150}$(조 원), 독일은 인구 1만 명당 $\dfrac{78.3}{8,310} = \dfrac{75}{8,000} = \dfrac{1}{107}$(조 원), 미국은 인구 1만 명당 $\dfrac{453.4}{32,883} = \dfrac{400}{32,000} = \dfrac{1}{80}$(조 원)으로 미국이 가장 많고, 일본이 가장 적음을 알 수 있다.

⏱ 문제해결 TIP

한국의 인구 1만 명당 농업 생산액은 $\dfrac{54,000,000,000}{5,175} \fallingdotseq$ 10,434,782.6(천 원)이다. 그러나 이렇게 자세하게 계산한 결과를 요구하는 문제가 아니므로 단위에 주의해서 어림셈을 하도록 한다. 어림셈은 오차가 나올 수밖에 없는데, 오차의 범위를 조금이라도 줄이고 싶다면 분자와 분모를 비슷한 비율

로 수를 줄이는 방법을 이용하도록 한다. 예를 들면, $\dfrac{55}{540}$을 계산해야 한다고 할 때, 분자 55를 50으로 약 10% 줄인다면 분모 540도 약 10% 내외의 적당한 범위로 줄여서 490 정도로 계산하면 된다. 실제로 계산해 보면 $\dfrac{55}{540} \fallingdotseq 0.10$이고, 이를 3가지 방법으로 어림셈하면 $\dfrac{50}{540} \fallingdotseq 0.09$, $\dfrac{60}{540} \fallingdotseq 0.11$, $\dfrac{50}{490} \fallingdotseq 0.10$으로 마지막에 구한 분자와 분모를 비슷한 비율로 줄인 것이 더 실제의 값과 비슷함을 알 수 있다. 다만 위의 방법을 이용하더라도 어림셈의 목적은 최대한 빠르게 값을 구하는 것이므로 복잡한 수의 계산에 많은 시간을 소요하지 않도록 한다.

④ 일본의 농협 1조합당 정조합원은 평균 $\dfrac{4,180,000}{627} \fallingdotseq 6,667$(명)이고, 직원 1명당 정조합원은 $\dfrac{418만\ 명}{19만\ 명} = \dfrac{418}{19} = 22$(명)이다.

22

| 정답 | ①

인터넷, 모바일 등 영업점 무방문대출의 경우 대출금액은 최대 1억 원 한도로 규정되어 있으나, '재직기간 1년 이상'이라는 대출대상 조건이 명시되어 있으므로 적절한 응답 내용이 아니다.

| 오답풀이 |

② 사립학교 교직원에 해당되고, 한도 금액 2억 5천만 원 이내이며, 급여이체 시 0.1%p의 우대금리 적용으로 최종 1.90%의 금리를 적용받게 된다.

③ 연체이자율은 '채무자 대출금리 $+3$%'이므로 $1.60 + 3 = 4.60$(%)가 된다.

④ 고용보험 가입확인서는 별도로 요청되는 서류이다.

23

| 정답 | ③

㉠ 납입한도를 보면 월 납입금액이 최대 500만 원이고 가입기간을 보면 최대 3년까지 가입할 수 있으므로 최대 $500 \times 12 \times 3 = 18,000$(만 원)까지 납입할 수 있다.

㉡ 우대금리를 보면 가입 월부터 만기 전전월까지 농·축협 채움/BC카드의 승인실적이 300만 원 이상이어야 한다. 따라서 1년 만기 가입 시 10개월간 300만 원의 승인실적이 요구되므로 월 30만 원 이상 사용해야 우대금리 혜택을 받을 수 있다.

㉢ 부가서비스를 보면 가입 고객이 농·축협 창구에서 외화환전 또는 해외송금 거래 시 우대율이 적용된다고 명시되어 있으므로 온라인 외화 환전 시에는

우대율이 적용되지 않는다.

| 오답풀이 |

ⓒ 우대금리를 보면 농·축협의 조합원(준조합원 포함)은 기타우대에 속하며, 가입 시점에 조건을 충족해야만 혜택을 받을 수 있다. 따라서 가입 시점에 농·축협의 조합원 또는 준조합원이 아닌 개인은 기타우대금리 혜택은 받을 수 없고, 거래실적우대 조건을 모두 만족한다면 만기금리는 최고 연 2.9+0.1+0.1+0.1=3.2(%)까지 가능하다.

24 | 정답 | ③

기본금리는 1년 만기 시 연 2.3%이고, 우대금리는 가족 동반가입 조건을 충족하여 0.1%p를 받을 수 있으므로 최종 연이율은 2.4%이다. 이때 월 복리 이자로 지급되므로 월이율로 변환하면 $\frac{2.4}{12}=0.2(\%)$이고 매월 초 200만 원씩 12개월 납입하므로 1개월 후에는 $200(1+0.002)$, 2개월 후에는 $200(1+0.002)^2$, ⋯, 12개월 후에는 $200(1+0.002)^{12}$이 된다. 따라서 원리금 합계는 $\frac{200(1+0.002)((1+0.002)^{12}-1)}{0.002}=\frac{4,008}{0.002}=2,004$(만 원)이다.

🎯 문제해결 TIP

금융상품에 대한 이해 정도와 자료를 바탕으로 계산하여 결괏값을 묻는 유형으로, 예·적금 상품, 대출 상품, 카드 상품인지에 따라 초점을 두어야 할 부분들이 달라진다. 상품별 주요 출제 포인트를 정리하면 다음과 같다.

• 예·적금 상품: 예·적금 상품의 가입대상, 납입한도, 초입금 개념, 우대금리 조건, 우대금리 한도, 기타 주의사항 등의 정보를 정확하게 이해하고, 최종금리 산출, 원리금 합계 등을 바르게 계산하는 것이 주요 출제 포인트이다. 원리금 합계의 경우 여러 조건에 의해 원리금 합계 공식에 대입하는 것만으로는 해결할 수 없는 경우도 있으므로 반드시 개념에 대한 이해가 동반되어야 한다.

• 대출 상품: 대출 상품의 신용/담보대출 구분, 대출대상, 대출한도, 대출기간, 대출금리, 우대금리 조건, 상환방법, 중도상환 해약금 등의 정보를 정확하게 이해하고, 대출한도, 이자, 최종금리 산출, 인지세, 중도상환 해약금 등을 바르게 계산하는 것이 주요 출제 포인트이다.

• 카드 상품: 카드 상품의 가입대상, 연회비, 연회비 면제 조건, 할인 혜택, 포인트 적립 혜택, 캐시백 혜택, 혜택 조건(보통 전월실적), 혜택 대상, 혜택 한도, 기타 주의사항 등의 정보를 정확하게 이해하고, 전월실적에 따른 등급 분류, 혜택이 적용되는 것과 적용되지 않는 것, 혜택의 여러 가지 한도를 구분하여 바르게 계산하는 것이 주요 출제 포인트이다. 여러 조건을 고려해야 하므로 꼼꼼한 확인이 필요하다.

25 | 정답 | ②

야구선수이고, 어제 경기가 있어 약속이 없었다는 B의 진술과 어제 야구선수와 저녁을 먹었다는 D의 진술이 모순되므로 둘 중 한 명이 거짓을 말하고 나머지 A, C의 진술은 항상 진실임을 알 수 있다.

• B가 진실, D가 거짓일 경우: D가 거짓이면, A, B, C의 진술이 진실이므로 A는 교사, B는 야구선수가 된다. 이때 C는 과학자도, 피아니스트도 아니라고 하였으므로 교사 또는 야구선수인데, A와 B의 직업과 중복되므로 조건에 모순된다.

• B가 거짓, D가 진실일 경우: B가 거짓이면 A, C, D의 진술이 진실이므로 진술을 통해 알 수 있는 직업은 다음과 같다.

A	B	C	D
교사	야구선수 ×	과학자 × 피아니스트 ×	

먼저 C는 교사, 과학자, 피아니스트가 아니므로 야구선수임을 알 수 있다. 이에 따라 B와 D가 과학자 또는 피아니스트가 되는데, D가 과학자라면 과학자와 미팅을 했다는 A의 진술과 야구선수와 저녁을 먹었다는 D의 진술이 모순되므로 B가 과학자, D가 피아니스트이다. 이를 정리하면 다음과 같다.

구분	A	B	C	D
직업	교사	과학자	야구선수	피아니스트
어제의 약속	미팅		저녁	

따라서 거짓을 말한 사람은 B이고, B의 직업은 과학자다.

🎯 문제해결 TIP

참·거짓 문제의 경우 먼저 제시된 진술 중 서로 엇갈리는 진술이 있는지를 찾아 거짓을 말하는 사람의 후보를 추려야 한다. 만약 서로 엇갈리는 진술이 없다면 정보량이 많고 다른 사람에 대한 정보도 함께 주고 있는 진술부터 참·거짓 유무를 판별하면 경우의 수를 빠르게 줄일 수 있다.

26 | 정답 | ③

상원이와 현일이가 상원이의 본사 발령에 대하여 같은 입장을 취하고 있으므로 두 사람은 동시에 참말을 하거나 거짓말을 하였다. 그런데 1명만 거짓말을 하였으므로 두 명의 발언은 모두 참이다. 이때, 상원이의 발언에 의해 우연이 또한 본사에 발령을 받았으므로 우연이는 참말을 하였다. 따라서 거짓말을 한 사람은 태민이다.

27　　　　　　　　　　　　| 정답 | ③

주어진 명제를 대우 명제와 함께 기호로 나타내 보면 다음과 같다.

- 요리 → 운동 ↔ ~운동 → ~요리
- 독서 → ~게임 ↔ 게임 → ~독서
- 운동 → 독서 → ~독서 → ~운동
- 음악 → 게임 ↔ ~게임 → ~음악

따라서 '게임 → ~독서 → ~운동'이 성립하므로 게임을 좋아하는 사람은 운동을 좋아하지 않는다.

| 오답풀이 |

① '독서 → ~게임 → ~음악'이 성립하므로 독서를 좋아하는 사람은 음악을 좋아하지 않는다.
② '운동 → 독서 → ~게임'이 성립하므로 운동을 좋아하는 사람은 게임을 좋아하지 않는다.
④ '요리 → 운동 → 독서'가 성립하므로 요리를 좋아하는 사람은 독서를 좋아한다.

28　　　　　　　　　　　　| 정답 | ④

A는 C가 농촌에 산다고 하였고, C는 자신이 도시에 산다고 하였으므로 둘 중 한 명의 말이 거짓이다. 만약 A의 말이 참이라면 C의 말이 거짓이고, C가 농촌에 산다. 거짓말을 하는 사람이 한 명이라고 했으므로 B, D의 말이 참인데, B의 말에 따라 B가 농촌에 살고 D의 말에 따라 A가 농촌에 산다면 농촌에 사는 사람이 세 명 이상이 되므로 모순이다. 따라서 A의 말은 참이 아니다. 만약 A의 말이 거짓이고, C의 말이 참이라면 C는 도시에 산다. B, D의 말이 참이어야 하므로 B는 농촌에 살고, A도 농촌에 산다. 따라서 D는 도시에 산다. 이 경우 모순이 생기지 않으므로 A, B가 농촌, C, D가 도시에 산다.

29　　　　　　　　　　　　| 정답 | ③

㉠~㉣에 해당하는 근거를 자료에 나타내면 다음과 같다.

유형1	유형2	유형3	유형4	유형5	유형6	조사항목
				㉣	㉣	농지은행_앎
		㉡		㉣ 반례	㉣ 반례	면적확대 의향_있음
㉠	㉠					구매의향_한국농어촌공사
㉠	㉠					임차의향_한국농어촌공사
						진흥지외 농지_비수요
						농공경험_없음
						임차의향_기타경로
						구매의향_기타경로
㉠	㉡	㉢	㉣			진흥지외 농지_수요
			㉢	㉣	㉣	농공경험_있음
						임차의향_없음
						면적확대 의향_없음
						구매의향_없음
			㉣			농지은행_모름

따라서 옳은 것은 ㉠, ㉡, ㉢이다.

| 오답풀이 |

㉣ 농지 면적확대에 대한 의향이 있다고 응답한 비율은 유형5가 20% 이상 40% 미만이고, 유형6이 0% 이상 20% 미만이므로 각 90% 이상이 아니다.

30　　　　　　　　　　　　| 정답 | ④

혜택은 중복이 불가능하며 가장 유리한 혜택 한 가지만 적용된다. 따라서 이전 학기 동일 정규강좌 수강회원 5천 원 즉시 할인만 적용되므로 수강료는 120,000 -5,000=115,000(원)이다.

| 오답풀이 |

① 접수기간은 10월 25일부터 개강일까지이다. 유아코딩로봇의 개강일이 12월 6일이므로 12월 6일까지 접수 가능하다.
② 손글씨 캘리그래피와 DIY 가죽공예의 수요일 수업시간이 다르므로 두 강의 모두 수강 가능하다.
③ 만 36개월 이하 영유아강좌 수강료는 10% 할인을 적용받을 수 있다. 여러 강좌 수강 시 가장 비싼 한 강좌만 할인이 적용되므로 오감놀이만 10% 할인하여 수강료는 110,000×0.9 +80,000=179,000(원)이다.

31　　　　　　　　　　　　| 정답 | ①

영유아강좌 10%를 할인받거나 1인 3강좌 등록 시 1만 원 할인을 받는 것보다 다자녀 가족 회원 정규강좌 1가정 1강좌 30% 할인을 받는 것이 더 유리하다. 다자녀 가족 회원 30% 할인을 받을 경우 성인강좌는 할인에서 제외되며, 가장 비싼 강좌는 영어놀이터 180,000원이므로 할인받으면 180,000×0.7= 126,000(원)에 수강할 수 있다.
따라서 어머니, 자녀 A, 자녀 B, 자녀 C의 총수강료는 $50,000 + 126,000 + 80,000 + 120,000 + 80,000 + 110,000 = 566,000$(원)이다.

32

평가 기준에 따라 각 신입 사원들의 환산 점수를 정리해 보면 다음과 같다. 4점 이하 점수가 있는 갑, 병, 무는 제외한다.

구분	1차 평가	2차 평가	3차 평가	환산 점수 합
을	$8 \times 1.3 = 10.4$	$7 \times 1.3 = 9.1$	$6 \times 1.4 = 8.4$	27.9
정	$9 \times 1.3 = 11.7$	$5 \times 1.3 = 6.5$	$7 \times 1.4 = 9.8$	28.0
기	$8 \times 1.3 = 10.4$	$5 \times 1.3 = 6.5$	$7 \times 1.4 = 9.8$	26.7
경	$9 \times 1.3 = 11.7$	$6 \times 1.3 = 7.8$	$5 \times 1.4 = 7.0$	26.5

따라서 환산 점수의 합이 가장 높은 정이 최우수 사원이 된다.

33

가중치를 적용한 각 신입 사원의 평가 점수를 모두 계산하면 다음과 같다.

구분	1차 평가	2차 평가	3차 평가	환산 점수 합
갑	$9 \times 1.3 = 11.7$	$7 \times 1.3 = 9.1$	$4 \times 1.4 = 5.6$	26.4
을	$8 \times 1.3 = 10.4$	$7 \times 1.3 = 9.1$	$6 \times 1.4 = 8.4$	27.9
병	$4 \times 1.3 = 5.2$	$7 \times 1.3 = 9.1$	$6 \times 1.4 = 8.4$	22.7
정	$9 \times 1.3 = 11.7$	$5 \times 1.3 = 6.5$	$7 \times 1.4 = 9.8$	28.0
무	$8 \times 1.3 = 10.4$	$8 \times 1.3 = 10.4$	$4 \times 1.4 = 5.6$	26.4
기	$8 \times 1.3 = 10.4$	$5 \times 1.3 = 6.5$	$7 \times 1.4 = 9.8$	26.7
경	$9 \times 1.3 = 11.7$	$6 \times 1.3 = 7.8$	$5 \times 1.4 = 7.0$	26.5

따라서 정, 을, 기, 경, 갑/무, 병의 순으로 희망 부서에 배치된다. 이 경우, 기는 을보다 차순위자가 되므로 총무인사팀으로 배치되지 못하며, 갑은 경보다 차순위자가 되므로 재무회계팀으로 배치되지 못한다. 따라서 자신의 희망 부서로 배치받지 못한 사람은 갑과 기이다.

🎯 문제해결 TIP

한편, 갑~경의 점수를 모두 계산하지 않아도 [보기]의 부서 배치 조건을 고려하였을 때, 일단 1순위 희망 부서를 모두 반영한 후 원하는 부서에 배치받지 못한 사원을 정원이 미달인 곳에 배치하게 되므로 희망 부서가 겹치는 '을/기', '갑/경'의 점수만 비교하여도 정답을 찾을 수 있다.

34

ⓒ은 설정형 문제로, 지금까지 해오던 것과 관계없는 미래 지향적인 목표에 따라 일어나는 문제로, 문제해결에 창조적인 노력을 필요로 한다.

| 상세해설 |

문제의 3가지 유형인 발생형, 탐색형, 설정형 문제의 특성을 묻는 문제이다. 문제의 유형은 원인과 목표, 해결 방식에 따라 구분할 수 있으며, 다음과 같은 특징이 있다.

ⓐ 발생형 문제(보이는 문제): 우리 눈앞에 발생되어 당장 걱정하고 해결하기 위해 고민하는 문제를 의미한다. 발생형 문제는 눈에 보이는 이미 일어난 문제로, 어떤 기준을 일탈함으로써 생기는 일탈 문제와 기준에 미달하여 생기는 미달 문제로 대변되며 원상복귀가 필요하다. 또한 문제의 원인이 내재되어 있기 때문에 원인 지향적인 문제라고도 한다.

ⓑ 탐색형 문제(찾는 문제): 현재의 상황을 개선하거나 효율을 높이기 위한 문제를 의미한다. 탐색형 문제는 눈에 보이지 않는 문제로, 이를 방치하면 뒤에 큰 손실이 따르거나 결국 해결할 수 없는 문제로 확대되기도 한다. 이러한 탐색형 문제는 잠재 문제, 예측 문제, 발견 문제의 세 가지 형태로 구분된다. 잠재 문제는, 문제가 잠재되어 있어 인식하지 못하다가 결국은 확대되어 해결이 어려워진 문제를 의미한다. 잠재 문제는 숨어있기 때문에 조사 및 분석을 통해 찾을 수 있다.

ⓒ 설정형 문제(미래 문제): 미래상황에 대응하는 장래 경영전략의 문제로 '앞으로 어떻게 할 것인가'에 대한 문제를 의미한다. 설정형 문제는 지금까지 해오던 것과 전혀 관계없이 미래 지향적으로 새로운 과제 또는 목표를 설정함에 따라 일어나는 문제로서, 목표 지향적 문제라고 할 수 있다. 따라서 이러한 문제를 해결하는 데에는 많은 창조적인 노력이 요구되기 때문에 창조적 문제라고도 한다.

35

「농약관리법」 제2조 1의2 가목에서 진균, 세균, 바이러스 또는 원생동물 등 살아있는 미생물을 유효성분(有效成分)으로 하여 제조한 농약을 천연식물보호제로 한다고 하였으므로 옳은 설명이다.

| 오답풀이 |

① 「농약관리법」 제3조의2 제1항에서 방제업 중 수출입식물방제업 또는 항공방제업(이하 "수출입식물방제업 등"이라 한다)을 하려는 자는 농림축산식품부령으로 정하는 바에 따라 농림축산식품부장관에게 신고하여야 한다고 하였으므로 옳지 않다.

② 「농약관리법」 제3조의2 제3항에서 수출입식물방제업등의 범위는 대통령령으로 정한다고 하였으므로 옳지 않다.

③ 「농약관리법」 제3조 제2항에서 판매업을 하려는 자는 농림축산식품부령으로 정하는 바에 따라 업소마다 판매관리인을 지정하여 그 소재지를 관할하는 시장(특별자치도의 경우에는 특별자치도지사를 말한다. 이하 같다)·군수 또는 자치구의 구청장(이하 "시장·군수·구청장"이라 한다)에게 등록하여야 한다고 하였으므로 옳지 않다.

36 | 정답 | ①

ⓒ 제4조 제4호에 따라 농약관리법을 위반하여 2022년 5월 14일에 집행유예 6개월을 선고받은 경우, 집행유예가 끝나는 시점은 2022년 11월 14일이고, 현재 시점이 2023년 1월 1일이므로 가능하다.

| 오답풀이 |

㉠ 제4조 제2호에 따라 2021년 1월 30일 파산선고를 받고 2년 뒤에 복권 예정이면 2023년 1월 30일 복권되고, 현재 시점이 2023년 1월 1일이므로 등록이 불가능하다.

ⓒ 제4조 제1호와 제5호에 따라 영업 취소된 날로부터 현재 시점까지 2년이 지났으나 피성년후견인으로 확인되어 등록이 불가능하다.

ⓔ 제4조 제3호에 따라 농약관리법을 위반하여 2021년 8월 28일 징역 2년을 선고받았으나 6개월 뒤에 가석방되었다면 2022년 2월 28일에 집행이 면제된 경우에 해당되고, 현 시점인 2023년 1월 1일 기준으로 아직 2년이 지나지 않았으므로 등록이 불가능하다.

37 | 정답 | ②

업체별 시스템 에어컨 교체비용을 계산하면 다음과 같다.

구분	제품가격	설치비	배송비	할인 금액	교체비용
A업체	700,000원	100,000원	150,000원	800,000×0.15 =120,000(원)	830,000원
B업체	720,000원	100,000원	120,000원	820,000×0.1 =82,000(원)	858,000원
C업체	670,000원	120,000원	100,000원	790,000×0.07 =55,300(원)	834,700원
D업체	600,000원	150,000원	130,000원	—	880,000원

A업체를 이용할 때 가장 저렴하므로 최저 교체비용은 830,000원이다.

> **⊘ 문제해결 TIP**
>
> 예산 관리 유형은 복잡한 계산을 요구하며, 모든 조건을 세세하게 확인하고 비교해야 하는 경우가 많다. 따라서 빠르고 정확히 계산하는 능력을 길러야 한다.

38 | 정답 | ③

효과적인 인력 배치를 위해 지켜야 할 3가지 원칙으로는 적재적소주의, 능력주의, 균형주의가 있으며, ㉠이 능력주의, ⓒ이 균형주의, ⓔ이 적재적소주의에 대한 설명이다.

| 오답풀이 |

ⓒ 조직의 인력 배치는 조직의 목표를 이루고 구성원들의 이익을 최대한 보장할 수 있는 방향으로 진행되어야 하나, 개인의 목표 달성이 우선시되어야 하는 것은 아니므로 자유로운 보직 이동이 보장될 수는 없다.

39 | 정답 | ①

세부 업무를 도식화해 보면 다음과 같다.

```
a       d
b → e → c → h → g
        f
```

여기서 메인인 b → e → c → h → g의 시간을 구하되 핵심은 선행 업무를 가지고 있는 업무 e와 c에 도달하는 시간을 구하는 것이며, 선행 업무는 동시에 시행할 수 있으므로 다음 업무로 진행되기 위한 소요시간은 선행 업무 중 긴 시간을 가진 것으로 하면 된다. 이를 적용하면 업무 e는 선행 업무로 a와 b를 해야 하는데 a는 3시간, b는 2시간이므로 e까지 오는 데 걸리는 시간은 3시간이며, c까지 오기 위해서는 선행 업무 d, e, f를 마쳐야 하는데 각 소요시간이 3, 4(3+1), 5이므로 5시간이 걸린다.

여기에 c, h, g의 소요시간은 각각 1, 3, 2시간이므로 금융 서비스 A를 개발하기 위해 걸리는 최소 시간은 5+1+3+2=11(시간)이다.

40

| 정답 | ③

직접비와 간접비는 제품이나 서비스 창출에 직접적인 기여를 했는지 여부에 따라 구분된다. 이에 따라 구분된 직접비에는 재료비, 원료와 장비, 시설비, 여행(출장) 및 잡비, 인건비 등이 있으며, 간접비에는 이를 제외한 보험료, 건물관리비, 광고비, 통신비, 사무비품비, 각종 공과금 등이 있다.

| 오답풀이 |

① 교통비가, 사용된 지역이나 장소에 따라 직접비와 간접비로 구분되는 것은 아니다.

② 모든 조직의 인건비는 모두 직접비이다.

④ 건물관리비가 언제 지출되었는지는 직접비와 간접비 구분의 기준이 되지 않으며, 건물관리비는 항상 간접비이다.

41

| 정답 | ③

가장 저렴하게 제작 가능한 업체는 A사이며, 이 경우 총비용은 15,500,000원이다.

| 상세해설 |

- A사: $200 \times 120 \times 500$(원)인데 컬러 100페이지 이상 인쇄 시 1부당 1,000원을 할인하므로 인쇄 비용은 $200 \times 120 \times 500 - 1,000 \times 500 = 23,000 \times 500$(원)이다. 여기에 표지 코팅과 스프링 제본 비용 $(3,000 + 5,000) \times 500$(원)을 합하면 총비용은 $31,000 \times 500 = 15,500,000$(원)이다.
- B사: 인쇄 비용은 $210 \times 120 \times 500$(원)이고, 표지 코팅과 스프링 제본 비용은 $(3,200 + 4,500) \times 500$(원)이다. 따라서 $32,900 \times 500$(원)의 전체 금액에서 5%가 할인되므로 $32,900 \times 500 \times 0.95 = 15,627,500$(원)이다.
- C사: 인쇄 비용은 $200 \times 120 \times 500$(원)이고, 표지 코팅과 스프링 제본 비용은 $(3,500 + 4,800) \times 500$(원)이다. 따라서 전체 금액은 $32,300 \times 500 = 16,150,000$(원)이다. 제작 비용 1백만 원당 2만 원을 할인하므로 $16 \times 2 = 32$(만 원)이 할인되어 총비용은 15,830,000원이다.

- D사: 인쇄 비용은 $210 \times 120 \times 500$(원)이다. 표지 코팅과 스프링 제본 비용은 $(2,800 + 4,600) \times 500$(원)이다. 따라서 총비용은 $32,600 \times 500 = 16,300,000$(원)이다.

42

| 정답 | ①

가장 저렴하게 제작 가능한 업체는 D사이며, 이 경우 총비용은 2,460,000원이다.

| 상세해설 |

- A사: $42 \times 300 \times 200$(원)인데 흑백 100페이지 이상 인쇄 시 1부당 500원을 할인하므로 인쇄 비용은 $42 \times 300 \times 200 - 200 \times 500 = 12,100 \times 200$(원)이다. 여기에 무선 제본 비용 $1,500 \times 200$(원)을 합하면 총비용은 $13,600 \times 200 = 2,720,000$(원)이다.
- B사: 인쇄 비용은 $40 \times 300 \times 200$(원)이고, 무선 제본 비용은 $1,400 \times 200$(원)이다. 따라서 총 $13,400 \times 200$(원)이고, 전체 금액의 5%가 할인되므로 $13,400 \times 200 \times 0.95 = 2,546,000$(원)이다.
- C사: 인쇄 비용은 $40 \times 300 \times 200$(원)이고, 무선 제본 비용은 $1,700 \times 200$(원)이다. 따라서 총 $13,700 \times 200 = 2,740,000$(원)이다. 제작 비용 1백만 원당 2만 원을 할인하므로 총 4만 원이 할인되어 총비용은 2,700,000원이다.
- D사: 인쇄 비용은 $41 \times 300 \times 200$(원)이다. 100페이지 이상 인쇄 시 무료 무선 제본을 해 주므로 무선 제본 비용은 고려하지 않아도 된다. 따라서 총비용은 2,460,000원이다.

43

| 정답 | ③

주어진 선발 기준에 따라 지원자들의 항목별 점수를 확인하여 총점을 계산해 보면 다음과 같다.

[표] 지원자별 점수 (단위: 점)

구분	근속 연수	직렬	통근 시간	총점
A	$(21 - 4) \times 0.2 = 3.4$	0	2	5.4
B	$(11 - 4) \times 0.2 = 1.4$	3	4	8.4
C	$(5 - 4) \times 0.2 = 0.2$	0	1	1.2
D	$(16 - 4) \times 0.2 = 2.4$	3	3	8.4
E	4년 미만			
F	$(7 - 4) \times 0.2 = 0.6$	3	5	8.6

무주택 신혼부부는 총점에 상관없이 최우선으로 선발

한다고 하였지만, 총점에만 영향을 받지 않고 근속 연수 4년 이상이라는 조건은 유효하므로 E는 선발대상에서 제외된다. 따라서 총점이 가장 높은 F가 선발되고, 8.4점으로 동점이면서 직급이 같은 B와 D 중 무주택자인 B가 선발된다.

44

| 정답 | ④

교통비 $17 \times 2 = 34$(만 원), 현지잡비 $2 \times 4 \times 2 = 16$(만 원), 숙박비 $18 + 2 \times 3 = 24$(만 원), 식비 $2 \times 4 \times 2 = 16$(만 원)으로 여비는 총 $34 + 16 + 24 + 16 = 90$(만 원)이다.

| 상세해설 |

여비 규정에 따라 5급 직원인 장 대리와 3급 직원인 김 부장의 교통비, 현지잡비, 숙박비, 식비를 구하면 다음과 같다.

• 교통비
3급 이하 여비 규정에 따라 항공운임의 경우 실비를 지급한다. 1인당 17만 원이므로 $17 \times 2 = 34$(만 원)을 지급한다.
• 현지잡비
3급 이하 여비 규정에 따라 1일당 2만 원이므로 4일간 2명분의 현지잡비는 $2 \times 4 \times 2 = 16$(만 원)을 지급한다.
• 숙박비
숙박비는 2명이 공동 숙박한 경우에 해당하므로 숙박비를 지출하지 않은 인원수가 생기는지 먼저 확인해야 한다. 부산광역시의 1박 기준 상한액은 6만 원이므로 2명분의 1박 숙박비 한도 총액은 12만 원, 1박 숙박비 실비는 $\frac{18}{3} = 6$(만 원)이므로 1박 숙박비 절감액은 $12 - 6 = 6$(만 원)이다. 3박 4일간의 총숙박비 절감액은 $6 \times 3 = 18$(만 원)이므로 숙박비를 지출하지 않은 인원수는 $\frac{18}{12} \fallingdotseq 1$(소수점 이하 절사)이다. 이에 따라 1명분의 1박 기준 2만 원을 공동 숙박조에게 추가로 지급하므로 총 $2 \times 3 = 6$(만 원)을 추가 지급하게 된다. 따라서 숙박비는 $18 + 6 = 24$(만 원)을 지급한다.
• 식비
3급 이하 여비 규정에 따라 1일당 2만 원이므로 4일간 2명분의 식비는 $2 \times 4 \times 2 = 16$(만 원)을 지급한다.
따라서 장 대리와 김 부장이 지급받을 여비 총액은

$34 + 16 + 24 + 16 = 90$(만 원)이다.

45

| 정답 | ②

교통비 $4.8 + 4 = 8.8$(만 원), 현지잡비 $2 \times 3 = 6$(만 원), 숙박비 $2 \times 2 = 4$(만 원), 식비 $2 \times 3 = 6$(만 원)으로 여비는 총 $8.8 + 6 + 4 + 6 = 24.8$(만 원), 즉 248,000원이다.

| 상세해설 |

2박 3일 동안 출장을 갔으므로 현지잡비는 총 60,000원이고, 식비도 60,000원이다. 서울에서 대전까지 150km이므로 왕복 300km에 대한 연료비는 $300 \times 1,600 \div 10 = 48,000$(원)이며, 여기에 40,000원을 더하면 자동차운임은 88,000원이다. 친지 집에서 숙박하였으므로 숙박비는 2박에 40,000원을 지급받는다. 따라서 여비 총액은 $60,000 + 60,000 + 88,000 + 40,000 = 248,000$(원)이다.

46

| 정답 | ②

최단 경로로 이동하므로 동일한 곳을 두 번 지나치지 않아야 한다. 이를 감안해 이동 가능한 모든 경우의 수를 구해 보면 다음과 같다.
• 회사 $-$ A $-$ D $-$ E $-$ C $-$ B
: $10 + 25 + 5 + 24 + 8 = 72$(km)
• 회사 $-$ B $-$ C $-$ E $-$ A $-$ D
: $30 + 8 + 24 + 16 + 25 = 103$(km)
• 회사 $-$ B $-$ C $-$ E $-$ D $-$ A
: $30 + 8 + 24 + 5 + 25 = 92$(km)
• 회사 $-$ D $-$ A $-$ E $-$ C $-$ B
: $20 + 25 + 16 + 24 + 8 = 93$(km)
따라서 최단 경로는 회사 $-$ A $-$ D $-$ E $-$ C $-$ B이며, 이때의 총이동거리는 72km이다.

47

| 정답 | ②

김 씨의 냉장고 고장은 제품 보증기간 1년 이내이므로 출장비를 제외한 수리비와 부품비가 무상이고, 일요일에 출장 수리를 맡겼으므로 출장비는 3만 원이다. 따라서 김 씨가 지불해야 하는 A/S 요금은 3만 원이다.

48

| 정답 | ①

핵심부품 중에서 스탠드형 김치냉장고 인버터 컴프레서는 보증기간이 10년이다. 따라서 수리비, 부품비가

무상이며, 평일 18시 이전에 출장 수리를 맡겼으므로 2만 원의 출장비만 발생한다.

49

|정답| ④

품질팀 직원의 기본 연봉은 갑이 6,000만 원, 을이 1억 원, 병이 6,000만 원, 정이 8,000만 원, 무가 9,000만 원, 기가 1억 2,000만 원이다. 따라서 기의 기본 연봉이 가장 높다.

| 상세해설 |

갑의 2018~2020년 성과급은 매년 다르다. (성과급)=(기본 연봉)×(지급 비율)이고, 기본 연봉은 변동이 없으므로 갑의 성과등급은 2018년에 S등급, 2019년에 A등급, 2020년에 B등급이다. 한편, 을은 2019년의 성과급이 2018년의 4배이다. 이를 만족하는 것은 성과등급이 S등급과 B등급인 경우뿐이므로 을의 성과등급은 2019년에 S등급, 2018년과 2020년에 B등급이다. 병의 성과등급은 S등급, A등급, S등급 또는 A등급, B등급, A등급이 가능한데, 2018년에는 이미 갑이 1명뿐인 S등급을 받았으므로 S등급, A등급, S등급은 불가능하다. 따라서 병은 A등급, B등급, A등급이다. 갑, 을, 병의 결과를 정리하면 다음과 같다.

구분	2018년	2019년	2020년
갑	S	A	B
을	B	S	B
병	A	B	A
정			
무			
기			

2020년에는 S등급이 아직 없으므로 정 또는 기가 S등급을 받았을 것이다.(무가 S등급을 받았다면 2018~2019년에도 S등급을 받았을 것이므로 모순이 발생한다.)

만약 정이 2020년에 S등급을 받았다고 가정하면 다음과 같은 결과를 얻을 수 있다.

구분	2018년	2019년	2020년
갑	S	A	B
을	B	S	B
병	A	B	A
정	A	A	S
무	B	B	B
기	B	B	A

이때 각 직원의 기본 연봉을 구하면 다음과 같다.(2018년을 기준으로 하였지만 2019년 또는 2020년을 기준으로 잡아도 동일한 결과가 나온다.)

- 갑: $\dfrac{12}{0.2}=60$(백만 원)

- 을: $\dfrac{5}{0.05}=100$(백만 원)

- 병: $\dfrac{6}{0.1}=60$(백만 원)

- 정: $\dfrac{8}{0.1}=80$(백만 원)

- 무: $\dfrac{4.5}{0.05}=90$(백만 원)

- 기: $\dfrac{6}{0.05}=120$(백만 원)

품질팀 전체 직원의 기본 연봉을 모두 더한 값은 60+100+60+80+90+120=510(백만 원), 즉 5억 1,000만 원이므로 모순이 발생하지 않는다. 따라서 기본 연봉이 가장 높은 사람은 1억 2,000만 원의 기이다.

만약 기가 2020년에 S등급을 받았다고 가정하면 다음과 같은 결과를 얻을 수 있다.

구분	2018년	2019년	2020년
갑	S	A	B
을	B	S	B
병	A	B	A
정	B	B	A
무	B	B	B
기	A	A	S

갑, 을, 병, 무의 기본 연봉은 앞에서 구한 것과 동일하고, 정과 기의 기본 연봉만 다음과 같이 변한다.

- 정: $\dfrac{8}{0.05}=160$(백만 원)

- 기: $\dfrac{6}{0.1}=60$(백만 원)

품질팀 전체 직원의 기본 연봉을 모두 더한 값은 60+100+60+160+90+60=530(백만 원)이므로 품질팀 전체 직원의 기본 연봉을 모두 더한 값은 5억 1,000만 원이라는 조건에 모순된다. 따라서 기가 2020년에 S등급을 받은 경우는 존재하지 않는다.

55

50
정답 | ②

주어진 사례를 통해 알 수 있는 것은, '5 Why' 과정을 거치지 않았다면 알아내기 어려웠을 해결안을 발견하였다는 점이다. 이것은 '5 Why' 기법이 단순히 문제점의 표면적인 이해를 통한 부차적인 해결안을 도출하는 것이 아니라, 보다 근본적이고 진정한 원인을 발견할 수 있다는 것을 보여준다.

| 오답풀이 |
① 도출된 각 문제를 상호 비교, 분석할 수도 있으나, 이것은 '5 Why' 기법의 의미를 올바르게 활용하는 것으로 볼 수 없다.
③ 특정 문제에 대하여 깊이 있게 파고들어 해당 문제의 근본 원인을 찾는 것이므로 모든 문제를 발견할 수 있는 것은 아니다.
④ '5 Why' 기법은 시간, 비용 등의 자원 낭비 요인을 발견하는 데 국한된 방식이 아니다.

⏱ 문제해결 TIP

NCS 모듈에 관한 문제로, 관련 이론에 대해 알고 있어야 해결이 가능하다. 상식적인 수준의 문제가 출제되는 경우도 있지만 세부 능력에 관한 이해도를 묻는 문제도 종종 출제되므로 관련 이론을 익혀 두어야 한다.

51
정답 | ①

①은 농협의 5대 핵심가치와 무관한 내용이다.

| 오답풀이 |
농협의 5대 핵심가치는 다음과 같다.

농업인과 소비자가 함께 웃는 유통 대변화	소비자에게 합리적인 가격으로 더 안전한 먹거리를, 농업인에게 더 많은 소득을 제공하는 유통개혁 실현
미래 성장동력을 창출하는 디지털 혁신	4차 산업혁명 시대에 부응하는 디지털 혁신으로 농업·농촌·농협의 미래 성장동력 창출
경쟁력 있는 농업, 잘사는 농업인	농업인 영농지원 강화 등을 통한 농업경쟁력 제고로 농업인 소득 증대 및 삶의 질 향상
지역과 함께 만드는 살고 싶은 농촌	지역 사회의 구심체로서 지역사회와 협력하여 살고 싶은 농촌 구현 및 지역경제 활성화에 기여
정체성이 살아 있는 든든한 농협	농협의 정체성 확립과 농업인 실익지원 역량 확충을 통해 농업인과 국민에게 신뢰받는 농협 구현

⏱ 문제해결 TIP

조직이해능력에서는 농협에 대한 상식을 묻는 문제가 자주 출제된다. 따라서 농협 홈페이지에서 얻을 수 있는 농협에 대한 정보를 최대한 많이 확인하는 것이 좋다.

52
정답 | ②

NH농협의 캐릭터인 아리는 농업의 근원인 씨앗을 모티브로 하여 쌀알, 밀알, 콩알에서의 '알'을 따와 이름을 붙인 것이다. 통합 농협으로 새출발하는 농협의 미래지향적인 기업 이미지를 캐릭터를 통해 발현시키고자 하였으며, 우리의 전통 음률 '아리랑'을 연상하게 하여 '흥, 어깨춤' 등 동적인 이미지를 지님과 동시에, 곡식을 담은 '항아리'도 연상하게 하여 '풍요'와 '결실'의 의미도 함께 지닌다.

53
정답 | ②

엠블럼 우측의 'ㅎ' 자 모습은 농협의 한결같은 가치인 '협동'을 의미한다. 한편 엠블럼의 어깨동무 형상은 농업인·고객·농협이 서로 어울려 앞으로 나아가는 동행의 이미지를 표현한 것이며, 밝은 색상으로 농협과 농업·농촌의 미래가 밝고 희망적이라는 메시지를 전하고 있다.

54
정답 | ②

구조(Structure), 전략(Strategy), 시스템(System)과 같은 Hard 3S는 기업의 노력만으로 단시간에 구축 혹은 변경이 가능하지만, 나머지 스타일(Style), 기술(Skill), 구성원(Staff), 공유 가치(Shared Value)와 같은 Soft 4S는 쉽게 변화시킬 수 없는 요인들이다. 구성원들의 가치관을 바꾸고, 필요한 기술을 습득시키는 것이 결코 쉬운 일이 아니기 때문에 조직혁신을 위해서는 평소에 Soft 4S에 초점을 맞춰 변화에 유연하게 대응할 수 있는 기업 환경을 조성하는 것이 중요하다고 할 수 있다. 따라서 Soft 4S에 해당하지 않는 'System'은 빈칸에 들어갈 수 없다.

55
정답 | ④

더덕은 Star 영역의 작물로 가장 집중적인 투자를 필요로 한다.

① 감자는 Dog 영역의 작물로 성장성과 수익성이 없으므로 시장 철수를 고려해야 한다.
② Cash Cow 영역에서 발생되는 안정적인 수익을 Star 영역에 투자해야 하므로 인삼에서 발생하는 수익을 더덕에 투자해야 한다.
③ 가장 안정적인 수익을 낼 수 있는 작물은 Cash Cow 영역에 있는 인삼과 도라지이다.

56 | 정답 | ②

사용변수와 현금흐름 간의 관계가 확실하지 않다는 단점은 BCG 매트릭스에 대한 설명이다.
성장률과 상대적 점유율만을 고려하는 BCG 매트릭스의 단점을 보완하기 위해 만들어진 툴이 GE 매트릭스(맥킨지 매트릭스)이다. GE 매트릭스는 시장매력도와 기업의 경쟁우위라는 두 가지 축을 놓고 포트폴리오를 관리하는 방법으로, 시장매력도 측정 시 성장률뿐만 아니라 이익률, 수요와 기술변동 수준, 경쟁강도, 진입장벽 등 다양한 요인을 고려하여 가중치를 부여하도록 했다. 기업의 경쟁우위 역시도 점유율뿐만 아니라 가격경쟁력이나 품질경쟁력, 고객충성도 등 여러 요인을 한 번에 고려했다.

57 | 정답 | ④

120만 원의 법인카드를 사용하기 위한 신청서는 조합장의 전결 사항이므로 팀장, 전무이사, 조합장이 모두 서명해야 한다. 따라서 상향대각선은 어디에도 표시하지 않는다.

① '출장비 신청서'이므로 출장비 금액에 관계없이 조합장의 전결 사항이다.
② 팀장의 전결 사항이므로 팀장 결재란에는 '전결'이 표시되고, 팀장은 조합장 결재란에 서명해야 한다.
③ 조합장 전결 사항이므로 하위 직책자인 팀장, 전무이사도 모두 서명을 해야 한다.

58 | 정답 | ③

37만 원이 소요되는 국내 출장에 대한 출장 계획서는 팀장의 전결 사항으로 규정되어 있다. 따라서 팀장의 서명만 있으면 된다. 규정에 의해 팀장의 결재란에는 '전결'이 표시되어야 하며, 전무이사는 결재가 필요 없으므로 결재란에 상향대각선이 표시되어야 한다. 또한 최고 결재권자인 조합장의 결재란에 전결권자인

팀장이 서명을 하게 된다.

59 | 정답 | ④

기본방침 외의 사업계획 결정, 운영 사항 업무는 이사가 전결권자이므로 이사의 결재란에 '전결'이 표시되며, 이사는 최고결재권자인 '이사장' 결재란에 서명해야 한다.

① 기본 사업비 예산안 작성 관련 업무는 부서장이 전결권자이므로 결재를 해야 한다.
② 전결권자는 자신의 결재란에 '전결'을 표시하고 가장 우측 최고결재권자 결재란에 서명한다.
③ 주요 사업계획 및 정책 등 기본방침 사항에 관한 업무는 이사장이 전결권자이므로 모든 직책자가 자신의 결재란에 서명한다. 따라서 이 경우 결재양식에는 상향대각선이 표시되지 않는다.

60 | 정답 | ③

예산의 재배정은 실국장이 전결권자이므로 실국장의 결재란에 '전결'을 표시하며, 실국장은 최고결재권자인 이사장의 결재란에 서명하게 된다. 또한 이사는 결재가 필요하지 않으므로 이사 결재란에 상향대각선이 표시된다.

① 주요 사업계획 기본방침은 이사장이 전결권자이므로 '전결' 표시를 하지 않고 모든 직책자가 자신의 결재란에 서명해야 한다.
② 기본방침 외의 사업계획 결정은 이사가 전결권자이므로 이사의 결재란에 '전결'을 표시하며, 이사는 최고결재권자인 이사장의 결재란에 서명해야 한다.
④ 예산집행 현황 보고는 부서장이 전결권자이므로 부서장의 결재란에 '전결'을 표시하며, 부서장은 최고결재권자인 이사장의 결재란에 서명해야 한다. 또한 결재가 필요하지 않은 실국장과 이사의 결재란에는 상향대각선을 표시한다.

60문항 / 70분   P.206

01	①	02	①	03	④	04	②	05	③
06	④	07	③	08	④	09	④	10	④
11	④	12	③	13	③	14	①	15	④
16	④	17	④	18	②	19	④	20	②
21	②	22	③	23	④	24	①	25	③
26	④	27	④	28	③	29	④	30	④
31	③	32	④	33	③	34	④	35	①
36	④	37	②	38	①	39	②	40	④
41	④	42	④	43	②	44	②	45	④
46	④	47	④	48	④	49	③	50	②
51	②	52	④	53	①	54	①	55	③
56	④	57	④	58	②	59	③	60	②

01
| 정답 | ①

밑줄 친 단어는 좋은 결과를 얻게 될 줄 몰랐다는 의미로 쓰였으므로 어떤 상황이 자기에게 미친다는 의미의 ①이 적절하다.

| 오답풀이 |

② 술 따위를 사다.
③ 다른 사람이나 대상이 가하는 행동, 심리적인 작용 따위를 당하거나 입다.
④ 요구, 신청, 질문, 공격, 도전, 신호 따위의 작용을 당하거나 거기에 응하다.

02
| 정답 | ①

빈칸이 있는 문장에서 현실적 발전 방안을 마련하는데 허황한 이론만으로는 한계에 직면할 수밖에 없다고 하였으므로 '현실성이 없는 허황한 이론이나 논의'라는 의미의 '탁상공론(卓上空論)'이 들어가는 것이 가장 적절하다.

| 오답풀이 |

② 읍참마속(泣斬馬謖): 큰 목적을 위하여 자기가 아끼는 사람을 버림을 이르는 말
③ 견강부회(牽強附會): 이치에 맞지 않는 말을 억지로 끌어 붙여 자기에게 유리하게 함
④ 당랑거철(螳螂拒轍): 제 역량을 생각하지 않고, 강한 상대나 되지 않을 일에 덤벼드는 무모한 행동거지를 이르는 말

03
| 정답 | ④

(가)의 A사원은 광고와 매출의 관계를 인과 관계로 착각한 인과 관계의 오류를 범하고 있다. (나)의 B사원은 ○○회사에서 성희롱이나 남녀 차별이 없다는 것을 주장하기 위해 성희롱이나 남녀 차별이 있다고 증명된 바 없다는 것을 근거로 들고 있으므로 무지에의 호소 논증 오류를 범하고 있다.

| 상세해설 |

(가)의 A사원은 2016년에 아이스크림의 매출이 오른 이유를 광고 때문이라고 보고 있는데, 이는 광고와 아이스크림 매출의 상관관계를 인과 관계로 착각한 인과 관계의 오류를 범하고 있는 것이다. 인과 관계의 오류란 두 사건이 동시에 발생했을 때 그중 한 사건이 다른 사건의 원인이라고 잘못 추론하거나 한 사건이 다른 사건보다 단지 먼저 발생한 것을 가지고 전자가 후자의 원인이라고 잘못 추론하는 오류이다. 즉 광고가 '원인이 되어' 아이스크림 매출이 늘었다고 보기는 조금 어려움이 있다. 왜냐하면 2016년 여름이 유난히 더웠다거나 경기가 좋았다거나 신제품의 반응이 좋았다거나 하는 다양한 원인이 있었을 가능성을 배제할 수 없기 때문이다. 즉 광고와 아이스크림 매출이 인과 관계가 있다고 판단하는 것은 이르다.
한편 (나)의 B사원은 무지에의 호소 논증 오류를 범하고 있다. 무지에의 호소 논증 오류란 어떤 명제가 참이라고 주장하면서 그 이유로 그것이 거짓임이 증명된 바 없다는 것을 제시하거나 반대로 어떤 명제가 거짓이라고 주장하면서 그 이유로 그것이 참임이 증명된 바 없다는 것을 제시하는 것이다. 대표적인 예로 "신은 존재한다. 왜냐하면 신이 존재하지 않는다는 것을 증명한 바 없기 때문이다." 등의 주장을 들 수 있다. 즉 B사원이 "우리 회사에 성희롱이나 남녀 차별은 없다. 왜냐하면 우리 회사에 성희롱이나 남녀 차별이 있다는 것을 증명한 바 없기 때문이다."라고 주장한 것은 이와 같은 맥락으로 볼 수 있다.

| 오답풀이 |

• '거짓 딜레마의 오류'는 어떠한 문제 상황에서 제3의 선택지가 존재함에도 불구하고 상호배타적인 둘 중에서 하나를 선택해야 한다고 생각하기 때문에 생기는 오류이다. 예를 들어 "의학은 사람들이 어떻게 치료됐는지 설명 가능해야 하고, 설명할 수 없는 치료는 기적이다. 따라서 환자가 어떻게 치료됐는지 의학으로 설명할 수 없다면 기적이라고밖에 할 수 없다." 등이 있다.
• '애매어의 오류'란 어떤 상황에서 두 가지 이상의 의미로 이해

될 수 있는 낱말을. 그중 하나의 의미로 부당하게 해석한 다음 추론하는 과정에서 생기는 오류이다. 예를 들어 "죄인은 감옥에 가야 한다. 목사님은 모든 인간이 죄인이라고 하셨다. 따라서 모든 인간은 감옥에 가야 한다." 등이 있다.

04

| 정답 | ②

기본형 '걸맞다'는 형용사로, 관형사형 어미 '−은'이 결합한 '걸맞은'으로 활용하므로 '걸맞는'은 어법에 맞지 않는 표현이다.

| 상세해설 |

동사와 형용사의 어간에는 다양한 어미가 붙어 활용을 하는데, 관형사형 어미 '−은/−는'의 경우 동사에는 '−는'이 붙을 수 있으나 형용사에는 '−ㄴ/은'만 붙을 수 있다. 예를 들어 동사 '먹다'는 '먹는'으로 활용하는 것이 가능하지만 형용사 '검다'는 '검는'으로 활용하는 것이 불가능하다. '걸맞은'의 기본형 '걸맞다'는 '두 편을 견주어 볼 때 서로 어울릴 만큼 비슷하다.'의 의미를 지니는 형용사이므로 어미 '−은'만 결합이 가능하다. 따라서 '걸맞는'은 틀린 표현이고 '걸맞은'이 올바른 표현이다. 다만 형용사 '없다'의 경우 예외적으로 관형사형 어미 '−는'이 결합한 '없는'으로 활용한다.

| 오답풀이 |

①, ③ 어떤 지위나 신분 또는 자격의 의미로 쓰인다면 '로서'를 쓰고, 어떤 일의 수단이나 도구의 의미로 쓰인다면 '로써'를 써야 한다. ㉠은 국가가 자격을 가지고 사법을 제공해야 한다는 의미로 쓰이고 있으므로 '임무로서'로 쓰여야 하며 ㉢은 사법이 공평한 태도를 수단으로 사용해야 한다는 의미이므로 '태도로써'로 쓰여야 한다.

④ '든'은 어느 것이 선택되어도 차이가 없는 둘 이상의 일을 나열함을 나타내는 보조사 '든지'의 준말이므로 '행정부든 입법부든'이라고 쓰는 것이 적절하다. 참고로 '−던'은 앞말이 관형어 구실을 하게 하고, 과거의 어떤 상태를 나타내거나 어떤 일이 과거에 완료되지 않고 중단되었다는 미완의 의미를 나타내는 연결 어미로, '예쁘던 꽃', '먹던 사과'와 같이 쓰인다.

05

| 정답 | ③

제시된 글에서는 조사 대상 지역인 인구감소 7개 시·군 모든 곳에서 등록(정주)인구보다 생활인구가 최소 3배 많은 결과가 나타났음을 제시하면서, 생활인구가 지방 소멸에 대응하여 지역경제의 활력을 높일 대안임을 설명하고 있다. 따라서 글의 제목으로는 '등록인구 넘어선 생활인구, 지역소멸 대안으로 부상한다'가 가장 적절하다.

06

| 정답 | ④

귀농·귀촌에 대한 화제를 제시하고 있는 [나]가 문단 전체에서 선행하고, 첫 번째 실패 유형과 사례를 제시한 [라]가 뒤이어 오는 것이 자연스럽다. [라]의 뒤에는 문제의 원인을 설명하고 있는 [가]가 이어져야 하며, 그 뒤로는 또 다른 실패 유형을 거론하고 있는 [다]와 그 원인을 분석한 [마]가 이어서 와야 한다. 따라서 문단을 논리적 순서에 맞게 배열하면 [나]-[라]-[가]-[다]-[마]가 적절하다.

07

| 정답 | ③

마지막 문단에서 우는 원인에 따라 다르게 반응해야 함을 언급되어 있다. 아이가 슬플 때, 짓궂은 일을 당했을 때, 아플 때, 분할 때에는 위로해 주어야 하고, 반면 책임을 회피하려고 할 때, 자기방어를 하려고 할 때 등은 위로해 주지 않도록 해야 한다고 언급되어 있다.

| 오답풀이 |

① 주어진 글에서 언급되지 않은 내용이다.
② 보육정책의 최우선은 영유아의 행복한 삶이다.
④ 주어진 글과 거리가 먼 내용이다.

08

| 정답 | ④

짓궂다가 기본형이므로 어법에 적절한 표현이다.

| 오답풀이 |

① ㉠은 표방이 적절하다.
  표방: 어떤 명목을 붙여 주의나 주장 또는 처지를 앞에 내세움.
② ㉢은 해제가 적절하다.
  해제: 설치하였거나 장비한 것 따위를 풀어 없앰.
  해체: 1. 단체 따위가 흩어짐. 또는 그것을 흩어지게 함.
        2. 체제나 조직 따위가 붕괴함. 또는 그것을 붕괴하게 함.
        3. 여러 가지 부속으로 맞추어진 기계 따위가 풀어져 흩어짐. 또는 그것을 뜯어서 헤침.
③ ㉢은 금세로 쓰는 것이 적절하다.
  금새: 물건의 값. 또는 물건값의 비싸고 싼 정도.
  금세: 지금 바로. '금시에'가 줄어든 말로 구어체에서 많이 사용된다.

09

| 정답 | ④

(가) A사의 김 사장은 회사 사업의 방향을 결정하는 전사적인 문제에 대한 해결책을 마련하려고 한다. 이를 위해서는 회사 내부의 상황, 외부의 상

황 등을 복합적으로 고려하는 전략적 사고가 필요하다.
(나) B광고회사의 홍 과장은 자신이 총괄하는 광고 프로젝트의 타당성, 효과성을 최 상무에게 입증해야 한다. 즉, 최 상무를 설득해야 하므로 논리적 사고가 필요하다.

10
| 정답 | ④

세 번째 문단에서 관상학과 관련된 동서양의 역사를 설명하고 있을 뿐, 주어진 글을 통해서는 서양과 비교하였을 때 동양이 질병의 진단과 인재 등용 등의 측면에서 관상학을 더욱 중요하게 여겼는지 알 수 없으므로 적절하지 않다.

| 오답풀이 |
① 두 번째 문단에서 관상학을 따로 공부하지 않은 사람들도 대개는 관상을 볼 줄 알며 나이가 들수록 그 적중률도 높아진다고 하였다는 점에서 나이가 들수록, 즉 경험이 쌓일수록 관상의 적중률이 높아짐을 추론할 수 있으므로 적절하다.
② 다섯 번째 문단에서 관상이 운명을 바꾸고, 운명은 또 관상을 바꾸며, 이 둘은 상호작용을 한다고 하였다는 점에서 사람의 관상과 운명은 서로 영향을 주고받으며 지속적으로 변화함을 추론할 수 있으므로 적절하다.
③ 네 번째 문단에서 관상학에서는 주로 사람에 동물을 비교하는 물형법이 사용된다고 하였으므로 적절하다.

11
| 정답 | ④

국내 채식 인구수가 증가하였으나 우리나라의 비건 인구는 미국이나 유럽에 비하면 아직은 현저히 적은 편이며, 우리나라는 늘어나는 채식 인구수에 견주었을 때 인프라 확보가 더디다고 할 수 있다. 따라서 국내의 비건 인프라가 활성화되었다고 보기 어려우며, 한국 비건들이 시장에서 주 고객층으로 자리 잡았다고 보기도 어렵다.

| 오답풀이 |
① 첫 번째 문단을 보면, 국내 채식 인구는 10년 사이 10배 가까이 증가했으며 2008년 15만 명에 불과했던 채식 인구는 2019년 기준 200만 명으로 늘었다고 서술되어 있다.
② 첫 번째~두 번째 문단을 보면, 우리나라의 비건 인구는 미국이나 유럽에 비하면 아직은 현저히 적고 그 시장도 작음을 알 수 있다.
③ 두 번째~세 번째 문단을 보면, 국내에서는 아직 비건을 위한 제품의 종류가 적다는 점, 상품 표시가 너무 작게 표시되어 이를 따져 가며 먹어야 한다는 점, 비건을 위한 레스토랑 등이 적다는 점을 알 수 있다. 이를 통해 국내에서 비건 생활을 하

는 것은 유럽이나 미국에서 하는 것보다 어려움이 많다는 것을 추론할 수 있다.

12
| 정답 | ③

주어진 글과 선택지를 해석하면 다음과 같다.

> 외환 위기의 주범 중 하나였던 기업 부채는 상당히 축소되어 자기 자본에 대한 부채 비율이 300% 수준에서 현재 100%대로 낮아졌다. 다른 나라에서 큰 문제로 대두된 정부 부채도 우리의 경우 아직은 위험한 수준이라고 보기 어렵다. 그러나 1,400조 원에 달하는 가계 부채에 대해서는 금융 시스템에 대한 리스크를 넘어 취약 계층의 경제·사회적 불안정성을 증폭시킬 수 있는 요인이므로 경계를 해야만 한다. 쉬운 해결책은 없지만, 최소한 가계 부채 총량의 증가율을 명목 성장률, 즉 경제 성장률과 물가 상승률을 합한 수치 이내로 관리하여, GDP 대비 가계 부채 비율이 더는 늘지 않도록 해야 한다. 이자를 상환하는 단기 대출 방식은 원리금을 갚는 장기 상환 제도로 고쳐야 하며, 대출 규모를 결정함에 있어 담보와 함께 상환 능력이 중요한 기준이 되도록 해야 한다.

① 기업 부채
② 정부 부채
③ 가계 부채
④ 경제·사회적 불안정성
따라서 중심 주제로 다루고 있는 개념은 가계 부채이다.

13
| 정답 | ③

새송이 버섯 한 팩의 정가를 x원, 느타리 버섯 한 팩의 정가를 y원이라고 할 때, 할인 전 새송이 버섯 한 팩과 느타리 버섯 한 팩의 가격의 합은 8,300원이므로 $x+y=8,300$이다.
새송이 버섯 한 팩과 느타리 버섯 한 팩은 각각 정가의 40%, 정가의 30%를 할인하여 판매하므로 할인된 새송이 버섯 한 팩의 가격은 $0.6x$원, 느타리 버섯 한 팩의 가격은 $0.7y$원이다. 이때, 할인 후 새송이 버섯 한 팩의 가격이 느타리 버섯 한 팩의 가격보다 40원 비싸므로
$$0.6x=0.7y+40 \rightarrow 6x=7y+400 \rightarrow 6x-7y=400$$
이다.
두 방정식 $x+y=8,300$, $6x-7y=400$을 연립하여

풀면 $x=4,500$, $y=3,800$이다.

따라서 새송이 버섯 한 팩과 느타리 버섯 한 팩의 정가의 차는 $4,500-3,800=700$(원)이다.

14
| 정답 | ①

남은 돈이 얼마인지만 확인하면 된다. 주어진 환율표를 보면 환율의 기준이 원화이므로 간접표시환율인 것에 주의해야 한다. 즉 환율$=\dfrac{동}{원}$이므로, 원$=\dfrac{동}{환율}$이다. 따라서 3월 15일에 116만 동을 환전하면 $\dfrac{116(만\ 동)}{20(동/원)}=5.8$(만 원)이므로, 58,000원이다.

⏱ 문제해결 TIP

환율 문제는 외국 화폐를 원화로 바꾸는 방법과 원화를 외국 화폐로 바꾸는 방법 2가지를 모두 숙지하고 있어야 해결 가능하다. 만약 액수 간 대소비교 문제가 나온다면 한쪽의 화폐로 통일하여 비교해야 하는데, 일반적으로 곱셈 계산이 나눗셈 계산보다 쉬우므로 원화로 통일하여 비교하는 것이 편하다.

15
| 정답 | ④

일어날 수 있는 모든 경우는 다음과 같다.

원판 A	원판 B	원판 C	가장 큰 수가 나온 원판
3	1	2	A
3	1	5	C
3	6	2	B
3	6	5	B
4	1	2	A
4	1	5	C
4	6	2	B
4	6	5	B

따라서 세 사람이 각각 이길 확률을 구하면 김 씨는 $\dfrac{2}{8}=\dfrac{1}{4}$, 이 씨는 $\dfrac{4}{8}=\dfrac{1}{2}$, 박 씨는 $\dfrac{2}{8}=\dfrac{1}{4}$이다.

ⓒ 김 씨와 박 씨는 이길 확률이 서로 같다.

ⓔ 이 씨가 이길 확률은 $\dfrac{1}{2}$, 김 씨와 박 씨가 이길 확률을 더한 값은 $1-\dfrac{1}{2}=\dfrac{1}{2}$로 서로 같다.

| 오답풀이 |

ⓖ 김 씨가 이길 확률은 $\dfrac{1}{4}$이므로 25%이다.

ⓒ 박 씨가 이길 확률은 $\dfrac{1}{4}$, 김 씨와 이 씨가 이길 확률을 더한 값은 $1-\dfrac{1}{4}=\dfrac{3}{4}$으로 같지 않다.

16
| 정답 | ④

생활용수 수요량은 한강이 가장 많지만, 농업용수 수요량은 금강이 가장 많다.

| 오답풀이 |

① 기타의 총수요량은 112+3+225=340(억 L)이므로 공급가능량과 같다.

② 금강의 총수요량은 1,196+750+4,234=6,180(억 L)이므로 공급가능량인 6,040억 L보다 많다.

③ 낙동강의 공업용수 수요량은 전국의 $\dfrac{910}{2,839}\times100≒32.1(\%)$이므로 30% 이상이다.

17
| 정답 | ④

프랑스의 지적재산권 지급액은 2020년에 21,348만 달러, 2021년에 14,948만 달러이므로 21,348－14,948 $=6,400$(만 달러) 감소하였다.

| 오답풀이 |

① 2019년 영국의 경우, 수입액이 34,261만 달러, 지급액이 38,201만 달러로 지급액이 수입액보다 많다.

② 매년 독일의 지적재산권 지급액이 가장 많으므로, 2019～2021년에 지적재산권 지급액의 합도 독일이 가장 높다.

③ 2021년 영국의 지적재산권 지급액은 전년 대비 $\dfrac{34,525-32,228}{34,525}\times100≒6.7(\%)$ 감소하였다.

18
| 정답 | ②

ⓒ 국가별 지적재산권 수익을 구하면 다음과 같다.

(단위: 만 달러)

구분	2019년	2020년	2021년
한국	32,870－16,480 $=16,390$	35,789－18,279 $=17,510$	34,289－21,369 $=12,920$
일본	95,274－48,270 $=47,004$	98,294－49,264 $=49,030$	88,742－46,535 $=42,207$
프랑스	27,498－19,263 $=8,235$	29,431－21,348 $=8,083$	28,527－14,948 $=13,579$
독일	85,427－55,360 $=30,067$	99,490－52,715 $=46,775$	92,461－49,368 $=43,093$

| 영국 | $34,261-38,201$ $=-3,940$ | $37,280-34,525$ $=2,755$ | $33,259-32,228$ $=1,031$ |

범례의 연도가 2019년과 2021년이 서로 바뀌어 표시되어 있으므로 잘못 작성된 그래프이다.

| 오답풀이 |

㉠ 표의 내용과 일치하므로 바르게 작성된 그래프이다.

㉡ 프랑스의 전년 대비 지적재산권 지급액 증가율은 2020년에 $\dfrac{21,348-19,263}{19,263} \times 100 ≒ 10.8(\%)$, 2021년에 $\dfrac{14,948-21,348}{21,348} \times 100 ≒ -30.0(\%)$이므로 바르게 작성된 그래프이다.

19 | 정답 | ④

다음과 같이 벤 다이어그램을 그리고, 각 영역을 $a \sim g$ 라 하자.

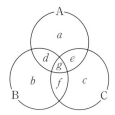

제시된 조건을 정리하면 $a=17$, $b=6$, $c+e+f+g$ $=21$, $d+g=9$이다. $a \sim g$를 모두 더한 값이 50이므로, $d=50-(a+b+c+e+f+g)=50-a-b-(c$ $+e+f+g)=50-17-6-21=6$이다. 한편 $d+g=9$이므로, $g=3$이다. 즉, 3명만 커피 쿠폰을 받고 나머지 47명은 커피 쿠폰을 받지 못한다.

20 | 정답 | ②

㉠ 4년간 국외 '예금' 검색 건수의 평균은 $\dfrac{3,869+3,968+4,069+4,194}{4}=4,025$(만 건)이다.

㉢ 2020년 국외 '보험' 검색 건수는 3년 전인 2017년 대비 $\dfrac{1,374-1,144}{1,374} \times 100 ≒ 16.7(\%)$ 감소하였다.

| 오답풀이 |

㉡ '금리'의 국내외 검색 건수 차이는 2017년에 3,645-2,537= 1,108(만 건), 2018년에 3,912-2,241=1,671(만 건), 2019 년에 3,465-2,368=1,097(만 건), 2020년에 3,810-2,745 =1,065(만 건)으로 매년 증가하지는 않았다.

㉣ 2020년에는 국내 '청약' 검색 건수가 국내 '예금' 검색 건수의 절반 이상이다.

21 | 정답 | ②

2019년까지 코스닥시장의 상장회사 수는 지속적으로 감소하지만, 시가총액은 지속적으로 증가하므로 비례 한다고 할 수 없다.

| 오답풀이 |

① 코스닥시장과 유가증권시장의 시가총액이 각각 전년 대비 동 일하거나 증가하므로 총 증권시장 시가총액은 매년 증가한다.

③ 2016년 코스닥시장의 시가총액은 유가증권시장의 $\dfrac{1,154}{109}$ ≒10.6(배)이므로 10배 이상이다.

④ 2021년 유가증권시장의 상장회사당 평균 시가총액은 $\dfrac{283}{1,266} ≒ 0.2235$(조 원)으로 약 2,235억 원이다.

22 | 정답 | ③

설문조사에 참여한 1,000명 중 40%가 불만족을 선택 하였으므로 불만족을 선택한 직원 수는 $1,000 \times 0.4$ $=400$(명)이다. 이 중 70%가 여직원이므로 불만족을 선택한 여직원 수는 $400 \times 0.7=280$(명)이다. 그런데 이는 전체 여직원의 50%를 차지한다고 하였으므로 전체 여직원 수는 $\dfrac{280}{0.5}=560$(명), 남직원 수는 $1,000$ $-560=440$(명)이다.

23 | 정답 | ④

서로 다른 주사위 2개를 동시에 던질 때 나오는 모든 경우의 수는 $6 \times 6=36$(가지)이다. 이 중 두 주사위 눈의 수의 합이 4인 경우는 (1, 3), (2, 2), (3, 1)의 3 가지이고, 두 주사위 눈의 수의 합이 9인 경우는 (3, 6), (4, 5), (5, 4), (6, 3)의 4가지이다. 따라서 구하는 확률은 $\dfrac{3+4}{36}=\dfrac{7}{36}$이다.

24 | 정답 | ①

넓이는 $\dfrac{\frac{9}{2}}{1-\frac{1}{4}}=6(\text{cm}^2)$, 둘레의 길이는 $\dfrac{12+6\sqrt{2}}{1-\frac{1}{2}}=24+12\sqrt{2}(\text{cm})$이다.

| 상세해설 |

주어진 [그림]의 색칠된 부분을 다음과 같이 구분해 보자.

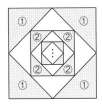

- 넓이: ①의 넓이는 가장 큰 정사각형 넓이의 절반이다. 즉, $\frac{1}{2} \times 3^2 = \frac{9}{2}(\text{cm}^2)$이다. ②의 넓이는 ①의 넓이의 $\frac{1}{4}$임을 다음 그림을 통해 쉽게 알 수 있다.

따라서 색칠된 부분의 전체 넓이는 $\frac{9}{2} + \frac{1}{4} \times \frac{9}{2} + \left(\frac{1}{4}\right)^2 \times \frac{9}{2} + \cdots$인데, 이는 초항이 $\frac{9}{2}$, 공비가 $\frac{1}{4}$인 무한등비급수이므로 $\frac{\frac{9}{2}}{1 - \frac{1}{4}} = 6(\text{cm}^2)$이다.

- 둘레의 길이: ①의 둘레의 길이는 가장 큰 정사각형 둘레의 길이와 가장 큰 정사각형 내부 대각선 2개 길이의 합이다. 즉, $3 \times 4 + 2 \times 3\sqrt{2} = 12 + 6\sqrt{2}(\text{cm})$이다. ②의 둘레의 길이는 ①의 절반이므로 색칠된 부분의 전체 둘레의 길이는 초항이 $12 + 6\sqrt{2}$, 공비가 $\frac{1}{2}$인 무한등비급수이다. 따라서 $\frac{12 + 6\sqrt{2}}{1 - \frac{1}{2}} = 24 + 12\sqrt{2}(\text{cm})$이다.

25 | 정답 | ③

주어진 세 명제를 대우 명제와 함께 기호로 나타내 보면 다음과 같다.
- A ○ → B × ↔ B ○ → A ×
- C × → B ○ ↔ B × → C ○
- D ○ → E × and A ○ ↔ E ○ or A × → D ×

따라서 첫 번째 명제와 두 번째의 대우 명제를 연결하면 A ○ → C ○가 되므로 A가 합격이면 C도 합격이다.
따라서 항상 참이 아닌 것은 ③이다.

| 오답풀이 |

① 첫 번째 명제와 두 번째 명제의 대우 명제를 연결하면 A ○ → B × → C ○가 되므로 결국 A가 합격이면 B는 불합격이고 C만 합격이다.
② 세 번째 명제의 대우 명제에 의해 E가 합격이면 D는 불합격이다.

④ 두 번째 명제와 첫 번째 명제의 대우 명제를 연결하면 C × → B ○ → A ×가 되므로 결국 C가 불합격이면 A도 불합격이다.

26 | 정답 | ②

첫 번째 명제는 다음과 같은 벤 다이어그램으로 나타낼 수 있다.

여기에 두 번째 명제를 추가한 벤 다이어그램은 다음과 같이 나타낼 수 있으며, 이때 '팥빙수'와 '할인행사' 간에는 반드시 공통 영역이 존재해야 한다.

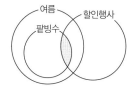

위의 벤 다이어그램에서 매개념인 '팥빙수'를 제외한 '여름'과 '할인행사' 둘 사이에는 뚜렷한 포함관계가 존재하진 않지만, 최소한 색칠된 부분만큼은 공통으로 존재하고 있음을 알 수 있다. 따라서 항상 참인 것은 ②이다.

ⓒ 문제해결 TIP

명제 문제는 크게 대우 명제로 풀 수 있는 문제와 벤 다이어그램을 그려서 풀어야 하는 문제로 나눌 수 있다. 모든 명제에 all 개념만 있는 문제는 대우 명제로 풀 수 있으며, 한 명제에라도 some 개념이 있는 문제는 벤 다이어그램을 그려 확인해야 한다. 지역농협에서는 all 개념만 있는 문제가 주로 출제되지만 some 개념도 함께 학습해 두는 것이 좋다.

27 | 정답 | ④

문제해결을 위해서 개인은 사내·외의 체계적인 교육훈련을 통해 문제해결을 위한 기본 지식뿐 아니라 본인이 담당하는 전문영역에 대한 지식도 습득해야 한다. 이를 바탕으로 문제를 조직 전체의 관점과 기능단위별 관점으로 구분하고, 스스로 해결할 수 있는 부분과 조직 전체의 노력을 통해서 해결할 수 있는 부분으로 나누어 체계적으로 접근해야 한다. 따라서 문제해결을 위해서는 문제를 조직 전체의 관점에서 바라보는 것도 필요하므로 ④는 적절하지 않다.

28

|정답| ③

제시된 글은 심층면접법에 대한 설명이다. 심층면접법은 인터뷰 시간을 집중적으로 투입해야 하며, 이를 진행할 수 있는 훈련된 조사자가 많지 않다는 단점이 있다. 즉, 단기간에 최대한 많은 사람에 대한 정보를 습득하기는 어려우므로 옳지 않다.

29

|정답| ④

나열된 수들은 다음과 같은 규칙이 있다.

273   275   271   279   263   (   )
   +2   −4   +8   −16   +32

위와 같이 앞의 수에 $+2$, -4, $+8$, -16을 한 값이 다음 수가 된다. 따라서 빈칸에 들어갈 숫자는 $263+32=295$이다.

30

|정답| ④

새싹, 물, Flower(꽃)는 모두 화분과 관련이 있는 단어이다. 새싹과 Flower는 화분에서 기르며, 이러한 식물을 기르려면 화분에 물을 주어야 한다.

| 오답풀이 |

① 뿌리는 새싹과 Flower와 관련 있지만, 물과 관련이 적다.
② 나비는 Flower와 관련 있지만, 새싹, 물과 관련이 적다.
③ 곡식은 새싹, 물과 관련 있지만, Flower와 관련이 적다.

⏱ 문제해결 TIP

단어의 속성을 파악하는 유형으로 단어의 뜻만 알고 있다면 의미적 상관관계를 유추하여 비교적 손쉽게 해결할 수 있는 유형이다. 생소하거나 아주 어려운 단어가 출제되는 경우는 드물지만 한자어나 한자성어와 의미적 관련이 깊은 단어를 찾는 유형도 종종 나오기 때문에 평소에 틈틈이 어휘력을 길러 두는 것이 중요하다.

31

|정답| ②

주어진 사각형의 가로, 세로 합은 모두 23이다. 따라서 빈칸에 들어갈 숫자는 $23-1-11=23-6-6=11$이다.

32

|정답| ④

하나의 도형 안에 제시된 세 개의 수 중 작은 두 수를 제곱한 값의 합은 가장 큰 수를 제곱한 값과 같다. 즉 도형 안의 세 수를 크기순으로 $a<b<c$라고 할 때

$a^2+b^2=c^2$이 성립한다. 마지막 도형의 '?'에 들어갈 양수를 구하려면 다음과 같이 두 가지로 나누어 생각할 수 있다.

- 2가 가장 큰 수일 경우
  '?'에 들어갈 숫자를 x라 할 때 $x^2+1^2=2^2$이므로 $x^2=4-1=3$이다. 따라서 $x=\sqrt{3}$이다.
- '?'에 들어갈 숫자가 가장 큰 수일 경우
  '?'에 들어갈 숫자를 x라 할 때 $1^2+2^2=x^2$이므로 $x^2=1+4=5$이다. 따라서 $x=\sqrt{5}$이다.

따라서 '?'에 들어갈 양수는 $\sqrt{3}$, $\sqrt{5}$이다.

33

|정답| ③

가능한 경우는 다음과 같다.

B	A
C	
E	D
	F

A	B
	C
D	E
	F

또는

따라서 E는 항상 C의 바로 뒷좌석에 탑승하므로 답은 ③이다.

| 상세해설 |

B와 C는 앞뒤로 붙어 탑승하는데, 둘 다 남자이므로 같은 열에는 여자가 탑승할 수 없다. 또한 제일 앞줄에는 남자만 탑승하고, 마지막 줄 오른쪽 좌석엔 F가 탑승하므로 다음 2가지 경우가 가능하다.

B	
C	
	F

	B
	C
	F

또는

D와 E는 서로 옆 좌석에 탑승하므로 세 번째 줄에 탑승한다. 또한 제일 앞줄에는 남자만 탑승하므로 A는 제일 앞줄에 탑승한다.

B	A
C	
E	D
	F

A	B
	C
D	E
	F

또는

남은 G, H는 빈칸에 자유롭게 들어갈 수 있다. E는 항상 C의 바로 뒷좌석에 탑승하므로 답은 ③이다.

| 오답풀이 |

① A는 첫 번째 줄에 탑승한다.

② D는 왼쪽 좌석에 탑승할 수도 있다.

④ F와 G는 따로 떨어져 탑승할 수도 있다.

34

| 정답 | ④

원금은 30,000,000원이며, 연 단리 1.1%, 기간은 16개월이므로 12개월분과 나머지 4개월분을 나누어 계산하면 다음과 같다.

- 원금: 30,000,000원
- 12개월분 이자: $30,000,000 \times 0.011 = 330,000$(원)
- 4개월분 이자: $30,000,000 \times 0.011 \div 3 = 110,000$(원)

따라서 30,000,000+330,000+110,000=30,440,000(원)을 받게 된다.

35

| 정답 | ①

세 번째 조건을 보면 주찬이는 네 번째로 도착했다. 네 번째와 다섯 번째 조건을 보면 명기가 도착하고 세 명이 도착한 후에 범호, 범호가 도착하고 두 명이 도착한 후에 민식이가 도착했는데, 전체 인원이 8명이므로 가능한 경우는 다음과 같다.

1	2	3	4	5	6	7	8
명기			주찬	범호			민식

여섯 번째 조건을 보면 준태와 지완이는 연속으로 도착했으므로 각각 2, 3 또는 6, 7에 위치할 수 있다. 첫 번째와 두 번째 조건도 함께 고려하면 가능한 경우는 다음과 같다.

1	2	3	4	5	6	7	8
명기	준태	지완	주찬	범호	치홍	형우	민식
명기	치홍	형우	주찬	범호	준태	지완	민식

따라서 모든 경우에 명기는 제일 먼저 도착했으므로 ①은 항상 거짓이 된다.

36

| 정답 | ②

첫 번째 조건에 의하면 조 사원은 806호를 사용한다. 김 차장은 계단 바로 옆방을 사용하므로 801호나 805호를 사용한다. 이때 한 대리는 김 차장의 옆방을 사용해야 하는데 806호는 이미 조 사원이 사용하고 있다. 그러므로 한 대리가 802호를 사용하고 김 차장이 801호를 사용한다.

계단	805	806	807	808	창가
		조 사원			
	복도				
	801	802	803	804	
	김 차장	한 대리			

최 과장은 창가 바로 옆방을 사용하므로 804호나 808호를 사용한다. 박 부장과 장 대리의 방은 마주 보고 있으므로 둘은 803호와 807호를 사용한다. 이 과장의 방 번호 끝자리는 홀수이므로 이 과장은 805호를 사용한다.

계단	805	806	807	808	창가
	이 과장	조 사원			
	복도				
	801	802	803	804	
	김 차장	한 대리			

박 부장과 장 대리가 803호와 807호를 사용하므로 최 과장과 서 사원이 804호와 808호를 사용한다. 서 사원의 방 번호 끝자리가 5보다 작으므로 서 사원은 804호를 사용하고 최 과장은 808호를 사용한다. 따라서 가능한 경우를 정리하면 다음과 같다.

계단	805	806	807	808	창가
	이 과장	조 사원	박 부장	최 과장	
	복도				
	801	802	803	804	
	김 차장	한 대리	장 대리	서 사원	

계단	805	806	807	808	창가
	이 과장	조 사원	장 대리	최 과장	
	복도				
	801	802	803	804	
	김 차장	한 대리	박 부장	서 사원	

따라서 807호를 사용할 수 있는 직원은 박 부장 또는 장 대리이므로 답은 ②이다.

37

| 정답 | ②

최 사원이 회사에서 출발하여 A~E공장에 한 번씩 방문한 뒤 회사로 돌아오는 모든 경우의 수는 다음과 같다.

1) 회사-A-E-C-B-D-회사
   =7+15+17+5+11+9=64(km)
2) 회사-D-B-C-A-E-회사
   =9+11+5+13+15+8=61(km)
3) 회사-D-B-C-E-A-회사
   =9+11+5+17+15+7=64(km)
4) 회사-E-A-C-B-D-회사
   =8+15+13+5+11+9=61(km)

따라서 최 사원이 최단 경로로 이동했을 때의 총거리는 61km이다.

38 | 정답 | ①

물적자원을 적절하게 활용하지 못하게 하는 방해 요인은 '보관 장소를 파악하지 못함', '훼손됨', '분실됨'으로 크게 3가지이다. 주어진 사례에서 경기도 내 자동심장충격기 3대 중 1대는 고장이라고 하였으므로, 물적자원이 훼손되어 활용할 수 없는 상태임을 알 수 있다. 따라서 주어진 사례에서 나타난 물적자원 활용의 방해 요인으로 가장 적절한 것은 '훼손됨'이다.

39 | 정답 | ②

최 과장이 수강할 수 있는 교육은 10월 10일부터 12일까지 진행되는 '세계농업유산의 이해'와 10월 17일부터 19일까지 진행되는 '미디어 홍보역량 강화' 2개이며, 다른 교육과정은 최 과장의 개인일정과 겹치는 날이 있어 수강한 것으로 인정받을 수 없다.

40 | 정답 | ④

활동별로 경비 집행 규모를 확인하고 우선으로 추진해야 하는 활동을 선정하는 '우선순위 결정' 작업이 필요했다고 볼 수 있다. 배정된 예산으로 모든 업무를 수행하기 어려운 경우 우선순위를 배정함으로써 예산이 우선으로 들어갈 활동을 도출해야 한다. 이런 과정을 거친 후에는 우선순위가 높은 활동부터 적절하게 예산을 배정하고 실제 예산을 사용하는 것이 바람직하다.

41 | 정답 | ①

먼저 회의 인원은 최소 a팀 2명, b팀 3명으로 구성하므로 최소 5명이 참석하여 대회의실을 예약해야 한다. 또한, 각 팀의 과장 중 최소 1명씩은 반드시 회의에 참석해야 하므로 a팀의 C과장은 반드시 회의에 참석해야 한다. 이에 따라 대회의실 예약현황에서 C과장이 참석할 수 없는 월요일 13:00~18:00, 수요일 09:00~15:00, 목요일 15:00~17:00, 금요일(휴가)을 제외하고, b팀의 G과장과 H과장 모두 참석할 수 없는 시간대 화요일 09:00~12:00, 목요일 13:00~18:00을 추가로 제외하면 다음과 같다.

구분	월	화	수	목	금
09:00~10:00					
10:00~11:00					
11:00~12:00					
12:00~13:00					
13:00~14:00					
14:00~15:00					
15:00~16:00					
16:00~17:00					
17:00~18:00					

※ ▨ : 사용 불가능

이때 팀장 2명 중 1명은 반드시 참석해야 하므로 팀장 2명 모두 참석할 수 없는 월요일 09:00~11:00, 수요일 13:00~14:00, 목요일 10:00~13:00을 제외하면 다음과 같다.

구분	월	화	수	목	금
09:00~10:00					
10:00~11:00					
11:00~12:00					
12:00~13:00					
13:00~14:00					
14:00~15:00					
15:00~16:00					
16:00~17:00					
17:00~18:00					

※ ▨ : 사용 불가능

가장 빠른 일정으로 진행해야 하므로 월요일부터 회

의 가능 여부를 확인하면, 월요일 11:00~12:00에는 a팀 A팀장, C과장, B차장, D대리, E사원으로 a팀 전원이 참석 가능하고, b팀 G과장, H과장, I사원, J사원으로 b팀 4명이 참석 가능하다.

따라서 모든 조건을 만족하므로 가장 빠른 일정은 월요일 11:00~12:00이다.

42 | 정답 | ④

[가]는 시간관리를 통해 생산성을 향상시킬 수 있음을 나타내고 있다. 오늘날 글로벌 경제 아래 기술이 급속히 발달하면서 누가 먼저 신기술 혹은 성과를 창출하느냐에 따라 기업의 존립 여부가 결정되는, 사활을 건 경쟁이 더욱 치열해지고 있다. 이러한 분위기에서 생산성의 중요성은 더욱 강조되고 있다. 특히 개인이나 조직의 입장에서 시간은 매우 한정된 자원 중 하나이다. 따라서 시간을 적절히 관리하여 효율적으로 일을 하게 된다면 생산성 향상에 크게 도움이 된다.

[나]는 시간관리를 통해 균형적인 삶을 유지할 수 있음을 나타내고 있다. 시간관리를 잘한다면 직장에서 일을 수행하는 시간을 줄이고 일과 가정 혹은 자신의 다양한 여가를 동시에 즐길 수 있으므로 균형적인 삶을 유지하는 데 크게 도움이 된다.

따라서 [가]는 ⓒ, [나]는 ⓔ과 관계가 깊으므로 정답은 ④이다.

43 | 정답 | ②

A사 1,600×1,000=1,600,000(원), B사 (1,700×0.9+50)×1,000=1,580,000(원), C사 1,650×1,000=1,650,000(원), D사 (1,700+80)×1,000−15,000×10=1,630,000(원)이므로 B사에서 주문할 때 가장 저렴하다.

| 상세해설 |

A~D사에서 제조한 탁상달력 1,000개에 대한 구입비용을 구하면 다음과 같다.

- A사: 1,000개 이상 주문 시 박인쇄(단면) 옵션 무료이므로 개당 1,600원이다. 1,000개를 주문하면 1,600×1,000=1,600,000(원)이다.
- B사: 1,000개 이상 주문 시 달력 구입 금액이 10% 할인되므로 개당 1,700×0.9=1,530(원)이다. 박인쇄(단면)가 50원이므로 개당 1,580원이고, 1,000개를 주문하면 1,580×1,000=1,580,000(원)이다.
- C사: 박인쇄(단면)가 무료이다. 따라서 개당 1,650원이므로 1,000개를 주문하면 1,650×1,000=1,650,000(원)이다.
- D사: 500개 이상 주문 시 100개당 15,000원을 할인하므로 1,000개 주문 시 150,000원을 할인한다. 박인쇄(단면)는 80원이므로 개당 구입 금액이 1,780원이고, 1,000개를 주문하면 1,780×1,000=1,780,000(원)이다. 여기서 150,000원을 할인하면 1,780,000−150,000=1,630,000(원)이다.

따라서 B사에서 주문할 때 1,580,000원으로 가장 저렴하게 구입할 수 있다.

44 | 정답 | ②

A사 (1,650+100+200)×600=1,170,000(원), B사 (1,700+50+150)×600=1,140,000(원), C사 (1,750+100)×600=1,110,000(원), D사 (1,800+120+100)×600−15,000×6=1,122,000(원)이므로 C사에서 주문할 때 가장 저렴하며 총 주문금액은 1,110,000원이다.

| 상세해설 |

가장 큰 사이즈인 297×210의 달력에 박인쇄(양면), 선물포장을 추가하여 A~D사에서 제조한 탁상달력 600개에 대한 구입비용을 구하면 다음과 같다.

- A사: 개당 1,650+100+200=1,950(원)이다. 따라서 600개 주문 시 1,950×600=1,170,000(원)이다.
- B사: 개당 1,700+50+150=1,900(원)이다. 따라서 600개 주문 시 1,900×600=1,140,000(원)이다.
- C사: 297×210 500개 이상 주문 시 선물포장 옵션이 무료이므로 박인쇄(양면)만 추가하여 개당 1,750+100=1,850(원)이다. 따라서 600개 주문 시 1,850×600=1,110,000(원)이다.
- D사: 500개 이상 주문 시 100개당 15,000원을 할인하므로 개당 150원을 할인한다. 따라서 개당 가격은 1,800+120+100−150=1,870(원)이고, 600개 주문 시 1,870×600=1,122,000(원)이다.

따라서 C사에서 주문할 때 1,110,000원으로 가장 저렴하게 구입할 수 있다.

45 | 정답 | ④

2006년 9월 12일부터 퇴직 전날인 2018년 6월 30일까지는 11년 9개월 19일(입사일 포함)이므로 12년으로 계산한다. 12년일 때 기준 지급률은 18.8이고, 퇴직일 직전 3개월간 기본급＋수당은 (410＋430＋420)＋(36＋40＋44)＝1,380(만 원)이므로 3개월간 평균 임금은 1,380÷3＝460(만 원)이다. 따라서 퇴직금은 460×18.8＝8,648(만 원)이다.

46
정답 | ④

1997년 3월 2일부터 2018년 7월 31일까지는 21년 4개월 30일이다. 21년 6개월 미만이므로 21년 6개월로 계산한다. 21년 6개월일 때 지급률은 21년의 지급률 34.9에 0.5를 더한 35.4이다. 퇴직일 직전 3개월간 기본급＋수당은 (480＋520＋530)＋(62＋59＋65)＝1,716(만 원)이므로 3개월간 평균 임금은 1,716÷3＝572(만 원)이다. 따라서 퇴직금은 572×35.4＝20,248.8(만 원), 천 원 단위를 반올림하면 20,249만 원이다.

47
정답 | ④

㉠, ㉡ [그림]의 대분류, 중분류, 소분류와 같은 분류 체계는 보관의 원칙 중 동일성의 원칙과 유사성의 원칙에 따른 것이다. 동일성의 원칙은 '같은 품종은 같은 장소'에 보관한다는 것이며, 유사성의 원칙은 '유사품은 인접한 장소'에 보관한다는 것을 말한다. 분류 체계 또한 동일한 것은 함께 묶어 분류하고, 유사한 것은 서로 인접하게 분류함으로써 물품을 효율적으로 관리할 수 있다.

㉢, ㉣ 바코드 또는 QR 코드를 통해 물품을 기호화하여 사용 물품과 보관 물품을 구분하면 반복 작업을 방지하고 물품 활용을 보다 편리하게 할 수 있다.

따라서 ㉠~㉣ 모두 적절하다.

48
정답 | ④

조직은 공통의 목적과 구조, 개개의 구성원이 있어야 하며, 목적을 달성하기 위한 조직 구성원들의 협동적인 노력이 필요하다. 기업체나 정부의 구성, 사적인 단체 등은 조직이라고 말하지만, 카페에 모여 앉아 커피를 마시거나 경기장을 찾아 응원을 하는 관중들을 조직이라고 부르지 않는 이유는 구조가 없으며, 상호 협동적인 노력을 하지 않기 때문이다. 조직은 일반적으로 재화나 서비스의 생산이라는 경제적 기능과 조직구성원들에게 만족감을 주고 협동을 지속시키는 사회적 기능을 갖는다. 사람들은 조직에 속하거나 다른 조직에서 생산한 상품이나 서비스를 이용하고, 다른 조직과 함께 일을 하면서 관계를 맺는다.

예산이나 리더 등의 요소는 조직 운영에 필요한 것이지만 조직의 개념을 의미하는 것은 아니며, 조직 형성에 반드시 필요한 요소라고 볼 수도 없다.

◎ 문제해결 TIP

NCS 모듈에 관한 문제로, 관련 이론에 대해 알고 있어야 해결이 가능하다. 상식적인 수준의 문제가 출제되는 경우도 있지만 세부 능력에 관한 이해도를 묻는 문제도 종종 출제되므로 관련 이론을 익혀 두어야 한다.

49
정답 | ③

조직은 다양한 가치를 추구하며 다수의 조직목표를 추구할 수 있다.

| 상세해설 |

조직목표는 조직이 달성하려는 미래의 상태를 말한다. 대기업, 정부부처, 종교단체를 비롯하여 심지어 작은 가게도 달성하고자 하는 목표를 가지고 있다. 조직목표는 미래지향적이지만 현재의 조직행동의 방향을 결정해 주는 역할을 한다. 조직목표는 공식적 목표와 실제적 목표가 다를 수 있다. 즉 조직이 존재하는 이유와 관련된 조직의 사명과 사명을 달성하기 위한 세부목표가 다를 수 있다. 조직의 사명은 조직의 비전, 가치와 신념, 조직의 존재 이유 등을 공식적인 목표로 표현한 것이다. 반면 세부목표 혹은 운영목표는 조직이 실제적인 활동을 통해 달성하고자 하는 것으로, 사명에 비해 측정 가능한 형태로 기술되는 단기적인 목표이다. 조직목표는 조직구성원들이 소속감과 일체감을 느끼고 행동수행의 동기를 가지게 하며, 조직구성원들의 수행을 평가하는 기준이 된다. 또한 조직구조나 운영과정과 같이 조직체제를 구체화할 수 있는 기준이 되기도 한다.

50
정답 | ②

농협중앙회 전체는 교육지원(3본부, 21부)과 상호금융(4본부, 12부)으로 나눠져 있으므로 총 7본부, 33부로 구성되어 있다.

| 오답풀이 |

① 조합원 수는 206만 명이고, 농·축협은 1,111개이다.

③ 전체 농·축·인삼협은 1,111개이며, 지역농협은 916개로 $\frac{916}{1,111}×100≒82$(%)이다.

④ 품목농협은 45개로 품목축협(23개)의 2배 미만이다.

51 | 정답 | ②

SMART 법칙의 다섯 가지 요소는 상호 특정 우선순위를 갖도록 구분된 것이 아니며, 자신이 처한 상황에 맞게 활용되어야 한다.

| 오답풀이 |
① SMART 법칙에 따라 목표를 장기(3~5년), 중기(1~3년), 단기(3개월~1년), 당장(1주/1일~3개월) 등으로 구분하여 세워야 한다.
③ 부모님께 효도해야 한다는 생각은 단순히 사고나 생각에 그치는 것이므로 매일 전화 한 통을 하겠다는 행동 지향적(Action-oriented)인 목표를 세우는 것이 좋다.
④ 막연히 빠른 시간 내에 보고서를 작성하고자 하기보다 2시간 안에 5페이지를 작성하고자 계획하는 것은 Measurable(측정 가능한 척도) 원칙에 입각한 목표 수립이라고 할 수 있다.

52 | 정답 | ④

상무이사가 전결권자이므로 상무이사의 결재란에는 '전결'이 표시되어야 한다. 부사장은 결재가 불필요한 직책자이므로 부사장의 결재란에는 상향대각선이 표시되어야 한다. 전결권자인 상무이사는 최고결재권자인 사장의 결재란에 서명해야 한다.
따라서 선택지 ④와 같은 결재양식이 옳은 것을 알 수 있다.

| 오답풀이 |
① 부사장 결재란에 상향대각선이 표시되어야 하며, 사장 결재란에는 상무이사가 서명해야 한다.
② 상무이사 결재란에는 상향대각선이 표시되지 않으며, '전결'이 표시되어야 한다.
③ 상무이사 결재란에 '전결'이 표시되어야 하며, 사장 결재란에는 상무이사가 서명해야 한다.

53 | 정답 | ①

조직은 먼저 경영전략을 통해 비전을 규명하고, 미션을 설정한다. 이렇게 전략목표를 설정한 후에는 전략

대안들을 수립하고 실행 및 통제하는 관리과정을 거쳐 최적의 대안을 수립하기 위하여 조직의 내·외부 환경을 분석한다. 환경 분석이 이루어지면, 이를 토대로 전략을 도출한다. 경영전략이 수립되면 이를 실행하여 경영목적을 달성하고 결과를 평가하여 피드백하는 과정을 거치게 된다. 따라서 경영전략의 추진과정은 '전략목표 설정 → 환경 분석 → 경영전략 도출 → 경영전략 실행 → 평가 및 피드백'의 과정을 거친다.

54 | 정답 | ①

주어진 내용은 농협의 내부고발제도에 대한 설명이다. 내부고발제도는 조직 내부 구성원의 불법, 비윤리적 행위, 공공의 이익에 반하는 행위 등에 대해 이를 신고하거나 공개하는 행위로 내부신고제도, 공익제보제도 등으로 불리기도 한다.

55 | 정답 | ③

[가]는 인터넷 전문은행들의 경쟁과 높은 진입장벽에 관한 내용을 언급하고 있다. 이는 NH농협은행의 위협요인(Threat)에 해당한다. 그리고 [나]는 NH농협은행에서 운영 중인 'NH디지털챌린지플러스'라는 스타트업 엑셀러레이팅 프로그램에 관한 설명으로, 이 프로그램은 NH농협은행에 다각도로 기회요인(Opportunity)이 된다. 따라서 정답은 ③이다.

56 | 정답 | ④

회계부에서는 재무상태 및 경영실적 보고의 업무를 담당하고 있으므로 물품에 대한 대금이 수취되면 회계부에 내역을 통보하여 회사 전체의 회계에 반영토록 하여야 한다.

| 오답풀이 |
① 복리후생제도 및 지원업무는 인사부 소관이다.
② 퇴직금과 관련된 업무는 인사부 소관이다.
③ 노사관리 업무는 인사부 소관이다.

57 | 정답 | ④

주어진 글의 내용은 농진청, KISTI와 한농대가 '데이터 기반 미래농업 혁신생태계 조성을 위한 업무협약'을 체결한 내용을 자세하게 풀어 쓰고 있다. 따라서 제목으로 가장 적절한 것은 ④이다.

| 오답풀이 |

① 주어진 글 전체를 아우르는 제목으로 적절하지 않다.
② 데이터 기반 미래 농업 생태계 조성의 중요성에 대한 언급보다 협약을 체결한 것을 강조하고 있으므로 제목으로 적절하지 않다.
③ 주어진 글 전체를 아우르는 제목으로 적절하지 않다.

58 | 정답 | ②

주어진 글의 ㉠은 문맥상 '더 높은 단계로 발전하는 것을 비유적으로 이르는 말'을 뜻하는 '도약(跳躍)'으로 표기해야 한다.

| 오답풀이 |

① 塗藥: '의약품에 지방산, 바셀린, 수지(樹脂) 따위를 섞은 반고형(半固形)의 외용약'을 뜻하는 '도약'이므로 옳지 않다.
③ 道約: 음은 도약이 맞으나 없는 단어이다.
④ 渡鑰: 음은 도약이 맞으나 없는 단어이다.

59 | 정답 | ③

만 8세 이하 자녀의 양육비를 지원해 준다는 내용은 확인할 수 없다.

| 상세해설 |

'4. 모성보호 제도'에 따르면 1년 이상 근무하면 만 8세 이하 자녀가 있을 경우 육아휴직을 사용할 수 있다고 하였을 뿐 양육비를 지원해 주는 것은 아니므로 옳지 않다. 다만 '3. 복리후생 제도'에 따르면 자녀가 장애인일 경우 양육비를 지원받을 수 있다.

| 오답풀이 |

① '1. 평등한 고용과 인권 존중'에 따르면 농협금융지주는 지역별로 채용인원을 할당하여 선발하는 인력 채용 제도를 운영하고 있다고 하였다.
② '2. 보상제도'에 따르면 농협금융지주 직원의 보상체계는 기본급과 성과급으로 크게 구분되며, 성과급 지급은 공정하고 객관적인 평가 과정을 거쳐 운영한다고 하였다.
④ '5. 퇴직연금 제도'에 따르면 농협금융지주는 1년 이상 근속한 전 임직원이 일시에 퇴직할 경우에 퇴직금 지급규정과 임원퇴직금 지급규정에 따라 지급할 퇴직금 총추계액을 '퇴직급여충당부채'로 대차대조표에 계상하고 있다고 하였다.

60 | 정답 | ②

B기업은 기능적 조직구조 형태에서 사업별 조직구조 형태로 개편하려고 한다. 급변하는 환경변화에 효과적으로 대응하고 제품, 지역, 고객별 차이에 신속하게 적응하기 위해서는 분권화된 의사결정이 가능한 사업별 조직구조 형태를 이룰 필요가 있다.

| 오답풀이 |

① 기능적 조직구조 형태에서 사업별 조직구조 형태로 개편하고자 하는 것이다.
③ 기능적 조직구조는 기업 규모가 비교적 작을 때, 사업별 조직구조는 기업 규모가 비교적 클 때 활용하는 것이 일반적이다.
④ 사업별 조직구조로 개편한 것이므로 전체적인 의사소통 체계는 기능적 조직구조보다 다소 느리고 비효율적이게 된다.

01	④	02	③	03	④	04	④	05	④
06	③	07	③	08	①	09	②	10	②
11	①	12	④	13	⑤	14	④	15	②
16	②	17	③	18	③	19	⑤	20	④
21	④	22	③	23	⑤	24	②	25	④
26	④	27	③	28	①	29	①	30	④
31	⑤	32	②	33	①	34	④	35	③
36	②	37	③	38	②	39	④	40	④
41	②	42	③	43	⑤	44	④	45	③
46	③	47	④	48	⑤	49	②	50	⑤
51	⑤	52	③	53	②	54	④	55	①
56	④	57	②	58	②	59	①	60	⑤
61	④	62	③	63	⑤	64	④	65	①
66	①	67	②	68	④	69	③	70	②

01

| 정답 | ④

밑줄 친 단어는 틀린 부분을 바로잡았다는 의미로 쓰였으므로 '잘못되거나 틀린 것을 바로잡다'라는 의미로 쓰인 ④가 적절하다.

| 오답풀이 |

① '처지를 바꾸다.'는 의미이다.
② '고장이 나거나 못 쓰게 된 물건을 손질하여 제대로 되게 하다'는 의미이다.
③ '모양이나 내용 따위를 바꾸다.'는 의미이다.
⑤ '병 따위를 낫게 하다.'는 의미이다.

02

| 정답 | ③

'메다'는 다음 3가지 의미를 가지고 있다.
1. 뚫려 있거나 비어 있는 곳이 막히거나 채워지다.
2. 어떤 장소에 가득 차다.
3. 어떤 감정이 북받쳐 목소리가 잘 나지 않다.
따라서 제시된 문장의 '멘다'는 '1. 뚫려 있거나 비어 있는 곳이 막히거나 채워지다'는 의미이므로 동일한 의미로 쓰인 것은 ③이다.

| 오답풀이 |

① '어떤 감정이 북받쳐 목소리가 잘 나지 않다'는 의미이다.
②, ⑤ '어떤 장소에 가득 차다'는 의미이다.

④ '어떤 책임을 지거나 임무를 맡다'는 의미로 '메다'의 동음이의어에 해당한다.

03

| 정답 | ④

제시된 한자성어들의 의미는 다음과 같다.
• 관포지교(管鮑之交): 관중과 포숙아의 사귐이란 뜻으로, 관중과 포숙아처럼 변하지 않는 친구 사이의 두터운 우정을 이르는 말.
• 교칠지심(膠漆之心): 아교풀로 붙이고 그 위에 옻칠을 하면 서로 떨어지지 않고 벗겨지지도 않는다는 뜻으로, 서로 떨어지지 않고 마음이 변하지 않는 두터운 우정을 이르는 말.
• 금란지교(金蘭之交): 단단하기가 황금과 같고 아름답기가 난초 향기와 같은 사귐이라는 뜻으로, 두 사람 간에 서로 마음이 맞고 교분이 두터워서 아무리 어려운 일이라도 해 나갈 만큼 우정이 깊은 사귐을 이르는 말.
따라서 세 한자성어들이 공통적으로 가진 속성을 나타낸 단어로는 우정이 가장 적절하다.

| 오답풀이 |

① 효(孝): 어버이를 잘 섬기는 일.
② 학문(學問): 어떤 분야를 체계적으로 배워서 익힘. 또는 그런 지식.
③ 부부(夫婦): 남편과 아내를 아울러 이르는 말.
⑤ 충정(忠貞): 충성스럽고 절개가 굳음.

04

| 정답 | ④

'돋구다'는 안경의 도수 따위를 더 높게 한다는 의미를 나타낸다. 따라서 입맛을 당기게 한다는 의미의 '돋우다'를 써야 한다.

| 오답풀이 |

① '틀리다'는 '셈이나 사실 따위가 그르게 되거나 어긋나다'의 의미이다. 스타일은 옳고 그름이 없으므로 '다르다'로 써야 한다.
② '두껍다/얇다'는 '두께가 보통의 정도보다 크다/두께가 두껍지 아니하다'의 의미이고, '굵다/가늘다'는 '물체의 지름이 보통의 경우를 넘어 길다/물체의 지름이 보통의 경우에 미치지 못하고 짧다'의 의미이다. 따라서 허벅지는 지름에 사용하는 '굵다', '가늘다'를 써야 한다.
③ '과반수' 자체가 절반이 넘는 수라는 의미이므로 '과반수 이상'이라는 말은 의미가 중복되는 표현이다. 따라서 '과반수'라고 써야 한다.
⑤ '적다'는 수량의 개념이다. 사이즈는 크기의 개념인 '작다'를 써야 한다.

05

| 정답 | ④

첫 번째 문단에서 일부 비타민 B는 뇌와 혈관 건강 강화에 실제로 도움을 준다고 하였으므로 적절하지 않다.

| 오답풀이 |

① 첫 번째 문단에서 비타민 B는 수용성이라고 하였다.
② 두 번째 문단에서 비타민 B12 결핍은 노인의 인지기능 저하와도 연관이 있어, 비타민 B12의 보충이 필요하다고 하였다. 따라서 인지기능 저하를 막기 위해서는 비타민 B12를 충분히 섭취해야 한다.
③ 세 번째 문단에서 임신 초기에는 비타민 B9가, 중기 이후에는 비타민 B6과 B12의 요구량이 늘어난다고 하였다. 따라서 임산부는 임신 초기와 임신 중기에 요구되는 비타민 B의 종류가 다르다.
⑤ 세 번째 문단에서 비타민 B 중에서도 B1, B2, B3, B5, B6 등이 탄수화물과 지방, 단백질의 에너지 대사에 관여하는 성분이라 피로회복에 도움을 준다고 하였다.

06

| 정답 | ③

주어진 글은 주요 경제 강국들이 핵심 산업의 공급망을 확보하려는 일련의 행보가 있음을 밝히고, 이러한 일이 생긴 원인을 두 가지 방향에서 분석한다. 원인 중 하나는 정치적 갈등, 다른 하나는 팬데믹이다.

| 오답풀이 |

① 현상이 일어나게 되는 과정이 아니라 일어나게 된 원인과 배경을 설명하고 있다.
② 현상이 미치는 영향을 좋은 점과 나쁜 점으로 구분하여 설명하고 있지는 않다.
④ 현상이 나타나게 된 배경을 설명하고 있는 것은 맞으나 전문가의 시선은 나오지 않는다.
⑤ 현상이 나타나게 된 까닭을 설명하고 있는 것은 맞으나 이를 시간 순서로 나열하지 않았고 여기서 파생된 문제점을 밝히고 있지도 않다.

07

| 정답 | ③

네 번째 문단의 '안정적인 물 공급을 위해 수원 간 연계 운영을 추진하고 있다.'라는 내용을 통해 연계 운영이 추진되며 그 다음 문장을 통해 댐 간 연계되는 현황을 보여주고 있다. 따라서 댐 간 연계 운영을 중단하는 것은 옳지 않다.

| 오답풀이 |

① 두 번째 문단의 '우리나라도 이미 기후변화를 겪고 있으며 기상재해는 일상이 되었다. 작년에 강우의 지역 불균형으로 중

부지방은 많은 비가 내려 홍수피해를 입은 반면, 남부지방은 마른 장마로 가뭄이 발생했다.'라는 문장과 세 번째 문단의 '2023년 현재는'이라는 문장에서 작년은 2022년을 가리키는 말이므로 옳은 내용이다.
② 첫 번째 문단의 '2023년에 UN이 정한 주제 '변화의 가속화' (Accelerating Change)의 의미를 담아 우리나라는 세계 물의 날 주제를 '함께 만드는 변화, 새로운 기회의 물결'로 정했다.'를 통해서 옳은 내용임을 알 수 있다.
④ 세 번째 문단의 '2022년 8월부터 2개 지자체를 대상으로 시범 운영을 시작해, 2023년 현재는 12개 지자체와 함께 자율절수제도를 운영 중에 있다.'는 내용을 통해서 해당 제도를 운영하는 지자체 수가 6배 증가했음을 알 수 있으므로 옳은 내용이다.
⑤ 다섯 번째 문단의 '섬 지역의 안정적 수자원 확보를 위해 지하수를 확보할 수 있는 친환경 수자원시설인 지하수 저류지를 설치해 운영 중이다. 작년 12월부터 공급되는 용수 규모는 하루 약 200톤에서 최대 1,000톤으로, 이는 섬 주민 최대 8,000명의 식수난 해결에 도움을 줄 수 있다.'는 내용을 통해서 옳은 내용임을 알 수 있다.

08

| 정답 | ①

공기업은 국가, 공공단체, 또는 그로부터 특허 받은 자가 공공복리를 위하여 계속적 시설로서 경영하는 사업이므로 그의 조직·회계·경리 등에 있어서 사기업과 다른 특색이 인정되고, 경제상·형사상 기타 특별한 보호가 부여되며, 그의 이용관계에 관하여도 법률상 또는 사실상의 강제가 가해지는 등 여러 가지 법률상의 특색이 인정된다. 그러나 공기업 역시 국가 또는 지방자치단체가 소유와 경영의 주체가 되어 재화나 용역을 공급하는 기업이라는 점에서 수익성이 중요한 사업 요소 중 하나이다.

09

| 정답 | ②

세 번째 문단에서 해금은 전통음악의 어떤 형태의 연주에도 빠지지 않는 필수적인 악기이며, 창작 국악관현악이 만들어지고 연주되어지면서 그 역할이 더욱 커지는 경향을 보이고 있다고 하였으므로 적절하다.

| 오답풀이 |

① 첫 번째 문단에 따르면 해금은 고려 예종 때 우리나라에 들어와 개량·제작되어 사용되었음을 알 수 있다. 고려조 이후에 해금이 더욱 많이 쓰인 것을 추론할 수 있으나 그렇다고 해서 고려 시대에 그 가치를 인정받지 못했다고 추론하는 것은 적절하지 않다.
③ 두 번째 문단에서 동양 문화권의 현악기 대부분이 줄을 뜯어 연주하는 발현악기인 관계로 소리의 장시간 지속이 어렵다고 하였으며, 호흡의 한계성을 지니고 있는 것은 관악기라고 하

였다는 점에서 발현악기가 호흡의 한계성으로 인해 소리의 장시간 지속이 어려운 것은 아님을 추론할 수 있으므로 적절하지 않다.

④ 네 번째 문단에서 과거의 전통음악이 관악기 위주의 단선율로 진행되는 음악이었다면 요즘에는 다분히 서양음악의 영향을 받은 작곡기법이 도입되면서 단선율적인 진행보다 화성적인 면을 많이 강조하는 듯한 창작 국악곡이 많이 나오고 있다고 하였으므로 적절하지 않다.

⑤ 마지막 문단에 따르면 아쟁이 첼로의 역할을, 해금이 바이올린의 역할을 하는 이유는 크기가 아니라 선율, 화성적인 부분에서 연유한다.

10
| 정답 | ②

주어진 글은 냉전의 기원에 대한 이론들을 소개하고 있다. 그러므로 화제를 제시하는 [나]가 제일 앞에 와야 하며, 이어서 가장 먼저 나타난 이론인 전통주의를 설명하는 [가]가 오고, 이를 비판하는 이론인 수정주의를 설명하는 [다]가 순서대로 와야 한다. 그리고 [가]와 [다]를 절충한 이론인 탈수정주의를 설명하는 [마]가 오고 [마]의 한계를 지적한 [라]가 마지막에 와야 한다. 따라서 문단을 논리적 순서에 맞게 배열하면 '[나]−[가]−[다]−[마]−[라]'가 적절하다.

11
| 정답 | ①

㉠은 2019년 3월 취업자 현황을 전반적으로 설명한 자료이고, ㉡은 2019년 3월 취업자 현황을 종사상 지위별로 나누어 자세히 설명한 자료이다. 따라서 '전년 동월 대비 2019년 3월 취업자 현황'이라는 하나의 내용을 구성하기 위해서는 ㉠을 ㉡의 하위항목이 아닌 상위항목으로 배치해야 한다.

12
| 정답 | ④

'여신(與信)'은 '금융 기관에서 고객에게 돈을 빌려주는 일'을 뜻하는 단어이고, '수신(受信)'은 '금융 기관이 거래 관계에 있는 다른 금융 기관이나 고객으로부터 받는 신용'을 뜻하는 단어이다. '信' 자는 '믿을 신' 자, '與' 자는 '줄 여' 자, '受' 자는 '받을 수' 자임을 고려할 때 '여신' 및 '수신'의 의미를 보다 명확히 구분할 수 있다.

은행의 '수신' 업무란 고객으로부터 '신용을 받는 일'을 말한다. 고객이 은행을 믿고 돈을 은행에 맡기는 행위가 은행 입장에서는 신용을 받는 일이기 때문에 '수신'에 해당한다. 반대로 '여신'은 고객에게 '신용을 주는 일'을 말한다. 은행이 고객을 믿고 돈을 빌려주는 행위가 은행 입장에서는 신용을 주는 일이기 때문에 '여신'에 해당한다. 즉 은행은 고객의 신용도를 검토하고 그에 맞는 대출금을 제공하게 되며, 개인 고객의 주택 담보 대출, 예·적금 담보 대출, 기업 고객의 대출 등이 여신 업무에 속한다. 은행이 고객에게 채권을 발행하는 것은 고객이 은행을 믿고 은행의 채권을 사는 것이므로 은행의 입장에서는 '신용을 받는 일'인 '수신'에 해당한다.

따라서 ㉠~㉢에는 수신, 여신, 수신이 차례대로 들어가는 것이 가장 적절하다.

13
| 정답 | ⑤

'조사 개요' 및 '추진 절차'를 보면 실패박람회에 참여를 원하는 기관은 공문으로 접수하고 서류 검토 및 심의위원회를 통해 심사를 한 후 선정 기관에 한해 공문을 발송한다고 되어 있다.

| 오답풀이 |

① '추진 배경'을 보면 시민·전문가·행정 간 협업문화를 구축하여 새로운 도전을 저해하는 요인과 재도전을 위한 정책의 사각지대를 찾아 제도 개선 및 정책화 기반 마련을 위한 취지가 있으므로 정책과 별개의 캠페인은 아니다.

② '추진 방향'을 보면 지역을 거점으로 실패 극복을 위한 사회적 이슈 발굴과 문제 해결을 위한 연중 캠페인(행사) 개최, 지자체·부처 연계 제도 개선, 정책화 숙의·토론을 추진한다고 되어 있다. 즉 민간기관(단체) 주도적인 행사로 정부와는 관련이 없는 것이 아니라 민관의 협업에 중점을 둔다.

③ '조사 개요'를 보면 개최지역은 11개 광역시 내 기초 지자체는 맞지만 작년에 지역박람회가 개최된 대구, 부산, 울산, 세종, 충남, 전남은 제외된다. 즉 광역시는 모두 포함된다는 말은 적절하지 않다.

④ '조사 개요'를 보면 참여를 원하는 민간기관(단체)의 경우 행정안전부로 공문을 접수하라고 되어 있다. 이 때 전자문서가 불가한 경우만 행정안전부 이메일로 신청서류와 공문을 제출해야 한다고 했다. 즉 반드시 이메일로 신청해야하는 것은 아니다.

14
| 정답 | ④

키이우는 우크라이나의 수도이고, 크름반도는 우크라이나의 남쪽으로 흑해를 향하여 돌출한 반도이며, 체르노빌은 우크라이나에 있는 도시이다.

참고로 키이우와 크름반도는 우크라이나어식 표기이고, 키예프와 크림반도는 러시아어식 표기이다.

따라서 공통으로 연상할 수 있는 단어는 우크라이나이다.

15
정답 | ②

원가가 4만 원인 어떤 제품에 20%의 이익을 붙여 책정한 정가는 $40,000 \times 1.2 = 48,000$(원)이다. 이 제품을 10% 할인하여 판매하려고 하므로, 판매가는 $48,000 \times 0.9 = 43,200$(원)이다.

16
정답 | ②

2022년 강원도의 생산 면적 1ha당 생산량은 $\dfrac{221,240}{46,542} = 4.8$톤이다.

| 오답풀이 |

① 2020년 대비 2023년 제주도 생산 면적은 $\dfrac{2,278-13,246}{13,246} \times 100 = -82.8(\%)$로 82.8% 감소했다.

③ 조사 기간 동안 생산 면적이 많은 순서대로 나열했을 때 1~3순위는 2020년의 경우 '전라도, 경상도, 충청도'이지만 2021년의 경우 '전라도, 충청도, 경상도'로 동일하지 않다.

④ 2022년 생산량이 두 번째로 많은 지역은 충청도이며, 충청도의 전년 대비 생산량 감소율은 $\dfrac{1,041,519-984,597}{1,041,519} \times 100 = 5.5(\%)$이다.

⑤ 2021년 울산광역시가 전체 생산량에서 차지하는 비중은 서울특별시가 차지하는 비중의 $\dfrac{20,285}{1,116} = 18.2$(배)이다.

17
정답 | ③

$11,800 \times (1.1)^{23} + \dfrac{x \times 1.1 \times \{(1.1)^{23}-1\}}{0.1} = 299,800$

을 풀면 $x = 2,200$(만 원)이다.

| 상세해설 |

매년 초에 투입하는 금액을 x만 원이라 하자. 첫 금액을 투입할 때 함께 투자한 1억 1,800만 원은 23년 후에 $11,800 \times (1.1)^{23} = 11,800 \times 9 = 106,200$(만 원)이 된다. 따라서 매년 초마다 투입하는 금액으로 $299,800 - 106,200 = 193,600$(만 원)을 만들어야 한다. 투입 횟수는 23회, 연이율은 10%이므로 23년 후 연말에는 $\dfrac{x \times 1.1 \times \{(1.1)^{23}-1\}}{0.1} = \dfrac{8.8x}{0.1} = 88x$(만 원)이 된다. 따라서 매년 초마다 투입해야 하는 금액은 $x = \dfrac{193,600}{88} = 2,200$(만 원)이다.

18
정답 | ③

콜레스테롤의 1일 영양성분 기준치는 $\dfrac{15}{0.05} = 300$(mg)

이다.

| 오답풀이 |

① 뚜껑은 플라스틱류로 분리배출, 우유팩은 종이팩류로 분리배출해야 하므로 재질이 서로 다름을 알 수 있다.

② 1A등급은 세균 수 기준으로 매겨진 것이다.

④ 유통기한, 반품 및 교환장소가 명시된 것으로 보아 유통기한이 존재하며 반품 및 교환이 가능한 상품임을 알 수 있다.

⑤ 총내용량은 900ml이고, 식품 영양정보는 100ml 기준이므로 해당 제품 하나를 모두 섭취하면 칼슘의 1일 영양성분 기준치의 $14 \times 9 = 126(\%)$를 충족할 수 있다.

19
정답 | ⑤

제시된 표를 살펴보면 1행의 짝수 번째 열에는 짝수의 제곱수가 쓰여 있고, 1열의 홀수 번째 행에는 홀수의 제곱수가 쓰여 있음을 알 수 있다. 따라서 $81(=9^2)$은 9행 1열에 쓰여 있다. 이때, $75 = 81 - 6$이므로 다음과 같이 위치를 확인할 수 있다.

9행 1열	9행 2열	9행 3열	9행 4열	9행 5열	9행 6열	9행 7열
81	80	79	78	77	76	75

20
정답 | ④

호숫가 둘레의 길이를 h라고 하면 A의 속력은 $\dfrac{h}{30}$이고 B의 속력은 $\dfrac{h}{50}$이다. 두 사람이 반대 방향으로 둘레를 돈다고 하였으므로 두 사람이 만날 때까지 걸린 시간을 t라 할 때, (시간)×(속력)=(거리)이므로 다음과 같이 식을 세울 수 있다.

$$t\left(\dfrac{h}{30} + \dfrac{h}{50}\right) = h$$

양변을 h로 나누고 식을 정리하면 $\dfrac{4t}{75} = 1$

$$\therefore t = \dfrac{75}{4} \text{(분)}$$

이때, $\dfrac{75}{4} \times 6 = 112.5 < 120 < \dfrac{75}{4} \times 7 = 131.25$이므로 120분 뒤인 12시 이후 처음 두 사람이 만나는 시각은 10시+131.25분=12시 11.25분, 즉 12시 11분 15초이다.

21
정답 | ④

ⓒ 2021년 농축산물 수입액은 2016년 대비 $34,466 - 23,473 = 10,993$(백만 달러) = 10.993(십억 달러), 즉 약 11십억 달러 증가하였다.

ⓔ 2016년 대비 2020년 수출액 증가율은

$\dfrac{7{,}171-6{,}039}{6{,}039}\times100≒18.7(\%)$이고, 수입액 증가

율은 $\dfrac{28{,}296-23{,}473}{23{,}473}\times100≒20.5(\%)$이므로

2016년 대비 2020년 수출액 증가율은 수입액 증가율보다 작다.

따라서 옳지 않은 것은 ⓒ, ⓔ이다.

| 오답풀이 |

ⓐ 2021년 농축산물 수출액은 전년 대비 $\dfrac{8{,}094-7{,}171}{7{,}171}\times100≒$ 12.9(%)로 10% 이상 증가하였고 2016년부터 꾸준히 증가하고 있다.

ⓒ 어림셈을 했을 때 전년 대비 수출액 증가율이 1% 미만인 해는 2018년이 유일하므로 수출액 증가율이 가장 작은 해는 2018년이고, 수입액 증가율이 1% 미만인 해는 2019년이 유일하므로 수입액 증가율이 가장 작은 해는 2019년이다.

22 　　　　　　　　　　　　　　　 | 정답 | ③

'농축산물 수출액=농축산물 수입액+농축산물 무역수지'이므로 '농축산물 무역수지=농축산물 수출액 −농축산물 수입액'이다. 농축산물 무역수지 적자가 가장 큰 해는 2021년으로 8,094−34,466＝−26,372 (백만 달러)이고, 농축산물 무역수지 적자가 가장 작은 해는 2016년으로 6,039−23,473＝−17,434(백만 달러)이다. 이 두 무역수지의 차이는 절댓값이므로 |26,372−17,434|＝8,938(백만 달러)이다. 이때 2021년과 2016년 모두 1달러당 환율은 1,130원이므로 8,938×1,130＝10,099,940(백만 원)≒101(천억 원)이다.

23 　　　　　　　　　　　　　　　 | 정답 | ⑤

80세 이상의 정보화기기 보유 농가는 70,180호이고, 70,180호의 50%는 35,090호이다. 이때 정보화기기 활용 농가는 35,730호이므로 50% 이상이다.

| 오답풀이 |

① 경영주 연령이 30～39세인 농가는 7,549호이고, 정보화기기 보유 농가는 7,511호이다. 이때 7,549의 1%는 75.49로 7,549−75.49＜7,511이므로 99% 이상이다. 같은 방법으로 40～49세인 농가는 49,332호이고, 정보화기기 보유 농가는 48,764호인데, 49,332의 1%는 493.32로 49,332−493.32 ＞48,764이므로 99% 미만이다. 따라서 경영주 연령이 30～ 39세인 농가가 정보화기기 보유 농가 비중이 가장 높다.

② 경영주 연령이 80세 이상인 농가는 144,294호이고, 144,294호의 50%는 72,147호이다. 이때 정보화기기 보유

농가는 70,180호로 경영주 연령이 80세 이상인 농가의 50% 미만이다. 즉, 유일하게 정보화기기 보유 농가 비중이 50%를 넘지 못한다.

③ 전체 농가는 1,031,209호이고, 1,031,209호의 60%는 618,725.4호이다. 이때 전체 정보화기기 활용 농가는 630,455호이므로 60% 이상이다.

④ 경영주 연령이 29세 이하인 농가 중 정보화기기 보유 농가는 675호이고, 675호의 90%는 607.5호이다. 이때 정보화기기 활용 농가는 633호이므로 90% 이상이다. 같은 방법으로 어림셈하면 다른 연령대는 모두 90% 미만이다.

24 　　　　　　　　　　　　　　　 | 정답 | ⑤

2020년 대비 2021년 수출액이 감소한 지역은 대전광역시이며, 감소율은 $\dfrac{5{,}018-4{,}953}{5{,}018}\times100≒1.3(\%)$이다.

| 오답풀이 |

① 2018년 대비 2019년 세종특별자치시의 수출액은 증가했다.

② 2018년 이후 전국의 수출액의 증감 추이는 감소, 감소, 증가, 증가이며, 이와 같은 광역시는 '부산광역시, 대구광역시, 인천광역시, 울산광역시'로 총 4곳이다.

③ 2021년 대비 2022년 전국 수출액의 증가율은 $\dfrac{683{,}584-644{,}402}{644{,}402}\times100≒6.1(\%)$로 충청북도 수출액의 증가율인 $\dfrac{32{,}411-28{,}765}{28{,}765}\times100≒12.7(\%)$보다 낮다.

④ 2020년 수출액이 4백억 달러 이상인 지역은 '서울특별시, 울산광역시, 경기도, 충청남도'로 총 4곳이다.

25 　　　　　　　　　　　　　　　 | 정답 | ④

직접비 항목과 간접비 항목에서 각각 가장 큰 비용은 시설비와 광고료이다. 두 비용의 차액은 3,400− 1,850＝1,550(만 원)으로 1,500만 원보다 많다.

| 오답풀이 |

① 직접비 총액은 1,200+750+1,850=3,800(만 원)이며, 간접비 총액은 3,400+350+280=4,030(만 원)이다.

② 시설비는 1,850만 원으로 직접비 총액의 절반인 1,900만 원에 조금 못 미친다.

③ 출장비가 1,000만 원이 되면 직접비가 250만 원 증가하므로 3,800+250=4,050(만 원)이 되어 직접비가 간접비보다 많아진다.

⑤ 광고료는 시설비의 $\dfrac{3{,}400}{1{,}850}≒1.8(배)$이다.

26 　　　　　　　　　　　　　　　 | 정답 | ④

영업 1팀의 직접비 총액은 3,800만 원이고 영업 1팀

에 분배된 예산의 47.5%를 직접비에 사용했으므로 영업 1팀에 분배된 총예산은 $3,800 \times \dfrac{100}{47.5} = 8,000$(만 원)이다. 이때, 영업본부 전체 예산 중 영업 1팀에 분배된 예산은 25%이므로 영업본부 전체 예산은 $8,000 \times \dfrac{100}{25} = 32,000$(만 원)이다. 따라서 영업 4팀의 예산은 $32,000 \times 0.18 = 5,760$(만 원)이다.

27 　　　　　　　　　　　| 정답 | ③

각 디지털 숫자에 대응하는 수는 디지털 숫자를 이루고 있는 검은색 유닛(가로 또는 세로 방향의 작대기 모양)의 수를 의미한다. 즉, 디지털 숫자 0은 6개의 유닛, 디지털 숫자 4는 4개의 유닛, 디지털 숫자 5는 5개의 유닛, 디지털 숫자 6은 6개의 유닛, 디지털 숫자 7은 3개의 유닛으로 되어 있다.

따라서 디지털 숫자 3은 5개의 유닛으로 되어 있고 디지털 숫자 8은 7개의 유닛으로 되어 있으므로 주어진 덧셈식에 대응하는 수는 $5 + 7 = 12$이다.

28 　　　　　　　　　　　| 정답 | ①

다음과 같이 주어진 각 칸에 쓰인 수를 차례로 a, b, c, d라고 하면, $|a^2 - d^2| = b + c$가 성립한다.

a	b
c	d

이에 따라 앞의 세 그림에 대하여 이 식을 적용하면 다음과 같다.

$|3^2 - 2^2| = 5 = (-2) + 7$
$|6^2 - 8^2| = 28 = 9 + 19$
$|1^2 - 5^2| = 24 = 13 + 11$

따라서 마지막 그림에서 빈칸에 들어갈 수를 x라고 하면 $|0^2 - 1^2| = 1 = x + 6$이므로 $x = -5$이다.

29 　　　　　　　　　　　| 정답 | ①

| 상세해설 |

㉠ 2020년 전체 가스사고 건수는 $39 + 4 + 23 + 3 + 3 + 1 + 3 + 22 = 98$(건)이며, 2021년 전체 가스사고 건수는 $31 + 4 + (40 - 23) + 3 + 1 + 2 + 1 + 2 + 17 = 78$(건)이다. 따라서 2021년 가스사고 건수는 2020년보다 $98 - 78 = 20$(건) 감소하였다.

㉡ 2021년 LP가스가 전체 가스사고에서 차지하는 비중은 $\dfrac{31 + 4}{78} \times 100 ≒ 45(\%)$이다.

| 오답풀이 |

㉢ 2022년 프로판과 이동식부탄연소기에 의한 사고 건수는 각각 $103 - 70 = 33$(건), $55 - 39 = 16$(건)이므로 2020년 이후 프로판과 이동식부탄연소기에 의한 사고 건수의 증감 추이는 각각 '감소-증가', '감소-감소'이므로 서로 다르다.

㉣ 2022년 가스별 가스사고 대소 관계를 부등호로 표시하면, 'LP가스[33+1=34(건)]>이동식부탄연소기(16건)>도시가스(13건)>고압가스[2+4+1+3=10(건)]'이다.

30 　　　　　　　　　　　| 정답 | ④

도입 기계의 취득원가가 2억 원이고, 10년 동안 사용할 것이라고 하였으므로 이용 가능 연수는 10년이다. 이에 따라 단계별 불량률 판단 후 잔존가치를 계산하면 다음과 같다.

(단위: %, 만 원)

단계	연간 비용 평가 감소 비율	10년간 비용 평가 감소 비율	불량률	불량률 판단 후 잔존가치
시작	3	30	0	$3,000 \times (1 - 0.3) \times 1 = 2,100$
1차 테스트	5	50	20	$4,000 \times (1 - 0.5) \times (1 - 0.2) = 1,600$
2차 테스트	4	40	0	$3,000 \times (1 - 0.4) \times 1 = 1,800$
포장	5	50	10	$5,000 \times (1 - 0.5) \times (1 - 0.1) = 2,250$

따라서 불량률 판단 후 잔존가치 총액은 $2,100 + 1,600 + 1,800 + 2,250 = 7,750$(만 원)이므로 1년간의 감각상각비를 계산하면 $\dfrac{20,000 - 7,750}{10} = 1,225$(만 원)이다.

31 　　　　　　　　　　　| 정답 | ⑤

최종 결과는 다음과 같다.

1	2	3	4	5	6
A	B	D	E	C 또는 F	F 또는 C
팝콘	추로스	추로스	팝콘	나초	나초

F는 나초를 먹으므로 답은 ⑤이다.

| 상세해설 |

B는 왼쪽에서 두 번째 자리에 앉으며 추로스를 먹고,

오른쪽에서 세 번째 자리에 앉은 사람은 팝콘을 먹으므로 다음과 같이 정리할 수 있다.

1	2	3	4	5	6
	B				
	추로스		팝콘		

추로스를 먹는 사람은 양 끝에 앉지 않으므로 3 또는 5에 앉아야 하는데, 5에 앉으면 나초를 먹는 사람끼리 서로 이웃할 수 없다. 따라서 추로스를 먹는 사람은 3에 앉으며, 나머지 자리는 다음과 같이 채울 수 있다.

1	2	3	4	5	6
	B				
팝콘	추로스	추로스	팝콘	나초	나초

E는 나초를 먹지 않는데, D는 E의 바로 왼쪽 자리에 앉으므로 다음과 같은 경우만 가능하다.

1	2	3	4	5	6
	B	D	E		
팝콘	추로스	추로스	팝콘	나초	나초

한편 A가 나초를 먹으면 D는 팝콘을 먹는데, D는 추로스를 먹어야 하므로 A는 나초를 먹을 수 없다. 즉, A는 팝콘을 먹고, 남은 C와 F가 나초를 먹는다.

1	2	3	4	5	6
A	B	D	E	C 또는 F	F 또는 C
팝콘	추로스	추로스	팝콘	나초	나초

F는 나초를 먹으므로 답은 ⑤이다.

32 | 정답 | ②

업무상 발생하는 문제는 다음과 같은 세 가지로 구분할 수 있다.
- 발생형 문제: 눈에 보이는 이미 발생된 문제로 원상복귀가 필요하며 문제의 원인이 내재되어 있는 경우가 많다.
- 탐색형 문제: 잠재되어 보이지 않는, 개선이나 보다 나은 효율을 지향하는 문제로 방치하면 큰 손실로 이어질 수 있다.
- 설정형 문제: 미래 상황에 대한 대응의 문제로서 미래지향적이며 목표를 설정하여 달성하는 창조적 문제라고 할 수 있다.

주어진 사례에서는, 부품의 누전이 발생하여 교체해야 하는 상황은 발생형 문제로 볼 수 있으며, 또한 부품 공급에 차질이 예상되는 것은 해결하지 않고 가만히 두면 문제가 더욱 커지게 되는 잠복형의 탐색형 문제라고 볼 수 있다.

33 | 정답 | ①

'면박'과 '핀잔'은 유의 관계이므로, '전횡'과 유의 관계인 '독재'가 들어가는 것이 가장 적절하다.

| 상세해설 |

'면박'은 '면전에서 꾸짖거나 나무람'이라는 뜻이고, '핀잔'은 '맞대어 놓고 언짢게 꾸짖거나 비꼬아 꾸짖는 일'이라는 뜻이므로 서로 유의 관계이다. 한편 '전횡'은 '권세를 혼자 쥐고 제 마음대로 함'이라는 뜻이므로, 빈칸에는 '특정한 개인, 단체, 계급, 당파 따위가 어떤 분야에서 모든 권력을 차지하여 모든 일을 독단으로 처리함'이라는 뜻을 가진 '독재'가 들어가는 것이 가장 적절하다.

| 오답풀이 |
② 전답: 논과 밭을 아울러 이르는 말
③ 전파: 전하여 널리 퍼뜨림
④ 횡액: 뜻밖에 닥쳐오는 불행
⑤ 횡행: 아무 거리낌 없이 제멋대로 행동함

34 | 정답 | ④

연평균 주행거리가 30,000km이므로 향후 5년간 주행거리는 150,000km라는 점에 유의하여 차량별 경비를 구하면 다음과 같다.

A	연료비	$150,000(km) \div 12(km/L) \times 1,400(원/L) = 17,500,000(원)$
	경비	$1,750 + 2,000 = 3,750(만 원)$
B	연료비	$150,000(km) \div 8(km/L) \times 900(원/L) = 16,875,000(원)$
	경비	$1,687.5 + 2,200 = 3,887.5(만 원)$
C	연료비	$150,000(km) \div 15(km/L) \times 1,150(원/L) = 11,500,000(원)$
	경비	$1,150 + 2,700 = 3,850(만 원)$
D	연료비	$150,000(km) \div 20(km/L) \times 1,150(원/L) = 8,625,000(원)$
	경비	$862.5 + 3,300 = 4,162.5(만 원)$

따라서 경비가 가장 큰 차량부터 순서대로 나열하면 D−B−C−A이다.

35

| 정답 | ③

확정급여형(DB)으로 계산하면, 퇴직 직전 3개월 평균 임금에 3을 곱한 금액이 된다. 그런데 임금상승률이 2%라고 하였으므로 2년 차와 3년 차의 평균 임금은 각각 $200 \times 1.02 = 204$(만 원), $204 \times 1.02 = 208$(만 원)이다. 따라서 3년 차의 평균 임금인 208만 원에 재직 연수인 3을 곱하여 $208 \times 3 = 624$(만 원)의 퇴직연금이 발생한다.

확정기여형(DC)은 매년의 월 평균 임금 합계에 운용수익을 더하여 산출한다고 하였으므로, 매년의 월 평균 임금 합계인 $200 + 204 + 208 = 612$(만 원)에 운용수익인 80만 원을 더하여 692만 원의 퇴직연금이 발생하게 된다.

따라서 퇴직연금을 확정급여형(DB)과 확정기여형(DC)으로 각각 계산했을 때의 차액은 $692 - 624 = 68$(만 원)이다.

36

| 정답 | ②

나열된 분수를 다음과 같이 묶어서 생각해 보자.

$$\left(\frac{1}{2}, \frac{2}{1}\right) \left(\frac{1}{3}, \frac{2}{2}, \frac{3}{1}\right) \left(\frac{1}{4}, \frac{2}{3}, \frac{3}{2}, \frac{4}{1}\right) \cdots$$

첫 번째 묶음에는 2개의 분수가 있고,
두 번째 묶음에는 3개의 분수가 있고,
세 번째 묶음에는 4개의 분수가 있다.
즉, n번째 묶음에는 $(n+1)$개의 분수가 있다.
18번째 묶음까지 분수의 개수를 확인해 보면 $\frac{(2+19) \times 18}{2} = 189$(개)이므로 200번째에 들어갈 분수는 19번째 묶음의 11번째 분수임을 알 수 있다. 19번째 묶음의 첫 번째 분수가 $\frac{1}{20}$이므로 11번째 분수는 $\frac{11}{10}$이다.

37

| 정답 | ⑤

윤재는 국어와 영어 등수가 동일한데 3등을 한 과목이 하나도 없다고 하였으므로 이를 정리하면 다음과 같다.

구분	국어	영어	수학
광진			
윤재	1등/2등	1등/2등	2등/1등
소미			

그런데 윤재는 1개의 과목에서만 1등을 하였다고 하였으므로 윤재의 등수는 국어 2등, 영어 2등, 수학 1등으로 확정된다. 한편 광진이의 영어 점수는 소미보다 높다고 하였으므로 세 명의 영어 성적이 다음과 같이 확정된다.

구분	국어	영어	수학
광진		1등	
윤재	2등	2등	1등
소미		3등	

소미는 수학 시험에서 가장 낮은 점수를 받았다고 하였으므로 소미의 수학 성적은 3등이 되며, 광진이는 모든 과목의 등수가 다르다고 하였으므로 이를 정리하면 세 명의 성적이 다음과 같이 확정된다.

구분	국어	영어	수학
광진	3등	1등	2등
윤재	2등	2등	1등
소미	1등	3등	3등

따라서 광진이가 1등을 한 과목은 영어이고, 2등을 한 과목은 수학이다.

38

| 정답 | ④

A지역은 $24 - 6 + 0 = 18$(점), B지역은 $10 - 2 + 0 = 8$(점), C지역은 $12.5 + 2 + 0 = 14.5$(점), D지역은 $24 + 2 + 10 = 36$(점)이므로 ATM기가 설치되는 지역은 D지역이다.

| 상세해설 |

A~D지역의 인접 버스정류장 개수, X지점/Y지점과의 거리, 인접 ATM기 개수를 구하면 다음과 같다.

구분	인접 버스정류장 개수(개)	은행 거리(km)	인접 ATM기 개수(개)
A	8	1 / 1.5	6
B	4	3 / 0.5	5
C	5	1.5 / 2	5
D	8	1.5 / 2	3

이를 바탕으로 A~D지역의 인접 버스정류장 점수, 은행 거리 점수, 인접 ATM기 점수를 구하면 다음과 같다.

구분	인접 버스정류장 점수(점)	은행 거리 점수 (점)	인접 ATM기 점수(점)
A	$8 \times 3 = 24$	$-3 - 3 = -6$	0
B	$4 \times 2.5 = 10$	$5 - 7 = -2$	0
C	$5 \times 2.5 = 12.5$	$-3 + 5 = 2$	0
D	$8 \times 3 = 24$	$-3 + 5 = 2$	10

이를 바탕으로 A~D지역의 평가점수를 구하면 다음과 같다.

- A지역: $24 - 6 + 0 = 18$(점)
- B지역: $10 - 2 + 0 = 8$(점)
- C지역: $12.5 + 2 + 0 = 14.5$(점)
- D지역: $24 + 2 + 10 = 36$(점)

따라서 ATM기가 설치되는 지역은 36점으로 가장 높은 평가점수를 얻은 D지역이다.

39
| 정답 | ⑤

문서 이해 절차에서 3단계는 '문서에 쓰인 정보를 밝혀내고, 문서에 제시된 현안 문제를 파악하기'에 해당한다. E 씨는 보도자료의 정보를 바탕으로 경제성장과 더불어 일자리 창출을 위해 기업 투자 프로젝트 및 일자리 확산을 실시한다는 현안 문제를 파악하여 정리하고 있으므로 E 씨의 발언은 3단계의 내용에 해당한다.

| 오답풀이 |

① A 씨의 발언은 1단계의 내용에 해당한다.
② B 씨의 발언은 2단계의 내용에 해당한다.
③ C 씨의 발언은 6단계의 내용에 해당한다.
④ D 씨의 발언은 5단계의 내용에 해당한다.

40
| 정답 | ④

제24조 제2항에 따르면 조합원이 사망한 경우 조합원은 당연히 탈퇴된다.

| 오답풀이 |

① 제23조 제2항에 따르면 조합원은 대리인으로 하여금 의결권 또는 선거권을 행사하게 할 수 있는데 같은 조 제3항의 대리인 조건 중 조합원의 직계 비속도 포함된다.
② 제23조 제1항에 따르면 조합원은 출자좌수에 관계없이 각각 1개의 의결권과 선거권을 가진다고 되어 있다.

③ 제22조 제2항에 따르면 조합원 1인의 출자좌수는 총 출자좌수의 100분의 30을 넘어서는 안 된다. 따라서 최대 100분의 30의 출자를 할 수 있다.
⑤ 제25조 제2항에 따르면 협동조합은 제1항에 따라 조합원을 제명하고자 할 때에는 총회 개최 10일 전까지 해당 조합원에게 제명 사유를 알리고, 총회에서 의견을 진술할 기회를 주어야 한다.

41
| 정답 | ②

치료법 B의 비용효용비가 277.8만 원으로 가장 낮다.

| 상세해설 |

각 치료법의 비용효용비는 다음과 같다.

- A: $\dfrac{2,700}{8 \times 0.8} ≒ 421.9$(만 원)
- B: $\dfrac{2,500}{10 \times 0.9} ≒ 277.8$(만 원)
- C: $\dfrac{2,400}{7 \times 0.9} ≒ 381$(만 원)
- D: $\dfrac{3,000}{13 \times 0.8} ≒ 288.5$(만 원)
- E: $\dfrac{2,800}{9 \times 1} ≒ 311.1$(만 원)

따라서 비용효용비가 가장 낮은 치료법은 B이다.

42
| 정답 | ⑤

진서와 구신은 모두 서울팀이 승리했다고 말하고 있고 형근과 선일은 모두 인천팀이 승리했다고 말하고 있다. 진실을 말하는 사람이 3명, 거짓을 말하는 사람이 3명이므로 진서와 구신, 형근과 신일은 긱긱 함께 진실을 말하거나 거짓을 말하고 있음을 알 수 있다. 진서와 구신이 진실을 말할 경우 형근과 선일의 말은 거짓이고, 진서와 구신이 거짓을 말할 경우 형근과 선일의 말은 진실이다. 재순과 석영은 서로 상반된 이야기를 하고 있으므로 재순의 말이 진실일 경우 석영의 말이 거짓이고, 재순의 말이 거짓일 경우 석영의 말이 진실이다. 이에 따라 진실을 말하는 사람으로 가능한 조합은 진서, 구신, 재순 또는 석영, 형근, 선일, 재순 또는 석영이다. 따라서 진실을 말하는 사람의 조합으로 가능한 것은 ⑤이다.

43
| 정답 | ⑤

세일 상품 중 참치통조림, 우유, 라면, 식용유는 식품류이고, 휴지, 치약, 샴푸는 비식품류이다.
라면은 목요일에 세일하고, 수요일에는 식품류를 세

일한다. 따라서 비식품류를 세일하는 요일은 월, 화, 금, 토, 일 중 3일인데 비식품류는 연속해서 세일하지 않으므로 가능한 요일은 화, 금, 일이다(일요일과 월요일도 연속하는 날이다). 따라서 월요일과 토요일에는 식품류를 세일한다. 휴지는 주말 중 하루에 세일한다고 하였는데 휴지는 비식품이므로 일요일에 세일한다. 그러므로 전날인 토요일에 참치통조림을 세일한다. 여기까지 품목별 일정을 표로 나타내면 다음과 같다.

월	화	수	목	금	토	일
(식품)	(비식품)	(식품)	라면	(비식품)	참치 통조림	휴지

치약을 세일한 다음 날 우유를 세일한다. 즉 남은 일정 중 비식품-식품이 연달아 오는 화요일과 수요일에 각각 치약과 우유를 세일한다. 남은 식품은 식용유, 남은 비식품은 샴푸이므로 월요일에 식용유, 금요일에 샴푸를 세일한다. 이를 정리하면 다음과 같다.

월	화	수	목	금	토	일
(식품)	(비식품)	(식품)	라면	(비식품)	참치 통조림	휴지

따라서 금요일에 세일하는 상품은 샴푸이다.

44 | 정답 | ⑤

인력배치의 3대 원칙인 적재적소주의, 능력주의, 균형주의를 지키기 위해서는 인력의 양적, 질적, 적성 배치를 고려해야 한다.

양적 배치는 부문의 작업량과 조업도, 여유 또는 부족 인원을 감안하여 소요인원을 결정, 배치하는 것을 말한다(ⓒ). 질적 배치는 제시된 글의 적재적소의 배치를 말하며(ⓒ), 적성 배치는 팀원의 적성 및 흥미에 따라 배치하는 것을 의미한다(ⓔ). 이는 적성에 맞고 흥미를 가질 때 성과가 높아진다는 것을 가정하는 것이다. 하지만 이러한 모든 원칙은 적절히 조화하여 운영되어야 한다. 양적 배치를 하되 팀원의 능력이나 적성 등에 맞게 조율하는 것이 가장 효과적이라고 할 수 있다.

| 오답풀이 |

ⓐ 회사에 대한 충성도를 파악하거나 그것을 인력배치의 기준으로 고려하는 것은 민주적인 기준에 의거한 바람직한 인사 원칙이라고 볼 수 없다.

45 | 정답 | ③

번역가 A~I의 페이지당 번역료를 영어, 일본어, 중국어로 나누어 구하면 다음과 같다.
- 영어
  A: 페이지당 32,000원
  B: 페이지당 15×2,000=30,000(원)
  F: 페이지당 700×45=31,500(원)
- 일본어
  D: 페이지당 15×2,200=33,000(원)
  G: 페이지당 700×50=35,000(원)
  H: 페이지당 36,000원
- 중국어
  C: 페이지당 700×60=42,000(원)
  E: 페이지당 15×3,000=45,000(원)
  I: 페이지당 41,000원

따라서 영어는 B, 일본어는 D, 중국어는 I에게 맡긴다.

46 | 정답 | ③

B, D, I에게 번역을 맡기고, 한 부에 총 16페이지이므로 번역료는 16×(30,000+33,000+41,000)=1,664,000(원)이다. 또한 한 부 인쇄 시 드는 인쇄비용은 한 부에 16페이지이므로 16×400=6,400(원)이고, 언어별로 500부씩 총 1,500부를 발행하므로 인쇄비는 1,500×6,400=9,600,000(원)이다. 따라서 총비용은 1,664,000+9,600,000=11,264,000(원)이다.

47 | 정답 | ④

발주자가 계약 변경 없이 일을 추가하는 것은 스코프 크리프(Scope Creep)에 대한 설명이다. 스코프 크리프는 추가적인 자원과 일정의 조정 없이 프로젝트 기준 계획에 일을 추가하여 프로젝트 범위가 확대되는 것을 의미한다. 프로젝트에 대한 영향 평가를 하고 일정과 예산에 대한 조정 없이 범위 변경이 일어나는 것으로서 결과물의 기능이나 사양을 더하는 것이 일반적이다.

| 오답풀이 |

① 골드 플레이팅(Gold Plating)에 대한 설명이다.
② 원가 성과 기준선(Cost Performance Baseline)에 대한 설명이다.
③ 우회작업(Workaround)에 대한 설명이다.
⑤ 전사적 품질 관리(Total Quality Management)에 대한 설명이다.

48

㉠ 마지막 문단에서 '프로젝트 매니저는 현재 프로젝트에 참여 중인 직원의 수를 파악하고 매주 프로젝트의 자원 요구가 어떻게 변화할 것인지 점검해야 한다.'라고 언급되어 있다.

㉢ 마지막 문단에서 '프로젝트 매니저는 프로젝트의 최초 계약서에 언급되지 않은 업무가 추가될 경우 반드시 변경 오더를 받아 업무 관리를 해야 한다.'라고 언급되어 있다.

㉣ 두 번째 문단에서 '프로젝트의 성공률을 높이기 위해서는 예산이 초과되지 않도록 미리 예산과 관련된 지출에 주기적으로 신경을 써야 한다.'라고 언급되어 있다.

| 오답풀이 |

㉡ 마지막 문단에서 '발주자가 계약 변경 없이 일을 추가하여 계획에 없던 일이 생김으로 인해 각종 수당을 지급하면 예산을 한참 초과하게 된다.'라고 언급되어 있으므로 발주자의 예산에 맞추어 프로젝트의 예산을 책정하면 안 된다.

49

가~마 5명의 점수를 계산하면 다음과 같다.

구분	근속 연수	근무평점			자격증 보유여부		승진시험 점수	합계
		전년도	당해 연도	가점	직무	어학	평균	
가	6	2	2	1	3	1	78.5	93.5
나	10	0	0	—	—	1	81.5	92.5
다	7	2	0	—	3	—	80.5	92.5
라	9	0	2	—	3	—	80.5	94.5
마	8	2	2	1	—	1	82.5	96.5

따라서 합계 점수 상위 2명인 라, 마가 승진대상자가 된다.

50

마지막 문단에서 적정 포장을 위해서는 유통 과정에서 제품이 손상을 받거나 품질이 변하면 안 된다는 점을 고려해야 한다고 설명하며, 제품의 상태를 안전하게 보존할 수 있느냐를 가장 먼저 생각해야 한다고 하였다. 따라서 제품 보존의 안전성을 가장 먼저 고려해야 한다.

51

먼저 신규 렌트 계약일이 2022년 10월 1일이고, 교체한 차량은 2023년 1월 2일부로 바로 사용해야 하므로 차량 인도 가능일이 $30+30+31+1=92$(일)을 초과하는 A와 D는 제외된다. 또한, 월 렌트료 외에 각 차량의 ·$\frac{주행거리}{연비} \times$리터당 금액'을 통해 월 주유비를 계산하면 다음과 같다.

(단위: 원)

구분	유종	$\frac{주행거리}{연비} \times$리터당 금액	월 렌트비	합계
B	LPG	$\frac{2,000}{10} \times 920 = 184,000$	450,000	634,000
C	휘발유	$\frac{2,000}{12} \times 1,450 = 241,667$	500,000	741,667
E	하이브리드	$\frac{2,000}{18} \times 1,450 = 161,111$	470,000	631,111

따라서 월 비용이 가장 저렴한 차량은 E이다.

52

직원별 평가결과는 다음과 같다.

구분	성과평가	역량평가	합계	평가결과
A	40점	40점	80점	S
B	35점	42점	77점	A
C	25점	30점	55점	B
D	20점	19점	39점	C
E	27점	32점	59점	B

이를 토대로 직원별 성과급을 계산하면 다음과 같다.

구분	연봉월액 (①)	지급비율 (②)	근무 월÷12(③)	성과급 (①×②×③)
A	280만 원	130%	1	364만 원
B	320만 원	115%	1	368만 원
C	300만 원	100%	$9 \div 12 = 0.75$	225만 원
D	350만 원	85%	$10 \div 12 = 0.83$	246만 원
E	290만 원	100%	1	290만 원

가장 많은 성과급을 지급 받는 직원은 B(368만 원)이며 두 번째로 적게 받는 직원은 D(246만 원)이며 둘의 차이는 $368-246=122$(만 원)이다.

53

| 정답 | ⑤

김 부장은 목적지까지 3시간 내로 이동하여야 한다. 근무지에서 택시를 타고 대전역까지 15분, 열차대기 15분, KTX/새마을호(환승) 이동시간 2시간, 환승 10분, 순천역에서 물류창고까지 택시 20분이 소요된다. 따라서 총 3시간이 걸리므로 적절한 이동방법이 된다. 비용 역시 택시 6,000원, KTX 20,000원, 새마을호 14,000원, 택시 9,000원으로 총 49,000원이므로, 출장지원 교통비 한도인 5만 원 이내가 된다.

| 오답풀이 |

①, ②, ④ 이동시간이 3시간이 넘어가므로 적절한 이동방법이 아니다.

③ 이동시간은 3시간 이내이지만, 출장지원 교통비 한도를 넘기 때문에 적절한 이동방법이 아니다.

54

| 정답 | ④

출장규정에 따라 정산되는 금액은 다음과 같다.

- 교통비: 항공료는 직책별 좌석기준에 부합하여 120,000원 지급되고, 그 외 교통비를 포함하여 정산되는 비용은 $120,000+16,000+32,000+12,000+40,000=220,000$(원)이다.
- 숙박비: A대리는 팀원이고 국내출장이므로 1박당 10만 원 이내에서 실비 정산된다. 이에 따라 3월 3일 비용 중 4만 원은 정산되지 않으므로 정산되는 비용은 $100,000+100,000+80,000=280,000$(원)이다.
- 식비: 일 4만원 이내에서 실비 정산되며 3월 4일의 경우 사전 계획을 승인받았으므로 20만 원까지 사용 가능하다. 이에 따라 3월 3일에 사용한 비용 중 1만 원과 3월 4일에 사용한 비용 중 2만 원은 정산되지 않으므로 정산되는 비용은 $30,000+40,000+200,000+25,000=295,000$(원)이다.
- 일비: 일 2만 원씩 지급되므로 정산되는 비용은 2만 원×4일=8(만 원)이다.

따라서 출장 후 A대리가 지급받는 총비용은 $220,000+280,000+295,000+80,000=875,000$(원)이다.

55

| 정답 | ①

1톤은 1,000kg이므로 10kg 포장단위로 100포이고, 2톤은 2,000kg이므로 40kg 포장단위로 50포이다.
2022년산 국산쌀 40kg 포장단위로 2톤이 되려면 50포가 필요하므로 판매가격은 $99,340×50=4,967,000$(원)이다.

2022년산 국산쌀 10kg 지대 포장단위로 1톤이 되려면 100포가 필요하고 10kg 지대 포장비용은 10kg당 490원이므로 판매가격은 $(25,310+490)×100=2,580,000$(원)이나.

2021년산 현미 20kg 지대 포장단위로 2톤이 되려면 2021년산 국산쌀 20kg 포장단위 가격의 90%로 100포가 필요하고 20kg 지대 포장비용은 20kg당 500원이므로 판매가격은 $(45,200×0.9+500)×100=4,118,000$(원)이다.

수입쌀 중립종 10kg 지대 포장단위로 2톤이 되려면 주어진 [표] 이외의 포장단위이므로 수입쌀 중립종 40kg 포장단위로 50포가 필요하므로 판매가격은 $58,590×50=2,929,500$(원)이다.

따라서 구하는 총판매가격은
$4,967,000+2,580,000+4,118,000+2,929,500=14,594,500$(원)이다.

56

| 정답 | ④

임원은 프리미엄 버스 2대에 탑승한다. 임원을 제외한 모든 직원의 탑승에 필요한 버스를 파악하면 다음과 같다.

구분	버스 등급	대수 (대)	남은 인원 (명)	1일 대절요금 (원)	일수 (일)	대절요금 (원)
임원	프리미엄	2	—	500,000	2	2,000,000
인사총무	일반Ⅱ	1	5	250,000	2	500,000
재무회계	일반Ⅱ	1	5	250,000	2	500,000
마케팅	일반Ⅱ	2	30	250,000	2	1,000,000
영업	일반Ⅱ	3	15	250,000	2	1,500,000
생산	일반Ⅱ	5	15	250,000	2	2,500,000
개발	일반Ⅱ	3	35	250,000	2	1,500,000
합계						9,500,000

팀 내 남은 인원이 30명 이상 35명 이하인 경우 우등버스에 탑승하므로 마케팅팀, 개발팀은 각각 우등버스 1대를 대절한다.

팀 내 남은 인원이 30명 미만인 경우 다른 팀과 함께 일반Ⅰ 버스를 탑승하므로 인사총무팀, 재무회계팀, 영업팀, 생산팀의 남은 인원 총 40명은 일반Ⅰ 버스 1대에 탑승하게 된다.

구분	버스 등급	대수 (대)	탑승 인원 (명)	1일 대절요금 (원)	일수 (일)	대절요금 (원)
마케팅	우등	1	30	350,000	2	700,000
개발	우등	1	35	350,000	2	700,000
기타	일반 I	1	40	200,000	2	400,000
합계						1,800,000

따라서 1박 2일 워크숍 교통편에 필요한 최저 예산은
9,500,000＋1,800,000＝11,300,000(원)이다.

57

| 정답 | ②

농협은 교육지원부문에서 교육지원사업을, 경제부문에서 농업경제사업과 축산경제사업을, 금융부문에서 금융사업을 수행하고 있다. (나)는 안정적인 농업경영을 위한 영농·가계자금 지원이 이루어지고 있는 금융사업을 소개한 것이며, 나머지는 모두 농업경제사업에 대한 설명이다.

58

| 정답 | ②

'카르텔'에 대한 설명이다. 카르텔은 동일 업종의 기업들이 이윤의 증대를 노리고 자유 경쟁을 피하기 위한 협정을 맺는 것으로 형성되는 시장 독점의 연합 형태이다. 카르텔에 의해 생기는 공동의 이익보다 개별 활동에 의한 이익이 커지는 시점에서는 참여자의 자진 신고가 생긴다. 담합으로 인한 벌금이 담합 동안의 이익보다 적은 경우도 많아 참여자들끼리 짜고 돌아가며 의도적 자진 신고를 하는 경우도 있다. 카르텔은 자진 신고 이외의 방법으로는 적발되기가 매우 어렵기 때문에 국가로서는 자진 신고자 감면 제도를 계속 유지할 수밖에 없다.

| 오답풀이 |

① 콘체른: 법률상으로는 독립되어 있으나 경제적으로는 통일된 지배를 받는 기업집단을 말하며, 일반적으로 지주회사가 여러 산업분야의 다수 기업을 지배할 목적으로 형성한다.

③ 트러스트: 독점적 대기업 또는 독점적 대기업을 형성하는 기업합동을 말한다.

④ 콩글로머리트: 사업 내용이 이질적인 기업을 합병하여 지배하는 다각적 복합 기업을 말한다.

⑤ 조인트벤처: 2인 이상의 당사자가 특정한 공동 목적을 이루기 위해 공동으로 진행하는 공동사업체를 말한다.

59

| 정답 | ①

남자와 여자를 먼저 구분한 뒤 항목별 변환점수와 총합을 계산하여 성별 순위를 정리하면 다음과 같다.

구분	성별	필기	면접	적성 검사	총합
H	남	8점	10점	10점	28점
C	남	10점	8점	10점	28점
A	남	9점	9점	9점	27점
G	남	9점	8점	8점	25점
D	여	8점	10점	10점	28점
F	여	10점	8점	9점	27점
B	여	9점	9점	8점	26점
E	여	8점	9점	9점	26점

남자 중 C와 H의 총합이 동일하고, H의 면접 점수가 C보다 높으므로 H가 1등이다. 따라서 H가 1등, C가 2등, A가 3등, G가 4등이고, 이 중 2등인 C가 기획부에 배정된다.

여자 중 B와 E의 총합이 동일하고, 면접 점수도 동일하므로 필기 점수가 더 높은 B가 3등이다. 따라서 D가 1등, F가 2등, B가 3등, E가 4등이고, 이 중 3등인 B가 기획부에 배정된다.

따라서 기획부에 배정되는 직원은 B, C이다.

60

| 정답 | ⑤

Codex(국제식품규격위원회), FAO(국제식량농업기구)에서는 지속 가능한 농업 추진 및 안전성 강화를 위하여 농산물우수관리(GAP) 기준을 제시하였으며, 우리나라에서는 김치에서의 기생충알 사건, 학교급식 사건 등으로 국내농산물에 대한 안전성 강화 필요성이 대두되면서 농산물 안전성에 대한 국민적 우려가 증대되었다. 이에 따라, 우리나라도 농산물 안전성 강화를 위하여 농산물우수관리(GAP)제도를 2006년부터 본격 시행 중이며, 유럽, 미국, 칠레, 일본, 중국 등 주요 국가가 농산물우수관리(GAP)제도를 현재 시행 중에 있다.

| 오답풀이 |

① KCs: 방호장치 안전인증 제도

② GMP: 의약품제조업자가 우수 의약품의 제조 및 품질관리를 위하여 준수해야 할 사항

③ ISO: 인증규격 국제표준화기구

④ HACCP: 한국식품안전관리인증

61

직원들의 추천을 통해 채용하는 사내추천제에서는 일반적으로 별도의 검증 절차를 거치게 되므로 ㉠은 사내추천제의 특징으로 적절하지 않으며, ㉡, ㉢, ㉣은 사내추천제의 특징으로 볼 수 있다.

| 상세해설 |

실제로 사내추천제를 실시하는 기업의 66.7%는 사내추천 입사자에 대한 객관적인 검증 절차를 마련하고 있다. 한 설문조사에 따르면 검증 절차로는 '심층면접, 프레젠테이션, 시험 등 자체 마련한 별도 테스트'를 통한 경우가 50.0%로 가장 많이 사용됐으며, '일정기간을 두고 실무능력을 관찰하고 검증한다.'라는 의견도 매우 높게 나타나고 있다.

한편 보통 헤드헌팅 업체에 의뢰하면 채용된 인력에게 지급하는 연봉의 20~30%를 부담해야 한다. 하지만 사내추천제를 활용하면 추천한 직원에게 일정 금액의 포상금을 지급하는 정도여서 기업 입장에선 훨씬 이득이다. 또한 헤드헌팅 비용처럼 계량화된 수치 비교가 가능하진 않지만 사내추천으로 들어온 직원들이 조직 융화력에서도 뛰어나다는 평가가 일반적이다. 입사 이후에나 알게 될 업무환경에 대해 미리 풍부한 정보를 제공받을 수 있는 데다 추천한 동료가 지속적으로 관심을 갖고 지원하기 때문이다. 이에 따라 사내추천제를 통하여 입사하게 되면 회사에 대한 충성도가 높고 퇴사율이 낮아 등용된 사람에 대한 기업들의 만족도가 대체로 높은 편이다. 따라서 이러한 사내추천에 기여한 직원에게는 보상을 해 주는 기업들이 많이 생겨나고 있다.

62

구성원 선발과 배치에 관한 활동은 경영자의 역할이 아니라 인사 및 인적자원 개발을 담당하는 관리자가 수행해야 할 활동이라고 할 수 있다.

| 오답풀이 |

민츠버그는 경영자가 갖추어야 할 자질과 역할을 대인관계 역할, 정보제공 역할, 의사결정 역할로 구분하였다. 대인관계 역할이란 조직의 대표로서 상징적 역할뿐 아니라 조직 대내외를 연계하는 역할을 의미한다. 정보제공 역할이란 정보를 모니터하고 배포하며 조직 내·외부 정보의 중추적 역할을 담당하는 것을 의미한다. 의사결정 역할은 조직 대표로서의 협상가, 자원 배분자, 위기 경영자 등의 역할을 의미한다.

63

의료 환경이 상대적으로 열악한 농촌에 대한 진료서비스와 검진 서비스를 제공하고 있는 활동이 주된 내용을 이루고 있으므로 '농업인의 건강을 돌보는 농촌 구호사업'이 가장 적절한 명칭이라고 할 수 있다.

64

예산은 넓은 범위에서 민간기업·공공단체 및 기타 조직체는 물론이고 개인의 수입·지출에 관한 것도 포함된다.

| 오답풀이 |

① 예산은 크게 직접비용과 간접비용으로 나눌 수 있는데, 직접비용은 제품 생산 또는 서비스를 창출하기 위해 직접 소비된 것으로 여겨지는 비용, 간접비용은 제품을 생산하거나 서비스를 창출하기 위해 소비된 비용 중에서 직접비용을 제외한 비용을 말한다.
② 예산관리는 활동이나 사업에 소요되는 비용을 산정하고, 예산을 편성하는 것뿐만 아니라 예산을 통제하는 것 모두를 포함한다.
③ 과업세부도를 활용하면 과제에 필요한 활동이나 과업을 파악할 수 있고, 이를 비용과 매치시켜 놓음으로써 어떤 항목에 얼마만큼의 비용이 소요되는지를 정확하게 파악할 수 있다.
⑤ 예산 책정 시에는 예산 항목을 구성하는 것이 필요한데, 구성요소를 제대로 파악하지 않으면 업무 추진이 중단되거나 필요한 활동을 건너뛰어야 하는 상황이 발생할 수 있다.

65

간트 차트는 미국의 간트(Henry Laurence Gantt)가 1919년에 창안한 작업진도 도표로, 단계별로 업무를 시작해서 끝나는 데 걸리는 시간을 바(bar) 형식으로 표시한 것이다. 전체 일정을 한눈에 볼 수 있고, 단계별로 소요되는 시간과 각 업무활동 사이의 관계를 알 수 있다.

| 오답풀이 |

②, ⑤ 워크 플로 시트에 사용하는 도형을 다르게 표현함으로써 주된 작업과 부차적인 작업, 혼자 처리할 수 있는 일과 다른 사람의 협조를 필요로 하는 일, 주의해야 할 일, 컴퓨터와 같은 도구를 사용해서 할 일 등을 구분해서 표현할 수 있다.
③ 일의 흐름을 동적으로 보여 주는 데 효과적인 업무 효율화 도구는 워크 플로 시트이다.
④ 체크리스트에 대한 설명이다.

66

품질관리 업무는 품질관리부에서 담당할 것이며, 품질관리부는 타 조직과 동일한 결재 라인을 갖고 있으므로 특별히 최고경영자의 의사결정이 신속하게 이루어지는 조직이라고 말할 수는 없다.

| 오답풀이 |

② 5개 부문, 10개 부, 2개 팀과 부설연구소 1개로 구성된 조직이다.

③ 총무부와 경리부는 보통 인사, 회계, 홍보팀 등과 함께 조직 전체의 업무를 담당하는 대표적인 지원 조직이다.

④ 부, 팀, 소는 부문의 산하 조직이므로 중요 업무는 부문장을 거쳐 대표이사에게 보고된다.

⑤ 총괄임원과 고문은 대표이사의 직할 조직이므로 특정 업무보다 조직 전체 업무에 두루 관여되어 자문과 총괄 업무를 담당한다고 볼 수 있다.

67

| 정답 | ②

서진에서 「삼도부」를 다투어 베꼈다는 사실은 당시에는 저작권이 없어 저작물이 배제성을 가지고 있지 않았음을 의미하며, 「삼도부」를 적는 종이에 대한 수요가 증가하여 종잇값이 올랐다는 사실은 종이가 경합성을 가진 재화임을 의미한다. 영광굴비 같은 일반적인 재화는 영광굴비에 대한 수요가 증가하면 영광굴비의 가격이 오르는 데 비해, 「삼도부」와 같은 지적 재산에 대한 수요가 증가하는 경우에는 삼도부 가격이 오르지 않고 종잇값만 오른다는 점을 주어진 사례에서 엿볼 수 있다.

68

| 정답 | ④

접대비는 '식대'의 경우 본부장, '기타'의 경우 팀장이 전결권자이므로, 두 경우 모두 사장과 부사장의 결재는 받지 않는다.

| 오답풀이 |

① 팀장급 인수인계서는 부사장 전결사항이므로, 담당자를 제외하고 팀장, 본부장, 부사장 3명의 결재를 거치게 된다.

② 업무활동비 집행을 위한 결재 문서는 본부장 전결사항이므로, '사장' 결재란에 본부장이 서명하게 된다.

③ 시내교통비 집행을 위한 문서는 본부장 전결사항이므로 '부사장' 결재란에는 아무도 서명하지 않으나, 해외연수비 집행을 위한 문서는 사장 전결사항이므로 '부사장' 결재란에는 부사장이 서명을 해야 한다.

⑤ 임원 해외출장을 위한 결재 문서는 사장 전결사항이므로 부사장이 결재를 해야 하나, 직원 해외출장을 위한 결재 문서는 본

부장 전결사항이므로 부사장의 결재는 받지 않는다.

69

| 정답 | ③

우호적으로 환율이 변동하고 있다는 것은 자사에 외부적 기회요인이 될 수 있다. 또한 이를 통하여 진출 초기에 수익 실현을 하는 것은 단기에 가시적인 성과를 창출해야 하는 내적인 약점을 극복할 수 있는 방안이 되어 적절한 WO전략이 된다고 할 수 있다.

| 오답풀이 |

① 과거 실패 경험을 극복하기 위해 지역 전문가를 파견하는 것은 강점으로 약점을 극복하는 전략이므로 SO전략이라고 볼 수 없다.

② 기업 대출 위주 정책으로 일반 고객의 신용 리스크를 회피하는 것은 기회요인을 활용하는 전략이 아니다.

④ 현지의 외자기업에 대한 우호적인 정책은 기회요인을 활용한 것이므로 ST전략이라고 할 수 없다.

⑤ 중국 정부의 금융업 규제 조치 완화 역시 기회요인을 활용한 것이므로 WT전략이라고 할 수 없다.

70

| 정답 | ②

A사의 제품이 다른 경쟁사의 제품과 달리 누구나 쉽게 이용 가능한 것이 되도록 하려는 전략이며, 경쟁사와는 다른 사양을 통해 고객에게 어필하고자 하는 전략이므로 차별화 전략이라고 볼 수 있다.

원가를 낮추어 가격경쟁력을 확보한 점은 찾아볼 수 없으므로 원가우위 전략은 아니며, 특정한 고객층에만 집중하여 마케팅을 실시한 것이 아니므로 집중화 전략으로 보는 것도 적절하지 않다.

MEMO

농협

직무능력평가

답안지

번호	1	2	3	4		번호	1	2	3	4		번호	1	2	3	4		번호	1	2	3	4
01	①	②	③	④		11	①	②	③	④		21	①	②	③	④		41	①	②	③	④
02	①	②	③	④		12	①	②	③	④		22	①	②	③	④		42	①	②	③	④
03	①	②	③	④		13	①	②	③	④		23	①	②	③	④		43	①	②	③	④
04	①	②	③	④		14	①	②	③	④		24	①	②	③	④		44	①	②	③	④
05	①	②	③	④		15	①	②	③	④		25	①	②	③	④		45	①	②	③	④
06	①	②	③	④		16	①	②	③	④		26	①	②	③	④		46	①	②	③	④
07	①	②	③	④		17	①	②	③	④		27	①	②	③	④		47	①	②	③	④
08	①	②	③	④		18	①	②	③	④		28	①	②	③	④		48	①	②	③	④
09	①	②	③	④		19	①	②	③	④		29	①	②	③	④		49	①	②	③	④
10	①	②	③	④		20	①	②	③	④		30	①	②	③	④		50	①	②	③	④
						31	①	②	③	④								51	①	②	③	④
						32	①	②	③	④								52	①	②	③	④
						33	①	②	③	④								53	①	②	③	④
						34	①	②	③	④								54	①	②	③	④
						35	①	②	③	④								55	①	②	③	④
						36	①	②	③	④								56	①	②	③	④
						37	①	②	③	④								57	①	②	③	④
						38	①	②	③	④								58	①	②	③	④
						39	①	②	③	④								59	①	②	③	④
						40	①	②	③	④								60	①	②	③	④

감독확인란

성명

수험번호

① ② ③ ④ ⑤ ⑥ ⑦ ⑧ ⑨ ⑩

출생(생년을 제외한) 월일

① ② ③ ④ ⑤ ⑥ ⑦ ⑧ ⑨ ⑩

수험생 유의 사항

(1) 아래와 같은 방식으로 답안지를 바르게 작성한다.

[보기] ① ② ● ④ ⑤

(2) 성명란은 왼쪽부터 빠짐없이 순서대로 작성한다.

(3) 수험번호는 각자 자신에게 부여받은 번호를 표기하여 작성한다.

(4) 출생 월일은 출생 연도를 제외하고 작성한다.

(예) 1991년 4월 14일은 0414로 표기한다.

OMR

답안지

01	① ② ③ ④	21	① ② ③ ④	41	① ② ③ ④
02	① ② ③ ④	22	① ② ③ ④	42	① ② ③ ④
03	① ② ③ ④	23	① ② ③ ④	43	① ② ③ ④
04	① ② ③ ④	24	① ② ③ ④	44	① ② ③ ④
05	① ② ③ ④	25	① ② ③ ④	45	① ② ③ ④
06	① ② ③ ④	26	① ② ③ ④	46	① ② ③ ④
07	① ② ③ ④	27	① ② ③ ④	47	① ② ③ ④
08	① ② ③ ④	28	① ② ③ ④	48	① ② ③ ④
09	① ② ③ ④	29	① ② ③ ④	49	① ② ③ ④
10	① ② ③ ④	30	① ② ③ ④	50	① ② ③ ④
11	① ② ③ ④	31	① ② ③ ④	51	① ② ③ ④
12	① ② ③ ④	32	① ② ③ ④	52	① ② ③ ④
13	① ② ③ ④	33	① ② ③ ④	53	① ② ③ ④
14	① ② ③ ④	34	① ② ③ ④	54	① ② ③ ④
15	① ② ③ ④	35	① ② ③ ④	55	① ② ③ ④
16	① ② ③ ④	36	① ② ③ ④	56	① ② ③ ④
17	① ② ③ ④	37	① ② ③ ④	57	① ② ③ ④
18	① ② ③ ④	38	① ② ③ ④	58	① ② ③ ④
19	① ② ③ ④	39	① ② ③ ④	59	① ② ③ ④
20	① ② ③ ④	40	① ② ③ ④	60	① ② ③ ④

감 독
확인란

수 험 번 호
⑩ ① ② ③ ④ ⑤ ⑥ ⑦ ⑧ ⑨

출생(생년을 제외한) 월일
⑩ ① ② ③ ④ ⑤ ⑥ ⑦ ⑧ ⑨

직 무 능 력 평 가

성명

수험생 유의 사항

(1) 아래와 같은 방식으로 답안지를 바르게 작성한다.
[보기] ① ② ● ④ ⑤
(2) 성명란은 왼쪽부터 빠짐없이 순서대로 작성한다.
(3) 수험번호는 각자 자신에게 부여받은 번호를 표기하여 작성한다.
(4) 출생 월일은 출생 연도를 제외하고 작성한다.
(예) 1991년 4월 14일은 0414로 표기한다.

※ 수험

감독
확인란

성 명 교 시 란

성명

호

수 험 번 호

⓪ ① ② ③ ④ ⑤ ⑥ ⑦ ⑧ ⑨

출생(생년을 제외한) 월일

⓪ ① ② ③ ④ ⑤ ⑥ ⑦ ⑧ ⑨

01	① ② ③ ④	21	① ② ③ ④	41	① ② ③ ④
02	① ② ③ ④	22	① ② ③ ④	42	① ② ③ ④
03	① ② ③ ④	23	① ② ③ ④	43	① ② ③ ④
04	① ② ③ ④	24	① ② ③ ④	44	① ② ③ ④
05	① ② ③ ④	25	① ② ③ ④	45	① ② ③ ④
06	① ② ③ ④	26	① ② ③ ④	46	① ② ③ ④
07	① ② ③ ④	27	① ② ③ ④	47	① ② ③ ④
08	① ② ③ ④	28	① ② ③ ④	48	① ② ③ ④
09	① ② ③ ④	29	① ② ③ ④	49	① ② ③ ④
10	① ② ③ ④	30	① ② ③ ④	50	① ② ③ ④
11	① ② ③ ④	31	① ② ③ ④	51	① ② ③ ④
12	① ② ③ ④	32	① ② ③ ④	52	① ② ③ ④
13	① ② ③ ④	33	① ② ③ ④	53	① ② ③ ④
14	① ② ③ ④	34	① ② ③ ④	54	① ② ③ ④
15	① ② ③ ④	35	① ② ③ ④	55	① ② ③ ④
16	① ② ③ ④	36	① ② ③ ④	56	① ② ③ ④
17	① ② ③ ④	37	① ② ③ ④	57	① ② ③ ④
18	① ② ③ ④	38	① ② ③ ④	58	① ② ③ ④
19	① ② ③ ④	39	① ② ③ ④	59	① ② ③ ④
20	① ② ③ ④	40	① ② ③ ④	60	① ② ③ ④

ㄱ ㄲ ㄴ ㄷ ㄸ ㄹ ㅁ ㅂ ㅃ ㅅ ㅆ ㅇ ㅈ ㅉ ㅊ ㅋ ㅌ ㅍ ㅎ ㅏ ㅐ ㅑ ㅒ ㅓ
ㅔ ㅕ ㅖ ㅗ ㅘ ㅙ ㅚ ㅛ ㅜ ㅝ ㅞ ㅟ ㅠ ㅡ ㅢ ㅣ

수험생 유의 사항

(1) 아래와 같은 방식으로 답안지를 바르게 작성한다.

[보기] ① ② ● ④ ⑤

(2) 성명란은 왼쪽부터 빠짐없이 순서대로 작성한다.

(3) 수험번호는 각자 자신에게 부여받은 번호를 표기하여 작성한다.

(4) 출생 월일은 출생 연도를 제외하고 작성한다.

(예) 1991년 4월 14일은 0414로 표기한다.

직무능력평가 답안지

감독확인란

독관확인란

수험번호

수	험	번	호

출생(생년을 제외한) 월일

성명

수험생 유의 사항

(1) 아래와 같은 방식으로 답안지를 바르게 작성한다.

[보기] ① ② ● ④ ⑤

(2) 성명란은 왼쪽부터 빠짐없이 순서대로 작성한다.

(3) 수험번호는 각자 자신에게 부여받은 번호를 표기하여 작성한다.

(4) 출생 월일은 출생 연도를 제외하고 작성한다.

(예) 1991년 4월 14일은 0414로 표기한다.

답안지

문항	①	②	③	④	⑤
01	①	②	③	④	⑤
02	①	②	③	④	⑤
03	①	②	③	④	⑤
04	①	②	③	④	⑤
05	①	②	③	④	⑤
06	①	②	③	④	⑤
07	①	②	③	④	⑤
08	①	②	③	④	⑤
09	①	②	③	④	⑤
10	①	②	③	④	⑤
11	①	②	③	④	⑤
12	①	②	③	④	⑤
13	①	②	③	④	⑤
14	①	②	③	④	⑤
15	①	②	③	④	⑤
16	①	②	③	④	⑤
17	①	②	③	④	⑤
18	①	②	③	④	⑤
19	①	②	③	④	⑤
20	①	②	③	④	⑤
21	①	②	③	④	⑤
22	①	②	③	④	⑤
23	①	②	③	④	⑤
24	①	②	③	④	⑤
25	①	②	③	④	⑤
26	①	②	③	④	⑤
27	①	②	③	④	⑤
28	①	②	③	④	⑤
29	①	②	③	④	⑤
30	①	②	③	④	⑤
31	①	②	③	④	⑤
32	①	②	③	④	⑤
33	①	②	③	④	⑤
34	①	②	③	④	⑤
35	①	②	③	④	⑤
36	①	②	③	④	⑤
37	①	②	③	④	⑤
38	①	②	③	④	⑤
39	①	②	③	④	⑤
40	①	②	③	④	⑤
41	①	②	③	④	⑤
42	①	②	③	④	⑤
43	①	②	③	④	⑤
44	①	②	③	④	⑤
45	①	②	③	④	⑤
46	①	②	③	④	⑤
47	①	②	③	④	⑤
48	①	②	③	④	⑤
49	①	②	③	④	⑤
50	①	②	③	④	⑤
51	①	②	③	④	⑤
52	①	②	③	④	⑤
53	①	②	③	④	⑤
54	①	②	③	④	⑤
55	①	②	③	④	⑤
56	①	②	③	④	⑤
57	①	②	③	④	⑤
58	①	②	③	④	⑤
59	①	②	③	④	⑤
60	①	②	③	④	⑤
61	①	②	③	④	⑤
62	①	②	③	④	⑤
63	①	②	③	④	⑤
64	①	②	③	④	⑤
65	①	②	③	④	⑤
66	①	②	③	④	⑤
67	①	②	③	④	⑤
68	①	②	③	④	⑤
69	①	②	③	④	⑤
70	①	②	③	④	⑤